JN281454

ヨーロッパ統合の理念と軌跡

The Idea of European Integration and its Evolution in Historical Perspective

紀平英作［編］

京都大学学術出版会

目次

ヨーロッパ統合の理念と軌跡

序論にかえて

敗戦ドイツにとってのヨーロッパ統合

——二〇世紀ヨーロッパ統合をみる一つの視点

紀平英作

ドイツ連邦共和国の建国が宣言されて三カ月後となる一九四九年九月一五日、新生共和国首相に選出され、さらに二〇日、暫定首都ボンで組閣をすませたコンラート・アデナウアー（Conrad Adenauer）は、翌二一日、ボンを見下ろす郊外の丘ペータースベルクに急いでいた。この日の印象的な情景から叙述を始めてみたい。(1)（ドイツ基本法の公布は一九四九年五月二三日。以下、ドイツ連邦共和国（Bundesrepublik Deutchland）を西ドイツと略記する。）

アデナウアーが向かったペータースベルクとはほかでもない、かつてイギリス首相ネビル・チェンバレンが宿泊したこともあるライン川を眺望する白亜のホテルであり、四九年半ばからは、西ドイツ建国とともに設置が決まった米英仏三連合国・高等弁務官府に割りあてられた建物であった。二一日、三国弁務官がアデナウアーを呼びつけた理由は一つであった。前日発足の新政府に対し、三占領国が外交権の留保ばかりか、ドイツ国家権限に対してもいぜん多くの介入権を保持する旨を記した「占領規約」を手渡す目的であった。重要行事としてアメリカ合衆国は、西ドイツ建国を主導した立場からも盛大な式典をこの日企画した。しかし、当のアデナウアーはことさらの式典を拒み、同行した閣僚も数名であった。

高等弁務官府に入館した彼は、「占領規約」手交式次第として弁務官のたつ室内のカーペットの外に立ち、文書朗読のあと中央に進みでることをあらかじめ指示されていた。しかし、フランス高等弁務官アンドレ・フランソワ=ポンセット（André François-Poncet）が朗読に先立ちアデナウアーに握手を求めようと近寄った一瞬、彼はあたかも自然のようにカーペット上に足を踏み出し、フランソワ=ポンセットの手をさきに握った。細やかな仕草であったが、それは新生ドイツの首相として高等弁務官との対等の地位を誇示しようとするアデナウアーの必死の演出であった。加えて、ドイツはいま西側国家としての平等の地位を得たと彼が理解している事実をも明示したかったというのである。

しかし、アデナウアーのその演技は、戦中ドイツに占領されたフランスにとっては少なからず受け入れがたかったに違いない。四九年五月、初代フランス高等弁務官に任命されたフランソワ=ポンセットは、ドイツを西欧に組み入れる西側三連合国の政治目標を受け入れ、「ドイツが、「西側」世界の回復と団結に貢献し、ソ連の脅威に対することがあって初めてヨーロッパは復興できる」という認識を語った。その限りで九月二一日のアデナウアーの行動に異議を差し挟まなかった。しかしながら、高等弁務官会議において、のちに彼がアデナウアーにもらした次の発言はある不快感をたしかに吐露していた。「われわれ弁務官は、あなた方に対して懲罰的措置をとらざるをえなくなるような事態を望んでいない。むしろあなた方がその任務を遂行できるように援助してあげたいと願っているのである。この新生共和国は、要するにわれわれが生みだした子供である。あなた方はその意味において管理され、しかるべく注意を施された自由のなかで生活している」ことを承知いただきたい、と。

一九四九年夏、右のようにして執り行われた西ドイツの建国は、マーク・マゾーワの言を借りれば、ヨーロッパにおいて両大戦間期後半から第二次世界大戦がもたらした長い殺戮、またそれにともなう政治的、社会的混乱がようやく終息を告げ、「戦後」と呼ぶべき次の時代へと転換する道標となる事件であった。簡潔にいえば、分割によるドイツの安定という国際関係上の一大構造再編を機に、かつてない経済成長へと向かう西「ヨーロッパの戦後」が開幕しようとしていた。(2) ただし、それがいかに大きな構造転換であったとしても、四九年九月二一日の右の光景は、戦時と占領期を引きずる複雑な思い、あるいはわだかまりが、「戦後」初期の政治底流に渦巻いたことを物語る点で興味深いのである。

しかし、そのわだかまりを孕みながらも二〇世紀ヨーロッパ史は、西ドイツ建国をもって決定的に転換した。ドイツとフランスが、相互に行き違いを含みつつ、世紀後半にみられたヨーロッパ統合の直接起点となるシューマン・プラン（ヨーロッパ石炭鉄鋼共同体構想。以下、共同体をECSCと略記）の実現に向け交渉にはいったのは、右のドイツ「占領規約」手交式からわずか九カ月後の五〇年六月であった。

その規模と深さからみて歴史的ととらえてよい二〇世紀後半からの大規模なヨーロッパ統合運動の芽生えが、いつの時期にあったか。そしていつ本格的に拡大し始めたか。その細かい時期の同定は、政治史的理解、経済史的議論、さらには思想史的アプローチなどによって説く内容が異なる点から複雑であろう。

ただ細部に相違があるにせよ、二〇世紀後半へとつづくヨーロッパ統合運動の起点が、おおまかに政治経済史的意味、さらには思想史的にみて第二次大戦期そのものから戦後の一〇年ほどの時期にあったととらえる点では、今日多くの研究者が同意する。(3) 膨大な犠牲を生み出した世界大戦の経験、その苦悩と悲しみが、戦勝国・敗戦国双方を含めた西ヨーロッパ諸国の大戦以後の行動に国民国家主権を客体化する重要な契機を与えたこと、さらには国境を越える新しい人と物の動きを生み出したであろうことは、大戦が与えた巨大な衝撃から推せば理解できる変化であった。加えて戦後一〇年の時期は、国際政治において米ソ二超大国がヨーロッパを舞台に激しい勢力圏闘争を展開した冷戦劈頭の時代であった。ヨーロッパ外大国の登場がヨーロッパのあり方、意味づけ、ひいてはヨーロッパ統合そのものの発現に深い動機づけを与えたとみることも、十分吟味に値する推論に相違ない。

包括的であるより若干の事実を垣間みてみよう。

第二次世界大戦期から冷戦初期にかけて、変動する国際情勢がヨーロッパ、とくに西ヨーロッパ統合への動きに与えた影響については、本書の第五章から第七章が実証的検討を試みている。以下ではそれとの重複を避け、大戦後の敗戦ドイツに関し、戦後ヨーロッパ史の起点を探る視点から光を当ててみたい。議論の道筋はさして難しくない。第二次大戦直後の時期から、フランスあるいはベルギーにおいて戦前とは質的に異なるヨーロッパ規模の協調あるいは統合への着想が、勝利したレジスタンス運動などを中心に語られはじめたことはよく知られる。が、実は敗戦によってうちひしがれたドイツ政治家、知識人においても、戦後ごく早い時期から統合への議論が始まった事実は興味深い。後者の議論の背景には、戦後政治の基調となる表向きの自由や民主主義の理念とは別に、ヨーロッパ統合の歴史が刻む複雑な陰影のいくつかが窺われるからである。

アデナウアーと彼が率いるキリスト教民主同盟（Christlich Demokratische Union、以下、ＣＤＵと略記）、彼らこそが、大戦直後から「ヨーロッパ」（Europa）という言葉をしばしば使い、さらには「西欧的」（abendländisch）という形容詞を用いてドイツの西欧性、さらにはヨーロッパ統合の意義を語った代表的戦後ドイツ政治集団であった。アデナウアー自身は対ナチス抵抗者として知られたが、大戦中のドイツが示した侵略さらにはホロコーストに代表される破壊を考えれば、ＣＤＵなどがこの間に発したヨーロッパ統合の声には、多くの人びとが不信の目を向ける方が自然であった。そして事実、アデナウアーらの「ヨーロッパ」言動には、敗戦国ドイツの利益を戦後にいかに回復するかという関心から、協調もしくは統合のもとでのドイツの平等回復を操作的に説くという、すぐれて戦略的な思惑が一貫したことは疑いない。

しかし、その種のドイツ政治利害を慮る議論としてのみアデナウアーが示した言動を理解することは、やはり歴史叙述として狭隘にすぎよう。彼の主張には、国民国家的関心をもっぱら求めるにしても、その利害をかつての主権国家の枠内ではもはや実現できず「ヨーロッパ」という新しい座標軸において考えねばならないという、動かしがたい命題が渦巻いていた。その視点で問うべきは、ヨーロッパという新しい政治単位もしくは場が彼にとりいかなる意味をもったかであった。以下、一九四六年から五〇年頃までの言説に絞って、アデナウアーまたCDUが語る統合への関心をできるだけ客観化して考えてみたい。[4]

＊　　＊　　＊　　＊

第二次大戦敗戦時にすでに年齢六九を数え、ワイマール時代以来の政治活動を基礎にみれば、老練政治家ともいってよいアデナウアーが戦後新政党CDUの指導権を握ったのは、四六年二月から三月初めの党結成大会においてであった。周知のケルン綱領を採択した党大会を終え、三月四日、アデナウアーがケルン大学大講堂において「イギリス占領地域キリスト教民主同盟議長」という職名で行った長文の演説は、過去五〇年、ドイツがたどった国家主義・軍国主義の歴史を直視することからドイツの再生を目指そうと訴えかけた、CDUにとっては結党講演とも呼ぶべきものであった。[5] そして、アデナウアーが「ヨーロッパ」という言葉、さらにはドイツ再生の基盤となる「ヨーロッパ諸国民の共同体」という表現を用いたのは、まさにこの演説においてであった。前イギリス首相ウィンストン・チャーチル（Winston Churchill）が発表した有名な「ヨーロッパ合衆国」構想演説（四六年九月、於チューリッヒ）に、五カ月先立つ演説であった。

個人の尊厳さらには平等の基本的人権と自由、また民主主義という西欧的価値体系を基礎とした新しい社会国家、とくに労働者の権利が承認され、さらには教育が重視される非プロイセン的ドイツ国家を再建しようと謳ったこの演説で、「ヨーロッパ諸国民の共同体（eine Gemeinschaft der europäischen Völker）」というヨーロッパ像が語られた箇所は最後のごく一瞬であった。が、その短い言葉は見逃しがたい意味を含んだ。アデナウアーは次のように主張している。「諸国民がヨーロッパ経済、文化、さらには西欧的思想、創造力、人間像の発展にかけがえない貢献をする、そのようなヨーロッパ諸国民の共同体が再建されてのみ、ヨーロッパの再生は可能であろう。われわれドイツ人もまた、ドイツ精神がいま一度そうした諸国民の調和というゆりかごで存在意義を高めることを心から希望するものである」[6]。

講演がふれた「共同体」という概念は、具体的なヨーロッパ規模の政治組織を意味したというより、あえていえばドイツの西欧的ヨーロッパへの回帰、西欧精神に支えられた協調を謳うという理念的議論と解する方が当面は妥当であろう。しかし、彼の論旨の赴くところが、ドイツ復興の究極目標として、個人の尊厳・平等の人権を基礎とし、民主的である「ヨーロッパ」それ自身の再生に照準を合わせていた事実には、修辞を超えた独自の政治的意味があった。ヨーロッパこそがいまや再生しなければならないものとされ、ドイツは、その再生すべき文化的、理念的ヨーロッパの懐に包まれるとする「ヨーロッパ理念」こそが、演説の末尾で鼓吹されていたからである。

かりに四六年のケルン演説がそのようなヨーロッパ理念の鼓吹であったとすれば、二年後、四八年五月、アデナウアーがイギリス占領地区CDU党執行委員会において語った言明には、いっそう踏み込んだ政治的性格が現れていた。この会議でCDU指導者が統合を俎上にのせた直接的背景は、五月七日から一〇日の四日間、オランダのハーグでヨーロッパ統合問題を論議したいわゆるハーグ会議を受けてであった[7]。アデナウアーらはハーグ会議決議を検討しながら党方針を次のように確認している。やや長いが主要部分である[8]。

ハーグ会議はドイツに関係する政治的また経済的問題が、一つのヨーロッパ連邦の枠においてのみ解決できると決議したが、その主張にわれわれは完全に同意する。さらに会議でチャーチルが語った「われわれはヨーロッパ連邦の結成に協力すべきであり、一つのヨーロッパ連邦こそがヨーロッパにとり、またドイツにとっても唯一の解決策である」という主張を、全く妥当なものと受け入れるものである。

一歩議論をすすめてみよう。ハーグ会議時から語られつつあるヨーロッパ連邦として現在フランスなどの西欧では、連邦を西ヨーロッパに限定してとらえる議論が広がっている点にも注目したい。われわれドイツの立場からいえば、その限定されたヨーロッパ連合の方がさらに魅力的であろう。

後者を期待する理由は、一つにそれが実質的な結合となること、また第二に実質性のゆえにドイツに対する西欧諸国の不安をいっそう払拭できるであろうこと、そしていま一点、その場合のヨーロッパ連邦には、フランスおよびベルギーの植民地のほかオランダ植民地も参加するであろうからである。イギリス自治領はたぶん参加を拒むと思われるが、〔……〕いずれにせよ、イギリス、フランス、イタリア、ベネルクス三国、また西ドイツが、それぞれの中東、アフリカ、インドシナ、またオランダ領東インドという植民地の力を加えて作り出すところの一大ヨーロッパ連邦を、将来具体化できるならば、その未来にわれわれは大いなる展望を託しうるであろう。アメリカ合衆国とソ連という現在の二超大国に力として及びえないとしても、少なくとも頑強でまた巨大な第三の世界的力なるものをそこに形成できる。それが実現しうるならば、二超大国がぎりぎりの対立に陥った場合にも、双方は第三勢力たるヨーロッパ連邦がとる行動に対して十分な斟酌を施さねばならないであろう。

〔……〕以上の意味でヨーロッパの救済、さらにはドイツの救済にとってヨーロッパ連邦は核心的な意味をもつのである。[9]

四八年五月、つまり右のCDU党会議が開かれた時点とは、それに先立つ二月二三日以来ロンドンでの米英仏三国ドイツ問題会議を機に、冷戦の本格化さらには西ドイツ建国への流れが国際政治上に決定的に浮上し、変動のただ中にあるドイツとして、自らの分割の問題およびフランスとの関係調整の問題が四七年にもまして重い関心になりつつある時期であった。しかし、ドイツ分割の問題はさておくとして、CDU党会議録をみる限り、アデナウアーらの対外関心は単にフランスとの関係調整という問題にのみ限定されていなかった。会議録においてとくに興味深いのは、「第三の勢力」という表現をもちい、フランス、ドイツを軸にオランダ、ベネルクス三国などが構成する西ヨーロッパがソ連に対抗する一大政治勢力として再生する未来、場合によってはアメリカ合衆国に対しても独自の立場を主張しうる第三勢力であることへの展望が、意欲的に語られた点である。

あえて敷衍しておこう。二〇世紀後半のヨーロッパ統合理念の根幹に、二つの世界大戦を通して世界政治・経済の上で主導権を失いつつあったヨーロッパを再生させるという、非ヨーロッパ世界に対する対他的意識が促進力として強く働いた事実を、このCDUの議論は間違いなく示している。その他者関係から顧みる意識が、ヨーロッパ理念なるものを生み出す重要な政治要因の一つであった事実は、ヨーロッパ統合が、第二次世界大戦によるヨーロッパの分裂また矮小化という世界史的状況に規定された、まぎれもない歴史的産物であった特徴を明示するであろう。また、それに付随して興味を引くのは、そのようなヨーロッパの再生のためには、ヨーロッパ諸国がもつ植民地の力が強力な支援になろうと四八年時点で捉えられた点である。そうした認識がフランスあるいはイギリスの政治指導者によって語られたのであれば、社会党、労働党をも含めたこの時点における両国の植民地主義的観念からして奇妙な言説ではない。しかし、その言説が、大戦によって徹底的に敗北したドイツの新指導者によってほぼ同質の感覚として語られた事実は、一九四〇年代後半から五〇年代前半までのヨーロッパ政治の質を語るものとしてやはり刮目してよい点である。

ドイツに議論を戻そう。四七年後半から四八年、アデナウアーとCDUが、西ドイツ建国を受け入れていった状況は、その道をとるしか西欧世界の一員としてドイツの主権回復がありえないという、いわば選択の余地ない現実をプラグマティックに受け入れる過程であった[10]。しかし、同時にこの時期からアデナウアーらは、西ドイツ建設を積極的に意義づけ、とくにそれを機に、ドイツとフランスとの新しい関係をヨーロッパ統合という枠で説明する論理を明示していた。ドイツの主権を一日も早く回復すること、また長期的安全保障を確保するためにもフランスとの間に親密な関係を作らねばならない。その両国関係は、ドイツに対するフランスの歴史的不安を斟酌すれば、単に国民国家主権の枠での協調というより、相互が制約を甘受するより深いヨーロッパ統合という手段でなされねばならないであろう。以上のように説きはじめたアデナウアーの思考では、屈辱的なドイツの分割が、独仏関係の再構築、ひいては新しいヨーロッパへと躍進する基礎段階へと徐々に読み替えられることで、奇妙なほどに豊かな、拡大した意味づけを与えられた[11]。

　客観的にはいささか強引な議論であったが、そのような論理構造のもとで西ドイツ建国がなされた一年後の五〇年一〇月、朝鮮戦争勃発という危機のなかでアデナウアーが示した演説もまた、彼と新生ドイツCDU指導者のヨーロッパ観を推し量るうえで注目に値する演説であった。極東における六月の戦争勃発は、その規模とは別にソ連の「侵攻」が西ヨーロッパにおいても確実にありうる兆候として、ヨーロッパ情勢に激しい動揺を与えた世界史的事件であった。衝撃を受けて西欧で起こった最大の政治的変化は、戦争に備えるものとしてアデナウアーが公に求めたドイツ再軍備の動きであった。

　五〇年一〇月二〇日、CDU党大会でアデナウアーがものした演説は、その再軍備関心を直截に述べた点で歴史的であったが、同時にヨーロッパの中心国家であるドイツさらにはフランスもが現下の国際情勢のもとで主体的決定をとりえない世界状況への苛立ち、もしくは不満が赤裸々に語られた。彼の論理の特徴は、その種のヨーロッパ意識と、独仏協調の理念が一対の未来へと展望された点であった。論旨を約してみよう。

かつて〔少なくとも一九一四年以前〕、ヨーロッパは世界の運命の決定者であった。しかしいま、ドイツは二つに分割され、政治、経済的に重い惨禍に見舞われ、外交的にはまったく真空の状況にある。フランスもまた、二つの大戦を通して厳しい傷痍を背負い、今日なおそれから回復することができない。同様のことはイタリアにも該当する。〔……〕

一九一四年までヨーロッパが世界の政治的、経済的出来事に対して決定的な影響力を行使したとすれば、そのヨーロッパは、今日不随と疲弊のただ中にある。〔……〕しかし、それゆえに西ヨーロッパ諸国民は勇気を失ってはなるまい。ヨーロッパには、イギリスからわれわれドイツを含めて〔……〕オーストリアにいたるまでの地域に、強靱な意思をもち、勤勉であり、さらに進歩を求め、自由を愛する〔その意味で明確にヨーロッパ帰属意識をもつ〕一億を超える人びとが生活しているのである[12]（括弧内、筆者註）。

右のようにヨーロッパへの認識を語ったうえで、アデナウアーは国内外に向けてドイツのあり方を説述する。「ヨーロッパにおけるドイツの位置、さらに役割について論じることは一年前では不可能であったし、二年前であれば想像さえできなかった。しかしながら私は、ヨーロッパの命運がかかる瞬間においては、わわわれがヨーロッパのためにどのような位置をとり、また何をなすべきかを語らねばならないと信じる[13]」。

ソ連の侵攻が引き起こす戦争の不安。ヨーロッパが直面している破壊的危機をことさらに誇張することは、アデナウアーが目指すドイツ再軍備という国家戦略を正当化する、危険なナショナリズムの臭いさえ含んだ言説であったことは疑うべくもない。しかし、注目すべきはそのドイツの新たな国家目標と論理を、アデナウアーがやはりむき出しの姿で語るのではなくヨーロッパの統合という枠に入れ込んで論じた点であろう。それは、必要の産物であったとしても、伝統的国家主権が権利として主張する軍備論とはやはり歴史的に異なる特徴をおびざるをえなかった。

「ドイツ再軍備の手段として、われわれはいま、ヨーロッパ審議会が一つの構想として論議したヨーロッパ共同軍構想につよい共感を覚えている。それは、ドイツの再軍備をもっとも合理的に、そしてヨーロッパに寄与する形で進める方法として高い可能性をもつものであろう」。この演説から一週間後、フランス外相レネ・プレヴァン（René Pleven）が提唱することとなるヨーロッパ共同防衛軍構想を先取りしたアデナウアーのこの発言は、五〇年代初頭、ドイツの対外戦略や国家行動の中心的内容がヨーロッパという、より高い地域の共通利害、文化関心に託してしか表現できない現状を承認したものであった。

一九五〇年代初め、アデナウアーが提示するドイツの進むべき道と西ヨーロッパ統合への道は、少なからず交わり合うかのようであった。しかし、そうしたアデナウアーの願望あるいはレトリックが、実際のヨーロッパ統合を牽引した決定的力であったわけではもとよりない。アデナウアー演説を受ける形でフランス政府が公式に発表したプレヴァン・プラン（ヨーロッパ共同防衛軍設立構想）は、実のところフランス国内でこそ不評であった。発表から三年後の五四年八月、フランス国民議会が同防衛軍設立条約の批准を否決する事態にいたった事実は、二〇世紀後半の統合運動が独仏の複雑な思惑を背景にたえず紆余曲折をたどることを予示した。

しかし、五〇年代中頃までの以上の経緯をみても、西ドイツそしてアデナウアー政権がその時点での西ヨーロッパ統合への動きに果たした歴史的役割はやはり小さくなかった。なにより、五〇年一〇月のアデナウアー演説が指示するとおり、西ドイツ政府はその年五月フランス外相ロベルト・シューマンが提唱したシューマン・プランをヨーロッパ統合への道筋をつけるものとして歓迎し、翌五一年ヨーロッパ石炭鉄鋼共同体（ECSC）の発足を承認した。[14] 西ドイツ、フランス、イタリア、ベネルクス三国が参加した同共同体の形成は、西ドイツにとってルール産石炭のフランスへの供給を保障し、さらにはドイツ鉄鋼産業に対して、フランスが要求した統合企業解散要求を受容することを現実的には意味した。ＥＣＳＣ成立時における主要企業分割の実行が西ドイツ経済にとって大きな試練であったことは、石炭鉄鋼共同体の受け入れが少なくともドイツ側にとって単に当面の市場拡大などという経済的利害だけで行われたものではなかったことを示している。[15] 明らかにそれを超えた意思が働いていた（シューマン・プランの成立過程については第六章で改めて詳述したい）。

＊　＊　＊　＊

右の分析にいささかの意味があるとすれば、つまるところ西ドイツとアデナウアーにとって一九五〇年代初頭のヨーロッパ統合への参加は、すぐれて政治的意思に貫かれた行動であったという事実にほかならない。二十世紀中葉からの西ヨーロッパ統合への歩みは、いっけん経済関係の緊密化、経済統合の姿をとって始まったかにみえた。が、その経済統合に流れ込んだ関心の内実はまぎれもなく政治的であった。ドイツの東半分にまでソ連が進出している状況を第一とした冷戦という危機、さらにヨーロッパの後退・矮小化が引き起こした新たなヨーロッパ意識、さらにはヨーロッパ自身の内部においてもみずからの主権に固執しては自己の関心さえ実現できないという国家主権への限界の認識、それらが二〇世紀後半、歴史としてのヨーロッパ統合を牽引していく重要な複合要因であったことを、四〇年代後半から五〇年代前半の西ドイツの行動はなにより指示しているのである。

加えて次のようにも記しておこう。自らの矮小化への不安とともに、強力な他者に直面した対抗意識が、第二次大戦後のヨーロッパ統合運動を促す重要要因であったとすれば、歴史としてのヨーロッパ統合は戦争に対する厳しい反省を基調とし、さらに自由と民主主義という言葉で語られる側面をもつと同時に、また時として閉鎖的で、自らを他者から差異化する独自のヨーロッパ主義をも伴わざるをえなかった。ヨーロッパが何かという定義もあらかじめ定められたものではありえず、観念として作り出されていく恣意性を含んだものであった。さらにはしばしば語られる「ヨーロッパ市民」、その理念もまた文字通り歴史の産物にほかならず、語られた時空に応じた検討を必要とするものであろう。ヨーロッパ統合はその意味で、つねに等身大に、歴史にそくして捉えられるべきものと考えたいのである。(16)

＊　＊　＊　＊

本書の成り立ちについて一言しておきたい。

本書は、編者がかつて一九九六年から九九年までの期間、科学研究費補助金研究の代表者として進めた共同研究「ヨーロッパ統合の理念と近現代統合運動の歴史的研究」の成果を基礎としている。その間の研究成果は、すでに科研報告書として二〇〇〇年三月に公刊した。ただ以後もわれわれは、このテーマを重要な歴史課題としてそれぞれに意識し、検討をつづけてきた。そのため本書は、既刊の報告書とは内容を大幅に異にしている。その後の成果をそれぞれに取り入れ、また新たな構成を施し、さらには執筆者として新規の方々に加わっていただくことにより、本書はヨーロッパ統合の理念と軌跡という共通テーマのもとに、独自の研究成果を世に問おうとしている。

本共同研究を構成する三人のものは近代以前を専門とするヨーロッパ史研究者からなる。近代を専門とされる服部春彦先生をのぞく本書第一部および二部を執筆するそれらの方々は、近代以降のヨーロッパ統合への流れを視野に入れながらも、各時代の研究をそれ自体として固有の意味をもつものとして進める立場にある。他方、私を含めて第三部以降を分担したものは、二〇世紀を研究する歴史研究者、あるいは現代ヨーロッパ統合運動を同時代事象として地域論的、また政策論的に観察している立場の研究者である。

本書は、そのような複合的な立場のものが、ヨーロッパ統合が紛れもなく今日進行しているという事実を共通の視野に、それぞれのフィールドにおいてヨーロッパの歴史をいま一度振り返ろうとする地点から出発した共同研究といってよい。したがって、ヨーロッパ統合の軌跡を歴史的に論じるとしても、近代以降の統合の動きを政治学的にいかに規定するか、さらには統合史を通観的に論じることなどは、本研究の目標ではない。むしろ、広くヨーロ

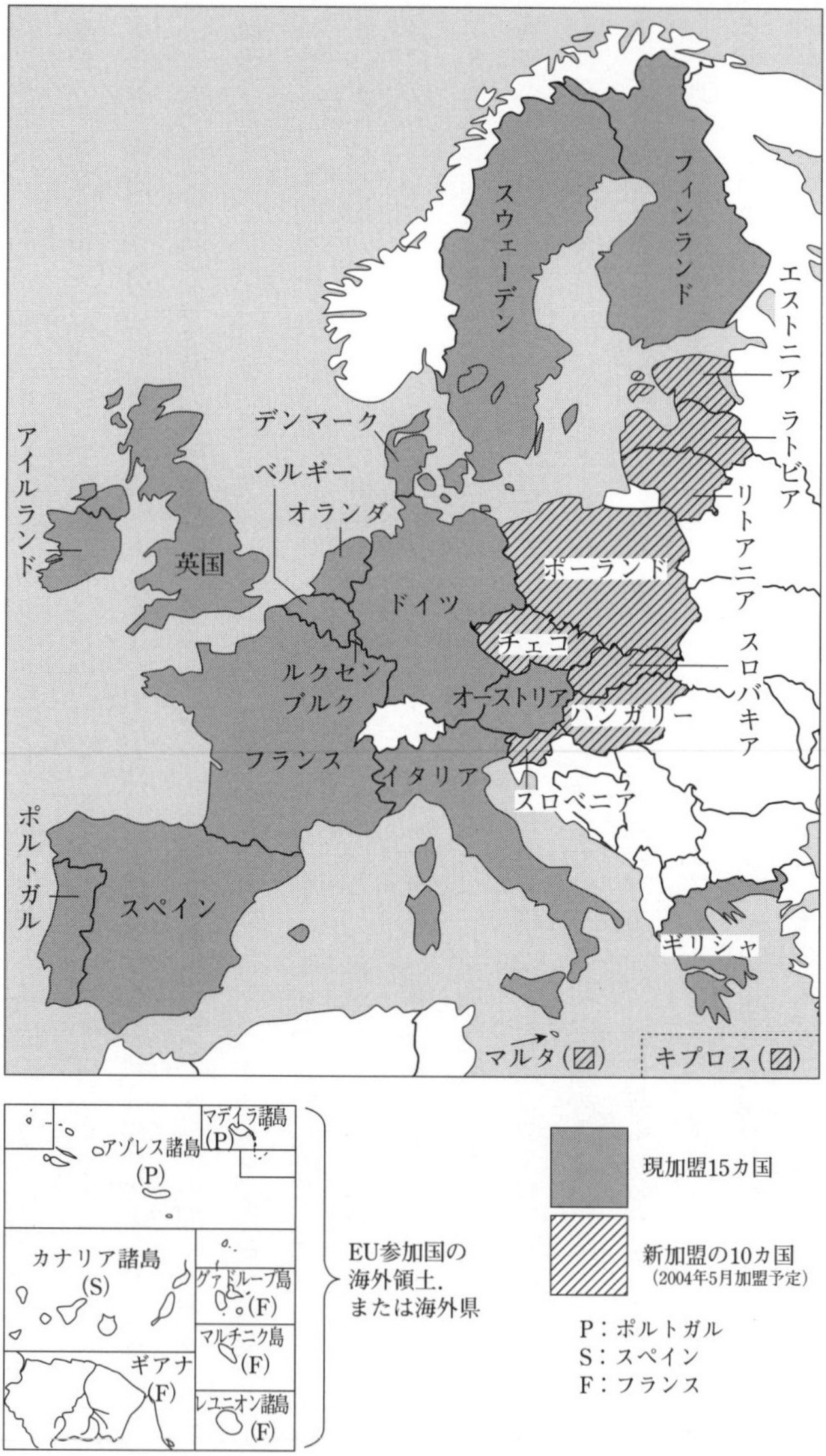

スウェーデン
フィンランド
エストニア
ラトビア
リトアニア
デンマーク
ベルギー
オランダ
アイルランド
英国
ポーランド
ドイツ
チェコ
スロバキア
ルクセンブルク
オーストリア
ハンガリー
フランス
イタリア
スロベニア
ポルトガル
スペイン
ギリシャ
マルタ
キプロス
マデイラ諸島 (P)
アゾレス諸島 (P)
カナリア諸島 (S)
グァドループ島 (F)
マルチニク島 (F)
ギアナ (F)
レユニオン諸島 (F)
EU参加国の海外領土．または海外県
現加盟15カ国
新加盟の10カ国
(2004年5月加盟予定)
P：ポルトガル
S：スペイン
F：フランス

図序-1　拡大するEU

ッパとは何かという問題を共通の鍵概念とし、政治的あるいは文化的概念としてのヨーロッパが意識される時空、またその観念が実際に孕む多様性、あるいは歴史と記憶の修辞性を取り上げることを通して、今日統合という方向に動き始めたユーラシア大陸西端地域の人びとの政治・社会の有り様、生活の営み、そして権力のあり方を考えようとするのが本書のライトモチーフである。

今日、ヨーロッパ統合の動きはますます加速し、図に示したとおり二〇〇四年五月には拡大EUとして、現在の一五カ国から二五カ国の体制へと移行を目指している。研究者自身が時代の状況にたえず規定されざるをえないばかりか、かほどに現在進行形の過程である限り、われわれの研究はつねにある種の試論的性格を免れえない。しかし、そのことを自覚したとしても、ヨーロッパ統合の歴史は第二次大戦後の動きとしてすでに五〇年以上を経過しており、われわれはそれを、史料的ばかりか感覚的にもある歴史的時点にたって論じうる状況に徐々になりつつある。

おそらく二〇世紀中葉から拡大した統合運動の最大の特徴は、それが、一七世紀以来の主権国家体制の礎である、何にも拘束されない主権を部分的にせよ超国家機関に委譲することで国家の意味を相対化していくという、広く地域概念、国家概念、さらには社会概念の革新的変化を含んでいる点であろう。近代に入って以降、国民国家が質的ばかりか量的にも強めた政治的強制力、さらには広範な社会的・文化的規範力を考えれば、その近代が生みだしてきた力を逆に相対化する動きは明らかに世界史における重要な変化といわざるを得ない。その事実は、たとえばナポレオンが一時的に実現した一九世紀初めのヨーロッパ「大陸体制」と比較すれば明白であろう。

一八〇〇年代にナポレオンが軍事力を通して創建した「大陸体制」とよばれる領土拡大と、またフランスによる周辺諸国への従属化政策には、二〇世紀にすすむヨーロッパ統合の萌芽ともなりうる、社会的あるいは政治的近代諸原理の普及がみられた。「強制」もしくは「輸出」を通してフランス「大帝国」外にまで広がった民法典や、フランス・モデルの憲法、行政・財政制度など広い意味で法と制度の近代化が、その間に進んだことは間違いない（といっても地域的に多くの偏差があったが）。しかし、そうした政治・社会面での画一化をもたらした「大帝国」であったとしても、その「帝国」は決定的にフランス国民国家体制の延長であり、いかなる意味でもフランス国家主権の修正ではありえなかった。フランス「大帝国」の核心にあるナポレオンが求めた政治的関心は、「征服地や同盟国の領土をよりよく支配するために、それらを弱体化する」こと、そして「フランス精神のためにすべてのローカルな精神を破壊しようする」努力であった。経済的な関心からみればことはさらに明瞭であり、ナポレオンが進めた政策は大陸諸国をフランスに経済的に従属させる目的を第一義とする「経済的エゴイズム」あるいは「帝国主義」にほかならなかった（以上、本書第4章服部春彦論文を参照）。そうした国民国家体制の強化の時代は、ナポレオンを排した以後も二〇世紀前半まで、ヨーロッパ史を一世紀半にわたって貫いた基本潮流であった。

本書が、ナポレオン体制までを第二部とし、二〇世紀の統合運動を第三部以降に区分したのは、右のような意味で、二〇世紀中葉からみられた統合運動が歴史的にみて決定的に新しいものであるという認識に立つゆえである。ただし、二〇世紀の統合もまたその五〇年の歴史を通してみればすこぶる複雑な足跡、あえていえば紆余曲折をたどってきたのであり、そのような歴史的歩みとしてのヨーロッパ統合の軌跡を大戦にさかのぼって明らかにし、現在の統合の実情にも触れようとするのが、本書の後半「ヨーロッパ統合の起点」および「ヨーロッパ統合の現在」である。本序論は、その第三部、第四部に対する序文という意味をも込めて記した。本論を含めて、第二次大戦後の「統合」の新しさがいささかなりとも明示できていれば、所論の目的もかなったものと考えたい。

なお、巻末に付した第二次世界大戦後のヨーロッパ統合に関わる年表は、編者自身が作成したが、事実の確認等について京都大学文学研究科大学院生である嶋大吾君、菊池隆之君に協力してもらった。最後になったが、仕事の遅い編者であるため、本書の刊行は予定より一年近く遅れた。多くの執筆者には原稿をすでに二〇〇三年初めにいただきながら、完成しない私の原稿を忍耐強く待っていただくことになった。すべての執筆者に対して、編者としてお詫びとともに心からの謝意を記したい。最後に、本書の刊行には財団法人京都大学教育研究振興財団の平成一五年度第四号事業に採択されて出版助成金をいただいた。また、京都大学文学研究科が現在進める二一世紀ＣＯＥプログラム「グローバル化時代の多元的人文学の拠点形成」からも援助をうけた。京都大学学術出版会に対してともに、関係各位に深謝するものである。

（二〇〇三年一二月一二日記）

注

（1）以下の記述は、アメリカの歴史家トマス・シュワルツの叙述に多くをよる。Thomas Alan Schwartz, *America's Germany : John J. McCloy and the Federal Republic of Germany* (Harvard University Press, 1991), pp.57, 60.

（2）Mark Mazower, *Dark Continent : europe's twentieth century* (Vintage Books, 1998), pp.212-214.

（3）Clemen Wurn, ed., *Western Europe and Germany : The Beginnings of European Integration, 1945-1960* (Oxford University Press, 1995), p.2.

（4）以下の議論については、独・日の、次の二つの先行研究に多くの示唆を受けている。Hans-Peter Schwarz, "Adenaur und Europa," *Vierteljahrshefte für Zeitgeschichte*, 27 (1979).佐々木隆生「ヨーロッパ統合の脱神話化」、佐々木隆生・中村研一編著『ヨーロッパ統合の脱神話化――ポスト・マーストリヒトの政治経済学』（ミネルヴァ書房、一九九四）。

（5）Konrad Adenauer, *Reden 1917-1967*, hrsg. von Hans-Peter Schwarz (Stuttgart, 1975), S.82-106.

（6）*Ebenda.*, S. 104.

（7）ハーグ会議（Hague Congress, Haager Kongress）については第六章においてふれるのでここでは詳述しない。なお、簡単には本書巻末の年表を参照。

（8）会議録が記すイギリス占領地区ＣＤＵ党執行委員会は、五月一九日、二〇日の両日、ノルトライン・ウェストファーレン

州リパ (Lippa) において開催された。会議録の名称は次の通りである。Protokoll über die Sitzung des Zonenausschusses der CDU der britischen Zone am 19. und 20. 1948 in Bad Meinberg/Lippe, in Konrad-Adenauer-Stifting (Hrsg.), *Konrand Adenauer und die CDU der Britischen Besatzungszone, 1946-1949 : Dokumente zur Grundungsgeschichte der CDU Deutschlands* (Eichholz-Verlag, 1975), S. 492-517.

（9）*Ebenda.*, S. 496-499.

（10）*Ebenda.*, S. 493-495.

（11）Cf. Hans-Peter Schwarz, "Adenaur und Europa,"S.477-481.

（12）Konrad Adenauer, *Reden 1917-1967*, S. 183, 184.

（13）*Ebenda.*, S.181.

（14）本文で引いた五〇年一〇月の演説においてアデナウアーは対仏関係、とくにシューマン・プランについて次のように語っていた。*Ebenda.*, S. 190-192

フランス国民議会はドイツの再軍備を含めた現下のヨーロッパ防衛の問題について、まもなく論議をもとうとしている。（そして漏れ聞くところによると、ドイツの再軍備につよい不安を語る人びとが多数いる。）しかし、それゆえにわれわれは、フランス国民が次の事実を確信することをつよく願うものである。われわれドイツ人は、フランスとの過去の不和から永遠に決別するつもりであり、それためにシューマン・プランの成立に向けて討議を重ねてきたし、今後も誠実に折衝をつづけるつもりなのである。〔……〕いま一度シューマン・プランについて言明する。われわれはそれに同意し、その実施を目指す明確な意思をもつ。わが国ドイツにおいては、ヨーロッパ理念がいま疑いなく根を下ろしつつある。われわれは、青年に向けて、ヨーロッパ共同体という精神を教育することがなにより重要と考えているのである。

（15）Wurn, ed., *op.cit.*, p.65 ; John Gillingham, *Coal, Steel, ant the Rebirth of Europe, 1945-1955 : The Germans and French from Ruhr Conflict to Economic Community* (Cambridge University Press, 1991), pp.269-283.

（16）「歴史としてのヨーロッパ統合」という理解は、決して新奇のものではない。近著、谷川稔編『歴史としてのヨーロッパ・アイゼンティティ』（山川出版社、2003年）も、そのような立場での最新の研究として教えられるものが多い。

第1部

ヨーロッパの基層

第1章

ヨーロッパ統合と古代ローマ帝国

南川高志

緒　言　ヨーロッパ統合の「先駆」としてのローマ帝国

はるか二千年もの時を遡る古代のローマ帝国と、二一世紀初頭に進展を見ている現在のヨーロッパ連合の拡大とを並べた本章のタイトルを、読者の中にはずいぶん奇異に感じる方もおられるかもしれない。しかし、実は、ヨーロッパ統合への動きの中で、ローマ帝国を拡大ヨーロッパ、統合ヨーロッパの「先駆」として言及することがしばしばなされてきた。ジャーナリストや現代史研究者がそのようにしただけでなく、ローマ史研究の専門家すらそうした視角から論じたことがあったのである。(1)

紀元前一世紀の後半、とくにオクタウィアヌス（アウグストゥス）による皇帝政治の創始以降、ローマ人の国家はイタリア半島を中心として、地中海を「内海」とする広大な領土を数世紀間にわたり支配した。最大版図を達成した紀元二世紀の初め頃には、その領土は北はブリテン島の北部、南はエジプト南部、東は今日のイラク、西はモロッコにまで及んでいる。この広大な領土の内部では、共通の法、貨幣、度量衡が通用し、また行政と軍事においてはラテン語が帝国の公用語として機能して、首都ローマからの指令が各地に行き届いた。首都の皇帝の命令で自在に動く三〇万人以上の常備軍が、領土内各地に駐屯して治安を確保し、外敵から領土を守った。さらに、このローマ人の国家は、イタリアを故地としつつも、他部族、他民族の政治参加を拒まず、ローマ市民権も自発的に付与したから、最盛期の帝国では、出身地や民族に関係のない、普遍的な意味での「ローマ人」が国家の主人公となったのである。大帝国の頂点に立つ皇帝すらも、やがて古くからのイタリア人家系の出身者ではなくなり、有名な五賢帝はそのうちの四人までもが、属州であるスペインや南フランスの都市の家系の出身であった。こうして、ローマ帝国を担うのはイタリア人ではなく「ローマ人」であり、また国家を支えるイデオロギーはただ「ローマ理念」(Romanitas) であったのである。

このように理解されるローマ帝国は、拡大と統合を目指す今日のヨーロッパにとって、格好のモデルたりうる存在といえる。強大な統一国家の象徴的存在しての単なるアナロジーにとどまらず、統一ヨーロッパの「先駆」としての内実をローマ帝国は有していたのである。二〇世紀末のヨーロッパに、国民国家群から拡大ヨーロッパへと向かう動きの中で、地理的にどこまでが「ヨーロッパ」と見なされるべきかがしばしば話題となったが、その際にもローマ帝国の支配領域が引き合いに出されている。例えば、かのノーマン・デイヴィスは、ローマ帝国の支配領域をブドウ栽培の可能な領域と同一視して、「ヨーロッパ」の把握の参考に持ち出している[2]（ローマは、正確には、ブドウ栽培の領域を越えて支配領土を広げたのであるが）。

しかし、筆者は、掲げた論文タイトルにもかかわらず、本章でヨーロッパ統合の「先駆」「モデル」としてのローマを論じることはしない。むしろ逆に、今は「統合」されつつあるヨーロッパの諸国、諸民族が、その歴史の歩みにおいてはたいへん異なった性格を示し、今日もなおその性格を維持している点を、このローマ帝国に対する関係という論点から明らかにしようと試みるのである。そして、ヨーロッパ統合の「先駆」としてのローマ帝国という、単純なアナロジーに傾きがちな議論とはまったく異なる議論をおこなって、ヨーロッパの本質の一端を解き明かし、「統合」の持つ意義を歴史的に考える一助としたい[3]。考察の対象とするのはドイツとイギリスである。前者は統合の動きの中心となっており、後者は統合からやや距離を置いて、独自性を保とうとしていて、同じヨーロッパ連合のうちにあっても好対照をなしている。

第一節　ドイツとローマ帝国

1　ドイツ史の中のローマ帝国

一九九〇年に統一を果たして、今やヨーロッパ統合のために中心的な役割を果たしているドイツは、いうまでもなくゲルマン人の故地にできた国家である。わが国で一般に通用している「ドイツ」という呼称や観念が歴史的に出現したのは中世であるが[4]、古代にあっても、今日のドイツ国家に相当する地域にはゲルマン系の人々が住んでおり[5]、彼らが大移動を開始してローマ帝国の支配を突き崩し、中世の新しい政治地図を描いたことは改めていうまでもない。ドイツは何よりゲルマン系の国であり、「ローマ帝国」とは相異なる歴史的性格を有すると一般には感じられるであろう。
しかし、今日のドイツにあたる地域は、実際には歴史地理的にいくつかの性格の異なった地域に分けられる。ライン川の西側とドナウ川の南側に当たる部分は、実はローマ帝国の支配下に入って属州となっており、今日のケルンやマインツ、ボンなど、数多くの都市がローマ人によって築かれ繁栄していたのであった。モーゼル河畔のトリーアは、後期ローマ帝国時代に分割された帝国領のうちの一つの首都にまでなっていた。そして、ライン川の西、ドナウ川の南の部分は、ローマ帝国が滅んでからもその影響を深く残し、また隣接するフランスの影響も絶えず受ける歴史的歩みをたどった。この旧ローマ属州であったドイツの地域は、ライン川の東のドイツ中央部や、エルベ川以東のかつてプロイセン王国だった地域とは、相当に異なった性格を持っている。要するに、今日の「ドイツ」は、ゲルマン人の故地ではあるが、ローマ帝国と無縁であったわけではなく、「ローマ人の土地」であった部分もかなり含んでいるのである。

現在のドイツにあたる地域がローマ帝国と関わりを持つようになったのは、かのユリウス・カエサルのガリア遠征（紀元前五〇年代）からである[6]。ガリア征服を進めていたカエサルは、前五八年に東方からガリアに侵入したアリオウィストゥス率いるゲルマン系のスエビ族と戦ってこれを破り、ライン右岸に敗走させた。さらにいくつかの部族とも戦い勝利して、ライン川をゲルマン人に対抗する国境となすに至った。

カエサル殺害後の内乱に勝利して帝国の唯一の実力者となった養子のオクタウィアヌスは、前二七年にアウグストゥスの尊称を得た後、養父の偉業を継ぐべく、帝国国境の確定に力を注いだ。アウグストゥスは、ゲルマン人の居住する世界に対しても、カエサルの築いた国境線を大きく越えて侵攻した。すなわち、前一二年から前九年にかけて、義子ドルススに三度遠征させ、バタウィ族やカウキ族などを征服させて、ライン川の中流域の現マインツや下流の現クサンテンなどに根拠地を築かせたのである。ドルススは陸と海の両方から進んでエルベ川まで達したが、落馬がもとで死亡した。しかし、彼の遠征でローマの影響は一気にゲルマニア全土に及ぶようになった。

さらに、アウグストゥスはドルススの兄であるティベリウス（後に第二代皇帝となる）にも二度にわたって遠征させ、ローマの支配を定着させようとした。ティベリウスの軍隊はボヘミアのマロボドゥウスの王国をも攻めた。ところが、支配下のパンノニアとダルマティア（現在のハンガリーから旧ユーゴスラヴィアにあたる地域）で紀元六年に反乱が発生し、ティベリウスはこの反乱の鎮圧に苦闘せねばならなくなった。さらに、ローマの支配に不満を抱いたゲルマン人たちは、ケルスキ族のアルミニウスのもとに結集し、紀元九年に最高司令官プブリウス・クィンクティリウス・ヴァルスの率いるローマのライン方面軍と戦って、正規軍団三個を全滅させたのである。これが有名な「トイトブルクの森の戦い」として知られる事件である。

アウグストゥスはこの敗北によって、ゲルマニア全土の征服を断念した、と一般に説明されてきた。アウグストゥス自身が記録させたといわれる『神君アウグストゥス業績録』には、「余は大洋が境をなす属州ガリアや属州ヒスパニア、そしてゲルマニアをも、ガデスからアルビス川（エルベ川）の河口に至るまで平定した」（第二六章）[7]とみえるが、実際に平定され、ローマの支配下に組み込むことができたのは、せいぜいライン川の西側部分だけであった。

紀元一四年にアウグストゥスが世を去り、ティベリウスの治世になると、新皇帝は養子のゲルマニクスに四回もライン川を越えて遠征させた。ゲルマニクスは、父ドルススの征服事業を発展させようと志し、一四年から一六年の間にヴァルスが敗北した地域を含めて軍事行動をおこなって、とくに一六年にはアルミニウスと戦い勝利を収めた。しかし、その年の終わりにティベリウス帝に召還されてしまい、一九年には謎の死を遂げてしまう。ゲルマニクス以降には、ゲルマニアの地深く侵攻したローマの将軍はおらず、事実上、征服活動はゲルマニクスの遠征で終了したのである。

ローマ支配下に入ったライン川の西岸地域は、モーゼル川がライン川と合流する現在のコブレンツ（古名はコンフルエンテスで「合流地」の意味）付近を境に二つに分けられて、北を属州下部ゲルマニア、南を属州上部ゲルマニアとして統治されることになった。もっとも、最初統治はライン方面軍による軍事的支配であった。これらの属州には、ゲルマン人に対峙するため、引き続き軍団が数多く駐屯したが、しばしばその軍隊が反乱を起こしたりローマ中央の政争に巻き込まれたりして、ライン川周辺地域は安定しなかった。

ローマ軍は、一世紀後半のウェスパシアヌス帝治世の七三～七四年頃に軍事行動を起こし、ドミティアヌス治世の八三年と八九年にも幾分か征服地を広げたが、より注目すべきは征服地防御のための防壁（リメス）を築いたことである。[8] すなわち、ライン川の中流域にあたる現在のコブレンツの北西、ラインブロール付近に始まり、タウヌス山地に沿って東に向かい、フランクフルト・アム・マインの北方、リヒ付近で南方へと向きを転じて、シュトゥットガルト東方のロルヒ付近に到達。そこからさらに東に向かい、レーゲンスブルク南西のアイニングでドナウ川に接続するという長大な壁が築かれたのである。できあがった防壁は長さ五五〇キロメートルに及び、完成までおよそ七〇年かかった。これは、イングランドに今日みられるハドリアヌスの長城のような石造りの堅固なものではなく、土と木材でできたものであるが、一定の間隔で見張り塔や陣営が設けられて、敵の急襲に備えることができるようになっていた。こうして、ライン川の上流とドナウ川の上流とに挟まれた凹地が防壁で囲まれ、アグリ・デクマテスと呼ばれることになった。

この防壁の工事が始まったドミティアヌス帝治世は、ローマの辺境政策の大きな転換期でもあった。同帝治世にはドナウ地方でローマ国境への異民族の圧力が強まり、皇帝はライン川方面やブリテン島からも軍団を集めてこれに対処した。さらに、ドミティアヌス暗殺の二年後に登位したトラヤヌスは、ドナウ川流域の国境問題を根本的に解消するために、ドナウ川彼岸のダキア（現在のルーマニアにあたる地域）へ二度にわたって大遠征をおこない、ついに一〇六年にこれを征服して、属州ダキアを設置した。この一連の軍事行動によって、ネロ帝治世の最後の年である紀元六八年に正規軍団七個が駐屯していたライン方面の軍勢は大きく減らされて、正規軍団四個となり、一方ドナウ川沿岸属州では五正規軍団から一二正規軍団へと一挙に増やされることになった。[9] また、ドミティアヌス治世には、ゲルマニア属州は、それまでのライン川方面軍の軍管区支配から、他の属州と同じような属州総督が文武の両権を持つ統治方式へと変更された。帝国にとって脅威となる辺境はライン川方面ではなく、ドナウ川方面であることがはっきりしたのであり、ライン川方面はローマ支配下で安定化したと考えてよいのである。こうして、今日のドイツに相当する地域は、ライン川上流域が属州上部ゲルマニア、同下流域が属州下部ゲルマニアに属したのに加えて、モーゼル川流域が属州ガリア・ベルギカに、ドナウ川の上流域が属州ラエティアに属することとなった。

2　トイトブルクの森の戦い

さて、おおむね現在のフランスにあたるガリアと異なり、ゲルマニアのすべてがローマの支配下に入ることはなく、現在のドイツの地は帝国領と未征服の「自由ゲルマニア」とに分かれてその歴史を歩むことになった。この分岐の決定的な出来事として言及されるのが、先に触れた「トイトブルクの森の戦い」なのである。皇帝アウグストゥスは、ゲルマニア征服を目指して軍を派遣していたが、姪の娘の夫であるプブリウス・クィンクティリウス・ウァルスに指揮させた三個軍団がゲルマン人部隊に壊滅させられて、その計画は頓挫した。この三軍団全滅は皇帝に相当ショックを与えたようで、伝記作家スエトニウスは次のように記している。

実際この時アウグストゥスの受けた衝撃はたいへんに強烈で、伝えるところによると、数ヶ月間髯も剃らず

注）イタリックは属州名

図 1-1　ローマ時代のドイツとその周辺

髪ものばし放題で、ときどき扉に頭をぶっつけては「クインクティリウス・ウァルスよ、軍団兵を返してくれ」と叫んでいた、そしてこの惨敗の日は、毎年喪に服し哀悼の意を表していたという。（「アウグストゥス」二三、國原吉之助訳、一部改変）[10]

しかし、この意義深い戦いを直接詳細に記した文学作品はなく、ウァルス敗北の後にゲルマニアに派遣されたゲルマニクスの活動に言及したタキトゥスの作品などが、わずかな情報を与えているにすぎない[11]。したがって、この戦いがおこなわれた場所ははっきりせず、ここ二〇〇年間の間に七〇〇以上の学説が唱えられてきた[12]。今日のローマ史研究の基礎を築いたかのテオドール・モムゼンも、一八八五年に、その地域から報告された貨幣の出土の具合から、ドイツの北西部、ニーダーザクセン州の古都オスナブリュック市の北約二〇キロメートルにあるカルクリーゼという小村付近を古戦場と推定したが[13]、その説は格別の支持を得たわけではなかった。

ところが、一九八七年、モムゼンの推定した場所が古戦場であったらしいことを強く示唆する発見がなされたのである。カルクリーゼの近くで、非番の英軍将校で考古学愛好家のトニー・クランが、金属探知器を使って一六二枚のローマのデナリウス銀貨と三個の武具（投擲用の弾）を発見したのである。[14]この発見の後、一九八九年から本格的に発掘が開始され、証拠といえる出土物が数多く得られたため、この地が紀元九年の戦いの古戦場とほぼ同定されるに至り、二〇〇二年には博物館も開館した。出土物は二〇〇三年初めの時点で約六〇〇〇点に及んでいる。[15]

地区の考古局と市の博物館が組織的におこなった発掘では、ローマ軍の武器や軍装、馬具、日用品、そして貨幣が大量に発見された。貨幣は、戦いのあった紀元九年以降のものは全くなく、また兵士用に指揮官が発行したウァルスVAR〔US〕の刻印を持つものも見つかっている。一緒に見つかった人骨はすべて壮年の男性のもので、傷跡のあるものも発見された。

研究者の間には、この地を戦場と同定することになお疑問を持つ者もいる。[16]実際、ローマ側だけでも三個の正規軍団兵、約一万五千名が戦い、戦闘も数日に及んだことが知られているから、戦場の完全な特定は難しいであろう。しかし、同定された場所は、タキトゥスの史書に記されているような山と沼沢地に挟まれた場所であり、「トイトブルクの森」での戦いという古来からの名称とは場所が北にずれてはいるが、おおむね正しいとみてよいのではないかと思われる。

現在のドイツでは、この戦いは「トイトブルクの森の戦い」ではなく、「ウァルスの戦い」（Varusschlacht）と一般に呼ばれている。発見された戦場の跡に建てられている博物館の表示では、この地点はオスナブリュック市から一八キロメートルのところとある。「トイトブルクの森」まで三二キロメートル、同じく戦場跡ではないかといわれ、後述するアルミニウス（ヘルマン）の記念像が一九世紀後半に建てられたデトモルトまでは七二キロメートルある。さらに、ライン川とは一五五キロメートル離れており、ローマの陣営、そして植民市として繁栄した現クサンテンの町まで一三七キロメートル、そして帝国の首都ローマまでは実に一六〇〇キロメートルも離れているのである。

トイトブルクの森の戦いは、ゲルマニア全土を征服しようとしていた初代皇帝アウグストゥスに、その計画を断念させた決定的な敗戦の場であると意義付けされてきたから、その戦いの跡の発見はドイツ史、ローマ史の双方にきわめて重要な価値を持つといえよう。この戦場跡発見のニュースは、日本でも一九九二年と一九九四年に、海外の研究動向として簡単に紹介されたが、[17]ヨーロッパ考古学やローマ属州史の専門研究者がわずかしかいないわが国では、このニュースがさらに学術的に取り上げられることはなかった。ところが、近年、ドイツ近代史を専門とする坂井榮八郎氏が、このニュースを立ち入って紹介するとともに、この発掘作業とそれに密に関連するドイツのイデオロギー的問題について解説をしている。[18]坂井氏は一八世紀のオスナブリュックの保守的啓蒙家、歴史家、政治家であるユストゥス・メーザーについての研究の過程で、上述の発掘を知ったという。このメーザーは一七四九年に「悲劇・アルミニウス」という作品を著しているが、すでに触れたように、このアルミニウスこそ、ローマの三個軍団を滅ぼしたゲルマン人の首領であった。

坂井氏に拠れば、近代に入り人文主義の成果としてドイツにローマ時代の歴史書、とくにタキトゥスの作品が知られるようになると、アルミニウスはローマを破ったということで注目されるようになった。やがて、彼は英雄視されるようになり、ヘルマンというドイツ名で数多くの文学や劇作の題材となったばかりか、ローマとフランスを二重写しにした思潮の中で、反フランス的ナショナリズムのシンボルになっていった。一八七五年には、戦場跡の一候補となっていたデトモルト市の郊外に、このヘルマンの高さ二六メートルに及ぶ記念像が建てられた。その除幕式には、のちにドイツ皇帝ヴィルヘルム二世となる人物が立ち会ったが、像の長さ七メートルに及ぶ剣には、「ドイツの統一はわが強さ、わが強さこそドイツの力」と刻まれたのである。ところが、こうしたアルミニウスのナショナリズム的英雄扱いは、一八世紀のメーザーの作品にはみられず、一九世紀初頭、対ナポレオン解放戦争時代の愛国詩人クライストの作品（一八〇八年）以降に形作られていく。そして、このヘルマンとトイトブルクの森の戦いでの勝利の神話が、ナチスの時代に至るまで、ドイツ人の民族的歴史意識形成に大きな役割を果たした。以上のように、坂井氏は指摘する。さらに氏は、近年の戦場跡の発見によっても現在のドイツの研究者たちにナショナリズム的な雰囲気はなく、ナショナリズム的センセーションを警戒する今日のドイツの研究者や知的公衆の姿勢が伺われるのであり、アルミニウスないしヘルマン像の「脱神話化」ともいうべき動きがはっきりと見て取れる、と述べている。

この戦いの発見に関する坂井氏の指摘はきわめて興味深い。実際、現在カルクリーゼの戦場跡に設けられた博物館でも、出土物の展示と並んで、アルミニウス、ヘルマン記念像、そしてナチスの関連を示すパネルも掲げられている。

ところで、すでに述べたように、この「トイトブルクの森の戦い」については、一般にローマ帝国のゲルマニア方面への拡大を断念させたものとして、意義づけられている。ローマ帝国の国境線はおおむねライン川とドナウ川の沿岸にとどまってしまい、それ以上北東へと進むことは出来なかった、というわけである。しかし、一方で、いわばローマの国勢の限界を意味するこうした見方だけではなく、さらに次のような見解も出されている。すなわち、この戦いの敗北によって、ローマはエルベまでの広大な空間を帝国領に入れることを断念したが、支配下に入ったライン川、ドナウ川沿岸はローマ支配の恩恵を受けて文明化したのに対し、征服されなかった地域は自由ゲルマニアとして未開のまま取り残され、のちに発展が遅れることになった。要するに、トイトブルクの森の戦いは、「文明化」と「未開」の運命を定める事件であったというのである。

こうした見方は、その根底に、ローマ帝国は「文明」の帝国であって、その領土内を単に支配しただけではなく、「ローマ化」することで高度な文化をもたらした、との解釈がある。この「ローマ化」を意味深く提示したのは、奇しくもカルクリーゼ戦場説を唱えたモムゼンが、その同じ年に上梓した『ローマ史』の第五巻であった[19]。モムゼンはローマ帝国の諸属州の歴史を論じながら、「ローマ化」(Romanisirung 今日では Romanisierung) の言葉のもとで帝国が征服した地域をローマ風に変えて、その結果領土内が次第に均質化してゆくことを力説したのである。「ローマ化」という概念とそれによる歴史把握は、モムゼンの影響を受けたイギリスの考古学者で歴史家であるフランシス・ジョン・ハヴァフィールドによってさらに発展させられ、「文明化」と同値されるほどの価値を与えられてゆく[20]。

「文明」の帝国ローマの意義を高く評価する解釈は、単に歴史学界にとどまらず、広く共有されるようになった。ここでは、ドイツに関連し、こうした考え方に基づいて注目すべき議論を展開した文学者を紹介しておこう。エルンスト・クルツィウスである。

3　クルツィウスのローマ帝国観

エルンスト・ローベルト・クルツィウス（一八八六～一九五六年）は、二〇世紀最高のヨーロッパ文学研究者であるといってよい人物で、わが国でもとりわけ大冊『ヨーロッパ文学とラテン中世』（原著一九四八年、邦訳一九七一年刊）[21]で知られる学者である。以下で取り上げたいのは、彼の数多くの業績の中でも、初版が一九三〇年に出版された『フランス文化序説』[22]である。この書の第三章「歴史的基礎」において、クルツィウスは次のように論じている[23]。

すなわち、ドイツとフランスはいずれも同じ国家から生まれたもので、カロリング帝国の分裂の所産であり、この帝国の崩壊からドイツ（Deutschland）とフランス（Frankreich）ができることになる。両国民の独立した国家的発展は、八四三年のヴェルダンの分割条約からということである。しかし、それに先立つカエサルからカール大帝までの期間が、その後のドイツ、フランス両者の国民性形成に当たっていかに重大な意義を有したかを忘れてはならない。この八世紀間にその基礎が与えられたのである。ガロ＝ローマ人（ローマ支配下のガリア人）とゲルマン人は確かにしばらくの間一緒に生活してはいたが、彼らはたいへん異なった生き方をしてきた。すなわち、その相違を端的にいうならば、「ドイツの歴史はローマに対する反抗とともに始まり、一方フランスの歴史はローマによる征服とともに始まる」ということになる。

クルツィウスはこのように、書物の対象であるフランス（その古代名がガリア）と自国ドイツを、ローマを介して比較するのである。さらに彼はその主張をより明確化して、次のように述べる。長くなるが、そのまま引用しよう㉔。

われわれ〔ドイツ人〕の記憶の初めには、ケルスキ族のアルミニウスの姿がある。われわれは彼を解放者ヘルマンと呼ぶ。トイトブルクの森での戦いは、われわれにとって、ローマ人の頸木を払いのけたことの象徴である。一方、フランスの場合、これといかに異なることか！　紀元前五八年から五一年の八年間にわたる戦いで、カエサルはガリア全土を征服した。なるほど、ここでも解放の試みはなされている。ウェルキンゲトリクスの指揮下で、紀元前五二年にガリア人が広く反乱を起こしたのである。しかし、ウェルキンゲトリクスはアレシアにおいて攻囲され、降伏し、ローマで処刑された。そして、この敗北でもって、ガリアの土着の人々の国民性は抑え込まれることになった。フランスの歴史は、ローマ化でもって始まり、国家的な独立と自生的な文化を失うことで始まったのである。

今日に至るまでもフランス人の精神に長々と影響を及ぼし続ける奇妙な矛盾がある。ウェルキンゲトリクスの姿は偉大な歴史的記憶として残り、古来のガリアの国民性の象徴であり続けた。かのナポレオン三世すら、アレシアに巨大なウェルキンゲトリクス記念像を建てさせている。しかし、にもかかわらず、ウェルキンゲトリクスが勝利を収めておればよかったのにと願うフランス人はごく僅かしかいないであろう。フランス人の考えでは、ウェルキンゲトリクスの反乱は名誉あるものの、その敗北は必然的なもので、否、有益なものですらあった。ローマの文化、ローマの国家思想は優秀、最高度の世界史的な価値を持つものであった。ガリアはローマ化されることでこれを吸収したのである。ガリアはその文明をローマの征服に負っている。それによって「蛮族」からも逃れることができた。ガリアがもしローマ化されなかったら、ゲルマン化されたであろう。

クルツィウスは、このようにフランスとドイツの違いをローマとの関係に照らして述べている。ローマを高く評価する彼のこの姿勢は、この大学者がドイツ、フランス両者の狭間で揺れたアルザス〈エルザス〉地方の出身であることを想う時、いっそう重く感じられるであろう。周知のように、クルツィウスは大著『ヨーロッパ文学とラテン中世』において、ヨーロッパが単に地理的名称ではなく、固有の伝統、独自の性質を有する一個の「意味統一体」(Sinneinheit) であることを強調した。[25] 彼によれば、その文化的統一性の中心となったのは「ラテン語の世界」であり、またギリシア以来の「文学的伝統」であったが、それらの始源がローマ帝国にあり、またローマを経由して発展したことは改めていうまでもなかろう。クルツィウスは、「ひとは **civis Romanus**〈ローマ市民〉となってはじめてヨーロッパ人となる」とまで語り、またドイツの文豪ゲーテのローマ嗜好に関する証言を引用して「〔この証言を引用する理由は〕かつてローマ帝国に属していたドイツをローマにつないだ絆――感傷的な反省ではなく、本質への関与である絆がここに表明されているからである。このような意識のうちにこそ歴史は現在のものとなったのであり、こうしてわれわれはヨーロッパなるものに気づくのである」と述べているのである[26]。クルツィウスの考え方を単にいわゆる「ロマニスト」のそれとして片づけることはできないであろう。ドイツにおけるローマに対する高い評価は、ルネサンス以来、長い歴史を持ち、社会的にも根の深いものであったからである。

近代に入って、ヨーロッパの人々は古代ギリシア・ローマ人の事績を高く評価しこれを熱心に研究するようになったが、とくに一九世紀以降、ドイツでも「古典学（Altertumswissenschaft）」としてこれが確立し、ローマ人の事績やローマ帝国の歴史の研究がヨーロッパ諸国の中でもとりわけ盛んになされるようになった。近代歴史学がドイツにおける初期ローマ史の研究から始まったことは有名である。古典学の意義は、学問の世界にとどまらなかった。古典学の教養を身につけた階層が「教養市民層（Bildungsbürger）」としてドイツの社会を指導するようになったため、古典学は社会的エリートをその他の人々と区別するための規範としての働きをなしたのである。

ところが、ローマ人やローマ帝国への関心や思慕の念が高まる一方で、ローマとは相容れない思潮も成長してきた。ヨーロッパの諸民族は、近代の国民国家を形成してゆく過程で自己を様々に理解し、自らのアイデンティティを形成していったが、自己理解は「他者認識」をともなって成立するものであり、ドイツ人の場合は、たいていその「他者」がフランスであった。そして、とりわけナポレオン戦争期以降に、フランスがローマ帝国と重ね合わされることが生じて、ドイツのゲルマン的ナショナリズムの成長にともない、ローマ帝国は敵視される存在ともなったのである。先に紹介した坂井氏のアルミニウス（ヘルマン）をめぐる指摘は、まさにこの点を示している。したがって、一九世紀以降のドイツの思潮は、ローマ帝国に対する高い評価とゲルマン的ナショナリズムとの相克に特色づけられるといえるのである。しかも、実態は単純に整理できるものではない。坂井氏が紹介したように、一九世紀末に即位した皇帝ヴィルヘルム二世は、ドイツ的ナショナリズムの高揚に熱心で、それをよく利用したが、その同じ皇帝が、フランクフルト・アム・マイン近くのザールブルクにローマ人の築いた辺境防衛施設の再建をも指示している。一八九七年の開設の記念式典では、関係者がローマ風の装いで列席する中、ドイツ皇帝ヴィルヘルム二世はあたかもローマ皇帝のごとくにふるまったのであった[27]。

もっと極端な例を挙げよう。かのアドルフ・ヒトラーはゲルマン的人種イデオロギーで悪名高く、また古典学の素養を持つ教養市民層にその著『わが闘争』において仮借なき批判を浴びせたとして知られるが、そのヒトラーも「ローマ史は、全体の大筋において正しく理解されるならば、今日のみならずあらゆる時代にとって最良の師であるし、そうであることをやめない」[28]と述べているのである。

4　ゲルマニアの森から現代ドイツへ

ここで話をアルミニウス（ヘルマン）に戻したい。ローマ軍を打倒したこの人物は、近代にゲルマン的なナショナリズムのシンボルとなったのであるが、すでに述べたように、坂井榮八郎氏によれば、アルミニウスがそのように扱われるようになったのは、一九世紀初めのクライスト以降であるという。アルミニウス（ヘルマン）の解釈の変容、いわば「神話化」というべきものについては、ローマ史学史研究の大家ディーター・ティンペの研究に教えられるところが大きい。ティンペは、カルクリーゼ古戦場が発見される以前からアルミニウスに関する専門的な研究[29]をおこなっていたが、一九九六年にカルクリーゼの発見・発掘について議論したオスナブリュック大学での国際会議における報告で、この問題を明快に論じている[30]。

ティンペによれば、ウァルスの敗北（clades Variana）は、アウグストゥスの帝国にとって甚大な損失ではあったが、ライン・ドナウのローマ辺境体制の倒壊をもたらしたわけではない。ローマ人とゲルマン人との間の軍事・外交関係の歴史を顧みながら、歴史家タキトゥスは初めてアルミニウスに「ゲルマニアの解放者（liberator Germaniae）」の栄光を与えたが、二世紀以上にわたって発展したローマの文学的伝承は、われわれに歴史的事実を伝えるのみであり、トイトブルクの森の戦いは重大な出来事と考えられていたものの、ゲルマニアの自由の神話的な象徴となっていたわけではなかった。近代に入って、このローマ的なとらえ方がドイツでも受け入れられたが、それは人文主義の知識の一要素に過ぎず、ゲルマン人とローマ人、先住民の自由と外来の文明という感情の二元性を内に蔵していた。人文主義、そしてバロック、さらに啓蒙の時代に、戦いの伝承は各々のやり方で描かれるようになったが、決定的であったのはナポレオン期の経験である。一九世紀のうちにローマ人はフランス人と同一視され、戦いの伝承はイデオロギー的な常套句に堕ちてしまった。ヴァルスに対する戦いについての伝承は歴史的な神話を生むこととなり、ローマとゲルマンの対決というコンテクストに埋め込まれて残ることとなった。

ティンペの具体的な考証やその素材を立ち入って紹介し検討するのは別の機会に譲らなければならないが[31]、ティンペが言及したアルミニウス評価の原点たるタキトゥスの記述だけは、ここで簡単にでも確認しておきたい。タキトゥスは、紀元一世紀の半ばに生まれ、世紀末から二世紀の初めにかけて作品を発表した歴史家である。トイトブルクの森の戦いの半世紀近く後に生をうけた人物であるが、その主著『年代記』の中でゲルマニクスの遠征など、ゲルマニアでのローマ対ゲルマンの戦闘を描き、アルミニウスに幾度も言及している[32]。そして、アルミニウスが近親の裏切りによって死んだことを記述したあとで、「彼は疑いなくゲルマニアの解放者であった（Liberator haud dubie Germaniae）」[33]とはっきり記している。続けてタキトゥスは、アルミニウスがまだ揺籃期のローマに挑戦したのではなく、最盛期の帝国に挑戦して互角の戦いをし、負け戦がなかったことなどを述べる。さらに、今日でも「蛮族」の間で彼は詩歌に謳われていて、ギリシア人年代記作家が彼のことを知らないのは、彼らが自分たちの歴史しか賞賛しないからであり、ローマ人の歴史家からもアルミニウスは充分な評価を受けていないが、それはローマ人が古い時代のことばかりをもてはやして最近のことに関心を持たないからだ、とまで記しているのである(34)。

こうしたタキトゥスのアルミニウス賞賛は、一見してアルミニウスの英雄化、そして「神話化」へと道を開きやすいもののようにみえる。実際、タキトゥスの叙述は近代に多くの物語を提供することになった。しかし、ローマ帝国の元老院議員で最高公職コンスルまで務めた政治家でもあるタキトゥスが、なぜローマを苦しめた「蛮族」の大将アルミニウスをかように高く評価したのであろうか。

この問題に解答を与えることは、簡単そうに見えて実は容易でない。タキトゥスの「蛮族」の首領に与える高い評価は、この史家独特の観点からなされたものであることに注意する必要があると筆者は考える。タキトゥスが「野蛮」であるけれども自由なゲルマニアの民を賞賛し、文明ゆえに隷従を余儀なくされているローマ人を批判したとしばしば語られる説明に、筆者は必ずしも納得できない。野蛮と文明、自由と隷従という二項対立的図式は、タキトゥスを説明するにはあまりに単純すぎると思われる(35)。ローマ時代のゲルマニアの実情とタキトゥスの叙述を分析して、できうるかぎり史家の認識の範囲と程度を明らかにし、そのアルミニウス評価の真意を探ることが肝要である。さらにそれを近代以降のアルミニウス評価の変遷と照らし合わせることで、ローマ的過去、古ゲルマン的過去を通じた近現代のドイツの自己理解が把握できるであろう。

ところで、一九八〇年代の終わり頃から、ドイツのローマ考古学界では大きなプロジェクトがスタートした。「ルクセンブルクとテューリンゲンの間のケルト人、ゲルマン人、そしてローマ人。キリスト紀元前後の数世紀におけるローマの影響下での文化変容に関する考古学的自然科学的研究」(36)という長い名前の企画であるが、あるイギリス人研究者がこのプロジェクトを「ローマ化プロジェクト」(37)と略称しているように、この研究の目的は、単純化して言うならば、ローマによる征服によってゲルマニアはどの程度の変化を被ったのかという問題を考えることであり、どの程度「ローマ帝国」らしくなったかを遺跡・遺物に即して検討しようとするのである。すでにその成果の一部が公刊され始めている。[38] この研究結果はドイツのローマ帝国に対する関係を粗密両様に解釈させる可能性を含んでいるが、現在のドイツにおける古代ローマの事績探求熱は相当なものであって、ドイツもまたローマ帝国の一員であったことを誇らしげに示そうとしているようにみえる。カルクリーゼの古戦場の発掘やその成果の展示も、現在のところ、ドイツにおけるローマ的過去の確認に精力が費やされているように見えるのである。

中世史研究者の山田欣吾氏[39]によれば、ヨーロッパ中世において、「ゲルマン」は決して「ドイツ」概念と重なり合って理解されたわけではない。そもそも中世ではドイツ人の歴史を書くべき主体たるドイツ人が未生であって、書かれた歴史も、ローマ帝国からフランク帝国を経て、神聖ローマ帝国へとつながる「帝国」の歴史に限られ、「国民」的歴史は書かれなかった。そして、ようやく中世末期から近代初頭にかけて、ドイツ的共族意識が形成されてくる。やがて、国民的自己限定がおこなわれるようになり、神聖ローマ帝国は「ドイツ国民の神聖ローマ帝国」となった。さらに、一九世紀以降になると、ドイツ概念がゲルマンの歴史全体に押し広げられてしまう。この結果、ゲルマン人の首領アルミニウスが「ドイツ民族の英雄」とされてしまったのである。

ドイツの歴史はしばしばゲルマン民族の歴史と同じとみなされることがあるが、ドイツのアイデンティティを歴史的に探ろうとすると、単純に「ゲルマン」で処理できるものではないことが判明する。こうした歴史認識をふまえて、現在進行する「大欧州」的構想の中心となっているドイツの人々の自己理解を正確に捉え、評価することは、「統合」の持つ意義を深部において理解するために今後いっそう重要となってゆくと思われる。

第二節　イギリスとローマ帝国

1　古代ブリテンにおける反ローマ闘争の英雄たち

このドイツと比べて、イギリスはローマ帝国といかなる関係を有してきたのであろうか。次にこの問題を考察してみよう。[40]

ローマ人が集団をなしてブリテン島にやって来た明確な記録は、紀元前五五年と五四年のユリウス・カエサルによる遠征である。この時にカエサルと戦った島の住民、いわゆるブリトン人は、大陸からわたってきたケルト系の民族と長く考えられてきたが、イギリスの考古学界は二〇世紀の後半にこの説を放棄し、大陸とブリテン島との文化的交流を評価しつつも、大陸から島への大規模な移住は認めず、ブリテン島内部における住民と文化の鉄器時代以前からの連続性を重視するようになっている。

さて、ブリテン島がローマ帝国の領土に組み込まれたのは、カエサルの遠征のほぼ一世紀ほど後になされたクラウディウス帝の親征による。紀元四三年にローマは総勢四万人の大軍でもってブリテン島に侵攻し、直ちに南東部に住む先住民を征服して、属州ブリタンニアの設立を宣言した。以後、北へと征服地を広げ、島の防衛を放棄する四一〇年まで、ローマはブリテン島を帝国最北の属州として統治する。島内には数多くの都市と要塞が築かれ、道路も整備された。ローマの支配に服属しない北方の先住民の攻撃から属州を守るために、一二〇年代にはイングランド北部に石造りの防壁が作られ、今日もその遺跡をみることができる。ハドリアヌスの長城である。これはドイツの防壁（リメス）ほど長くはないが、ブリテン島を横断し、その長さは一一七キロメートルである。

古代末期、帝国の衰退にともないローマの官憲が島を去ると、一時先住民の勢力が復活したが、やがて大陸から襲来したゲルマン系の人々が先住民を駆逐して島の各地に定住し、国家を形成してゆく。アングロ・サクソン人の領土としてのブリテン島の歴史が始まったのである。さらに、この島へは九世紀の半ばにノルマン人の一派デーン人の侵入が激しくなり、一一世紀はじめにデンマークのカヌートによって一時征服された。一一世紀の半ばを過ぎると大陸のノルマンディー公が家臣団を率いてこの島を征服し、一二世紀には相続の関係などで英仏海峡の両側にまたがる国家が出来上がることになる。この国家はやがて一四世紀前半に生じ長く続いた百年戦争で解消された。そして、大陸の領土を失った一六世紀のテューダー朝の時代から、イギリスは一島国として国民国家を形成してゆくこととなる。

このように、ブリテン島はローマ帝国の支配から離れた後、近代初頭に至るまで、幾度も支配者を変える歴史を歩んだ。その間に、ローマ帝国領であった記憶は忘れ去られ、ローマ人の言葉であるラテン語も、住民の言葉の中にまったくといってよいほど残らなかったのである。ところが、一六世紀にルネサンスの影響で古代の文学作品が発見され、タキトゥスなどの記述からブリテン島の古代についての信頼できる情報が得られるようになった。島に残されたローマ人の遺跡にも少しずつ関心が向けられるようになり、中世の伝説的な歴史が放棄されて、学問的にブリテン島の古代を探求する作業が、国民国家の成長とともに進むようになったのである。

こうした中で、ドイツにおけるアルミニウス（ヘルマン）と同様に、イギリスでもローマに対抗した先住民の英雄が「発見」され、注目されるようになった。ブリテン島の場合、英雄は三人いる。その一人はカラタクスである。この人物はクラウディウスのブリテン島遠征時に激しく抵抗したが、同じ先住民部族の首領の裏切りによって捕縛され、首都ローマへ連れてゆかれた者である。彼はローマで処刑されることなく、皇帝のはからいで恩赦と名誉を与えられた[41]。

二人目の英雄はカルガクスというカレドニ人、すなわちスコットランドに住む先住民の首領である。この人物はタキトゥスの著した『アグリコラ』という史家の岳父の伝記に登場する。アグリコラは、紀元一世紀の後半に、ローマの属州総督としてスコットランドへ遠征し、ブリテン島におけるローマ支配の領土を最も広げた人物であるが、彼の率いるローマ軍に対して抵抗した先住民の大将が、このカルガクスであった。『アグリコラ』に記されている、両軍決戦の前にカルガクスが自軍を奮い立たせるためにおこなった演説には、ローマ人の非道が述べられ[42]、次の有名な一節も含まれている。「ローマ人は破壊し略奪することを偽って『支配』と名づけ、人住まぬ荒野を作ってそれを『平和』と呼んでいる」[43]。ただ、カルガクスはタキトゥスの作品にのみ登場する人物で、ローマ批判を含むその立派な演説もまた、タキトゥスの創作にほかならない。戦いがなされたとタキトゥスが伝えるグラウピウス山も、正確な場所の同定は不可能である。

三人目の英雄はボウディッカ女王である[44]。彼女は、イングランド東部、イースト・アングリア地方に居住したイケニ族の首長の妻であった。ローマがブリテン島に属州を設立して一七年ほど経た紀元六〇年頃、属州内で被護国家として存続を認められていたイケニ族の部族国家は、彼女の夫の死とともに属州に編入された。その際、イケニ族はローマ側から手ひどい処遇を受け、彼女自身もむち打たれ、二人の娘たちは凌辱されたという。彼女は一族を率いて反乱を起こし、近隣の諸部族も味方に加えて一大勢力をなすにいたった。反乱軍は、鎮圧しようとしたローマの軍団を一度は打ち破り、ローマがかつて属州設立を宣言したカムロドゥヌム（現コルチェスター）や最大都市ロンディニウム、すなわち現在のロンドンなど、三つの都市を焼き討ちして、ローマ人やその同盟者を多数殺害した。しかし、体勢を立て直したローマの属州総督の軍と戦って破れ、反乱は鎮圧されて、彼女は毒を仰いで死んだと伝えられる。

これら三名の英雄たちのうち、最も人々の注目を集めたのはボウディッカであった。カラタクスは、敗北の後にローマで赦されたことが英雄としては不都合だった。カルガクスも、スコットランドの住民の軍隊を率いて、イングランドを支配するローマ軍と戦ったため、スコットランドとイングランドの対抗関係が絶えず政治的緊張感をもたらしていた時代には、イングランドの優位を脅かす象徴になりかねず、ブリテン全体の英雄としてはいささか具合が悪かったのである。この二名に比して、ボウディッカには悲劇性と物語性があって、多くの人々の注目が集まり、劇や詩に数多く取り上げられることとなった。今日でも、ロンドンのウェストミンスター橋のたもと、かの有名なビッグ・ベンの向かいに像が立てられていて、[45]一般に親しみ深いものになっている。その像は、二人の娘を戦闘用馬車に乗せ、槍を持った勇猛な姿をとっており、侵略者に立ち向かうまさに戦士のそれである。この像が現在の地に設置されたのは一九〇二年のことであるが、作成されたのは一九世紀後半で、ちょうどトイトブルクの戦場跡の候補であったデトモルトにヘルマンの記念像が建立されたのと機を一にしている。

2　イギリスにおけるローマ帝国観と考古学者たちの「反乱」

ルネサンス時代以降、イギリスにおいても古代ギリシア・ローマの文物が熱心に学ばれるようになった。ローマ時代に関する関心の高まりとともに、中世の史的根拠のない伝説からブリテン島の古代を解き放って、ルネサンスの国際的な学問的水準に照らしてブリテン島の過去を再構成しようとする動きも、テューダー朝期のウィリアム・キャムデンから始まっている。

しかし、イギリスの一般的な思潮は、決してローマ帝国に好意的ではあったとはいえない。共和政の国制に対する関心は高かったが、自身の国土を支配した帝政期のローマ国家については批判的であった。自らの優れた国制的伝統や民族の起源は、もっぱらゲルマニアの森の中に求められていたのである。ローマの「命令権」（インペリウム）から生まれた英語の「帝国主義」という言葉が一九世紀に用いられるようになったが、イギリス人はこれに負の意味を込め、とくにフランスの帝政の批判に用いた。ローマ帝国は「独裁」と「衰亡」の象徴とみられており、こうした状況の中で先のボウディッカ女王の像は作られたのである。「ボウディッカ」という名が古代語で「勝利」を意味したことが、当時の「ヴィクトリア」女王と重なっていたことは、偶然ではあるものの、当時の思潮に影響を及ぼしたと思われる。

しかし、こうしたローマ帝国を批判するイギリスの思潮には、元来無理があった。自らが広大な地域を支配する紛れもない「帝国」であり、とくに一八七七年にヴィクトリア女王がインド皇帝を兼ねるようになると、ますますそれがはっきりしてきたのである。しかも、世紀末からの南アフリカにおける戦争で苦戦を経験し、国際的にもドイツ、アメリカ、そして日本の急成長によってイギリス一人勝ちの構図が崩れ始めると、「大国の衰亡」というイメージがイギリス人に、ローマに対する親和性を与えるものとなった。

実際、一八八〇年代あたりから、学者・知識人の言説にローマ帝国やローマ史を評価する動きがみられるようになり、二〇世紀初頭のエドワード朝期（一九〇一～一九一〇年）には、イギリスの思潮はすっかり反ローマから親ローマに転じてしまう。自らの「帝国主義的支配」のための弁解としてだけではなく、この時期、ゲルマンの「ご本家」ドイツとの関係がきわめて悪くなったことも、こうした思潮の転換に大きく影響していたであろう。イギリスは「ローマの文化的子孫」を主張するようになった。

そして、この時期に、ローマ時代のイギリス、すなわちローマン・ブリテンの研究の基礎が確立された。ドイツのモムゼンの影響を受けたフランシス・ハヴァフィールドが、モムゼン以上に「ローマ化」（Romanization）概念を明確にし、ブリテン島がローマ支配の下で次第に文明化していったことを論じたのである。そこでは「ローマ化」

の概念は「文明化」と同値されていた。さらにこの概念は、その後のイギリスにおけるローマ時代ブリテン島史研究を大きく規定することにもなった。イギリス各地でなされる発掘活動も、ローマ人の事績の跡を探したり確認したりすることに多大の精力が注がれたのである。

イギリスは今日、古代ローマ帝国史全般に関する研究がたいへん盛んで高度な国の一つになっただけでなく、イギリス国内についてもローマ人の事績が熱心に探求され、また研究ばかりでなく、遺跡や遺物の保存、展示が高度になされている。「ローマ化」の跡が検証され、ローマ時代の社会を再構成する試みが各地でおこなわれていて、この国がローマ帝国の一角を占めたことを強調しようとしていることが容易に見て取れるのである。

ところが、注目すべきことに、一九九〇年代初頭より、イギリス考古学界の一部からこうした「ローマ化」を機軸とする研究や解釈に批判が始まった。彼らは、「ローマ化」を「文明化」と同値したのはローマン・ブリテン研究成立時に大英帝国の、そしてその植民地主義の影響があったからである、とする。とくにインド植民地支配の現実が反映していたのであり、したがって「ローマ化」は「帝国主義的言説」「植民地主義的言説」である、という。「ローマ化」概念のために、古代史研究、ローマ考古学研究はローマ人の事績の探求と顕彰に精力を費やし、そのために学問的にゆがめられてきたと批判するのである。そして、先住民の視点からローマン・ブリテンを再考することを目指している。このイギリスの考古学界における動きは、すでに前節で述べたドイツの「ローマ化プロジェクト」とは明らかに異なる性格を持つ。さらにイギリスの考古学者たちは近年、「ケルト」の問題でも独自の主張を展開している[46]。

ヨーロッパ統合の傾向が強まった一九九〇年代の初め、新たなヨーロッパの統合の象徴として、ローマの征服以前にヨーロッパ各地に広がっていた「ケルト人」に注目する動きが強まった。長らく少数民族やその言語・文化の象徴とされていた「ケルト」をヨーロッパ統合のシンボルにしようという企てである。この見方が初めて表明されたのは、一九九一年にかつて「ケルト」系の人々の住地であったとされる北イタリアのヴェネツィアで開催されたケルトに関する大きな展覧会であった。また、「ケルト」は、ギリシア・ローマ文明に比してはるかに神秘的、非論理的な性格を持つものとして注目されるようになり、独特の文様や妖精物語などがわが国でも紹介されて、「癒し」を求める世相にも合致して人気を得るようになった。

ところが、こうした状況に対して、イギリスの考古学者の間から、ブリテン島を含む古代のヨーロッパを「ケルト」という統一的な文化集団を想定して捉えることは学問的に不適切であるとの批判が始まった。そして、「ケルト」を擁護しようとする立場の学者との間に激しい論争が生じる事態に発展したのである。とくに、一九九九年のサイモン・ジェームズの著書は、「ケルト」、とりわけいわゆる「島のケルト」概念が一八世紀初頭から政治的に「捏造」されたものである、という見方をはっきりと提示し、大きな反響を呼んだ。ローマ人到来のはるか以前のブリテン島へ「ケルト」系の人々が大挙して大陸から移住してきたという見解は、すでにかなり前にイギリスの学界では否定されていたが、今度は「ケルト」という概念自体が不適切と言い出したのである。こうした考古学者たちの動きはイギリスの歴史学界全体を代表しているわけではないが、ヨーロッパ統合においてドイツやフランスと一線を画そうとするイギリスの動きを想起させ、興味深い。

結　語　ローマ帝国が照らし出す歴史的ヨーロッパの多様性

本章冒頭でも触れたノーマン・デイヴィスはその大著『ヨーロッパ』の序論において、次のように述べている。

ローマ帝国はヨーロッパ半島のさらに向こうまで版図を広げたが、ヨーロッパの発展に、いつまでも消えることのない影響を及ぼした。今でも、フランスやスペインのようにかつてローマ帝国の一部であったことのある国と、ポーランドやスウェーデンのようにローマ人の支配を受けなかった国とでは、はっきりした違いがみられる。この意味で、『西洋』はヨーロッパでもローマ帝国の遺産にあずかった地域を指し、そうでないところとは明らかに異なる。[47]（別宮貞徳訳）

このデイヴィスの文章に照らすと、本章が扱ったドイツとイギリスは、現在の国家のすべての地域がローマ帝国支配下に入ったわけではないところに、きわめて重要な意味を見いだしうる。両国は、現在の国家の基層として、ローマと先住民族の両方の文化を持つのであり、イギリスの場合さらにローマ後に渡来した人々のそれが加わって、きわめて多層的になっている。したがって、国家、国民のアイデンティティ形成が複合的にならざるをえなかった。

しかも、人々は国家的な共同体を形成してゆく過程で、絶えず周囲を意識し、それとの緊張の中で自らのアイデンティティを形成していったのであるが、ドイツ、イギリス両国の場合、絶えずフランスを意識してきた。すでにみたように、近代に入ってナショナリズムが高揚したときに、この両国ではその歴史認識において、フランスとローマを重ね合わせたのであった。もちろん、フランスにはローマに対抗した古代ガリア人以来の独自の民族的伝統と自己理解があるが、ドイツ人やイギリス人にとっては、フランスはローマ的な資質を体現すると解することが容易だったのである。

今日のヨーロッパ諸国には、旧来のヨーロッパ系諸民族以外に、全世界的規模で移動してきた数多くの移民が暮らしている。したがって、ヨーロッパのアイデンティティを語ろうとする時、ヨーロッパ系諸民族のそれに限定して述べることは適切ではなかろう。しかし、ヨーロッパのヨーロッパたるゆえんがその長い歴史的歩みの上に築かれた文明にあるとするならば、古代ローマ帝国の近現代ヨーロッパとの関わりを問題にすることは重要な作業であると思われる。古くからの歴史的伝統、とりわけルネサンス以来の「古代の復興」を通じて、近代ヨーロッパの人々のアイデンティティ形成には古代が大きな影を落とし、実際に力を持ってきた。それは現代においてすらみられることである。要するに、ローマ文明を含むヨーロッパの歴史的な基層を明らかにし、それに基づいて今日の現実を深く理解してこそ、二一世紀初頭のヨーロッパを真に理解したことになるのである。そうすることによって、「ヨーロッパ統合」の意義についても、正確に読みとることができるのではないかと思われる。

注

（1）外岡秀俊「古代ローマ帝国に匹敵」『朝日新聞』二〇〇三年一月五日朝刊第九面「特集　欧州膨張」。宮島喬、羽場久浘子共編『ヨーロッパ統合のゆくえ』人文書院、二〇〇一年。クリスチーヌ・オクラン（伴野文男訳）『語り継ぐヨーロッパ統合の夢』NHK出版、二〇〇二年。ローマ史研究の専門家の手になるものとしては、例えば次のものがある。G.Alföldy, *Das Imperium Romanum — ein Vorbild für vereinte Europa?*, Basel, 1999.

（2）N.Davies, *Europe: A History*, Oxford, 1996　ノーマン・デイヴィス（別宮貞徳訳）『ヨーロッパ　一、古代』共同通信社、二〇〇〇年、五九頁。

（3）筆者は先に、本章と同様の問題意識で次の論文を発表している。南川高志「古代ローマ帝国と近・現代ヨーロッパの自己理解」谷川稔編『歴史としてのヨーロッパ・アイデンティティ』山川出版社、二〇〇三年、二七〜四二頁。本章はこの拙稿に加筆・修正を施した論文で、量的にほぼ二倍にしたものである。

（4）山田欣吾「『ドイツ国』のはじまり」同『教会から国家へ』創文社、一九九二年所収、二八三〜三〇六頁。同「はじめに」山田欣吾・成瀬治・木村靖二編『世界歴史大系　ドイツ史　一』山川出版社、一九九七年所収、i〜iv頁。

（5）ゲルマン人の原住地は、今日知られる限り、北ドイツやシュレスヴィヒ＝ホルシュタイン地方、そしてデンマークやスウェーデン南部など、バルト海の周辺地方である。

（６）以下で略述するローマ帝国とゲルマニアとの関係、およびローマ帝国支配下でのドイツ地域の状況に関しては、歴史学、考古学両面からなされた膨大な研究がある。ここでは、比較的最近に出版され、簡便で利用価値の高いものを二点のみ掲げておく。Thomas Fischer, *Die Römer in Deutschland*, Stuttgart, 1999 ; M. Carroll, *Romans, Celts and Germans : The German Provinces of Rome*, Stroud, 2001. なお、次の書物は近年の研究動向を知るのに便利である。J.D. Creighton & R.J.A.Wilson (eds.), *Roman Germany : Studies in Cultural Interaction*, Portsmouth/ USA,1999.

（７）*Res Gestae Divi Augusti*, XXVI. この部分は難解な箇所で、引用は筆者の試訳であるが、邦訳はほかに、國原吉之助訳が同氏訳のスエトニウス『ローマ皇帝伝』（上）、岩波文庫、一九八六年、二二二頁に、赤井伸之訳が『西洋法制史料選一、古代』創文社、一九八一年、一一一頁にある。

（８）リメスは、ローマ時代のドイツに関する研究のうちで、非常に盛んになされている対象の一つである。その概観についてはさしあたり、次を参照のこと。B. Rabold / E. Schallmayer / A. Thiel , *Der Limes : Die Deutsche Limes-Straße vom Rhein bis zur Donau*, Stuttgart, 2000.

（９）J・P・V・D・ボールスドン（吉村忠典訳）『ローマ帝国　ある帝国主義の歴史』平凡社、一九七二年、一〇八～一一〇頁。

（10）國原訳は、スエトニウス『ローマ皇帝伝』（上）、岩波文庫、一九八六年に所収。

（11）Tacitus, *Annales*, I, 55-71; II, 5-26. タキトゥス、國原吉之助訳『年代記』（上）、岩波文庫、一九八一年、六六～八三頁、九六～一一三頁。トイトブルクの森の戦いに関するタキトゥス以外の史料については、次の書物にまとめて整理され、ドイツ語訳も付されている。H.-W. Goetz & K.-W. Welwei (hrsg. u. übers.), *Altes Germanien*, Darmstadt, 1995, Teli.2, S. 46-65.

（12）J.D. Creighton & R.J.A.Wilson , Introduction : recent research on Roman Germany, in : J.D. Creighton & R.J.A.Wilson(eds.), *Roman* Germany（註(6)に記載）, p.13.

（13）Th. Mommsen, Die Örtlichkeit der Varusschlacht, *Sitzungsberichte der Preußischen Akademie der Wissenschaften* 1885, 1885, S.63-92.　再録はid., *Gesammelte Schriften* 4, 1906, S. 200-246.

（14）最初の発見、発掘については、発見者自身の記録に基づいた次の書物が参考になる。Tony Clunn, *In Quest of the Lost Legions*

: *the Varusschlacht*, London, 1999.

（15）発掘とその成果の概観には、博物館より刊行されている次の案内書が簡便で有用である。J. Harnecker, *Arminius, Varus und das Schlachtfeld von Kalkriese : Eine Einführung in die archäologischen Arbeiten und ihre Ergebnisse*, 2. Aufl., Bramsche, 2002. 発掘報告などは数多く刊行されているが、特に重要な研究成果は次の国際会議の報告書であろう。W. Schlüter u. R. Wiegels (hrsg.), *Rom, Germanien und die Ausgrabungen von Kalkriese*,Osnabrück,1999.

（16）J.D. Creighton & R.J.A.Wilson , Introduction（註(12)に記載）, p. 15.

（17）穴沢咊光「学界ニュース」『古代文化』四四-六、一九九二年、一九頁。小野昭「ドイツ――考古学事情」『最新海外考古学事情』ジャパン通信社、一九九四年、五九～六〇頁。

（18）坂井榮八郎「第九八回史学会大会公開講演要旨『トイトブルクの森の戦い』戦場跡発見に寄せて――アルミニウスの神話化と脱神話化」『史学雑誌』一〇九編一二号、二〇〇〇年、九一～九三頁。同『トイトブルクの森の戦い』戦場跡発見に寄せて――アルミニウスの神話化と脱神話化――」『聖心女子大学論叢』第九七集、二〇〇一年、六九～九〇頁。同『ドイツ史一〇講』岩波書店、二〇〇三年、三～一三頁。筆者は、註（3）記載の旧稿の段階では、坂井氏が『聖心女子大学論叢』誌上に講演原稿を発表されたことを知らなかった。調査不足を恥じるとともに、抜刷を恵投してくださった坂井榮八郎先生の御厚情に心より御礼を申し上げる次第である。

（19）Th. Mommsen, *Römische Geschichte* Bd. V, 1885.

（20）南川高志『海のかなたのローマ帝国　古代ローマとブリテン島』岩波書店、二〇〇三年、第一章を参照されたい。

（21）Ernst R. Curtius, *Europäische Literatur und lateinisches Mittelalter*, Bern, 1948. 邦訳は南大路振一・岸本通夫・中村善也訳『ヨーロッパ文学とラテン中世』みすず書房、一九七一年。本章での引用は邦訳を利用した。

（22）id., *Die französische Kultur : eine Einführung*, Stuttgart und Berlin, 1931. 邦訳は大野俊一訳『フランス文化論』創元社、一九四二年があるが、本章での引用は筆者自身の訳である。

（23）*ibid.*, S.51.

（24）*ibid.*, S.51-52.

（25）邦訳、一二頁ほか。

(26) 邦訳、一一頁。

(27) E. Schallmayer (hrsg.), *Hundert Jahre Saalburg*, Mainz, 1997を参照。

(28) A・ドゥマン（栗田伸子訳）「アドルフ＝ヒトラーの政治思想におけるローマとゲルマニア」田村孝他編『躍動する古代ローマ世界』理想社、二〇〇二年、三五四〜三五五頁。

(29) Dieter Timpe, *Arminius-Studien*, Heidelberg, 1970.

(30) id., Die Schlacht im Teutoburger Wald : Geschichte, Tradition, Mythos, in : W. Schlüter u. R. Wiegels (hrsg.), *Rom, Germanien und die Ausgrabungen von Kalkriese*（註(15)に記載）, S.717-737.

(31) 本章の問題関心と考察にとって、ティンペ自身の業績をも含む次の共同論集が有用である。R.Wiegels u. W. Woesler (hrsg.), *Arminius und die Varusschlacht : Geschichte-Mythos- Literatur*, Paderborn, 1995, 3. Aufl.,2003.

(32) Tacitus, *Annales*, I, 55-71; II, 5-26 タキトゥス、國原吉之助訳『年代記』(上)、岩波文庫、一九八一年、六六〜八三頁、九六〜一一三頁。

(33) *ibid.*, II, 88. 國原吉之助訳、一六七〜一六八頁。引用は筆者の試訳。

(34) *ibid.*, II, 88. 國原訳、一六七〜一六八頁。

(35) 現段階における筆者のタキトゥスに関する考えの一端は、前掲拙著、一三一〜一三五頁に示しておいた。

(36) Kelten, Germanen, Römer im Mittelgebirgsraum zwischen Luxemburg und Thüringen. Archäologische und naturwissenschaftliche Forschungen zum Kulturwandel unter der Einwirkung Roms in den Jahrhunderten um Christi Geburt.

(37) J.D. Creighton & R.J.A.Wilson , Introduction（註(12)に記載）, p. 11.

(38) S. von Schnurbern u. A. Haffner (hrsg.), *Kelten, Germanen, Römer im Mittelgebirgsraum zwischen Luxemburg und Thüringen : Akten des Internationalen Kolloquiums zum DFG-Schwerpunktprogramm " Romanisierung " in Trier vom 28. bis 30. September 1998*, Bonn, 2000.

(39) 山田欣吾「『ドイツ国』のはじまり」（註(4)に記載）二八三〜三〇六頁。とくに二八五〜二八六頁。同「はじめに」（註(4)に記載）、i〜iv頁。

(40) 第二節のイギリスに関する議論は、前掲拙著にまとめられた筆者自身の研究に拠っている。詳細はそちらを参照されたい。

(41) Tacitus, *Annales*, XII, 31-32 國原吉之助訳『年代記』(下)、岩波文庫、一九八一年、八〇～八五頁

(42) Tacitus, *Agricola*, 30-32 タキトゥス、國原吉之助訳『アグリコラ』筑摩書房（ちくま学芸文庫）、一九九六年、一八八～一九六頁。

(43) *ibid.*, 30 國原訳では一九〇頁。引用は筆者の試訳。

(44) ボウディッカについては前掲拙著の第一章の三四～三五頁、および第三章を参照されたい。

(45) 前掲拙著の三五頁に筆者撮影の写真を掲げておいたので、参照されたい。

(46)「ケルト」をめぐる論争についても、前掲拙著の第二章を参照されたい。

(47) デイヴィス、別宮訳『ヨーロッパ　一、古代』(註(2)に記載)、六六頁。

第2部

歴史にみるヨーロッパ

第2章

中世後期の「都市ベルト」地域における都市と国家

——比較地域史のこころみ

服部良久

第一節　ヨーロッパ統合と地域史研究

1　ヨーロッパ統合運動とヨーロッパ史

「ヨーロッパ統合運動」は大戦間期のパン・ヨーロッパ運動以来、すでに長い歴史をもつ。その中で、この統合理念が実際にヨーロッパの政治的な運動へと展開したのはいうまでもなく、第二次大戦後の冷戦体制の下で、西ヨーロッパの復興が緊急の課題とされた時期である。共同体としてのヨーロッパの統合運動推進のためには、共通の過去をもつという感覚が必要である。「ヨーロッパ審議会」は一九五三年に「歴史教育におけるヨーロッパの概念」をテーマとして国際会議を開いて以来、継続して歴史問題、歴史教育に関するシンポジウムを開いてきた。その中でヨーロッパ統合理念を各国民に浸透させるための、統一的なヨーロッパ史像の構築と、こうした歴史像に基づく歴史教育の促進が提唱され、そのための歴史教科書も編纂されたのである。①

しかし歴史・地理的概念としての「ヨーロッパ」が、与えられた文化的な価値理念や地政学的な認識、政治戦略に強く規定された概念であるとすれば、ヨーロッパ統合運動のためのヨーロッパ史解釈もまた、様々な問題を孕むものである。②すでに一九五〇年代にこの点を指摘し、批判したジョフリ・バラクラフ（Geoffrey Barraclough）によれば、「ヨーロッパ共同体」論を正当化する「統一的ヨーロッパ文明」論とは、冷戦の外圧が生み出した西ヨーロッパ中心史観であり、ソヴィエト・東欧の「人民民主主義」に対する西ヨーロッパ的な民主主義の優位を根拠づけるためのイデオロギーであった。バラクラフは、古典古代の知的文化や皇帝理念などの政治的伝統、そしてキリスト教的精神文化を継承、融合させつつ新しい世界を形成したのが、フランク王国、すなわち西ヨーロッパのみであるかのような歴史記述は、これらの古代的遺産のより直接的な継承者であるビザンツ・東欧、そしてロシアにいたる正教文化圏を不当に軽視するものであり、明らかに東（欧）陣営に対する西ヨーロッパ優位を強調する自由主義イデオロギーの反映であると喝破したのである。バラクラフによれば、「ヨーロッパ的統一の概念は、たしかに努力と犠牲をはらう価値がある高い理想である。しかしその力が出てくるのは、我々の未来に対する希望からであって、過去の解釈からではない」のである。③

ヨーロッパの歴史家にとって、ヨーロッパ統合を意識しつつ、一定の政治・社会・文化的特質を刻印された、ヨーロッパ史・ヨーロッパ文明の一体性とその広がりを学問的に探求しようと試みることは、歴史学の性格からしてごく自然なことかもしれない。しかし非ヨーロッパ世界のヨーロッパ史研究者にとって、一体的な文明としてのヨーロッパを過度に強調することに意義があるとは思われない。むしろ今後のEU統合、拡大を意識しつつヨーロッパ各地域で現れる新しい歴史叙述を批判的に認識し、外国史としてのヨーロッパ史研究への自身のスタンスを改めて問い直し、確認することが重要であろう。

2　比較地域史研究に向かって

新しいヨーロッパ史の構築は、我々非ヨーロッパ人歴史研究者にとっても重要な課題である。しかしそれはヨーロッパ統合を喫緊の課題としたヨーロッパ人と同じ関心と意識によるものではありえない。ヨーロッパの多様性を意識した研究として、たとえば日本の「大塚史学」は、独自の関心と理論に基づき、むしろヨーロッパ各国の近代化（産業資本主義と市民社会の成立）における構造的な差異を明らかにしようとした。ただしその成果は主として国民経済の類型的な把握にとどまる。また新しいヨーロッパ史の総合的叙述を世に問うたノーマン・デイヴィス（Norman Davies）も、近代ヨーロッパ内部の多様性を重視するものの、主としてネイションの差異を強調するにとどまっているように思われる。これに対し、ヨーロッパ統合の進捗は国家主権の相対化にともない、逆に国家の中の、独自の経済や文化をもつ地域や、集権国家では抑圧されていたマイノリティの活性化と復権を促し、かつ法的、制度的に保証するものでもあるという事実を看過してはならない。周知のようにすでにベルギーやドイツなど連邦国家では、各邦（州・ラント）政府がEUに代表を送り、また「地域のヨーロッパ」の理念のもとに、多国間の地域協力のための様々な組織が発足している。こうした地域や集団は、今後いっそう、国家を介さずに他国の地域と直接的な経済・文化の交流を結び、EUレベルで独自の活動を行うことになろう。[4] このような地域の活性化現象

（および民族地域の分離とこれに伴う民族紛争や宗教と結合したエスノクラシーの動向）も、一九世紀的なネイションを単位としたヨーロッパ史認識の再検討を促すものであろう。このような状況を考えれば、トランスナショナルな比較史的地域研究は、とりわけ今日のヨーロッパ史研究における重要な課題のひとつであるといえよう。

周知のようにネイション国家がなおその輪郭を整えていないヨーロッパ中世において、人間の文化的・政治的・経済的活動は、今日以上にインターナショナルであった。むしろ国境は流動的であり、国境を挟んだ地域の共通性やアイデンティティが重要な意味をもつこともあった。この意味で中世は「地方（地域）の時代」であったが、同時に都市と遠隔地市場の発展によって、各地域はインターローカルな、さらにまたインターナショナルな関係をとり結んだ。かつて木村尚三郎氏は、一三世紀半ばころまでのヨーロッパを地方小経済圏を中心とする、分立的、閉鎖的な農村的構成原理が優勢な時代であったとし、これに対して一四、一五世紀から都市的構成原理の優勢な時代が始まると述べた[5]。この都市的構成原理とは、木村氏によれば、「普遍的・開放的で、多中心間の有機的な結び合いを図ろうとする、分権的統合による多中心型構成原理」を意味する。しかもこの原理は、一八世紀から一九世紀前半の市民革命、産業革命を経た国民国家成立期まで続くというのである。筆者もまた、中世後期から近世、すなわち一四、一五世紀から一七、一八世紀を単にネイション国家の先蹤の時代ではない、開放的で多様な非ネイション国家型の統合が展開した時期と考えている。すなわちインターローカルな、またトランスナショナルな都市間のネットワークが展開するとともに、いくつかの地域ではネイション国家に比して遙かに小規模な、多様な侏儒国家（地域国家）の形成が進み、そこでは都市がしばしば重要なファクターとなっているのである。大きな領域的統合にむかわず、自治的都市や都市国家、中小地域国家群が併存するにとどまった地域、またそのような都市的、小国家的領域が連合することによって連邦的国家を形成した地域は、何よりも低地地方からライン地方を経てスイス、さらにイタリア北・中部にいたるヨーロッパ中央部、すなわち「都市ベルト」地域において顕著である。

このような、近代国民国家の枠にとらわれぬ中・近世の多様な地域文化・政治的統合の比較考察を行うことにより、一九世紀的国民国家のパラダイムから排除された、ないしそこからは見過ごされるヨーロッパ政治文化やアイデンティティの多様性を再認識することができるのであり、こうした地域文化の多様性をふまえた、あらたなヨーロッパ史の構築も可能となるであろう。またそれは、ヨーロッパにおける歴史研究の伝統的枠組みとしてのネイションから相対的に自由である、非ヨーロッパ地域の研究者にこそ好適の課題であり、それによって非ヨーロッパ地域の研究者が、新しいヨーロッパ史像の構築に貢献する可能性も開かれるのではないだろうか。

第二節　中・近世ヨーロッパの「都市ベルト」地域における都市と国家

1　都市と国家形成

マックス・ヴェーバー（Max Weber）は世界史における都市を比較類型化し、とくに（北）ヨーロッパ中世都市が、近代資本主義の成立において果たした一定の役割を評価している[6]。では都市は近代国家の形成にとってどのような意味をもっていたのか。一般には合理的・効率的な組織と制度の整備が早期に進められた都市共同体は、たとえば行政制度、税制、裁判、社会的規律化やポリツァイ条令などにおいて、近代国家の模範となったとされる。しかし中世後期から近世の都市の動向と、形成期の国家の関係は、地域によってきわめて多様であった。君主権力が自治都市をその支配（と保護）の下に結合し、都市住民がブルジョワ身分へと成長しつつ、一定の特権授受と奉仕の相互関係によって国家を支える場合（英・仏など）、経済的に圧倒的な影響力をもつ都市の自立性が維持され、国家がそうした有力都市の連合体たる性格を帯びる場合（低地地方）、周辺地域に大きな影響力をもつ都市を基盤として諸侯が地域国家を形成する場合（ロンバルディア）、都市国家が領域支配を拡大し近世（共和制）国家へと成長する場合（ヴェネツィア）、領域支配をも行う都市と農村共同体が同盟して連邦を形成する場合（スイス）、一定地域で平和・秩序維持のための都市同盟が結成され、一時的に国家的機能を代行する場合（ライン、シュヴァーベン都市同盟）など。これらの比較地域史的考察により、中・近世には、独特の都市と国家の関係を軸とした多様な地域的秩序形成が展開していたことが明らかになるであろう。そうした地域秩序は、一九、二〇世紀のネイション国家の視角からは、そこに至るプロセスにおいて重要な意味をもち、また大きな影響を与えたにもかかわらず、その意義を十分に認識されてこなかったといえよう。

2　「都市ベルト」地域における都市共同体の成立

かつてノルウェーの政治学者ステイン・ロッカン（Stein Rokkan）は、一六世紀ヨーロッパの国家形成を俯瞰する論攷において、経済・交易および宗教のふたつのカテゴリにおける中枢-周縁構造に注目し、イタリアからライン・ドナウ、低地地方・ハンザ商業圏にいたる地域を「中央貿易帯」とした。この中央貿易帯には多くの商業都市が発達した一方、大きな集権国家は形成されず、分権的な連邦制国家が出現したにとどまった。そしてこの中央貿易帯の外側、しかもこれに近接する地域において強力な集権国家（絶対王政）が成立したのである。[7] その説明論理としてロッカン説を補いつつ述べるなら、中央貿易帯では諸都市を核とした強力な地域のセンターが多数存在し、国家はこれを集権的に統合し得なかった（多中心的、分権的構造）。有力なライン都市は中世盛期には、都市領主であった聖界領邦君主の支配から自立し、君主はしばしば市外にあらたな拠点を設けねばならなかった。国家統合を企てる中世後期の支配者にとって現実的な方策は、都市の求心力と行政・財政能力に依存しつつ地域支配を強化し、またそのような都市を中心とする各地域の一定の自立性を認めつつ、緩やかに統合を進めることであった。他方、ロッカンによれば中央貿易帯に隣接する地域では、国家形成のための比較的広いエリアがあり、かつこれを、中央貿易帯の経済的求心力に抗しつつ国内市場として編成しなければならなかったこともあって、集権的国家形成が促されたのである。このことはハンザ商業圏に接するデンマークやスウェーデンにもあてはまる。

以上は、はなはだ粗略な見取り図にとどまっており、とくに近接地域や周縁部については、集権国家形成に働きかける様々な要因を社会構造や官僚制を含めて考えねばならないが、すくなくとも中央貿易帯とロッカンが呼ぶ地域においては、都市が強い政治的影響力を行使し、独特の政治的編成が行われたことは明らかであろう。この点について、叢書『ヨーロッパにおける近代国家の起源　一三―一八世紀』の一冊、ペーター・ブリックレ（Peter Blickle）編の『抵抗・代表制と共同体』の第五部「都市ベルトと近代国家の出現」は、やはり低地地方からイタリア南部までを含む地域＝「都市ベルト」における都市と国家の関係について六人の専門研究者が執筆し、示唆するところが多い。また近年刊行されたスティファン・R・エプステイン（Stephan R. Epstein）編『ヨーロッパにおける都市と農村　一三〇〇―一八〇〇年』所収のヨーロッパ各地域（国家）に関する論文は、経済史に重点を置きつつも、制度や政治システムが都市・農村関係に与える影響をも重視し、都市と国家の関係を考える上で有益である。(8) 以下ではそうした最近の研究にも依拠しつつ、都市ベルト地域の都市と国家形成の特質について、比較史研究のための鳥瞰を行おうとするものである。

第三節　ドイツ西南部における都市同盟と国家

1　ライン同盟

ドイツでは、国王都市やライン地方の司教都市などに由来する、最も広範な自治権を有する（自由）帝国都市のみが、帝国レベルの政治的ファクターであった。その他の領邦都市は、領邦政治の枠内に活動を制限されたからである。一五二一年に七〇を数えた帝国都市の八割以上が都市ベルトおよびその近接地域に存在したように、都市と国家（帝国）の関係を考える上で、この地域の都市はきわめて重要な意味をもっている。ところで国王（皇帝）のこうした都市を対象とした政策は、かならずしもその保護・優遇という方向で一定はしていない。大空位時代以後、国王ルドルフ・フォン・ハプスブルク（Rudolf von Habsburg）、ルートヴィヒ・デア・バイエル（Ludwig der Bayer）はなお比較的都市の利害に配慮し、また政治的に利用しもしたが、ルクセンブルク王朝以後の、いわゆる家産王権の下では、自身の領邦統治と、帝国統治のための重要なパートナーであり、ライバルでもある他の領邦君主への配慮から、自由帝国都市の利害を尊重し、保護することは困難になった[9]。カール四世（Karl IV）の金印勅書は、都市が市外市民Pfahlbürgerをもつこと、同盟を結ぶことを禁じている。にもかかわらず、周辺領邦としばしば対立関係に陥った諸都市は、危機に際して同盟を結成し、自身の地位と権益を防衛することに努めるようになる。

一二五四年、シュタウフェン王権崩壊後の政情不安定の中で、マインツ、ケルン、ヴォルムス、シュパイア、シュトラスブルク、バーゼルの諸都市は同盟を結成した。このいわゆるライン同盟は、具体的な政治的目的をもつものではなかったとされるが、帝国統治者としてのプレゼンスの弱い新国王ウィレムの下で、悪化する治安、略奪や不当な関税など都市の商業活動にとって危機的な事態に対応することを目的とした。つまり地域の平和と秩序（ラントフリーデ）の維持という、もっとも基本的な王権ないし国家の課題を代行しようとするものであった。なおこのとき同盟諸都市は一〇年間の平和維持を誓約した。[10]またこうした広域的な平和と秩序の維持を目的としたゆえに、その後この同盟には、南はチューリヒから北はブレーメン、東はレーゲンスブルクから西はアーヘンにいたる七〇余の都市、さらには聖俗の諸侯も加わり、一大ラント平和組織へと発展した。[11]一二五六年には、年四回、代表者の会議が開かれ、構成員の軍事行動は同盟の承認を要すること、各構成員は定められた武装艦船を同盟のために提供すること、内部の紛争は同盟の調停裁判で解決されることなどが決定されている。正当な選挙による唯一人の国王を支持することを目的としたライン同盟は、一二五七年の国王二重選挙によって分裂、崩壊したが、都市ベルトにおける有力都市がその共同行為によって示した政治的なインパクトと経験は、その後もマインツ、ヴォルムス、シュパイアなどの中心的ライン都市の間で繰り返し形成された同盟や、その他ドイツ各地において形成された都市同盟に連なっていく。一三二七年にはコンスタンツ、ザンクト・ガレンなどのボーデン湖畔都市はライン地方の諸都市と二年間の同盟を結んだ。一三三一年にはウルムにて国王ルートヴィヒ・デア・バイエル（Ludwig der Bayer）の要請により、シュヴァーベンの二二都市と諸侯が参加したラント平和協定が結ばれた。その後、この同盟の都市と諸侯は分離して別々の同盟を形成し、一三四九年にはウルムとアウクスブルクは、彼らの特権維持のために二五帝国都市の同盟を結成した。[12]やはり都市ベルトに属し（ないしは近接し）、帝国都市の多いシュヴァーベンにおけるこれらの同盟は、一四世紀後半には帝国国制にかかわる重大な政治的行為能力を示すに至るのである。

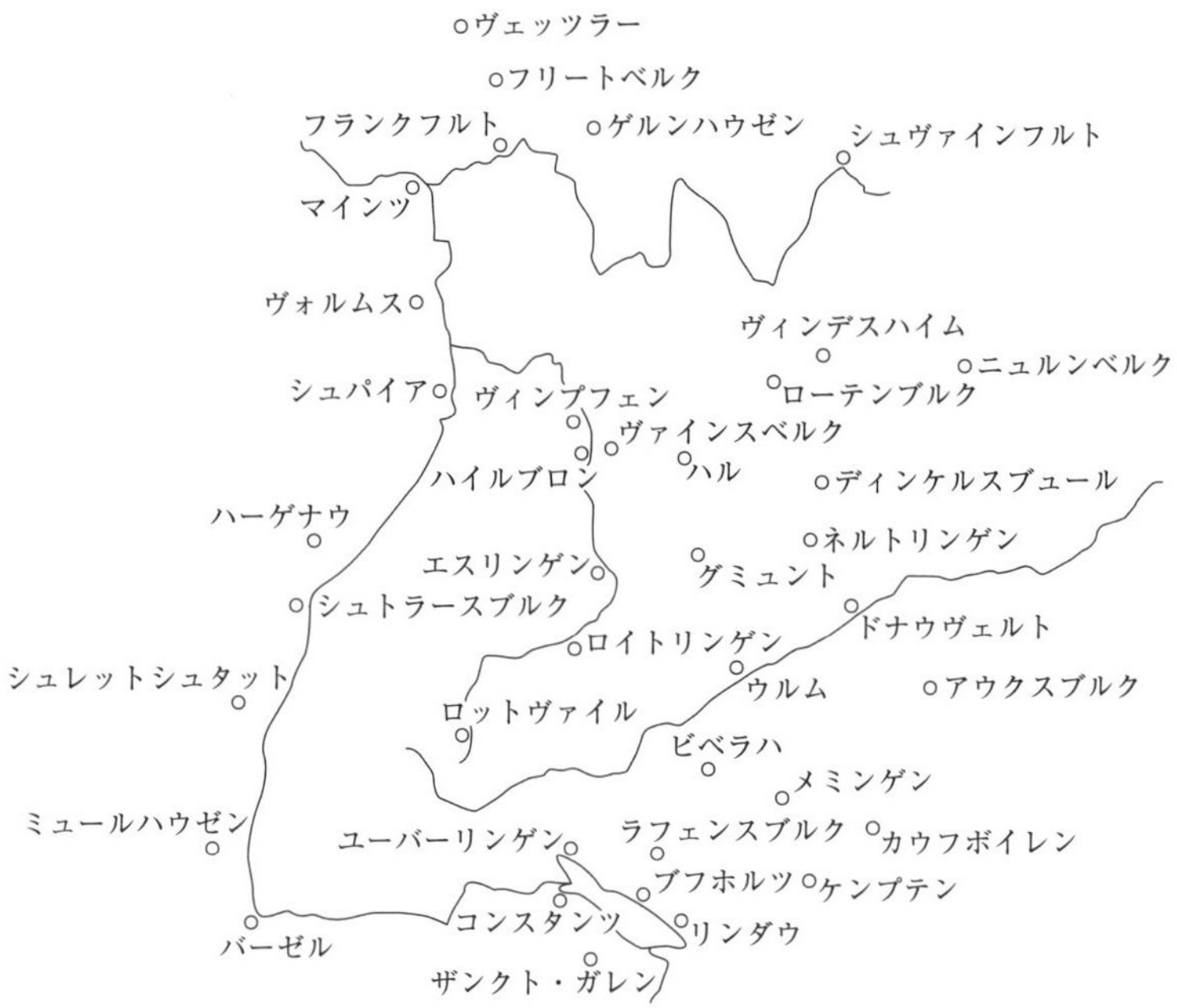

図2-1　シュヴァーベン（ライン）都市同盟の都市

2　シュヴァーベン都市同盟

ライン同盟以来、都市同盟はラント平和という公的な秩序のために広く諸侯をも加えたルーズな組織団体であったが、一四世紀半ば以後、ルクセンブルク家の国王カール四世、およびヴェンツェル（Wenzel）の統治下では、都市は地域国家的な輪郭を整えつつある領邦とのより厳しい対立関係に入ることになる。カール四世は、その金印勅書においてラント平和団体以外の団体形成を認めていないにもかかわらず、このころから同盟関係を繰り返し更新していたシュヴァーベン諸都市は、国王による帝国都市の抵当化（諸侯への都市支配権の入質）を危惧し、その帝国直属の地位と権利を維持するため、同盟関係を拡大強化していった。そして一四世紀後半にはライン都市同盟および一部のスイス都市とも結合することにより、都市ベルト中央部の一大勢力をなし、領邦君主たちとの直接的な対決に向かうのである。

一三七六―八九年のシュヴァーベン都市同盟と都市戦争については、瀬原義生氏による詳細な分析と叙述があるので、ここではこの時期のドイツにおける都市と国家の関係を理解するうえで重要な点にのみふれておこう[13]。

一三七六年にウルム、コンスタンツ、ユーバーリンゲン、ラフェンスブルク、リンダウ、ザンクト・ガレンなどシュヴァーベンの一四都市は四年間の誓約同盟を結成した。その規約は、全ての構成員のもつ帝国都市としての自由と権利の侵害・攻撃・抑圧に対する相互援助義務を具体的に規定し、この義務を果たすことは帝国の法の維持、執行を行うことと同じであるとしている。やはり諸都市はさしせまった抵当化に対処するために結束を強め、同盟はまた帝国の法を代執行しているとの意識を明確に共有した。

カール四世によるシュヴァーベン最大の領邦君主ヴュルテンベルク伯への、帝国都市の権限委譲をきっかけとして、同盟は一三七六―七七年に国王軍および同伯と戦って勝利し、その結果あらたに九都市、およびザンクト・ガレン修道院下の農村邦（後にスイス盟約者団に加わる）アペンツェル、さらにハプスブルク家の西部所領維持をめざすオーストリア大公が加盟するに至った。また一三七九年には国王のオーストリア大公優遇策に対する反発から、四バイエルン大公、ファルツ侯とも同盟契約を結んだ。他方、ライン、シュヴァーベン地方の騎士団との戦いにそなえて一三八一年には、マインツ、ヴォルムス、シュパイア、シュトラスブルク、フランクフルトなど七都市がライン都市同盟を結成し、同年、両都市同盟間の三年間の同盟が成立した。しかし騎士団に対する都市の優勢のうちに一三八二年にはオーストリア大公の仲裁によって、オーストリア・都市同盟・騎士団の三者の同盟契約が締結され、かくしてシュヴァーベン・ライン都市同盟はいまや、都市ベルトのドイツ部分における主要都市主を結合し、またバイエルン大公やシュヴァーベンの有力諸侯、領主たちをも含めた相互援助と平和のための、帝国における一大政治的勢力へと成長した。

父王カール四世の跡を襲った国王ヴェンツェルは、都市同盟が王権の統制の及ばぬ独自の政治勢力へと成長しつつあることを危惧し、一三八三年ニュルンベルクの帝国議会にて、危機克服のための国王の常套手段であるラント平和令の布告を行ったが、都市同盟は平和令施行のために設けられた帝国の四管区への同盟諸都市の分属と、同盟のラント平和団体への統合を拒否し、国王の企図は挫折した。その後国王の関心と配慮が都市側に傾き始めたことにより、これに反発する諸侯と都市の間の緊張が高まったが、ハイデルベルクにおいて諸侯と都市同盟の代表が協議し、いわゆる「ハイデルベルク合同」が成立した。攻撃を受けた際の相互の軍事援助や、市外市民の禁止などを規定したこの合同条約により、都市同盟はいまや帝国の全諸侯と、対等のパートナーとして平和・秩序を担うことになったのである。しかし条文では国王は、都市同盟自体はなお帝国国制における適法な団体として承認してはいないことにも留意する必要がある。

一三八五年には、オーストリア大公との対立が強まる中で両都市同盟はスイス都市チューリヒ、ベルン、ゾーロトゥルン、ツークと同盟を結び、一三八六年七月にはゼンパハの戦いでスイス軍はオーストリア大公を敗死せしめた。全面対決を躊躇する諸侯と都市同盟は、一三八七年メルゲントハイム合同により、ハイデルベルク合同を二年間延長したが、このときはライン都市同盟は加わっていない。いずれにせよこの後も諸侯やその家臣たちと個別都市の紛争＝フェーデは頻発し、両者間の緊張は高まり続けた。そして一三八八年にはバイエルン大公と敵対していたザルツブルク大司教と都市同盟が提携し、大公が大司教を拉致したことを契機に、バイエルン大公とアウクスブルク、レーゲンスブルク、ニュルンベルクなどの都市がフェーデ状態に陥り、ついに都市同盟は、バイエルン大公の他、ファルツ伯、バーデン辺境伯、ヴュルテンベルク伯、ヴュルツブルク司教などの諸侯との全面的な戦闘を開始した。このいわゆる「シュヴァーベン都市戦争」は、同年のデッフィンゲンにおける都市同盟側の敗北によって大勢が決し、一三八九年のエガー帝国議会において国王ヴェンツェルは、帝国ラント平和令を発して両者の和を促した。この平和令はただちに都市同盟を廃止し、都市が平和令を受容して諸侯と和解した場合には、諸侯の同盟も廃止されること、市外市民の禁止など、いうまでもなく都市側に不利な内容であったが、ライン、シュヴァーベンの大半の都市はこれを受け入れ、ハイデルベルクにおいて諸侯と和を結んだ。この後もコンスタンツ、ザンクト・ガレンなどボーデン湖畔の七都市は、エガー・帝国ラント平和令に服することを拒み、同盟を保ち続けたが、全体としてはこのラント平和令を軸とした諸侯優位の秩序が定着するのである。

3　西南ドイツにおける都市と国家

以上のシュヴァーベン都市同盟は、都市と国家の関係という観点からは、どのような意味をもつのであろうか。都市同盟を結成したのは帝国都市であり、帝国都市は個々の都市の規模や経済力により差異はあるものの、帝国直属の様々な特権を享受した。しかし帝国都市は中世後期の帝国議会（集会）においては、帝国税やラント平和令など特定の事項について審議権のみをもち、その政治的影響力は個別に投票権を有した諸侯に比して殆ど意味をもたなかった。都市部会が全体として二票のみの決議投票権を認められたのはようやく一六四八年のことである。またペーター・モーラフ（Peter Moraw）が明らかにしたように、帝国議会が諸侯を中心とした帝国諸身分（シュテンデ）の利害を集約し、制度化された組織として機能し始めるのは、一五世紀末のオスマン帝国の脅威などの外圧を契機とする帝国改革（永久平和令、帝国最高法院・帝国統治院の設置など）を行った、一四九五年のヴォルムス帝国議会以後のことであった。(14) つまり中世後期に帝国の平和・秩序の問題に対して、帝国議会が有効に対処することはきわめて困難であり、まして帝国都市が帝国議会での活動を通じて、自身の地位と権利の保全をはかることは殆ど不可能であった。

しかし周知のように一四、一五世紀はフェーデが猖獗をきわめた時代である。ヒレイ・ズモラ（Hillay Zmora）のフランケン地方における一五、一六世紀のフェーデに関する最近の研究は、この地方のフェーデ主体は貧困化した「強盗騎士」ではなく、むしろ一定の財産を所有し、領邦の官職を与えられた比較的豊かな貴族であったこと、フェーデの横行は、国家なきアナーキーな政治状況ではなく、本格的な領邦形成期の現象であったことを明らかにしている。⑮フェーデは騎士や在地貴族にとって、自身の権利と実力をアピールし（場合によっては複数の）領邦君主と有利な関係を取り結ぶことによって上昇を遂げる手段であり、領邦君主にとっては、競合領邦に対抗しつつ在地貴族を自身の影響下に置くチャンスでもあった。領邦君主は、したがって一五世紀には在地貴族のフェーデを必ずしも禁止しようとはせず、むしろフェーデ当事者の仲裁や関係調整、一方への支援、とくに競合する領邦君主へのフェーデの支持などを通じて、これを自身の領邦政策に利用したのである。やはりシュタウフェン朝の崩壊後、支配領域のモザイク状態が続いたシュヴァーベン、そして聖俗諸侯の中小領邦がひしめくライン地方においても、フェーデをめぐる状況は、都市ベルトの隣接地域といってよいフランケン地方と同様であったと思われる。つまりこの時期のフェーデは、なお在地貴族・中小領主の領邦への帰属が明確ではないオープンな政治状況から、在地貴族相互の競合と彼らの近隣領邦君主との多様な関係形成を経て、領邦君主によるそうした在地貴族の掌握・再編（レーエン・官職・保護関係）と領域的なヘゲモニー形成に至るプロセスと密接に関連していたといえよう。

こうしたフェーデは勿論、都市と無関係ではなく、周辺領主貴族たちは都市が農村領域に所有する城塞や領地、さらに関税・通行税徴収をめぐってフェーデを行い、その場合都市住民全体が略奪の危険にさらされた。⑯また多数の中小帝国都市で囲まれていたヴュルテンベルク伯のような有力領邦君主にとって、それら帝国都市のもつ諸権限を獲得することは、支配領域の拡大や財源拡張のためにも喫緊の課題であった。ヴュルテンベルク伯はそうした裁判権やフォークタイなどの権限をめぐってエスリンゲン、ロイトリンゲン、ヴァイル・デア・シュタットなどの都市と争っていた。シュヴァーベン都市同盟の形成と都市戦争の契機はまさに（国王による抵当権付与という形で）、帝国都市やその権限が、対立する領邦君主の手に移るという危機（意識）であった。

さて領邦が一四世紀後半から一五世紀にかけてその領域国家的な輪郭や国家統治の制度的な基礎を固めつつあったとすれば、法的には同じく帝国に直属する自律的な団体である都市はその中でいかなる位置を占めようとしていたのか。まず指摘すべきは、後述するイタリア都市やスイス都市と異なり、ドイツの帝国都市は、都市国家あるいは都市領邦と呼びうるほどの本格的な領域形成を行わなかったことである。中世後期の北・中部イタリア都市が数千～数万平方キロの領域を有したのに対し、ドイツでは中世末にニュルンベルクのみが一〇〇〇平方キロを超える領域を形成し、その他ではウルム、エアフルト、ローテンブルクなどが四〇〇～八〇〇平方キロ程度の領域を持ったに過ぎない[17]。その背景として一般的には次のような事情を考慮しなければならない。

そもそもドイツ都市は北・中部イタリア都市のごときコンタードという制度的な領域の枠組みをもたず、こうした領域の住民（領主）が市内に集住することもなかった。むしろ都市の法領域は周辺農村領域から分離して形成されたのであり、その外側への都市支配の拡大は、領主の強い抵抗に遭遇せざるを得なかった。たとえば中世後期の帝国都市のうちケルン、マインツ、ヴォルムス、シュパイア、バーゼル、アウクスブルクなど、かつての都市領主である（大）司教の支配から自立した都市は、周辺をかつての都市領主である（大）司教の領邦やその家臣の支配領域に囲まれ、市外に支配領域を拡張することは困難であった。ケルンのような大都市でも市壁外への広がりは、ごく限られた範囲の裁判領域と経済的禁制域を越えず、司教領邦とバイエルン大公領等に囲まれたアウクスブルクの市領域も同様であった。また国王都市に由来する帝国都市、とくに西南ドイツにおけるそれの多くはシュタウフェン家の建設都市に起源をもち、シュタウフェン時代にはその保護下にあって、都市自体が領域形成を進める必要と可能性はさほどなかったといってよい[18]。大空位時代以後はシュヴァーベン、フランケン地方には大きな領邦は存在しなかったものの、一四、一五世紀にはすでに帝国騎士からヴュルテンベルク伯、ライン宮中伯の領邦に至る領主支配や領邦が入り組んだ濃密な支配空間をつくりあげていた。とくにスイスに比して、土地領主権（グルントヘルシャフト）がなお強固に存続した上シュヴァーベンでは、メミンゲンの事例が示すように、市外領域は個々の市民や市の施療院などによる個別的な農村所領（農民保有地）の買収によってのみ徐々に進められ、都市当局がこれらを包括する裁判権（フォークタイ）を獲得するにはかなりの期間と費用を要した。[19]いわば支配権が飽和化し、さらに上記のようにその再編と領域的編成をめぐる動きも活発化しつつあったこれらの地域では、都市と領主・諸侯の頻繁なフェーデが示すように、都市が市外にいくつかの拠点をもつことさえ、多大の軋轢をともなったのである。いわゆる市外市民契約によって都市が農村部に人的拠点を得ることに対して、領主や諸侯が強く反発し、ラント平和令等において繰り返し禁止されたのは、このことを如実に示すものである。

　このようにドイツでは都市による領域形成が多大のエネルギーとコストを要するものであったことは明らかであるが、とくに都市ベルト地域において都市領域が発展しなかったより根本的な原因として、次の点をも考慮しなければならない。先に都市の原理を開放的、分権的、多中心的とする木村説にふれたが、都市ベルトのドイツ部分における都市と国家の関係を考える上で、この視点は有益である。ケルンや、リューベックなどのハンザ都市をも含めて、この地域の商業都市は、完結した周辺領域支配よりも、はるか遠隔の地との交易関係やインターローカルな商業ネットワークに強い関心をもっていた。ドイツ最大の都市ケルンはほとんど市外領域をもたなかったが、手工業の規制や市場（出荷）強制等に基づく経済的な中心地機能の影響圏（半径約七〇キロ）は、一二〇〇平方キロの領域を支配するニュルンベルクの周辺経済圏（半径約五〇キロ）よりも広かった。[20]またハンザの中心都市リューベックの領域政策をチューリヒのそれと比較考察したエリーザベト・ライザー（Elisabeth Raiser）が述べるように、一六世紀までリューベックの市外地獲得は、富裕市民の個別的な土地購入の他は、商業路保全や防衛上の観点からの城塞などの拠点確保にとどまり、これらが裁判権などの高権をともなう領域に統合されることはなかった[21]。この傾向はハンザ商業都市にほぼ共通し、これらの都市の市外領域は、都市を中心として同心円上に広がるのではなく、商業路にそって線状に点在するのである。このように各都市の経済構造に対応した市外の周辺地域に対する経済政策や拠点確保は行われたものの、そうした経済権益維持のために独占的な支配空間を形成することは必ずしも必要ではなく、またそのための大きなコストを考えれば得策でもなかったといえよう。

このような帝国都市をとりまく諸事情、そしてより根本的には都市の政治・経済的志向性が、都市の領域形成、都市国家化を妨げていたとすれば、ライン、シュヴァーベンの帝国都市が一四世紀後半に直面した困難への対処は、伝統的な同盟の結成・強化という手段以外にはなかった。ライン、シュヴァーベン都市同盟の目的は、諸侯とのフェーデ、そして全面戦争に備えた相互の軍事援助であり、また同盟関係の維持のために内部の紛争を平和的に解決する裁判手続きも不可欠であった。しかし新たな同盟者との間で繰り返し結ばれた同盟の条文は、一般的な地域の平和と秩序のためのラント平和令的内容にとどまらず、何よりも加盟都市相互の軍事援助義務を規定しているように、危機に対応する明確な目的を示している。都市同盟の目的はそれ以上でも以下でもなかった。ルクセンブルク家の国王が帝国東部のベーメンやブランデンブルクに統治の重点を移し、帝国西部の問題に対する関心を弱めていたからには、帝国都市の保護という王権の義務を、自助努力によって代行する他はなかったのである。

いずれにせよ同盟は各都市の完全な自立性を前提とした数年程度の期限付きの提携にすぎず、自立性を多少とも犠牲にした、持続的な政治組織への展望を示してはいない。また各都市の相互防衛を越えた、地域全体の治安と秩序の集団的な維持を目的とするラント平和令団体としての性格も不明確である。たしかにライン、シュヴァーベン都市同盟は一時的には諸侯中心の帝国国制に変更を加えうるインパクトをもったが、その政治的影響力のピークであるハイデルベルク合同の時期においても、帝国都市の地位改善（帝国議会における権限等）などの国制にかかわる要求が提出されることはなかった。この意味で都市同盟は、帝国、地域いずれのレベルでも国家的・領域的・閉鎖的傾向は示さず、やはり開放的で多中心的な政治的ファクターたるにとどまっていたのである。

このように一四世紀までの都市同盟自体は、帝国の連邦制的な再編・統合へと直接的に連なるものではなかったが、ゲノッセンシャフト的な結合がもつ政治的、軍事的な影響力の意義はおそらく都市、諸侯ともに経験的に認識を深めたようであり、この後もよりローカルな都市同盟は繰り返し形成されている。自立的な領邦や帝国都市などの帝国諸身分の集合体という性格を一層強めつつある帝国において、広域的な問題に対処するためには、これらの帝国諸身分・団体のゲノッセンシャフト的な結合と共同行為が不可欠であったからである。

4　シュヴァーベン同盟

シュヴァーベン都市同盟から一世紀後、バイエルン大公の拡張政策に対して一四八八年に、シュヴァーベン貴族（騎士）の同盟「聖イェルクの盾の会」にシュヴァーベンの帝国都市、さらにオーストリア大公、ヴュルテンベルク伯が加わって成立したシュヴァーベン同盟は、宗教改革期の一五三四年に分裂・解散するまで存続した。この同盟は、バイエルン大公の拡張政策がもたらす脅威に対処するため、皇帝フリードリヒ三世（Friedrich Ⅲ）の要請に応じて形成され、また同皇帝のラント平和令政策および「ラント・シュヴァーベン」の回復という目的と関連する。このシュヴァーベン同盟は、フランケンから中部ラインまで広がり、殆どの帝国都市、五〇〇名を越える騎士を加え、皇帝の支持を得て地域の平和と秩序維持のための政治団体となった[22]。ここでは在地貴族（「聖イェルクの盾の会」）、都市は各々独自の総会・会議と団長をもち、それぞれ同身分内の紛争は団長の主催する仲裁裁判で、また貴族と都市の間の紛争は、双方から同数ずつ出された仲裁裁判官が調停にあたった。これに対し、諸侯は外側から個別的に同盟との協定によってこれに参加するのみで、裁判においても特権的な地位を維持し、同盟への統合は弱かった。しかし一五世紀にはこの地域における領邦支配が一層強化され、在地領主（帝国騎士を含む）や弱小帝国都市への圧迫が強まり、また改革後の帝国議会において、諸侯の優位の下に都市や騎士が事実上従属せしめられると、シュヴァーベン（在地）貴族、都市はこの時期には、むしろ協調しつつ諸侯の圧力を極力排除しようとした。一五世紀末の同盟更新時には伝統的な仲裁制度にかわり、皇帝権力を授与された、身分内・身分間の紛争を裁く権限をもつ専任の同盟裁判官が置かれた。伝統的な自治にこだわる都市は、この裁判制度に不満であったが、これを受容することにより、自治都市の相互援助同盟を越えた、貴族・都市を覆う広域的な政治組織が成立したといえよう。

皇帝マクシミリアン一世（Maximilian I）は、この同盟を領邦君主に対する自身の権力基盤として、さらにはスイス盟約者団との戦いやバイエルン継承戦争の際にも、軍事手段として利用した。シュヴァーベン同盟の政治的意義は、ハプスブルク家皇帝の政策手段となったこと、つまり領邦に対抗する広域的な都市と貴族の結合が中央権力と結合したという、ドイツ史における稀な例であることにもみとめられよう。カール・ジークフリート・バーダー（Karl Siegfried Bader）はシュヴァーベン同盟を、当地方における国家的諸権力の同盟的結集の試みと評価し、皆川卓氏もこの同盟を「国家的ゲノッセンシャフト」と表現する。最近のホルスト・カール（Horst Carl）の研究もまた、制度化的側面の弱さ等により、シュヴァーベン同盟を初期近代国家への発展の中に位置づけることは無理であるとしつつも、これを国制の「凝縮 Verdichtung」の推進力と述べ、そのゲノッセンシャフト的構造を、帝国のレーエン構造を補うものと評価している[23]。半世紀たらずの後に宗教改革の嵐の中で解体したこの同盟が、地域の統合と国家化にどの程度貢献したのか、この点はなお一六世紀以後の帝国クライスをも視野に入れて考察しなければならないだろう。

第四節　スイス盟約者団における都市と国家

トーマス・A・ブラディ・ジュニア（Thomas A. Brady Jr.）によれば、一定の領域をもつ国家が都市から直接発展したのは、北・中部イタリアとスイスのみである[24]。しかしスイスではイタリアと異なり、都市国家が農村邦と同盟することにより完結した連邦を形成し、中世後期から近代、現代へと幾度かの分裂の危機を克服しつつ存続、発展してきた。スイス盟約者団の初期史においては、ウリ、シュヴィーツ、ウンターヴァルデンの原初三邦の同盟形成やその目的、内部の渓谷共同体の構造など、論ずべき点は多々あるが、ここでは本稿のテーマ設定に沿って都市邦の構造や連邦制への契機等に限定した考察を行う。

1　原初三邦同盟から八邦同盟へ

一二九一年の原初（森林）三邦同盟に、一三三二年にはルツェルン、一三五一年にはチューリヒ、一三五二年には農村邦グラールス、都市ツーク、そしてベルンが、各々個別的な同盟によって加わり、結果として八邦同盟が成立した。このように誓約同盟の初期から都市邦は重要な構成要素をなしていた。このうち最初に原初三邦と同盟した都市はルツェルンである。ザンクト・ゴットハルト峠の開通によって活発化した南北商業により、ルツェルンはフィアヴァルトシュテッテ湖を挟んだ原初三邦、とくにウリと密接な商業上の結びつきをもった。スイス支配の維持・強化に強い関心をもつハプスブルク家はルツェルンの支配権を購入したが、ルツェルンは原初三邦との関係を

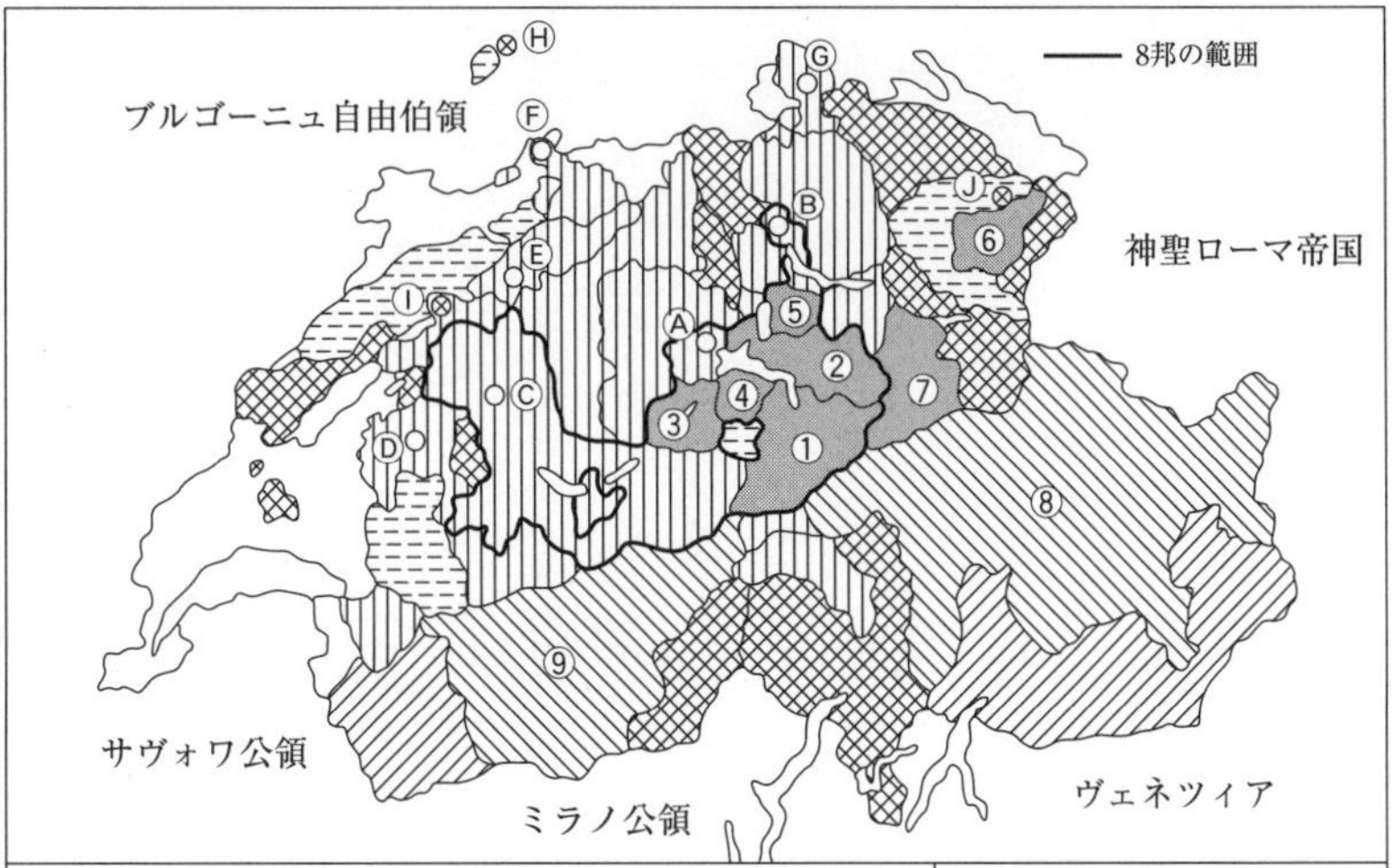

	13　邦	従属邦
主権をもつ地域	農村邦 ①ウーリ　②シュヴィーツ　③オブヴァルデン ④ニートヴァルデン（③＋④→ウンターヴァルデン） ⑤ツーク　⑥アペンツェル　⑦グラールス ○　都市郡 Ⓐルツェルン　Ⓑチューリヒ　Ⓒベルン Ⓓフリブール　Ⓔゾーロトゥルン Ⓕバーゼル　Ⓖシャフハウゼン	農村邦 ⑧グラウビュンデン ⑨ヴァリス ザンクト・ガレン 修道院（長） ⊗　都市邦 Ⓗミュールハウゼン （ミュールーズ） Ⓘビール（ビエンヌ） Ⓙザンクト・ガレン
個別邦の従属地域	上記の都市邦に属する地域 ウルゼレン（ウーリ） レヴェンティーナ マルク（シュヴィーツ）	ザンクト・ガレン 修道院領 グリュエール伯領 バーゼル司教領 エンゲルベルク 修道院領
共同支配地	トゥールガウ，バーデン，フライエ・エムター サルガンス，ウツナハ，バスター，ラインタール ヌシャテル伯領，グランソン，グラースブルク ティチーノ（ロカルノ，ルガーノ……） エッシェンタール，エシャラン	トヴァリス ボルミオ ヴァルテリーナ

（森田安一『物語　スイスの歴史』中央公論社，2000年，p.95より）

図 2-2　13邦時代の盟約者団

維持するために一三三二年にこれと相互援助のための同盟を結んだ。しかしルツェルンのハプスブルク家からの完全な自立化は、一三八六年のゼンパハの戦いの後である。㉕

チューリヒは帝国都市であったが、一三三〇年、国王ルートヴィヒ・デア・バイエルによってハプスブルク家の抵当所有に委ねられた。しかしチューリヒはその経済力で自身をこの抵当から請け戻し、さらにツンフト体制下でハプスブルク家との厳しい対立に陥ったことから、原初三邦およびルツェルンと、やはり軍事的な相互援助を目的とする同盟を締結したのである。翌年にはハプスブルク家のチューリヒ包囲をきっかけとして、原初三邦の支援により農村邦グラールスがハプスブルク家からの自立化をめざしてチューリヒ、原初三邦と同盟を結んだ。同年、ツークもチューリヒ、ルツェルン、原初三邦と同盟関係に入った。ベルンでは、市民の市外土地所有により圧迫された周辺領主が、一四世紀前半に連合して同市を攻撃したが、ベルン側の勝利に終わり、その領域支配は一層強化された。ベルン南部からアルプス山麓にかけてのベルナー・オーバーラントの農民は、ベルンの支配に対し、隣接する原初三邦の農民と同様な自由を求め、原初三邦もこれを支持する立場を取った。そこでベルンは逆に先手を打って原初三邦と同盟を結び、農民の自立化を押さえ込む体制をととのえたのである。

こうして成立した八邦同盟は、一元的な同盟関係に基づくものではなく、相互軍事援助を共通目的とはしているが、内容の異なる個々の同盟関係の集合体であった。その中で原初三邦は一三一四年のモルガルテン同盟以来、きわめて緊密な関係を維持し、全ての個別同盟関係にも加わっていた。これに対して個々の都市邦が締結した同盟関係は、相互援助の地域を限定するなど、より緩和されたものであった。チューリヒやベルンは、外部勢力との自由な同盟権を維持しており、また八邦同盟内部にはしばしば利害対立、紛争も生じた。これらはその都度、同盟内の関係者により調停されたが、同盟全体を統括する常置組織や、統一的な仲裁裁判制度はいまだ存在しなかった。

2　盟約者団の内的緊密化

この後、ゼンパハ、ネースフェルスの二つの戦いにおける敗北によりハプスブルク家はスイスにおける支配権をほぼ完全に失い、他方、ルツェルン、ベルン、およびあらたに加わったゾーロトゥルンは、周辺地域の支配を一層強めていった。ゾーロトゥルンを加えた九邦の間で結ばれた一三九三年のゼンパハ協定は、共同の軍事行動における詳細な規定の他、フェーデの禁止や教会、修道院、商人の安全と保護など、平和秩序にかんする規定をも含む盟約者団の共通法であった。各邦の自立的な領域（支配）原理が強化されたうえで、それらの相互の結合が緊密化するにともない、邦をこえた盟約者団地域全体の平和と秩序の確立が重要な課題となったのである。すなわち盟約者団の連邦化への歩みが始まったといえよう。一五世紀初に獲得されたハプスブルク領アールガウのように、盟約者団が共同支配地をもつようになると、このような盟約者団の絆は一層強くなり、一五世紀には盟約者団の会議開催も急速に頻繁化するのである。

一五世紀なかばには、スイス東部のトッゲンブルク伯領の継承をめぐってチューリヒと、シュヴィーツ・グラールスおよびこれを支援する盟約者団の間で古チューリヒ戦争が勃発した。この争いは単に盟約者団の内部紛争にとどまらず、チューリヒと同盟したハプスブルク家やフランスの介入する国際戦争へと拡大したが、和平によりチューリヒはトッゲンブルク伯領を断念した。以後、チューリヒは盟約者団との結合を強め、また盟約者団の実力を認識したザンクト・ガレン修道院長や、フリブール市、さらに距離を隔てたエルザスの帝国都市ミュールハウゼン、同じくネッカー河畔のロットヴァイルなども加盟を希望し、これらは保護同盟によって被保護者的地位の従属邦とされた。

一五世紀後半にはしかし、影響力を強めつつあった都市邦と農村邦の対立から、今一度盟約者団の分裂の危機が生じた。ブルゴーニュ公シャルル（突進公　Charles le Téméraire）による同公国への編入を恐れたエルザス都市は、盟約者団と同盟を結び、ベルンを中心とする盟約者団軍は一四七七年にナンシーでシャルルを敗死せしめた。従来の軍事行動においてはスイス中央部の農村邦が中心的役割を果たしてきたのに対し、ブルゴーニュ戦争ではベルンなど都市邦が主導権を握った。そこでベルン、チューリヒ、ルツェルンの都市邦は、功績のあった従属都市フリブールル、ゾーロトゥルンを正式の構成邦とするため、五都市間の同盟を形成し、さらに統一的な同盟協定による盟約者団の強化を要求した。盟約者団内での影響力の低下していた農村邦はこれに強く反対し、独自の同盟を形成して対立したが、一四八一年にはシュタンス協定が成立して分裂の危機は回避された。この協定により、二従属都市は正式の構成邦として認められ、このほかに盟約者団内での相互の武力行使禁止、ゼンパハ協定など先行協定の遵守誓約、共同の軍事行動のための規定などが定められた。かくして従来の個別的な同盟の集合によって形成されてきた、一〇邦の盟約者団の全体を包括する協定がようやく成立したのである。この後一四九九年に皇帝マクシミリアン一世とのシュヴァーベン戦争に勝利した盟約者団は、事実上帝国より分離し、バーゼル、シャフハウゼンの両市、さらにアペンツェル農村邦を加えて、一三邦の盟約者団体制が一七九八年まで続くことになる。

3　スイス都市の領域支配と連邦制

以上のスイス盟約者団の成立・発展過程から都市と国家の関係について、比較史的観点から次の点を指摘しておこう。スイスの中世後期、近世の都市化率（都市人口の割合）は都市ベルトの中では低く、ロシアや北欧と同程度である。[26]人口と経済力においてライン都市にはるかに劣るスイス都市はしかし、イタリアを除いて類例のない領域支配を行った。アルプス以北で最大の都市国家ベルンは、一六世紀初に四八〇〇の人口で一〇〇万の住民を擁する九〇〇〇平方キロの領域を有したが、これは一五世紀前半のフィレンツェとほぼ同じである。ルツェルンやチューリヒの領域（一五〇〇～一七〇〇平方キロ）も、数倍の人口をもつニュルンベルクの領域を遙かに上回っていた。[27] スイス都市が、このような都市規模に不相応な領域を形成した背景としては次のような事情が考えられる。まず、ラインシュヴァーベン地方と異なり、周辺領域にさほど強力な領主権力が存在せず、ハプスブルク家の支配は漸次排除され、都市を圧迫する有力領邦が形成されなかったことが挙げられる。その中で各都市はその政治・経済構造に対応した領域政策を展開した。ライザーが貴族的都市に分類するベルンは、かつてアドルフ・ガッサー（Adolf Gasser）が「領主の団体の要塞化された司令部」に近いと述べたように、その支配層は農村部所領の維持に強い関心をもち、領域の維持・拡大は同市のレゾン・デートルとなった。[28] チューリヒにおいても農村所領をもつ騎士家系が支配層を構成した。一四世紀前半にルドルフ・ブルン（Rudolf Brun）に率いられた蜂起によって成立したツンフト体制下でも、騎士的家系はなお影響力を維持し、またツンフトを構成した市民も商人的性格が強かった。一四世紀後半にはツンフト指導層も都市貴族化し、またあいつぐ戦争の中で遠隔地商業から局地商業に重心が移動することにより、領域の形成と維持は、チューリヒのもっとも重要な政策たり続けたのである。[29]

ところでチューリヒやルツェルンの市外領域は、シュヴァーベン都市のような個々の土地所領の集積よりもむしろ、都市当局によるフォークタイの買収によって進められた。これと関連するのが、ほぼ平行して行われた市外市民契約である。戦争やフェーデが頻発するなかで一四、五世紀には多数の農民に加え、少なからぬ農村部の在地貴族（騎士家系）、修道院も、納税や軍役提供義務をともなう市民権授与Verburgrechtungによって、都市の保護下に入り、都市裁判所の恩恵に与ることを望んだ。一四世紀後半のチューリヒの人口は五〇〇〇ほどであるが、これに七〇〇の市外市民が加わり、ルツェルンもこれに匹敵する市外市民を受容している。少なからぬルツェルン市民は平生は市内に住み、農繁期には市外の農場に居を移したのである。ハプスブルク家の度重なる苦情にもかかわらず両市の市外市民受容は、ドイツ都市のそれを遥かに凌ぐ規模で展開し、それによって在地領主の自立的権力基盤を弱めた。このような都市・農村の人的結合が都市による農村部のフォークタイ獲得を容易にしたことは、シュヴァーベンに比して、フォークタイの買収が格段に安価であったことにも示されている。要するにスイス都市による領域政策のコストはドイツに比してはるかに低廉だったのである[30]。

このようにスイス都市の領域支配は単なる市民の土地所有の集積ではなく、都市当局の役人による裁判、徴税など国家的な統治が行われた。とりわけチューリヒ、ベルンなどの有力都市では、領域支配はかなり集権的な形態をとり、またその農民支配は集合領主的な性格をおびた。チューリヒは多様な法的基盤に基づくモザイク的な獲得領域の支配を、場合によっては在地領主や農民の地位・権利を犠牲にしつつ、軍役・徴税・裁判権を軸に一元化することに努め、そうした領域は市参事会員など有力市民をフォークトに任命して統治せしめた[31]。この点ではイタリア都市と同様であるが、イタリア都市国家（ないしは地域国家）が後述のようにその広大な領域内に、複数の従属都市コムーネや様々な都市的集落を含み、それらの自立性を維持した地方共同体・地域の集合体であったのに対し、スイス都市の領域は、イタリア都市のコンタードに近い、比較的均質な支配空間であったといえよう。市政においては、ツンフト体制の成立や拡大参事会の形成にもかかわらず、中世後期には各都市で寡頭制への傾向が顕著となる。それでもスイス都市がシニョリーアのような独裁支配を生み出さなかったのは、市内の党派、諸階層の対立が共同体的構造を分解させるような危機に陥ることはなく、また都市の領域支配が、農村住民の意見を聴取する「諮問」制度（チューリヒ）や、紛争時の盟約者団による仲裁制度もあって、比較的安定していたからであろう。

盟約者団が連邦制的な国制を構築し、維持し得たのは、このように各々の領域をもつ都市邦・農村邦が同盟関係を形成し得たからである。すなわち、西南ドイツと異なり、都市領域の外側には強力な諸侯領が対峙したのではなく、農民団体が自由な政治的共同体＝邦を形成したので、都市は、地域の平和秩序維持と外部権力に対する防衛を共通の課題とするこれら農村邦と同盟することができた。その結果、ライン同盟、シュヴァーベン（都市）同盟のような「点と線」の結合ではなく、境を接する領域団体の連合、すなわち連邦的国制が成立したのである。連邦制とは、外部に対しては単一の国家として、内部の問題には個々の邦が主権国家として機能する体制である。したがって主権国家的機能は個々の邦がその領域内で担い、盟約者団の権限は、邦の間の紛争の仲裁や、対外戦争などを全体会議で協議・決定することに限定された[32]。盟約者団全体に関するシュタンス協定と並んで、多様な内容をもつ邦の間の個別的な同盟関係も存続し、また各邦は対外的な同盟結成の自由をも維持した。たしかに自由な農民のプリミティヴな合議制に基づく農村邦と、合理的な寡頭制的統治制度をもち、農民をも支配する都市邦とは、原理的に対立する側面をももっていた。一五世紀初には都市ツークとその領域内の農村共同体の対立は、前者を支持するチューリヒ、ルツェルン、ウリや後者を支持するシュヴィーツなどの諸邦を巻き込んだ紛争にエスカレートしたが、盟約者団の全体会議において仲裁され、ツークは当該農村の裁判権を維持した。また上述のようにブルゴーニュ戦争のころから、ベルン、チューリヒなど都市邦の政治的影響力が強まり、農村邦の反発が露わになる。さらに宗教改革による宗派分裂は、盟約者団の分裂自体は回避されたものの、明らかに盟約者団の近代国家的な統合への歩みを妨げたといえる。一七世紀にはベルンが盟約者団をオランダのモデルに従って、より集権的な防衛体制と有効な連邦制のための改革を要求したが、実現せず、伝統的な分権体制が存続した。都市邦・農村邦の独自性、差異は、そうした各邦の自立性を保証する体制によって、決定的な対立には至らなかったのである。

しかし盟約者団の国家的な機能としては、対外的な防衛における相互協力の他に、内部の平和・秩序維持といういまひとつの重要な点を看過してはならない。一二九一年の原初三邦同盟は、同盟文書が三邦内におけるフェーデの排除を唱っているように、対ハプスブルク同盟というよりもラント平和のための協定という性格をもち、邦をこえる様々な紛争や治安上の問題を仲裁裁判などにより共同で解決することをめざした。こうした地域平和のための相互協定という側面は、原初三邦、チューリヒ、ルツェルン、ツークの間で締結された一三七〇年の「坊主協定」に一層明示されている。この協定は聖職者の裁判特権解消を定めたものであるが、重点はフェーデの禁止、道路上の安全確保と犯罪取り締まり、ハプスブルク家家臣を含めた全住民の盟約者団への忠誠誓約義務など、領域内の平和維持と法的な一体性にあった。農民が武装能力をもち、集団的には騎士軍を破る軍事的力を発揮し、また多数の傭兵を生み出すスイス農村社会では、他地方に比しても暴力・フェーデ的な紛争のポテンシャルは極めて高く、事実、ローカルな、そして邦を越えるような紛争が頻発した。ブリックレが述べるように、フェーデの制限や仲裁裁判等による広域的な平和秩序の確立は、原初三邦同盟以来の重要な課題であり、同盟の拡大と維持を促す重要な契機であった。こうした状況は都市でも同様であり、一三〜一五世紀のチューリヒやルツェルンの都市法、条例には市民のフェーデに関する規定が少なくない[33]。先に挙げたシュタンス協定においても、盟約者団内部の武力行使は厳禁され、また各邦は内部の犯罪を処罰し、平和破壊行為を妨げるべく義務づけられたのである。くわえて同協定は、邦内の臣従民を他邦が煽動することを禁止し、臣従民の反抗には各邦が共同で仲裁ないしは鎮圧することをも定めているように、邦の支配秩序維持のための直接・間接の協力も盟約者団の課題とされた。

対外防衛と並んで、このような広い意味での内部平和の確立が喫緊の課題であったのは、帝国を含めた中世後期の国家に共通する点である。この二つの課題のために、農村邦も都市邦と妥協しつつ盟約者団を維持した。盟約者団は一五世紀のうちに単なる同盟（アイヌング）から国家への移行を志向していたといえよう。しかし次の世紀の宗派対立はこれを困難にし、基本的には中世後期に成立した緩やかな連邦的体制を一八世紀まで維持せしめることになるのである[34]。いずれにせよスイス盟約者団は、都市がその政治的自立性を維持しつつ国家形成の担い手となったという点においては、北・中部イタリアや低地地方の事例以上に際だっている。

第五節　イタリアにおける都市と国家

1　コムーネ時代の都市と農村領域

モード・ヴァイオレト・クラーク（Maude Violet Clarke）は中世都市国家に関する考察において、イタリアの政治的統合を妨げたのは、神聖ローマ皇帝と教皇の争いという国際政治的要因であったとするが、むしろネイション国家形成の成否という視点から離れるなら、アルプス以北とは異なる都市的発展をみたイタリアでは、いかなる形で地域の政治的組織化が進行したのか、との問いをまずたててみるべきである。[35] いうまでもなくイタリアは古代以来の都市文化の伝統が存続し、中世イタリアの諸地域における国家形成の大半は、有力都市をその核としていた。スイス盟約者団を除くアルプス以北の都市は、各々何れかの君主を戴き、ドイツ帝国都市もたえず国王・皇帝の保護と支持を得ることに努めた。しかし中世イタリアの有力都市は一時的な皇帝の支配をのぞけば、実質的には君主をもたず、否応なく自ら国家的な機能を果たした。また一時的には都市の同盟が、より広域的な秩序維持機能を担うこともあった。多中心性と分権的統合を志向する都市の発達は、より広域的な統合への契機が生じれば、連邦制的な国家形成に適合的である。ところがドイツでは都市は自身の領域をもたず、農村、または農村支配権力との対立が強く、直接、連邦的国制に貢献することはなかった。ではイタリアはどうか。

北・中部イタリア、とくにロンバルディア地方やトスカナでは一二、一三世紀のうちに、司教座でもある都市はコンタードを支配するコムーネとして制度的、法的にその基礎を固めた。コンタードは司教区とも重なり、都市法や都市の諸法令が施行され、都市から派遣される役人（ポデスタなど）の下で、原則的には都市の直接的な裁判・行政・徴税権の下に置かれた。その結果、司教座でありコンタードをもつコムーネのみが、都市civitasとされたのである。したがってこのような意味での都市の数はアルプス以北に比して多くはない[36]。コンタード内の領主はしばしば市内への移住を強制され、その地代収入は保証されたが、領主的権限はコムーネに吸収された。こうして都市コムーネは、市民（地主・貴族）の土地所有が散在する、数十キロにおよぶこの周辺地域を固有の領域として、いわば集合的領主権を行使したのである。さらに都市コムーネは、コンタードの外側の農村地域にもその支配権を拡大していったが、そうした領域の支配関係は一二、一三世紀には、なお流動的で錯綜し、とくにロンバルディアでは都市間の紛争の原因となった。皇帝フリードリヒ一世、同二世のイタリア支配に抗して結成された第一次、二次のロンバルディア同盟は、対皇帝軍事同盟たるにとどまらず、同盟都市間の紛争調停や諸都市の農村地域に対する利害の調整などにより、広域的な秩序・平和の維持に貢献した。しかしロンバルディア同盟は、こうした仲裁による秩序維持システムを恒常的な制度として確立することはできなかった。諸都市間の農村領域をめぐる対立は強く、対外的危機がなくなると、諸都市はそうした領域の掌握をめぐって繰り返し争ったのである。他方でこうした頻発する都市間（ないし都市と貴族の）紛争を地域の複数都市による仲裁が収拾する、制度化されない協力関係のネットワークは存続していた。ロンバルディアにおけるミラーノのヘゲモニーは、このような諸都市間の政治・経済にわたる利害調整と平和のための協調関係に依拠し、またこれを促すことによって成り立っていたのである[37]。

このようなコムーネ時代の都市と農村の関係は、シニョリーア時代の領域支配の構造にも大きな影響を与え、また継承されていった。ジョルジオ・キットリーニ（Giorgio Chittolini）によれば、都市コムーネはコンタードをこえる農村地域を統合し、一元的な支配領域に編成するだけの政治的な力量をもたなかった。ロンバルディア～トスカナでは、コンタードをもつ都市がせいぜい数十にとどまったのに対し、二次的に成立した半都市的集落（テッラ）、農村共同体（コムーネ）、農村的都市集落（ボルゴ）、山岳地方の渓谷共同体、支配層である騎士集団の下に雑多な住民が集住する城塞集落（カステッロ）など、夥しい数の地方共同体が存在していた。コムーネの支配領域内のこのような地方共同体や聖俗の領主は、その自立性を維持したまま都市コムーネに服し、そのためコムーネの中央権力とローカル・コミュニティが権力を分有する「二元主義」が成立した。[38] こうした都市以外の多様な自立的共同体の存在は、都市の一元的な国家領域形成を妨げていた要因であり、この傾向は都市が発達したロンバルディア、ポー河流域地方で顕著である。このように全体として一二、一三世紀の北・中部イタリアでは、都市コムーネが農村部を領域的に編成し、相互にその境界を接するという状態ではなく、未だ帰属関係の不明確な地域や自立的な共同体が広範に存在した。したがって都市同盟が連邦的な国家秩序を形成することは困難であり、ロンバルディア同盟は、なお点と線のネットワーク、すなわち都市同盟にとどまったのである。[39]

2　シニョリーア時代の都市と地域国家

一五世紀に北・中部イタリアは都市（国家）領域のモザイク状態から、いくつかの広域的なシニョリーア下の地域国家へと再編・統合された。この僭主的統治ないし寡頭制の下で都市コムーネは従来の自治を制限され、国家の一地域となった。しかしシニョリーアの地域国家は都市の没落を意味するのではなく、都市と国家ないし僭主（シニョーレ）は、契約的な権限委託と、それにもとづく対外的防衛と内部平和の維持という相互依存関係をもった。またこうした権限の集中は、統治構造に新たな要素をも加えた。すなわちシニョリーア制はコムーネ内部の対立を調停し、統治する集中的権限を市民から委託されたシニョーレによる独裁統治ではあるが、同時にコムーネが十分になし得なかった広い農村領域の統治を、コムーネの集合的権力から自立的に、シニョーレ個人が個々の領主支配

図2-3　15世紀後半のイタリア

域や共同体を把握することにより、強化し得たのである。そうした地方の共同体や領主は、とくに地域国家形成の初期段階ではシニョーレから従来より大きな自治権を認められた。また中心都市以外の服属都市も、自身のコンタードに対する固有の権限は維持し得た。他方でヴィスコンティ家やスフォルツァ家の支配するミラーノでは、領主や宮廷役人、傭兵隊長などに都市域の農村や地域の裁判権、徴税権が封として委ねられ、こうした動向は「封建化」とよびうるものである。このようなシニョリーア権力による地方勢力の優遇もあって、一五、一六世紀のミラーノ大公国における首都ミラーノの政治的・経済的な求心力と地位はむしろ低下している。[40] シニョリーア制下の地域国家は全体としては、ドイツ領邦と同様な二元主義的な権力構造を示したが、高位聖職者、貴族（騎士）、都市といった複数の身分（シュテンデ）からなるドイツ領邦のごとき身分制議会は存在しない。イタリアの地域国家では君主（シニョーレ）に対して中心都市やその他の服属都市のみが、議会ではなく定期的な契約による特権の承認・更新、代表使節による要求事項の提出という形で君主の政治的パートナーとなった。つまり中心都市国家および服属都市国家の領域は、ほとんど変更なしに地域国家内の自治的行政区となり、都市は行政区のセンターとされた。その市民は行政区の農村部に対して裁判権を行使し、また都市と農村部の間の納税額の配分や徴税方法の決定にも大きな影響力をもつなど、様々な特権により農村住民に対して優位にあった。先にふれた自治権をもつ様々な地方共同体は、こうした都市領域の外部、間隙に位置し、それ自体都市の権限を損なうものではなかった。このように一五、一六世紀の地域国家は、都市コムーネ時代の自立的な諸領域の集合体という構造的特質をなお払拭せず、キットリーニによれば、不均質で脆弱な領域組織を、君主（シニョーレ）が国家的な制度や手段というよりは、その個人的能力によりまとめ上げていたのである㊶。

いずれにせよこのようなシニョリーア制の地域国家は、外部から成長して都市をその内に統合したのではなく、ポデスタと同様、都市コムーネ内部の秩序維持と領域支配の必要から都市コムーネ体制自体が生み出したのであり、シニョリーア制は都市が領域国家化するための政治的装置であったといえよう。

3　ヴェネツィアとフィレンツェの領域支配

コムーネ時代のヴェネツィアやフィレンツェは、ジェノヴァ、ピサなどと同様、商業政策を最重視し、コンタードを超える領域形成はさしたる意味をもたなかった。ヴェネツィアやフィレンツェは領域支配ではなく、他の都市や都市的共同体、領主との協定や同盟により、中立的な空間を確保することによって商業利益の維持をめざした。

また周知のようにヴェネツィアは商業貴族の指導、シニョリーア制の欠如と共和制の維持といった点でも、アルプス以北の都市ベルトやハンザの遠隔地商業都市との共通性を示している。しかしヴィスコンティ家のミラーノの膨張政策に直面して、一四世紀末以後ヴェネツィアやフィレンツェも領域国家への構造転換を図るようになる。それは王権のごとき上位の保護権力の存在しないイタリアにおける自立的政治団体にとって、生存のための不可避的な選択であったといえよう。ここにドイツ帝国都市との差異がある。フィレンツェはヴェネツィアより早く、一四世紀のうちにトスカナ地方のピストイア、アレッツォ、プラート、サン・ジミニャーノ、ヴォルテッラなどの地方中心地を影響下に置いた。さらにヴィスコンティ家のジャン・ガレアッツォ（Gian Galeazzo）の膨張政策に抗して、ピサ、コルトナ、アペニン諸地方を服属せしめ、その領域は一万二〇〇〇平方キロに及んだ。ヴェネツィアもまた本土領（テッラ・フェルマ）の拡大に着手し、一四〇四―二八年の短期間にヴィチェンツァ、フェルトレ、ベッルーノ、ヴェローナ、パドゥヴァ、さらにはミラーノとの境界に近いブレシア、ベルガモに及ぶ領域を征服し、その面積は三万平方キロに及んだ。こうして一五世紀前半にはヴェネト地方、トスカナ地方の諸都市（シエナ、ルッカを除く）は各々ヴェネツィアとフィレンツェに服するに至った[42]。

こうしたフィレンツェ、ヴェネツィアの領域支配は、基本的にはなお一定の自立性を維持しつつ服属する個々の都市や領主支配の複合体である点で、他の地域国家と同様な構造をもつが、ヴェネツィア、フィレンツェでは服属都市、地方貴族はシニョリーア制の地域国家におけるよりもはるかに強く、国家全体の統治と運営からは排除されていた。それによってヴェネツィアの支配層と支配体制は強固に持続性を保ち得たのである。この点はトスカナの都市シエナにおいて一層明確である。シエナの支配域の一〇〇を越える中小都市や村は、自身の裁判領域をもたず、シエナから派遣された役人が裁判、徴税、統治を行った。このように、シエナや、また一五世紀のフィレンツェにおいても、そのあらたな支配領域のかなりの部分が、直接的な財政支配に服すコンタードに編入され、その他の従属都市コムーネに対しても自治権の制限と課税強化が行われた。その背景として、トスカナ地方ではロンバルディア、ヴェネト地方に比して黒死病後の人口回復がきわめて緩慢であったことをも考慮しなければならない。税収源でもある人的資源の確保は、軍事費の膨張するこの時期の国家にとって重要な課題であった[43]。こうした領域は行政区に区分され、都市の教会や市民の所有地が存在し、市の市場に食糧その他の物資を供給する、都市と密接に結びつき、また従属する空間であった。フィレンツェ市民の土地所有はピサ周辺にまで及んでいる。大きな収入とプレスティジをもたらす領域支配の官職保有（レットーリ、ポデスタとその補助的諸役）を通じて、有力市民の私的な関心と領域的国家統治の利害が緊密に結合することにより、共和制都市国家ヴェネツィア、フィレンツェ両市は、比較的強い政治的統合を実現し得た。そのために両都市は、一六世紀初のヨーロッパ列強の侵入に対しても、シニョリーア制国家ミラーノ以上に、強い抵抗力を示し得たのである[44]。

とはいえ有力都市を支配下に置かなかったシエナの領域支配と、多くの都市国家を服属させたフィレンツェ、ヴェネツィアのそれを同日に論じるわけにはいかない。フィレンツェに服したピサやピストイアなどの有力都市は、やがて自身の領域統治を回復し、その意味ではフィレンツェ、ヴェネツィアの領域統合も、なお間接統治に依存するところが少なくなかった[45]。ヴェネツィアはレットーリを派遣して、テッラ・フェルマの服属都市を支配したが、ヴェローナやパドゥヴァなどすでにシニョリーア制下に自身の領域、行財政、裁判制度を有した都市に対しては、それら既存の制度に依拠して統治したのである。また地方領主支配は排除されたが、ヴェネツィアは服属する有力都市や、さらにその衛星的コムーネのエリート（オリガーキー）を、各々のコムーネの役職に就かせ、それらを利用しつつヴェネツィア当局、服属都市とその支配下の様々なコムーネの関係を調整した。アン・K・アイザックス（Ann K. Isaacs）は、このような重層的な権力関係の調整によってヘゲモニーを貫こうとするヴェネツィアを、モジュラー国家とよび、この構造はイタリア戦争からアンシャンレジーム期を通じて基本的に維持されたと述べる[46]。

このように都市国家ないし都市を中心とする地域国家の領域的な統合が地域によって異なる理由は、ここではほとんど言及しなかった中心都市の社会経済的構造とともに、おそらく周辺農村社会の構造的多様性にある。前述のようにロンバルディアでは、騎士層が集団的に支配するような城塞集落や半都市的集落が多く、山岳部の渓谷共同体とともに都市コムーネの裁判支配には服さずに自立性を維持し、後になってシニョリーア権力に直属した。つまり地域国家の領域内部においても、様々な集落共同体が多極的・分権的な構造をつくり出していたのである。これに対してヴェネト地方寄りのポー川下流地域では、農村部の自立的な共同体や領主は少なく、各都市の比較的強いヘゲモニーが成立していたようである。各地域における農村社会構造の特質を視野に入れた都市国家・地域国家の考察は、スイス都市との比較のためにも不可欠であるが、日欧の研究の現状は十分とは言い難く、なお今後に期さねばならない。[47]

4　連邦制への可能性

一六世紀にはスペイン・ハプスブルクの支配がロンバルディアと南イタリアに及んだ。ミラーノはいまや、都市に由来しない外部の権力に支配されるに至ったのである。ここではスフォルツァ家の断絶の後、ハプスブルク直轄支配下でセナートを構成する土地所有者である都市貴族の支配体制が維持されていくのだが、ハプスブルク支配は農村部のコムーネや都市的集落、地域の利害をそれらの代表制を通じて尊重し、それによって都市エリートの影響力を牽制した。たとえばミラーノのコンタードでは農村コムーネ、地方集会、コムーネの長sindaciの全体議会、の三レベルで代表制が機能し、さらに一六世紀には都市との係争や訴訟において、コンタードの利害を守る独自の保護官が設けられた。[48]かくして中心都市権力に対し、農村勢力と君主の提携が優位に立つのである。前述のように自立的な都市的、農村的共同体の密度の高いロンバルディア、ミラーノ地域では、中心都市ミラーノがその領域を緊密に統合することは困難であった。そこでは国家統治は、都市の経済的、政治的な一定の求心力と、様々な地方共同体を直接的に把握する君主権力との、互恵的結合に基づいていたのである。

このように一五、一六世紀の北・中部イタリアでは、以前の数十に及ぶ都市国家のモザイク状態から、有力な共和制都市国家、および有力都市コムーネを基盤としつつも、代表制等によって地方をより直接的に把握し得たシニョリーア（ないし君主制）国家など、一〇ほどの地域国家への再編・統合が実現した。したがってスイス盟約者団のような連邦国家への条件は整っていたようにみえる。しかし都市が相互の競合において、領域形成による自身の利益保全を図ったとしても、商業関係にもとづく開放性と、多中心的、分権的な志向が弱まることはなかった。他方で都市国家や地域国家は、その領域政策のゆえにすでに厳しい相互対立・競合関係に入っていた。またハプスブルク家と戦ったスイス盟約者団と異なり、一四〜一五世紀半ばには、イタリアでは一二、一三世紀の帝国勢力のような対外的な危機がなかったことをもあわせ考えるなら、これらの国家が恒常的な連邦制を志向することがなかったことも理解されよう。一五世紀半ばの教皇、ヴェネツィア、フィレンツェ、ミラーノにナポリなども加えた「最高神同盟」は、イタリア諸国家の現状維持と安全保障を目的とするものであったが、協議機関や具体的な防衛計画をもたず、政治的統合に貢献することはなかった。

とはいえ一二、一三世紀に広域的なコンタードを形成したポー河地域、ヴェネト、トスカーナ地方の有力都市の伝統的領域は比較的安定しており、こうした都市（国家）が直接的に地域国家形成の基盤となったことにイタリア国制史の最大の特色がある。このことの意義は、同じイタリア北・中部においても、都市国家中核地域の周辺部、すなわちサヴォイ・ピエモンテ、ロマーニャ、ウンブリア、マルケなど、領域形成力をもつ都市の発達をみなかった地域では、（君主）国家の境界と内部の政治的統合がきわめて不安定であったことを考えれば、一層明らかとなろう。[49]

第六節　低地地方の都市と国家形成

1　低地地方の都市と国家

フランドル伯領からブラバント公領、ホラント伯領に至る低地地方は、都市ベルトにおいても、イタリア北・中部と並ぶ高度な都市化地域である。一五世紀のフランドル伯領の人口六五万人のうち、都市人口は三六パーセントを占めた。当時のフランドル伯領には五〇の都市が存在し、アルプス以北ではパリに次ぐ第二の人口（黒死病前に六万五〇〇〇）を擁したヘント、ブルッヘ（四万五〇〇〇―五万）、イーペル（二万五〇〇〇―三万）の三大都市、人口五〇〇〇から一万のコルトレイクなど七中都市、同じく二〇〇〇から五〇〇〇のポーペリンゲなど一一小都市、二〇〇〇以下の三〇近い極小都市など、毛織物業とその輸出を中心とした遠隔地商業都市からローカルな市場にいたる機能をもつ諸都市のネットワークが存在した。ブラバント公領では一三〇〇年ころ、約四〇万の人口の三〇パーセント近くが都市住民であったが、一五〇〇年ころブラバント都市の人口は急成長をしめし、一五六〇年ころアントウェルペンの人口は一〇万に達した。ホラント伯領では一五〇〇年ころの人口は約二五万、うち都市人口は四四パーセントに及んだ。[50]

このように高い都市人口の比率は、領域国家を形成したイタリア都市を別にすれば、ヨーロッパで類をみず、したがってこの点からも、この地域における（領邦）国家形成にとって都市が枢要な意味をもったことは、容易に理解されよう。この三地域の都市化は時期をずらせて進行し、フランドル伯領ではもっとも早く、一三〇〇年ころにピークを迎えた。それに対応して、ここでは一二世紀より大都市が中小都市を統制しながら、伯の司法、行財政において大きな影響力を行使した。またフランドルでは一三世紀後半以後は毛織物商人等の都市貴族支配に対する市内の職工たちの反乱がしばしば生じた。都市貴族は完全に指導権を失うことはなかったが、ヘントではやがてギルドを基盤とした手工業者の市政参加が実現された。ホラント、ブラバントでは緩慢な連続的成長をへて、一五世紀後半から新たな飛躍が始まる。しかし総じて都市規模の小さかったブラバントでは都市貴族の支配は、領邦貴族にも支えられて一五世紀まで比較的安定しており、ホラント伯領においても織布工の運動はようやく一五世紀に確認される。またブラバント、ホラントでもフランドル同様に、都市の領邦代表制はすでに一三世紀より現れるが、領邦の相対的安定もあり、都市の領邦政治に対する影響力は一五世紀の政治的混乱期までは、フランドルに比してはるかに小さかった[51]。以下では主としてフランドル伯領を考察対象とする。

2　一二、一三世紀のフランドル都市の発展と伯権力

フランドル伯は一一世紀にはすでに領域支配者dominus terraeとされ、一二世紀には宮廷を中心とする行政組織や裁判の整備等、統治体制を整えて、領内の平和維持、教会保護など公権力としての機能を強化した[52]。その中で都市もまたその経済的成長にともない、次第に政治的影響力を増していたが、とくにシャルル善良伯（Charles le Bon）が一一二七年に暗殺された後の秩序再建において決定的な役割を果たしている。すなわちフランス王に承認された新伯ギヨーム・ド・クリトン（Guillaume de Cliton）が約束に反して都市の特権を侵したことから、ヘント、ブルッヘ、イーペル、リル、サン・トメールの五大都市はフィリップ・ダルザス（Philippe d'Alsace）を新伯として支持し、

ギヨームに対して勝利せしめたのである。これに対してフィリップ・ダルザスは、大都市に特権文書を与え、市民の平和と治安、裁判の公正を保証し、徴税や防備に対する特権をみとめた。この後、フランドル伯は内政においては、領邦統治のために不可欠の存在となった都市と貴族の間のバランスをとり、対外的には、その影響力を強めようと介入の機を窺うフランス王や、同じく羊毛輸出先としてフランドル伯領に強い関心をもつイギリス国王の動向に配慮せねばならなかった。一三世紀には都市は貴族に対して経済的、軍事的優位に立ち、都市の商人たちは伯の債権者となった。一二一四年のブーヴィーヌの戦いにおける敗北以後、伯はフランス王との関係を強めざるを得ず、経済的利害によりイギリス王と結びつくフランドル諸都市との軋轢が強まる。以下、高度な都市化地域における領邦統治の特質という観点から、伯領統治と都市の関係について考えてみよう。

フランドル伯領では伯による政治的統合の早期進捗と並行し、すでに一二世紀にガルベール・ド・ブリュージュ（Galbert de Bruges）が「くにpatria」と表現したように、住民の間で地域的な一体性意識も現れている。領邦という政治的枠組みにおいて、その保護を期待しうるフランドル伯領では、毛織物業と結びついた遠隔地商業のセンターである有力都市は、イタリア都市に比して自身の領域支配への関心は弱く、むしろその特権と自由を維持すべく伯の領邦統治に積極的に関与しようとした。逆に伯はバイイの管轄する城砦区（シャテルニー）を単位とした領域行政とともに、大都市に対し共通の法を整備させることにより、領邦の法制度の統一化をこころみるなど、都市の影響力を統治のために利用した。すなわち濃密な都市ネットワークと君主による領域国家形成は、イタリアとは異なる形の共生的関係をもって展開する可能性があったといえよう。しかし一地域国家たるフランドル伯領が、ヨーロッパ的レベルの経済力と交易関係を持ち始めた諸都市を、その国家内に統合しようとするならば、諸都市の反抗を招くことは必至であった。一二世紀後半には五大都市（ブルッヘ、ヘント、イーペル、ドゥエ、リル）の代表よりなる「フランドルのエシュヴァン（参審人）」が伯に召集され、伯の諮問機関となった。しかし一三世紀には伯家の男系相続人の欠如にともなう政治的混乱もあって伯権力は安定せず、次第に都市側の優位が明確になる。一三世紀には五大都市と付属地区の裁判の上訴は、五大都市の何れかのエシュヴァン裁判に対してのみ行われることとされ、伯の法廷はこれに関与できなかった[53]。

3　中世後期の都市とフランドル伯の統治

一三世紀末以後フランドル伯領は、女伯マルグリート（Marguerite）の息子たちの相続争いとフランドル、エノーの分割相続、都市貴族と結合したフランス王の圧力強化、イギリスとの関係悪化、手工業者、民衆のフランス王権に対する反発、蜂起と続く、政治的帰趨の定まらぬ「危機の半世紀」（デイヴィッド・ニコラスDavid Nicholas）に入る。都市貴族家系を除けば、大半の都市民（或いは農民も含めて）は繰り返されるフランス王の侵入に対して、フランドルへの愛郷的な心情を昂揚させ、強く抵抗した。百年戦争に入ってフランス王への忠誠を強め、イギリスとの交易を断とうとした伯ルイ・ド・ヌヴェール（Louis de Nevers）に対し、毛織物業者らに支持された商人ヤーコブ・ファン・アルテフェルデ（Jacob van Artevelde）を指導者とするヘントは、ブルッヘ、イーペルと同盟し、一三四三年には伯はフランスに亡命した。「フランドルの三市」と称された、ヘント、ブルッヘ、イーペルはいまや、伯領全体を分割統治するに至ったのである。ニコラスはこの三市体制の存続する一三三八―四九年を、フランドル都市国家システムのピークと見なす[54]。三市はその管轄地域内における小都市と農村の参審人や長官を任命し、また管轄地域の紛争仲裁、平和維持の責任を負ったほか、対外関係を調整し、外地におけるフランドル商人保護に努めた。しかし法制定、特許状の承認・廃止には伯の同意を要したのであり（伯の亡命中は除く）、徴税制度を含めて三市支配体制は、以前の伯の行政を継承し、何ら新しい制度を創出することはなかった。

図2-4　ブルゴーニュ公国時代の低地諸邦

フランドルの都市・農村関係を考える際に、市民の農村土地所有は重要な意味をもっている。フランドル伯領の貴族は都市の発展にともない、一三世紀には総じて自立的土地領主としての地位を低下させていた。他方で一四世紀には、ヘントなど有力都市の富裕市民は、農村部に多くの土地を獲得し、伯に騎士領を授封された市民が騎士身分を得ることもあった。[55] しかし市民の土地所有が集中するのは都市の近傍のみであり、それ以外の伯領に広く散在する市民の土地所有は、バン権力をともなう稀な事例を除けば、何ら政治的影響力の基盤とはならなかった。さらに留意すべきは、都市当局がこうした散在する市民の所有地を橋頭堡として、市外に裁判権を拡大することはなかったという事実である。それは、有力都市（三市）が自身の法を農村部にも広げようとはしなかったこと（ニコラスによればフランドル都市国家敗北の究極の原因）と表裏一体をなしている。都市は農村部の土地係争は原則的に当該地域の裁判当局に委ね、直接介入することは避けた。このように三市体制は、農村部においてその支配を維持するための独自の制度を生み出すことはなく、従来からの伯の組織以外に基盤をもたなかったのである。[56] 三市体制は、新伯ルイ・ド・マール（Louis de Male）がフランス王の支持の下にその権力を強化すると、一三四九年にはヘントの屈服によって崩壊する。

伯ルイ・ド・マールは、都市への依存と特権承認という従来の関係を脱し、大都市間の争いや都市内の紛争をも利用しつつ、より積極的な都市支配への姿勢を示した。百年戦争中に伯は、イギリスとの経済関係を断ってフランス王権への依存を強め、これに対する都市の反抗を抑えるにあたってはフランス王権の支援に頼ることができた。その結果、大都市の周辺中小都市に対する上訴裁判所の権限は奪われ、伯の財務官による都市財政への監督が強化されるなど、司法、財政において伯の都市に対する影響力が強まった。より集権的な統治体制の実現をめざす（中世的な）地域国家の支配者フランドル伯にとって、大きな実力をそなえた都市の国家への統合は、自身の権力では困難であり、より大きな上位権力に頼らねばならなかったのである。

4　ブルゴーニュ公国とフランドル都市

開放的（国際市場関係）、分権的（自治、特権維持）性格をもつ都市と、国家統合を推進する支配者との関係は、このような厳しい対立を経て、一三八四年以後のブルゴーニュ公支配時代に新たな展開を示す。いわゆるブルゴーニュ公国はブルゴーニュ公領、フランシュ・コンテ、フランドル伯領の他、一五世紀にブルゴーニュ公の手に移ったホラント伯領、エノー伯領、ブラバント公領、ルクセンブルク公領などの諸領邦の複合体であり、ブルゴーニュ公はそれぞれに対して、一方で各領邦の君主として、その独自の法や制度を尊重しつつ、他方で集権的、均質的な君主統治の実現をめざした。フランドル伯領では当時、ブルッヘ、ヘント、イーペルの三市に農村地区シャテルニーであるフランを加えた「四者会議（レーデン）」が司法・行財政上の強力な影響力を行使していた。一五世紀にもこの三都市と一地域（フラン）は、その裁判・行政上の統制下に置かれた各地区の中小都市や農村を代表し、「四者会議」はフランドル全体を代表する存在として頻繁に会合をもった。一五世紀初までは、フランドルに滞在することのほとんどなかったブルゴーニュ公に対して、フランドル伯領統治を担ったのは事実上、「フランドルと通称されるわがくにの四肢」とされた「四者会議」であった。[57] ドイツの領邦身分制議会と異なり、フランドルの聖職者や貴族（在地領主）は総じて政治的影響力が弱く、伯の召集する集会において独自の身分団体を組織し得なかった。下級貴族は代表派遣の地域単位であるシャテルニーから非貴族とともに集会に参加したのである。[58] いずれにせよ「四者会議」の都市代表がほとんど毎週のように会合を持ち、様々な問題を協議し、集団的に政治的意思形成を行ったことは、領邦フランドルが少なくともこの時期には、都市連合国家ともいうべき独自の政治システムを形成したことを意味するものといえよう。

このようなブルゴーニュ公国初期における都市の優位に対して、一四一九―六七年の長期にわたる統治においてフィリップ善良公（Philippe le Bon）は、低地地方の各領邦に総督を派遣し、公の権限を代行させ、法律専門家による上訴審を設けるなど、低地諸邦の統一的な支配を促進した。それによって善良公は大都市の他都市や農村地域に対する上訴審機能と統制権を奪い、さらに都市財政への監督強化により都市財政を君主財政に組み込むことに努め、都市に多額の援助金（エード）を課した。これに対してフランドル都市、とりわけ「四者会議」のヘント、ブルッヘは一四三〇年代～四〇年代に公に反旗を翻したが、鎮圧された。以後都市は上訴裁判権を失い、身分議会における承認権・請願権を与えられはしたものの、多大な援助金の負担を余儀なくされたのである。フランドル伯領はフランドルのみを支配対象とし、都市に頼らざるを得なかったフランドル伯の手から、ブルゴーニュや低地地方の諸邦をも支配する、都市ベルトにおける前例のない複合国家の支配者の手に移った。しかもブルゴーニュ公によって統括された低地諸邦のなかでヘント、ブルッヘなどフランドル都市の経済はすでにピークを過ぎ、その指導的地位をブラバント都市に譲りつつあった。それゆえ、諸領邦の全体会議を設置し、低地地方全体を包括する連邦的（ないし同君連合的）国制の強化を目指したブルゴーニュ公に対し、その一地域として集権的な統治機構を強制されたフランドル都市にも、抵抗はもはや困難となったのである。ブルゴーニュ公シャルル（突進公）の戦死（一四七七年）と公国の解体の後、突進公の娘マリ（Marie de Bourgogne）の下で低地諸邦は旧特権を全面的に認めさせ、フランドル伯領ではヘント、ブルッヘ、イーペルによる支配が復活した。[59] しかしマクシミリアン、フィリップ（Philipp）、カール（Karl）と続くハプスブルク家の支配下にはいったフランドル、低地諸邦は、もはや地方自立主義のみに固執することはできなかった。近世の新しい政治的、経済的諸条件において自身の利権を保持するには、フランドルとその都市も他の低地諸邦とともに「全国議会」に参加し、新たな君主の下でより広域的な連邦制的結合に関わらざるを得なかったのである。

以上のようにフランドル伯領では、中小都市や農村を上級裁判（エシュヴァン裁判）を通じて統制し、稠密な都市ネットワークの頂に位置する三～五大都市の連合が、自身の利害に沿う領邦運営を目指して大きな影響力を行使した。とくにフランドル都市経済の最盛期でもある一三〇〇年前後から一四世紀前半、そしてブルゴーニュ時代初期には都市の政治的意志は実質的に領邦統治を担うものであった。この時期のフランドル伯領を都市連合国家と呼ぶこともできよう。ただしそれはスイスのごとき都市領域の連合ではない。むしろ早期に統合が進んだ領邦フランドルの国制において、有力都市が顕著な指導力を行使した結果であった。ニコラスは、フランドル都市が永続的な都市国家体制を確立できなかったのは、農村領域を支配する独自の法と制度を生み出さなかったからであり、他方で伯は、重要な局面において（フランス王に加え）小都市や農村部の支持を得て勝利したのだと述べる。しかし同時に、産業基盤をもち、交易関係を重視するフランドル都市にとっては、完結した個別的な都市領域形成よりも、むしろ農村部をも含み込んだ都市ネットワークの形成が重要であったともいえよう。上記の三市体制とは、そのようなネットワークに近いものであったと考えられる。

ともあれ一地域国家の君主たるフランドル伯にとって、原理的には開放性、分権、多中心性を特質とする都市の連合を、統一的な国家統治（閉鎖性）に吸収することは、容易ではなかった。それはフランス王権のバックアップを受けたフランドル伯領の下で、あるいは複合国家の支配者ブルゴーニュ公の下でのみ可能であったといえよう。低地諸邦が、フィリップ善良公治世末期に始まる「全国議会」への参加を通じて、各邦の自立主義を越えた連邦制への傾向を示したのは、前述のように各邦において大きな影響力を有した都市の共通利害によるところも大きいが、直接的にはやはりブルゴーニュ公、ハプスブルク家の君主権力によるインパクトを契機とするものである。この意味でもスイス盟約者団とは異なると言わねばならない[60]。

おわりに

以上、都市ベルトの低地地方、西南ドイツ、スイス盟約者団、イタリア北・中部における都市と国家形成について概観した。何れの地域においても都市ベルトの商業交易条件にめぐまれ、大都市を繋ぐインターローカルな商業ネットワークと、中小都市のローカルな市場交易が交錯し、全体として比較的密な都市網が存在した。その中でライン、シュヴァーベン地方の帝国都市は、中世盛期にはなお比較的有効な帝権の保護下にあった。それゆえ都市の活動は開放的な商業ネットワークに依拠し、自身の領域形成への関心は薄かった。また中世後期にはすでにその輪郭を明確にしていた聖俗諸侯の地域国家（領邦）、その他の領主支配域の稠密なモザイク状態の中に置かれ、都市の領域形成はもはや困難であった。またこのように一四世紀以後各地域における領邦形成が大きく進捗する中で、皇帝がこれらに抗して帝国都市を積極的に保護しつつ、国家統合の手段とすることはほとんど不可能となったが、同時に領邦もまた、帝国都市をその狭隘な領域と支配体制の中に吸収するキャパシティをもたなかった。このように、ライン地方をも含めて都市ベルトのドイツ部分においては、帝国都市の地位を維持した有力都市の発展は、帝国、領邦のいずれのレベルの国家発展にも直接的な関わりをもつことはなかった。[61]

これに対してイタリア都市は当初からコンタード形成（征服）を通じて在地領主をも都市に吸収し、早くから開放的な商業ネットワークの原理に、閉鎖的な領域性を結合して地域の政治権力構造を規定するファクターとなった。周辺に強力な領主権力がドイツほどの密度では存在せず、都市の貨幣経済の影響によって封建領主制が変質していた北・中部イタリアでは、都市の領域形成は比較的容易であったといえよう。それは王権という上位の保護者をもたない都市の自己保存の手段でもあった。ただし多様な地域社会や自立的な共同体をも含む拡大された領域の安定した統治は、シニョリーアの僭主的支配者によって実現されるのが一般的であった。都市の求心力と、都市内の利害対立を超越ないし調整する支配者（家門）の君主制的な原理、統治能力が結合してはじめて、地域国家は安定し得たのである。このように、共和制を維持しつつ広大な領域国家を形成したヴェネツィアをも含めて、イタリア都市は国家形成に直接的な貢献をなした。中世後期・近世の北・中部イタリア都市はシュヴァーベン同盟のような多少とも持続する同盟的連合を形成することはなく、都市国家を超える政治的統合は進まなかったが、「ネイション国家」のパラダイムを離れるなら、これらは都市を基盤とした国家統合の重要なモデルとして認識すべきであろう。

他方、一四世紀以後のドイツ帝国都市は、領邦の狭間でその優勢な政治的、軍事的圧力の前に跼蹐しつつ一定の自治を守り、経済的団体として近世に生き延びていく。一五世紀の、都市と領主に諸侯を加えたシュヴァーベン同盟は、なお点と線の結合という中世的同盟の性格を残していた。この同盟は地域の平和秩序のための強化された裁判機能により、集団的な領域的統治へと一歩近づいたが、宗教改革期には分裂、解体する。ゲアハルト・ディルハー（Gerhard Dilcher）が、領域支配原理の点では都市の近代国家への直接的貢献はなかったが、平等原理、公共性観念、共通善などの価値観念と心性において都市は社会に新たな要素をもたらしたと述べるのは、誤りではないだろう。[62]

この点でイタリアにより類似した都市・国家関係を示すのはスイス盟約者団と低地地方である。スイス都市が顕著な領域支配を行い得たのは、山岳地域における領主権力の脆弱さ、ハプスブルク家支配を排除した後の権力の空隙、強力な軍事力などによるものであるが、ハプスブルク家への対抗と地域的な平和秩序維持のための同盟・連邦（盟約者団）形成自体がまた、都市邦、農村邦の領域を保証したのである。都市がシニョリーアや君主制を生み出さなかったのは、この集団的な秩序維持によるところが大きいといえよう。そして都市邦と農村邦がともに領域支配を確立したからこそ、点と線ではない完結的な連邦的国制を構築し得たのである。内部に様々な軋轢や対立要因を抱え、幾度か分裂の危機に直面しつつもこの連邦が存続したのは、対外危機に対する軍事的、政治的な共同行動、そして内部の地域平和のための協調と合意形成の経験を通じて、同盟関係の意義を各邦が強く認識していったからであろう。

フランドル伯領の都市は領邦統治のもっとも重要な構成要素であったが、伯領内に都市が領域形成を行うことはなかった。しかしその経済的意義と開放的な商業ネットワークのゆえに、都市を閉鎖的な領邦統治体制の中に統合することは、一二、一三世紀のフランドル伯には困難であった。都市は確かに国家の統合と有効な統治の不可欠の基礎であったが、君主の統治意志が都市を有効に把握し始めるのは、フランドル伯領をその一地域に位置づけるような、フランドルを超える大きな複合国家（ブルゴーニュ公国、低地諸邦）の支配者であった。また都市がブルゴーニュ公、ハプスブルク家の国家的統治体制に統合される一五世紀には、フランドル都市はすでにその衰退期に入っており、開放的な商業ネットワークへの指向性が後退していた時期であった。一五世紀に低地諸邦は君主の上からの指導のもとに連邦的な関係をもつが、都市民を主たる担い手とする各邦の共属意識、およびこれと不可分の自治慣習は維持されていく。

以上は、最初に述べた、トランスナショナルな比較地域史研究のためのひとつの試みに過ぎず、また本稿では、各地域の都市・国家関係の特性に関する叙述はきわめて概括的なレベルにとどまっている。今後さらにこの視点からの比較考察を深めるためには、各都市の内部構造や、各地域における都市・農村関係の実証研究の成果をもふまえたより厳密な比較を行うことが必要となろう。また都市ベルトの商業ネットワークによって、考察した各地域自体が相互に結びつきを有したことをも看過してはならない。たとえば西南ドイツ都市は、言及したように、スイス盟約者団から様々な影響を受けていた。また盟約者団は一六世紀初に一時ミラーノを支配し、またミラーノ自体はまもなく放棄したものの、ロンバルディア北部、ティチーノ渓谷地方を獲得した。イタリア都市制度がスイス都市に影響を与えたのみならず、イタリア山岳部の渓谷共同体は、かつてコンラート・ルーザー（Konrad Ruser）が指摘したように、スイス農村邦の細胞ともいうべき渓谷共同体のあり方に大きな影響を与えたと考えられる。[63]このように、ザンクト・ゴットハルト峠を挟む南北の両地域は、商業交易関係のみならず、共同体制度においても密接な関連を示すのである。またブルゴーニュ公国がほぼ都市ベルトに沿って諸領域を統合したのも同様に考えることができる。

ともあれ確認すべきは、「都市ベルト」というヨーロッパ中央部をつらぬく地域において、都市が重要な社会・政治的ファクターであり、またこの地域では、そうした都市を中心に、その様々な影響力の下に、集権的なネイションの国家へと発展しない独特の政治的組織・団体が形成されたことである。そうした都市のかかわる政治組織・統合の多様性を比較考察することは、今日の統合にむかうヨーロッパにおける広義の地域文化の多様性を認識することに貢献するものである。このようなネイション国家の枠にこだわらない地域文化を、様々な観点からよりきめ細かく認識し比較する作業の蓄積を通じて、ヨーロッパ史全体を捉え直すことが、今日のヨーロッパ史研究の重要な課題の一つであろう。その際、設定される比較の視座によって、考察地域の多様な選択が可能となることはいうまでもない。

注

(1) EUとヨーロッパ統合の歴史的経緯についてはD・ヒーター(田中俊郎訳)『統一ヨーロッパへの道』岩波書店、一九九四年。最近の情勢と今後の展望については、宮島喬・羽場久浘子編『ヨーロッパ統合のゆくえ』人文書院、二〇〇一年。

(2) 「ヨーロッパ」概念に関する問題は、N・デイヴィス(別宮貞徳訳)『ヨーロッパ Ⅰ 古代』共同通信社、二〇〇〇年、三七頁以下を参照。

(3) G・バラクラフ(前川貞次郎・兼岩正夫訳)『転換期の歴史』社会思想社、一九六四年、五四―七三頁。引用は七三頁。

(4) 宮島喬「統合の深化と地域・民族問題」(宮島・羽場編、前掲書)、八三―一〇九頁、原聖「地域的言語文化の新たな広がり」(同)、一六四―一八九頁。渡辺尚「ヨーロッパと地域」(渡辺尚編著『ヨーロッパの発見』有斐閣、二〇〇〇年)、三六―四七頁。「エスノリージョナリズム」とも称される(少数)民族地域については、バルカンではその自立化、ネイション国家形成運動がきわめて深刻な紛争を惹起していることは周知の通りであるが、過去三〇年、民族的地域の自治を進めてきた西欧では、これら民族地域の分離主義は先鋭化していない。以下でいう地域・集団とはかならずしも民族地域たる性格や意識を基盤にもたない、むしろ歴史的、政治的地域を指す。

(5) 木村尚三郎「ヨーロッパにおける中世世界の成立」(『中世史講座』1、学生社、一九八二年)、二四八—二五三頁。

(6) ヴェーバー（世良晃志郎訳）『都市の類型学』創文社、一九六四年、二五八頁。

(7) Rokkan,S./Urwin,D.W., *Economy, Territory, Identity*. Politics of West European Peripheries, 1983, pp.24-35.

(8) Dilcher,G./Brady,Jr.,Th.A./Blockmans,W./Nierop,H.v./Isaacs,A.K./Musi,A., The urban belt and the emerging modern state: Blickle,P.(ed.), *Resistance, Representation and Community*, New York, 1997; Epstein,S.R.(ed.), *Town and Country in Europe, 1300-1800*.

(9) Martin,Th., *Die Städtepolitik Rudolfs von Habsburg*, 1976, S.198-204; Moraw,P., *Von offener Verfassung zur gestalteter Verdichtung*. Das Reich im späten Mittelalter 1250 bis 1490, 1985, S.252-253.

(10) Ruser,K.(bearb.von), *Die Urkunden und Akten der oberdeutschen Städtebunde vom 13. Jahurhundert bis 1549*, Bd.I, 1979, S.198-204.

(11) Ebenda,S.208,210,212,224-227.

(12) Clarke,M.V., *The Medieval City State*, Repr.1966., S.174-175. 瀬原義生『ドイツ中世都市の歴史的展開』三四〇頁。

(13) 以下の叙述は主としてClarke, op.cit., pp.176-178. 瀬原、前掲書、三四五—四二一頁による。

(14) Moraw, a.a.O., S.418-420.

(15) Zmora,H., *State and nobility in early modern Germany*. The knightly feud in Franconia 1440-1567, 1997.

(16) 都市の関わるフェーデについてはいくつかの事例研究がある。たとえばNeitzert,D., *Die Stadt Göttingen führt eine Fehde 1485/86*, 1992.

(17) Scott,T., Town and country in Germany, 1350-1600: Epstein(ed.), op.cit., p.212.

(18) 西南ドイツにおける都市建設についてはMaschke,E./Sydow, J.,Südwestdeutsche Städte im Zeitalter der Staufer, 1980; Eggert,W., Städtenetz und Städtepolitik: Töpfer,B.(Hg.), *Stadt und Städtebürgertum in der deutschen Geschichte des 13.Jahrhunderts*, 1976, S.108-228; Bader,K.S., *Der deutsche Südwesten in seiner territorialen Entwicklung*, 2.Aufl., 1978, S.29f., 149-160. 瀬原義生『ヨーロッパ中世都市の起源』未来社、四三〇頁以下をも参照。

(19) Blickle, Friede und Verfassung. Voraussetzung und Folgen der Eidgenossenschaft von 1291: Historischer Verein der Fünf Orte(Hg.), *Innerschweiz und frühe Eidgenossenschaft*, Bd.1, 1985, S.145-148.

(20) Scott, op.cit., S.227.

(21) Raiser,E., *Städtische Territorialpolitik im Mittelalter*, *1969*, S.58,62,66,86, 136-140, 157,159.「市民闘争」期には、都市貴族の市外土地所有は、周辺諸侯との紛争の原因として批判された。

(22) シュヴァーベン同盟については、Bader, a.a.O., S.186-190; Brady,Jr.,Th.A., Cities and state-bildung in the south German-Swiss zone of the 'urban belt'; Blickle(ed.), op.cit., p.238. Carl,H., *Der schwäbische Bund 1488-1534*, 2000. 皆川卓「二つのシュヴァーベン同盟」『比較都市史研究』一五-二、一九九六年、一五―三四頁。

(23) Carl, a.a.O., S.510-511. ただしバーダーは、シュヴァーベン同盟が国家的統合に寄与できなかったのは、ハプスブルク家の対スイス盟約者団政策に利用されたからであると述べる。Bader, a.a.O., S.188.

(24) Brady,Jr., The urban belt and the emerging modern state, conclusion: Blickle(ed.), op.cit., p.322.

(25) 以下の盟約者団の発展については、Clarke, op.cit., pp.193-207; Brady,Jr., Cities and state-building in the south German-Swiss zone ot the urban belt : Blickle(ed.), op.cit., p.236f; Blickle, Friede und Verfassung. Voraussetzung und Folgen der Eidgenossenschaft von 1291, S.15-202. 森田安一編『スイス・ベネルクス史』、一九九八年、三六―六四頁、斎藤泰「中スイス渓谷の皇帝特許状」『秋大史学』四二、一九九六年。

(26) Körner,M., Town and country in Switzerland, 1450-1750: Epstein(ed.), op.cit., p.236.

(27) Brady,Jr., op.cit., p.236; Scott, op.cit., p.212.

(28) Gasser,A., *Entstehung und Ausbildung der Landeshoheit im Gebiete der Schweizerischen Eidgenossenschaft*, 1930, S.394; Raiser, a.a.O., S.22-26.

(29) Raiser, a.a.O., S.46-51

(30) Blickle, a.a.O., S.148.

(31) チューリヒの領域支配については、森田安一『スイス中世都市研究』山川出版社、一九九一年、一五七頁以下および一八三頁以下を参照。

(32) ただし都市とその領域住民の紛争を盟約者団諸邦が仲裁することはあった。森田、前掲書、一六一、一七五頁。

(33) スイス初期史におけるフェーデ・暴力とその克服については、Blickle, a.a.O., S.17f,23-25,32-43.

(34) Brady,Jr.,op.cit., p.250.

(35) Clarke, op.cit., p.151.

(36) Chittolini,G., Città e stati regionali: id., *Città, comunità e feudi negli stati dell'Italia centro-settentrionale*(*XVI-XVI secolo*), 1996, p.23. ただし後述するようにアルプス以北の都市に匹敵する城塞集落＝カステッロが多数存在した。コムーネ時代までのイタリア都市国家史とそのコンタード支配については清水廣一郎『イタリア中世都市国家研究』岩波書店、一九七五年、一一六、二九—一〇四頁、N・オットカール（清水廣一郎・佐藤真典訳）『中世の都市コムーネ』）創文社、一九七二年、ウェーリー（森田鉄郎訳）『イタリアの都市国家』平凡社、一九七一年、八一—一〇三頁。

(37) 佐藤公美「コムーネと広域秩序」『史林』八三-五、二〇〇〇年、六六—一〇二頁。

(38) Chittolini, op.cit., pp.22; id., 《Quasi città》. Borghi e terre in area lombarda nel tardo Medioevo: id., *Città, comunità e feudi negli stati dell'Italia centro-settentrionale*, pp.85-104. 佐藤公美「中世イタリアにおける領域構造論及び都市—農村関係論の課題」『史林』八二-三、一九九九年、一三二頁。コンタードをもたず都市とは呼ばれぬ都市的集落の中には、プラートやモンツァなどのようにアルプス以北の中小都市を凌駕する住民数や商工業をもつものも少なくない。

(39) 一二〜一四世紀のコムーネ期からシニョリーア期にかけてのポー河地域（ロンバルディア、エミーリア、トレヴィーソ）における都市の領域形成と支配の多様性とその限界についてはVaranini,G.M., Die Organisation des städtischen Bezirks in der Poebene im 13. und 14.Jahrhundert (Mark Treviso, Lombardei, Emilia): Chittolini,G./ Willoweit,D. (Hg.), *Hochmittelalterliche Territorialstrukturen in Deutschland und Italien*, 1996, S.97-171, besonders 153ff.

(40) Epstein,S.R., Town and country: economy and institutions in late medieval Italy: *Economic History Review*, 46-3, 1993, p.462; Chittolini, Città e stati regionali, pp.26-28; id., The Italian City-State and its Territory: Molho,A./Rauflaub,K./Emlen,J.(ed.), *City States in Classical Antiquity and Medieval Italy*, 1991, pp.598-600. とくにロンバルディア北部の山岳地域における渓谷共同体等が、ヴィスコンティ家の直接支配下で大きな自治権を享受したことについてはid., Principe e comunità alpine: id., *Città, comunità e feudi negli stati dell'Italia centro-settentrionale*, pp.126-144.

(41) Chittolini, Città e stati regionali, p.29-33. たとえば都市国家パルマの有力家門を中心とする親族・封建関係に基づく自立的な地域秩序と、これに対するヴィスコンティの制度化されぬ不安定な支配についてはGentile,M., *Terra e Poteri.* Parma e il Parmense nel ducato visconteo all'inizio del Quattrocento, 2001.

(42) Chittolini, op.cit., pp.33-35; id., The Italian City-States and its Territory, pp.600-601.

(43) Isaacs,A.K., The urban belt and the emerging modern state, 4. Italy: Blickle(ed.), op.cit., pp.292, 298. 斎藤寛海「一五世紀のフィレンツェにおける権力構造」(『ヨーロッパにおける統合的諸権力の構造と展開』創文社、一九九四年) 所収、四一一—四一四、四七三—四七四頁。

(44) Chittolini, Città e stati regionali, pp.36-37; id., The Italian City-States and its Territory, p.602. フィレンツェは一五三七年以後、「共和国の公」とされたメディチ家のコジモの下で実質的に君主制に移行する。

(45) 皇帝カール五世の承認を得て「フィレンツェの公」に、さらに教皇の承認によって一五六九年に初代「トスカーナ大公」となったコジモ一世自身とその後継者たちもなお、国家を多数の不均質な地域共同体の集合体として理解していた。斎藤寛海「トスカーナ大公国の領域構造」『信州大学教育学部紀要』九〇、一九九七年、七八頁。

(46) Isaacs, op.cit., pp.302-304.

(47) 佐藤公美「中世イタリアにおける領域構造論及び都市—農村関係論の課題」、一三六—一三八頁。なおエプスティンによれば、ミラーノ大公領では都市ミラーノの商業・手工業における独占的地位の弱さは、織布業など農村手工業の展開を妨げず、中世末~近世において都市農村間のバランスのとれた地域経済の発展を促したのに対し、トスカナにおけるフィレンツェの圧倒的な政治的優位に基づく独占は、農村部の商工業の展開を阻害したという。Epstein, op.cit., pp.462,464-465,467-463; Belfanti,C.M., Town and country in central and nothern Italy, 1400-1800: Epstein(ed.), op.cit., p.296.

(48) Musi,A., The urban belt and the emerging modern state, 4-2 Integration and resistance in Spanish Italy, 1500-1800: Blickle(ed.), op.cit., pp.305-308.

(49) Chittolini, Per una geografia dei contadi alla fine del Medioevo: id., *Città, comunità e feudi negli stati dell'Italia centro-settentrionale (XVI-XVI secolo)*, pp.14-17.

(50) Blockmans,W., The urban belt and the emerging moern state, 3-1 The impact of cities on state formation: three contrasting

territories in the Low Countries, 1300-1500: Blickle(ed.), op.cit., pp.356-359.

(51) Ibid., pp.359-367; Hoppenbrouwers,P.C.M., Town and country in Holland, 1300-1500: Epstein(ed.), op.cit., p.58. 河原温『中世フランドルの都市と社会』中央大学出版部、二〇〇一年、一〇一二八頁。

(52) 以下のフランドル伯領政治史については、Blockmans, op.cit., pp.256-271; Nicholas,D., Medieval Flanders, 1992, pp.56-89, 150-259. 斎藤絅子「中世フランドル伯領」(『世界歴史』八、岩波書店、一九九八年) 所収、一〇一―一一三頁。

(53) 一二世紀の伯領の行政についてはNicholas, op.cit., p.77-89. ヘント、イープル、ブルッヘなどの都市は一三世紀には周辺所領の買収等によって郊外領域の拡大に努めたが、その規模は限定的で、領域的統合・組織化はきわめて不十分であった。Nicholas, op.cit., pp.130-131; Id., The Later Medieval City 1300-1500, 1997, pp.94-95, 97. 畑奈保美「ブルゴーニュ時代初期 (一四世紀末―一五世紀初頭) におけるフランドル四者会議」『西洋史研究』新輯二三、一九九四年、六八―六九頁。

(54) Nicholas, *Town and Countryside*: Social, Economic, and Political Tensions in Fourteenth-Century Flanders, 1971, pp.175-182.

(55) 市民の土地所有に関する詳細はIbid., pp.267-329.

(56) Ibid., pp.314, 327-329.

(57) エネン (佐々木克巳訳)『ヨーロッパの中世都市』岩波書店、一九八七年、二五五―二五八頁。

(58) 畑、前掲論文、七一―七二頁。

(59) このときマリが授与した「大特権」の意義については畑奈保美「一四七七年マリー・ド・ブルゴーニュの『大特権』」『歴史』九四、二〇〇〇年、を参照。

(60)「全国議会」は文字通り諸邦全体にかかわる、君主や摂政の交代、外交、課税について同意を与えることを主たる権限とした。川口博『身分制国家とネーデルラントの反乱』彩流社、一九九五年、八九―一二六頁。

(61) ただしこの点は、領邦都市と領邦の統合、領邦行政の関係をも考慮に入れる必要がある。ヴュルテンベルク公 (伯) の領邦では、領内都市の市民が官僚として重要な役割を果たしている。皆川卓「初期領邦国家と名望市民」『西洋史学』一八五、一九九七年。また領邦都市の首都的機能については、君主の統治スタイルや官僚組織などを含めて考えねばならない。この点は、拙稿「宮廷都市ヴィーンの成立」(比較都市史研究会編『都市と共同体』一、名著出版、一九九一年) 所収、を参照。なお各地域の都市・農村関係の比較についてはNicholas, op.cit., pp.92-101.

(62) Dilcher, The urban belt and the emerging modern state, 2-2 Germany: Blickle(ed.), op.cit., p.235.

(63) Ruser,K., Die Talgemeinde des Valcamonica, des Frignano, der Leventina und des Blenio und die Entstehung der Schweizerischen Eidgenossenschaft: Maurer,H.(hg.), *Kommunale Bündnisse Oberitaliens und Oberdeutschalnds in Vergleich*, 1987. 拙稿「中・近世ティロル農村社会における紛争・紛争解決と共同体」『京都大学文学部研究紀要』四一、二〇〇二年、一〇四頁。

第3章

トポスとしてのサルマチア

――ポーランド史におけるヨーロッパ的アイデンティティ

小山　哲

第一節　「ヨーロッパの拡大」か、「ヨーロッパへの回帰」か
――ポーランド史からの問い

東欧における社会主義圏の崩壊から十数年をへて、ヨーロッパ東部の国際環境は大きく変化しつつある。一九九九年にはポーランド、チェコ、ハンガリーが北大西洋条約機構（NATO）に正式に加盟し、二〇〇四年には、これらの三国を含む十カ国がヨーロッパ連合（EU）に新たに加盟する。[1]

東・中欧諸国の統合は、EUにとっては東方への「ヨーロッパの拡大[2]」であるが、新たに加盟する当事者の側からはしばしば「ヨーロッパへの回帰」として語られる。[3]ヨーロッパ統合の旗印としてときには並べて掲げられるこのふたつの合言葉のあいだには、しかしながら、厳密に考えると微妙な意味のずれがある。そもそも「ヨーロッパの拡大」という場合には主体はヨーロッパ（EU）側にあるのに対して、「ヨーロッパへの回帰」という場合には、少なくとも概念上の主体は東・中欧諸国の側にある。しかも、「回帰」がもと居た場所に戻ることを意味するのに対し、「拡大」には外部に位置する地域を併合するニュアンスがある。つまり、「ヨーロッパの拡大」という場合には、東・中欧諸国はこれから包摂されるべき「外部」として位置づけられているのに対し、「ヨーロッパへの回帰」という場合には、これらの諸国が歴史的にみて本来はヨーロッパの「内部」に位置していたことが前提となっているのである。このように、「拡大」と「回帰」というふたつの表現の意味のずれの背後には、「ヨーロッパとは何か」、「どこまでがヨーロッパか」というヨーロッパの境界線とアイデンティティをめぐる問い[4]が潜んでいる。

この問いは、ヨーロッパ東部の過去と現在をどのような枠組みのなかで認識するかという問題とも深くかかわっており、この地域の歴史を研究する者にとって無視できないものになりつつある。本章が対象とするポーランドの歴史研究の領域でも、近年、「ヨーロッパ」概念の意味をあらためて問い直し、ヨーロッパ世界における東中欧地域[5]ないしポーランドの歴史的位置づけを再検討する作業が進められている。[6]この分野でとりわけ目をひくのは、イェジ・クウォチョフスキ（Jerzy Kłoczowski）[7]、ブロニスワフ・ゲレメク（Bronisław Geremek）[8]、ヘンリク・サムソノヴィチ（Henryk Samsonowicz）[9]、ヤヌシュ・タズビル（Janusz Tazbir）[10]ら、中・近世史の研究者の活躍である。一九九一年にルブリンに設置された「東中欧研究所」（Instytut Europy Środkowo-Wschodniej）では、創設以来、中世教会史の大家クウォチョフスキが所長を務めている。[11]この研究所の叢書「東中欧文庫」（Biblioteka Europy Środkowo-Wschodniej）の第一巻が、中世史家オスカル・ハレツキ（Oskar Halecki）の『ヨーロッパ史の限界と区分』のポーランド語訳[12]にあてられていることは、近年のポーランドにおける東中欧史研究がどのような学問的伝統に根差しているかをよく示している。この著作のなかでハレツキは、歴史的ヨーロッパを「西欧」、「西中欧」、「東中欧」、「東欧」の四地域に区分することを提案した。このうち「東欧」には東ローマ帝国とその伝統を継承する地域が含まれるが、ロシアは、キエフ公国時代などを除けば基本的にヨーロッパ外の「ユーラシア」（Eurasia）に位置づけられる。他方で、ハレツキは、ドイツ中心的な「中欧」（Mittel Europa）概念を批判し、民族的・歴史的ドイツに相当する「西中欧」（West-Central Europe）と、その外に位置する「東中欧」（East-Central Europe）とを区別した。[13] このハレツキの地域区分は、その後のポーランドの歴史研究に大きな影響を及ぼすことになった。[14]

　ポーランドの中・近世史家が二〇世紀末のヨーロッパの変動に触発されて積極的に発言しているのは、現在、東中欧諸国が指向している「ヨーロッパ」の歴史的起源が、まさしく彼らがフィールドとする時代に遡ると考えられているためである。東中欧地域が「年下のヨーロッパ」（młodsza Europa）としてラテン＝キリスト教文化圏に包摂・統合されたのは一〇世紀から一五世紀にかけての時代であった。[15] 他方、ヨーロッパ世界の統合理念として「キリスト教圏」（christianitas）に代わってより世俗的な「ヨーロッパ」概念が登場し、定着するのは中世後期から近世にかけてのことであり、[16] 東中欧地域の知識人もこのような変化に敏感に反応した。中世における「ヨーロッパ」概念の形成過程を跡づけたデニス・ヘイは、「ヨーロッパの」という形容詞をタイトルに用いた最初の書物として、ポーランドの人文主義者マチェイ・ズ・ミエホヴァ（ミェホヴィータ）（Maciej z Miechowa（Miechowita））の著書『アジアとヨーロッパの二つのサルマチアについての論考』*Tractatus de duabus Sarmatiis, Asianae et Europianae*（一五一七年刊）を挙げている。[17]

　この書名のなかに「アジアとヨーロッパの」という形容詞を付して掲げられた地名「サルマチア」は、一五世紀以降、「ヨーロッパ」概念が普及するのとほぼ並行して、東中欧地域の名称として用いられるようになる。[18] 近世以降のポーランドにおいては、この地名は、単なる地理的名称にとどまらず、固有の文化的・イデオロギー的内容を伴った概念として流通した。以下にみるように、「サルマチア」は、ヨーロッパの古典的伝統への帰属をポーランド側から主張する名称であると同時に、ヨーロッパ世界におけるポーランドの辺境性・境界性を象徴する概念でもあった。「サルマチア」概念のこのような両義性は、「回帰」（によるヨーロッパへの参加）と「拡大」（によるヨーロッパへの併合）とのあいだで揺れる今日の東・中欧諸国の帰属意識の二重性にも通じるところがある。以下では、トポスとしての「サルマチア」[19]の変遷を追いながら、ポーランドにおける「ヨーロッパ」意識の歴史的特質の一端に光をあててみたい。

第二節　サルマチア起源論の成立

「サルマチア」という地名は、紀元前六世紀から紀元後四世紀にかけて北カフカスから黒海北岸に広がるステップ地帯に居住したイラン系の遊牧民族サウロマタイ人に由来する。ヘロドトス（Herodotos）によれば、サウロマタイ人の領域はマイオティス湖（アゾフ海）の北方、タナイス河（ドン川）の東に位置する。民族の起源はアマゾン女族とスキュタイ人の混血と言い伝えられ、男女共に馬に乗って狩猟や戦闘に出るとヘロドトスは記している。[20]

古代ローマ帝国は、版図の拡大にともなってサルマチア人と直接接触し、両者のあいだで戦争も起こったが、この時代のサルマチア像は、全体としてみるとかなり混沌としている。ヘンリク・ウォヴミアンスキ（Henryk Łowmiański）は、紀元前一世紀から紀元後二世紀の地中海世界におけるヨーロッパ東部にかんする地理的認識を図3-1のように整理している。[21]このうち、プトレマイオス（Ptolemaios）がタナイス川を境にサルマチアを東西に二分し、それぞれ「ヨーロッパ・サルマチア」(Sarmatia Europae)、「アジア・サルマチア」(Sarmatia Asiae) と呼んでいることは、のちに重要な意味をもつことになった。

　中世にはいると、古典古代のテキストに記されたサルマチア人と、同時代のヨーロッパ東部の諸民族とが混同されることにより、サルマチア認識はいっそう混乱したものとなった。年代記や世界図 (mappae mundi) に登場するサルマチア人のイメージは、はなはだ曖昧である。一二世紀前半に書かれたポーランド最初の年代記には「スラヴ人の領土は、ゲタエ人とも呼ばれるサルマチア人と、ダキアとサクソニアにおいて、境を接している」とあり、[22] サルマチア人はスラヴ人とは異なる民族とみなされている。しかし、西欧ではスラヴ人を指してサルマチア人と呼ぶ用例もみられ、認識は一定しない[23]。

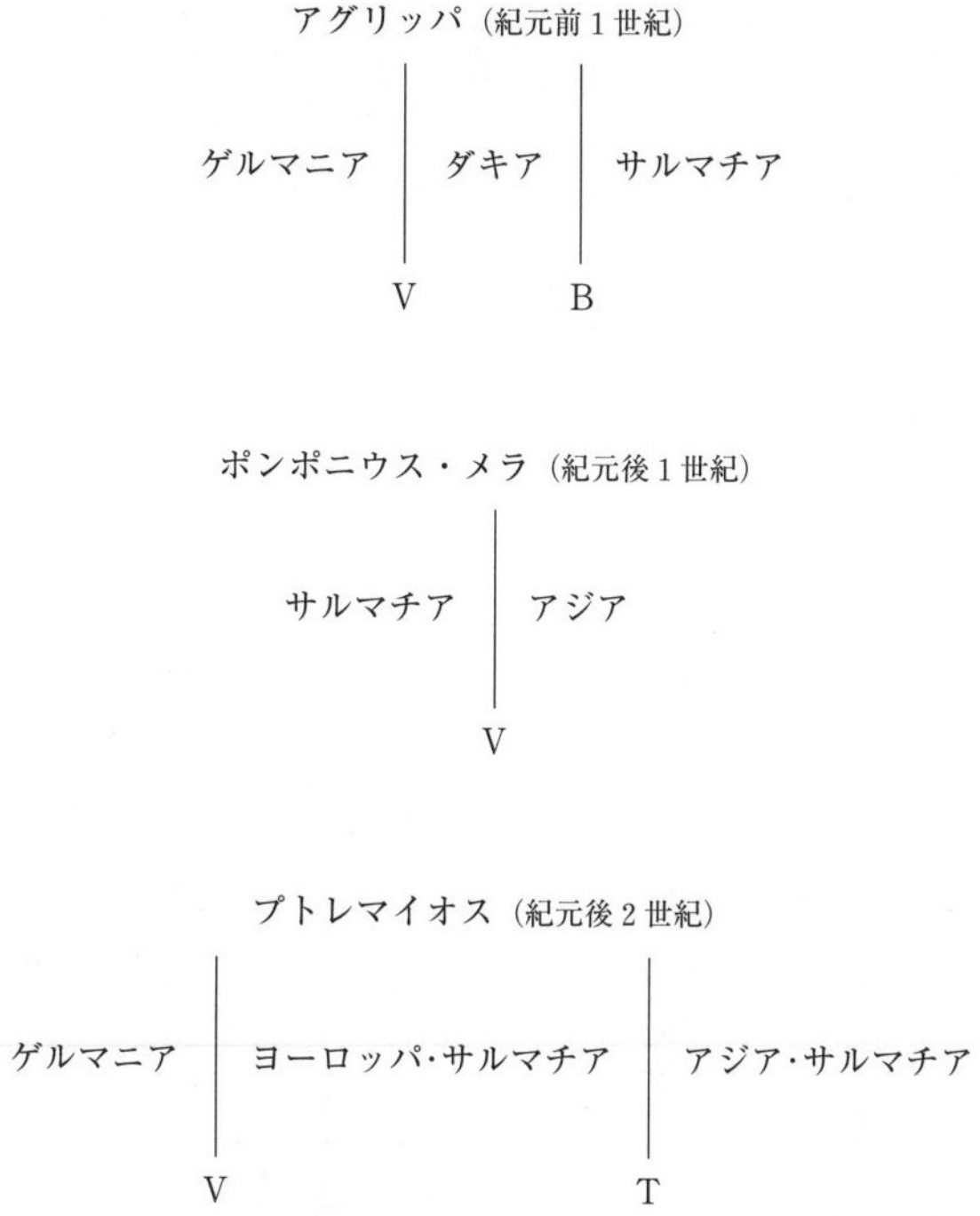

V：ヴィスワ川　B：ボリステネス川（ドニエプル川）
T：タナイス川（ドン川）

図３-１　ローマ時代のサルマチア像

　中世を通じてサルマチアの名称が忘却されることはなかったが、記述は断片的であった。この地名があらためて実在する地域の名称として復活し、普及する契機となったのは、一五世紀のプトレマイオス・ルネサンスである。プトレマイオス『地理誌』*Cosmographie*は一五世紀初頭にラテン語訳され、一四七五年にテキストが、次いで一四七七年に地図付きの刊本が出版された。その後も『地理誌』は版を重ね、この時代の空間認識のひとつの基準となった[24]。とりわけポーランド人の地理的な自己認識に大きな影響を及ぼしたのは、『地理誌』第三巻第五章「ヨーロッパ・サルマチアの位置」[25]、およびプトレマイオスの記述に対応するものとして付された地図「ヨーロッパ第八図」[26]である。年代記作者ヤン・ドゥウゴシュ（Jan Długosz）は、その年代記（一四五五年から一四八〇年にかけて執筆）の一部として執筆された「地誌」Chorographiaのなかで、ポーランドをヨーロッパ・サルマチアと呼び、ポーランド人とルテニア人をサルマチア人と等置している[27]。彼はまた、サルマチア人、ポーランド人、レフ（ポーランドの神話上の建国者）がいずれもノアの長子ヤペテに発することを説いた[28]。ドゥウゴシュは、古代サルマチアを同時代のポーランドと地理的に結びつけただけでなく、中世のキリスト教的系譜論においてヨーロッパ諸民族の父祖とされたヤペテ[29]を両者の起源とすることによって、ポーランドが民族系統的にもヨーロッパに属することを主張したのである[30]。

　その後もプトレマイオスの地理学はさまざまなかたちでポーランドに流布し、応用された。一四九四年にはクラクフ大学でヤン・ズ・グウォゴヴァ（Jan z Głogowa）が『地理誌』を講じ[31]、一六世紀に入るとヤン・ストブニチキ（Jan Stobniczki）が『プトレマイオス地理誌入門』*Introductio in Ptolemei Cosmographiam*を著した（一五一二、一五一九年刊）。後者の入門書では、ヨーロッパ・サルマチアはヤギェウォ王朝下のポーランド・リトアニア国家の領土にほぼ相当するものと認識されている[32]。すでに触れたように、サルマチアそのものをタイトルに掲げた著作が現れるのも、この頃である。マチェイ・ズ・ミェホヴァ（ミェホヴィータ）は、『両サルマチア論』（初版は一五一七年刊）のなかで、プトレマイオスに従ってサルマチアの西限をヴィスワ川、ヨーロッパ部分とアジア部分の境界をドン川に置いている[33]。ミェホヴィータのサルマチア論は一五三五年にポーランド語訳が刊行されたほか、ドイツ語やイタリア語にも訳されて版を重ね、ヨーロッパ東部の地誌にかんする重要な情報源となった[34]。また、一五二〇年代後半には、ベルナルド・ヴァポフスキ（Bernard Wapowski）が南北二葉から成るサルマチアの地図を作成している[35]。

これらの地誌や地図をつうじて、自国の領土の名称としてのサルマチアは、ポーランドの人文主義者の一般的な語彙のなかに定着した。タデウシュ・ウレヴィチ（Tadeusz Ulewicz）は、ヨスト・ルドヴィク・デチウシュ（Jost Ludwik Decjusz）の著作『ジグムント王の治世について』*De Sigismundi regis tempolibus*（一五二一年刊）における「サルマチア（人）」（Sarmatia, Sarmatae）の用例を分析し、ヤギェウォ朝国家の領域とその住民を指すケースが圧倒的に多いことを明らかにしている[36]。同様の傾向は、ヤン・モンチンスキ（Jan Mączyński）によって編纂された『ラテン語−ポーランド語辞典』*Lexicon Latino-Polonicum*（一五六四年刊）においても確認できる。ここでは、「ヨーロッパ」は「イタリア、ドイツ、フランス、スペイン、ポーランド、ハンガリー、チェコの地が置かれた世界の第三の部分」と定義され、ポーランドを含む東中欧地域がヨーロッパの内部に位置することが明確に示される一方、「ヨーロッパ・サルマチア」は「〔ポーランド〕王冠に属する公国領、すなわちプルシィ、ルシ、マゾフシェ、リトアニア公国及びジュムチとインフランティ地方、及びモスクワの一部を伴うポーランド王国全体」としてヤギェウォ王朝の支配領域と同一視されている[37]。

一六世紀後半になると、ポーランド人のサルマチア起源はすでに自明の前提となり、著述家たちの関心は、むしろ戦闘的な騎馬民族としての古代サルマチア人のイメージにもとづいてポーランド人の勇猛な気質やポーランド国家の領土拡大を説明することに向けられた。マルチン・ビェルスキ（Marcin Bielski）は、『全世界年代記』（初版一五五一年刊）のなかで、ポーランド人の祖先であるサルマチアの住民を猛々しい北方民族として描いている。「ポーランド民族は、（これはすべてのひとが同意することだが）世界の第三の部分であるヨーロッパに位置するサルマチアの地から出たスラヴ民族に由来する。このサルマチアは、東はタナイス川とマイオティス湖、西はヴィスワ川ないし別の人びとの意見によればオーデル川、南はビェスチャドないしベスキドと呼ばれるハンガリーの山地、北はドイツ海ないしサルマチア海ないしバルト海と呼ばれる海によって区切られている。〔……〕〔この地方は〕蜥蜴の目を持つ人びとがいることから、ギリシア語でサウロマチア（Sauromacja）と呼ばれる。なぜならば、ギリシア語でサウロス（sauros）は蜥蜴、オマ（omma）は目を意味するからである。この呼び名は、彼らが恐ろしい人びとであることによるとも考えられる。なぜならば、この人びとのまえで全世界が震え上がったのであり、聖書にも、災いが北から起こって、この地に住むすべての者のうえに望む〔エレミア書、一：一四〕、とあるからである」[38]。ビェルスキによれば、ヴァンダル人もサルマチア人の一派であり、ヴィスワ川（ヴァンダルス川）を越えてスペインからアフリカに達した。他方、同じサルマチア人の別の一派であるロクソラニ人から派生したスラヴ人は、モスクワからヴァンダリア（ポーランド）にかけての地域に広がったとされる[39]。

ビェルスキとほぼ同時代の年代記作者マルチン・クロメル（Marcin Kromer）も、サルマチア人の勢力拡大について、次のように述べている。「三〇巻から成る私の著書『ポーランド人の起源と事蹟について』*De origine et rebus gestis Polonorum libri XXX*において、私はポーランド人がスラヴの民であり、またサルマチアの民であることを示した。この民は、サルマチアに発して、ヴィスワ川を渡り、ゲルマニアの、かつてはヴェント人とヴァンダル人が住んでいた地域に住みついた。そして、自らの住む領域と支配を南北に大きく押し広げた。その結果、サルマチア山地から北は上述の川の両岸まで、西はチェコとの境を隔てるズデーテンの森、さらにエルベ川に沿ってその河口まで、またヴィスルギ川すなわちヴェーゼル川の河口まで、またヴェント人の海すなわちバルト海まで広がるすべての地域が、その支配下に入った」[40]。このように、サルマチア起源論には、単にポーランド民族の古代起源を示すだけでなく、ポーランド国家の本来あるべき版図を主張する意味もあったのである。

ポーランド人を古代サルマチア人の後裔とみなす理論は、ヨアヒム・ビェルスキ（Joachim Bielski）の次の発言

（一五九七年）が示すように、一六世紀末にはほぼ完成し、定着したとみることができる。「この〔サルマチア人の〕名称がどこから由来するにせよ、われわれがまさにサルマチア人であることは明らかなことである。そして、それゆえに、サルマチア人について何であれ書かれていることは、まさしくわれわれの祖先についてのことだと理解するべきである」[41]。

以上のように、サルマチアは、ルネサンス期のポーランド人がヨーロッパの古典的伝統のなかに「発見」した民族揺籃の地であった[42]。その意味では、サルマチア起源論は、一五世紀半ばにはじまり一六世紀に開花したポーランドにおける人文主義の展開の所産にほかならない。同時にそれは、バルト海から黒海北方に広がるヤギェウォ朝ポーランド＝リトアニア国家の支配領域を対外的に正当化し、言語的にも宗教的にも多様な集団から成る国内の住民を統合するイデオロギーとしても機能したのである[43]。

自国の領土と民族の起源を古代世界に位置づけることによって、ポーランドは自らがヨーロッパ諸民族の伝統に連なる存在であることを内外に示した。サルマチア起源論と並行して、国制面では、ルネサンス期のポーランドは、古代ローマの共和制に規範となるモデルを見いだした[44]。しかし、古代サルマチアはローマの版図の外にあり、ローマ国家に敵対する遊牧民族が支配する領域であった。したがって、サルマチアは、容易にヨーロッパ世界における辺境性、周縁性、異質性の表象ともなりうるのである。サルマチア起源論につきまとうこの両義性[45]は、バロック期にこの理論が貴族身分のイデオロギーに変形される過程で、その逆説的な性格をいっそう強めていくことになる。

ヤギェウォ王朝のもとで、ポーランド王国は一三八六年以降、王朝連合によってリトアニア大公国と結びついていた。両国の関係は、ヤギェウォ王朝断絶（一五七二年）に先立つ一五六九年、「ルブリン合同」によって制度的合同に強化された。興味深いことに、一五世紀から一六世紀にかけて、ポーランドにおけるサルマチア起源論の成立と並行して、リトアニアについても古典古代に遡る起源神話が成立している。

すでに引いた一五世紀の年代記作者ドゥウゴシュは、リトアニア人ついては、次のような古代イタリア起源説を書きとめている。[46]「彼ら〔リトアニア人の祖先〕は、ユリウス・カエサルとポンペイウスのあいだで戦争が行われていた時代に父祖の地を離れたイタリア人とローマ人である。〔……ポンペイウス支持派はカエサルの仕返しを恐れて〕建都七一四年に全財産と従者を伴ってローマを離れ、安全に罰せられずに隠れることのできる北方の地方に移ったのである。このことは、彼らの呼び名から明らかである。なぜならば、これらの民族は皆、リタリア人(Lythali)と呼ばれるからである。彼らは、イタリア人の言語の古い習慣に従って多くの言葉の最初にLの文字を付け加えたのであり、この慣習は今日までイタリア人の俗語で行われている。〔……〕はじめはリタリア人と呼ばれていたリトアニア人は、時とともにVの字が加わり、LがNに変わって、他の諸民族によってリトアニア人(Lythwani)と呼ばれるようになった[47]」。

この段階では、リトアニア人のローマ起源論は、サルマチアの地誌とは別個に説かれていた。しかし、ポーランド王国との関係が緊密になるにつれて、リトアニアの起源論とサルマチア論がひとつの文脈のなかに置かれるようになる。一六世紀前半のミェホヴィータは、ドゥウゴシュの語源学的説明をヨーロッパ・サルマチアの地誌のなかにそのまま取りこんでいる。「古い著述家たちの伝えるところによれば、イタリアの住民の一部が、ローマ人のあいだの不和が原因で国を去り、リトアニア地方にたどり着いて、その地に自分の祖国イタリアの名前を与え、その地で暮らす人びとをイタリア人と呼んだという。そして彼らの子孫は最初に一文字加えて、その国をリタリア、住民をリタリア人と呼び始めた。隣接するポーランド人とルシ人はこの名前をさらに変形して、今日にいたるまでこの国をリトアニア、その住民をリトアニア人と呼んでいる」[48]。

一六世紀後半になると、リトアニアのローマ起源説とポーランドのサルマチア起源説は民族系統論を介して接合された。リトアニアの年代記作者マチェイ・ストリィコフスキ（Maciej Stryjkowski）によれば、イタリア人が到来したとき、リトアニアは無人の地ではなく、そこにはゲピド人、スドヴィト人、アラン人、リタラン人、ゴート人などの「荒々しい、森に住み、これらの北の地方で獣の群れを追う民族」が住んでいた。外来のイタリア人はこれらの原住民と混交し、一体化してリトアニア人となったのである[49]。しかも、ストリィコフスキによれば、ゴート人やアラン人はサルマチア系であり、ポーランド人もリトアニア人も共にヤペテに発するサルマチア人の系譜のなかに含まれる[50]。ストリィコフスキの民族起源論のいまひとつの特徴は、身分差別の由来を民族の差異によって説明している点である。「ジュムチとリトアニアの古くからの貴族（slachta）は、（もしそれが本当に古くからの貴族であるならば）このイタリア人と、かの勇猛なゴート人に由来する。それはちょうどイタリアでイタリアの古い貴族がトロイ人に発する系譜を持つようなものである。一方、平民（prości ludzie i czerń）は、古くからのゲピド人、スドヴィト人、リタラン人、あるいは勇猛なアラン人に由来する（イタリアで〔平民が〕原住民に由来するように）[51]」。ストリィコフスキは、このように民族系統の違いによって貴族と平民の身分差を根拠づけた。しかし、いずれの身分の系譜も根源的にはサルマチア人に遡るとみなしている点では、彼の社会観はなお身分融和的であるといえる[52]。

ドゥウゴシュに始まる語源学的な民族系譜論と、ストリィコフスキにみられる民族系統による身分起源説とを結びつけ、荒唐無稽ともいえる議論を展開したのが、一七世紀前半のフランチェスコ会修道士ヴォイチェフ・デンボウェンツキ（Wojciech Dębołęcki（Dembołęcki）である。デンボウェンツキは、一六三三年に刊行された著書『唯一独自の世界国家の論証』[53]のなかで、ポーランド王国はヨーロッパ最古の国であり、スラヴ語は人類の最初の言語であると主張した。デンボウェンツキの「論証」は、ポーランド人、サルマチア人、スキタイ人をひとつの系譜に結びつけることによって成り立っている。すなわち、アダムの言語は原初シリア語（アラム語）に受け継がれ、それがスキタイ語（デンボウェンツキによればサルマチア語でもある）となった。そのスキタイ語を継承し、アダムの言語を最も純粋な形で伝えているのが、「今日のポーランド王国で」用いられているスラヴ語にほかならない[54]。

また、デンボウェンツキは、ポーランド国王こそ神により全世界を支配する権利を託された「アダムの真の継承者」であることを、次のように「論証」する。アダムの子セツは、兄弟姉妹の合意のもとに権力を継承した。これがポーランドの国王選挙にもとづく貴族的君主制（Aristocratica Monarchia）の起源である[55]。また、「スキタイ」（Scyt）という民族名は、セツ（Set）に由来し、ポーランド語の「誇る」（szczycić）という動詞は「スキタイ人である」（być Scyta）ことを意味する。スキタイ人は王族スキタイ人（Scythas Królewscy）と平民スキタイ人（Scythas vulgares）の二身分から成り、前者は「帝権を持つ」（carstwa mający）ことから「チャルマチ」（czarmaci）とも呼ばれる。これこそ「サルマチア人」（Sarmaci）の語源にほかならない[56]。

デンボウェンツキによれば、セツの系譜は、ノアの子の代にヤペテ、セム、ハムの三系統に分かれ、それぞれ支配者、聖職者、農民の祖となった。ヤペテの子、第八代世界支配者ポラフ（Polach VIII. Pan Świata）[57]のときにハム族が反乱を起こした。叛徒を追撃中、ポラフはドン川で溺れかけた。この「溺れる」（tonąć）というポーランド語の動詞からタナイス（Tanais）ないしドン（Don）という川の名が生まれた[58]。結局、ハム族はバルト海沿岸に追いやられ、これがドイツ人の祖となった。ドイツ人はトゥイスコ（Tujsko→Tuiskon）のもとで再び反乱を起こすが、これも鎮圧され、ポラフの国家は、東はドン川から西はオーデル川まで、北はバルト海から南はドナウ川まで版図を広げた。これがポーランド国家の起源である。デンボウェンツキは、このようにアダム直系の選ばれた民であるポーランド人が、父祖の地である聖地を取り戻し、全世界を支配することは天命であると主張した。「まちがいなく、遠からず白鷲〔ポーランド王権の紋章〕が再び全世界に翼を広げる日が来る。それは、歴代のポーランド国王の誰かがトルコ人を打ち破り、玉座あるいは世界の統治権を再びポーランドからシリアに移し、レバノンの山に据えるときである。シリアでこの玉座は始まり、そこからポーランドに我々の父祖ポラフが移したのであった。この玉座にあって、ポーランド国王はその歴代の継承者とともに、以前そうであったのと同じように、再び（少なくとも）アジア、アフリカ、ヨーロッパを世界の終わりにいたるまで支配することになろう」[59]。

バロック風の奇想に彩られたデンボウェンツキの議論は、一七世紀のポーランド貴族（シュラフタ）の身分的・民族的特権意識をやや誇張したかたちで表現したものといえるであろう。彼の「論証」においては、「サルマチア人」の名で呼ばれるのは特権身分としての「王族スキタイ人」に限られ、下位身分はサルマチア人の正統的な系譜から排除されている。また、世界支配の予言にみられるように、ポーランド国家の古代起源論は、ここではメシアニズムを特徴的である。また、西方のドイツに対する優越意識と、東方のオスマン帝国への膨張指向がみられることも特徴的である。のちに社会学者ヤン・スタニスワフ・ビストロン（Jan Stanisław Bystroń）が、ポーランドにおける「民族的誇大妄想」の典型的事例としてデンボウェンツキの名を挙げたのは当然と言うべきであろう[60]。

議会の機能が麻痺し始める一七世紀後半になっても、ポーランドの貴族共和制は他の諸国の国制よりも優れているというシュラフタの自負心にはいささかの揺るぎもなかった。たとえば、ヴァレンティ・ペンスキ（Walenty

Pęski）にとって、ポーランド国制は天上の国制にほかならない。「われわれ自身、ポーランドが無秩序によって立っている（Polska nierządem stoi）ことを認める。つまり、他の諸国民にはみられない、普通でないやり方で立っているということを。つまり、外国風ではなく、フランス風、ドイツ風等々ではなく、われわれのやり方でポーランド風に立っているということを。つまり、人間のやり方ではなく、天上のやり方で立っているということを。天（Polus）とポーランド人（Polonus）はお互いに近い名称であり、そのために重要な問題においては一致するのであり、ポーランドの統治は天の統治にたいへんふさわしいものなのである」[61]。

ルネサンス期に成立したサルマチア起源論は、かくしてバロック期に「貴族の共和国」の優越性を誇示する理論に変貌した。ポーランド文化史上の「サルマティズム」は、このようなシュラフタの身分的・民族的優越意識を重要なイデオロギー的構成要素として成立する。次にバロック期の文化現象としてのサルマティズムの世界を一瞥しておこう。

第四節　サルマティズムの諸相

サルマティズムとは、主としてシュラフタ身分のあいだで支配的であった心性、世界観、生活様式、美的嗜好などを総称する概念である。

「サルマティズム」（sarmatyzm）という単語は、一八世紀後半、啓蒙主義者たちによって、シュラフタの前時代的な世界観や慣習を批判的に名指す概念として用いられるようになった。したがって当初、この用語は、あきらかに否定的ないし諷刺的なニュアンスを帯びていた。一九世紀初頭に刊行されたサムエル・ボグミウ・リンデ（Samuel

Bogumił Linde）の辞書（一八〇七―一四年刊）は、サルマティズムを、「風俗の洗練されないさま nieokrzesanie obyczajów、粗野さ grubiaństwo、田舎紳士風 grundychwalstwo」と定義している。[62]

このようなネガティヴなニュアンスは、今日でも一般的な用語法においては完全には失われていないが、文化史研究の領域では、「サルマティズム」は、歴史上の特定の文化様式を指す、より中立的な概念として用いられている。たとえばヤヌシュ・マチェイエフスキ（Janusz Maciejewski）は、「文化構成体」（formacja kulturowa）としてのサルマティズムの構成要素として次のようなものを挙げている。「閉鎖的で狂信に向かう傾向をともなう宗教性。聖像の物神的な崇拝。儀礼の重視。魔術的思考の展開。奇跡や魔法や予言にたいする信仰。共和主義、自由、シュラフタ位と家系の古さにたいする崇拝、質素、習俗の素朴さ、商業と手工業にたいする蔑視、平等、騎士性、地主性、土着性などを特徴とするイデオロギー。具体的な人物をモデルとする姿勢。政治と娯楽を最も重視する生活様式（ホモ・ポリティクスでありかつホモ・ルーデンスとしてのシュラフタ）。特定の社交上のしきたり、など」。[63]

サルマティズムにかんする研究領域は、美術史、文学史、思想史、社会史など複数の分野にまたがり、対象となる時代の範囲も広いため、概念の意味内容や時期区分をめぐって研究者の見解は必ずしも一致していない。[64] 表3-1A、1Bは、代表的な研究者による時期区分の例を示したものである。それぞれの議論を詳しく紹介する余裕はないので、ここではいくつかの論点に絞って整理しておこう。

ここに挙げたなかでは、ウレヴィチとヤヌシュ・ペルツ（Janusz Pelc）が、サルマチア起源論の形成期と、一五八〇年代以降の本格的なサルマティズムの時代とを区別して論じている（図2A）。これは、人文主義者によって創作された起源神話としてのサルマチア起源論と、バロック期のシュラフタ身分のイデオロギーや生活様式の総体としてのサルマティズムとでは、問題の次元と性質を異にすると考えられるためである。ただし、一五八〇年代以前のサルマチア起源論のなかに、のちのサルマティズムに通じる要素がすでに含まれていたことは両者ともに認めている。ウレヴィチとペルツは、このような現象を「プレ・サルマティズム」と呼ぶ[65]。

前後の時代をどこまで含めるかを別にすれば、一七世紀がサルマティズムの時代であることについては、研究者のあいだにほぼ異論はない。ただし、最盛期を一七世紀前半にみるか（ペルツ）、後半にみるか（ウレヴィチ、チナルスキ、タズビル）で意見は分かれる。また、ヤツェク・スタシェフスキ（Jacek Staszewski）は、興隆→衰退の波が繰り返し訪れると考える点で、他の論者とは発想を異にする[66]（図2B）。スタシェフスキは、サルマティズムを、一六世紀から十一月蜂起の敗北（一八三一年）までの三世紀間に及ぶ長期的な文化現象とみなす。この場合、サルマティズムはバロックよりも広い概念であり、サルマティズムをバロック期のシュラフタ層の身分的下位文化として位置づける論者[67]とは見方が異なる。また、一八世紀に「古典主義的サルマティズム」の段階を設定する点で、サルマティズムと啓蒙を対抗的な文化様式とみなし、前者から後者への移行ないし転換を論ずる立場[68]とは一線を画している。

「啓蒙的サルマティズム」（sarmatyzm oświecony）については、マリウシュ・カルポヴィチ（Mariusz Karpowicz）とミェチスワフ・クリモヴィチ（Mieczysław Klimowicz）が、ほぼ一世紀離れた時代にそれぞれこの概念を適用している[69]（図2A）。しかも、両者は美術史と文学史という異なる領域で発言しているため、議論は必ずしもかみ合っていない。両者の見解については、のちほどあらためて触れることにしよう。

サルマティズム概念にどのような現象を含めて考えるかという点についても、研究者の見方はさまざまである。ここではバロック期のサルマティズムに限定して、その属性を概観しておこう。サルマティズムの中心的な担い手は貴族身分であり、バロック期のテキストのなかではシュラフタはしばしば「サルマタ」（Sarmata＝サルマチア人〔単数形。複数形はサルマチ Sarmaci〕）と呼ばれた。人間類型としてのサルマタは、地方で地主的生活を営みながら騎士的気概を失わない人物であり、古代ローマの伝説的英雄キンキナトゥス（Cincinnatus）が理想像とされた[70]。身分

表3-1A　サルマティズムの時期区分（1）

※太字は最盛期を示す

	ウレヴィチ説*1	チナルスキ説*2	ペルツ説*3	
15〜16世紀	（プレサルマティズム）	Ⅰ［〜1570年代］	（プレサルマティズム） Ⅰ［1580/90年代〜1606/08］	
17世紀前半	Ⅰ［1587〜1650/51］	Ⅱ［〜17世紀半ば］	Ⅱ［〜1652/55/58］	
17世紀後半	**Ⅱ［1650〜1697］**	**Ⅲ［〜1697］**	**Ⅲ［〜1696/97］**	α
18世紀前半	Ⅲ［1697〜1763］	Ⅳ［〜1763］	Ⅳ［〜啓蒙期］	
18世紀後半	（サルマティズムとの闘い）			β
19世紀	（ロマン主義的サルマティズム） ［1830/31〜1861/63］			

α：啓蒙的サルマティズム（マリウシュ・カルポヴィチ）*4
β：啓蒙的サルマティズム（ミェチスワフ・クリモヴィチ）*5
*1：注65参照（Ulewicz, s.29-92）。*2：注70参照（Cynarski, s.247-271）。*3：注64参照（Pelc, s.229-232）。*4：注83参照（Karpowicz）。*5：注105参照（Klimowicz, s.301-306）。

表3-1B　サルマティズムの時期区分（2）

※太字は最盛期を示す

	スタシェフスキ説*7	
Ⅰ	ヴァーザ期サルマティズム **ジグムント3世治世末期〜ヴワディスワフ4世治世初期**	［1580年代〜1650年代］
Ⅱ	啓蒙的サルマティズム **ヤン3世ソビエスキ治世期（末期を除く）**	［1673〜1686］
Ⅲ	［ザクセン期サルマティズム］*8 **1730年代〜40年代**	［1717〜　］
	古典主義的サルマティズム **第1次分割（1772）〜11月蜂起（1831）**	［　〜1831］*9

*7：注66参照。
*8：筆者による便宜上の名称。スタシェフスキは特に命名していない。
*9：スタシェフスキの記述では、ザクセン期サルマティズムと古典主義的サルマティズムの時期区分は必ずしも明確ではない。ここでは連続したものとして示した。

的諸特権に守られ、「黄金の自由」を享受するサルマタは、下位身分に対して強い優越意識を持ち、王権の強化など身分的自由を損なう可能性のある変革には断固として反対した[71]。

古代に遡る系譜のもつ権威は、国家や民族や身分だけでなく、個々の貴族の家系にも及ぶようになり、家の由緒を物語る各種の紋章伝説が形成された[72]。バロック詩人ヴェスパジアン・コホフスキ（Wespazjan Kochowski）は、「シュラフタの家の古さ」と題する詩のなかで、こじつけで家系の古さを競い合うサルマタの姿を次のように諷刺している。「どの家がポーランドでより古いか。ハミェツ家はハムから、／アブラモヴィチ家もアブラハムから出ているし、／聖パウロが書いた手紙に出てくる家もあり、／使徒ヤコブからテンチンスキ家は由来する。／もしこれらの家々が名前で古さを競うなら、／ライスキ家〔Rajski ← raj（楽園）〕とアダモフスキ家〔Adamowski ← Adam（アダム）〕はこの世の始めからあるわけだ」[73]。

反宗教改革の進展とともに、デンボウェンツキの「論証」にみられたメシアニズムと選民思想も、ポーランドを「キリスト教の防壁」とみなす発想と結びついて、シュラフタのあいだに浸透した[74]。一七世紀にスウェーデン、ロシア、オスマン帝国など非カトリック諸国との戦争が続いたことも、カトリシズムと「ポーランド性」polskośćを結びつける契機となった。タズビルは、この時期の宗教意識の民族化を「カトリシズムのサルマチア化」と呼んでいる[75]。民族化した宗教性がバロック的な美意識と融合するなかから、劇場的に演出された葬送儀礼（pompa funebris）や、死者の生前の風貌を写実的に描いた棺用肖像画（portret trumienny）のような、バロック期のポーランドに特有の「死」の表象文化が生まれた[76]。

美的嗜好の領域では、イデオロギー的な次元における「キリスト教の防壁」論とは一見、矛盾するような現象もみられる。ハンガリーやオスマン帝国の影響を受けて、とくに貴族身分の男性の衣装や武具に、東洋風の趣味が採り入れられたのである[77]。一七世紀にはいって戦場でイスラム勢力と接触する機会が増えたことが、シュラフタのあいだにトルコ風のスタイルが浸透した一因であった。しかし、貴族層に特有の「オリエンタリズム」は、サルマチア起源論のなかにも、それなりの理論的根拠をもっていた。ポーランド貴族の起源がもともとシリアや黒海沿岸など東方の地にあるとすれば、トルコ風のモードは異国趣味ではなく、まさしく「サルマチア風」ということになるからである。[78]

このようにサルマティズムは、国制観から日常の生活のスタイルまで、さまざまな次元にわたってシュラフタ身分の文化的統合の原理となり、身分的一体感を表象するさいの規範的な様式となった。[79] しかし、近年の研究は、サルマティズムの担い手が必ずしもシュラフタ身分だけに限定されないことも明らかにしている。たとえばマリア・ボグツカ（Maria Bogucka）は、都市民の世界にもサルマティズムの影響が及んでいることを指摘する。ボグツカは、「都市民のサルマチア化」を、シュラフタ身分の文化的ヘゲモニーのもとへの都市民の従属化によって説明した。[80] これに対して、ペルツは、一六世紀末から一七世紀初頭にかけて都市民のなかにみられるサルマティズムの潮流について、ボグツカとはむしろ逆の性格規定を行っている。この時期の都市民のサルマティズムは、シュラフタ身分のサルマチア起源論に対抗して、全身分のサルマチア起源を主張する方向性をもっていた。したがって、少なくとも一七世紀半ばまでは、サルマティズムをシュラフタ身分のイデオロギーと同一視するべきではない、とペルツは主張する。[81]

同じシュラフタ身分の内部でも、階層によってサルマティズムの内実は一様ではなかった。ウレヴィチは、貴族上層（マグナート）のサルマティズムがよりコスモポリタンな性格をもつのに対し、中下層のシュラフタのそれはより土着的であると指摘している。[82] 美術史家カルポヴィチがヤン三世ソビエスキ（Jan III Sobieski）治世期（一六七四—九六年）の文化的傾向として指摘する「啓蒙的サルマティズム」も、このシュラフタ身分内部の階層差とかかわっている。

カルポヴィチは、ヤン三世の時代に、ワルシャワを中心にマグナート集団に特有の建築・造形文化が形成されたことに注目する[83]。その特徴は、作品のモチーフやモデルを古代に求め、調和と均整を重視する古典趣味にあった[84]。具体例としては、ヴィラヌフ宮殿（一六七四―九六年造営）やクラシンスキ宮殿（一六七七―八三年造営）を挙げることができる。マグナート集団は、古典的な様式を、自らの家の権威を誇示するために活用した。たとえばクラシンスキ家は、帝政ローマの軍人マルクス・ヴァレリウス・コルヴィヌス（Marcus Valerius Corvinus）を自らの祖先とみなした。クラシンスキ家の紋章「盲烏」（slepowron）は、ガリア人と戦ったときにヴァレリウスを助けた烏（corvus）に由来するとされた[85]。この紋章伝説は、宮殿の装飾にも適用された。クラシンスキ宮殿の屋根には烏の付いた兜をかぶったヴァレリウスの彫像が据えられ、ティンパヌムにはヴァレリウスとガリア人の戦いを描いた浮き彫りが施されている[86]。カルポヴィチは、このような古典化（klasycyzacja）されたサルマティズムを「啓蒙的サルマティズム」と呼ぶ。ヤン三世時代のこの新しい傾向は、サルマティズムの内部に、担い手の階層の違いにもとづく差異化が生じていたことを示している。シュラフタ一般が共和制ローマをモデルとして自国の貴族共和制を理想化していたのに対し、マグナート層は帝政ローマに家系の起源を見いだすことによって自らの家を理想化し、その権力を誇示したのである[87]。「啓蒙的サルマティズム」の担い手となった大貴族たちは、シュラフタ層のなかでも比較的高い教養と幅広い知見を身につけた集団であり、やがて彼らのなかからポーランド啓蒙の先駆者が出現する。その意味で、ヤン三世期の「啓蒙的サルマティズム」は、サルマティズムの土壌から派生しつつ、サルマティズムを否定する傾向をも併せもつ両義的な現象であったと考えることができる[88]。

近年のサルマティズム研究のいまひとつの重要なトピックは、その国際的性格である。ポーランド貴族の古代起源論は、近隣の社会集団が歴史的アイデンティティを構築するさいにしばしばモデルとして参照された。たとえばウクライナ・コサックは、一七世紀から一八世紀にかけて、シュラフタ文化からの影響を受けつつ独自の「ハザール起源論」をあみだした。このコサックの古代起源論は、黒海北岸の遊牧民族に祖先を求める点だけでなく、ウクライナの住民のうちコサックのみがハザール族の系譜をひくと唱えることによって身分的優越性を正当化する点においても、サルマチア起源論と共通するイデオロギー的特質をもっていた[89]。このようにサルマティズムと類似した構造をもつ貴族集団の古代起源論は、ハンガリーの「スキタイ起源論」・「パンノニア起源論」・「フン起源論」、セルボ・クロアチアの「イリュリア起源論」など東中欧各地にみられることから、この地域の貴族社会の相互の影響関係や文化的共通性を探る手がかりになりうると考えられている[90]。

以上のように、バロック期のサルマティズムは、ポーランド＝リトアニア国家の境界を越えた空間的広がりをもち、多様な社会層を担い手とする、重層的で、ときにはあい矛盾する要素をも併せもつ文化現象であった。また、カルポヴィチが明らかにした一七世紀後半のサルマティズムにみられる「古典化」現象は、続く一八世紀におけるサルマティズムと啓蒙との関係が、単純な対立関係ではとらえられないであろうことをも予告しているのである。

第五節　ポーランド啓蒙とサルマティズム

一七世紀のサルマティズムの諸相を概観するなかで、われわれは、トポスとしてのサルマチアに奇妙な逆転が生じていることに気づく。ルネサンス期のサルマチア起源論は、民族と国家の由来を古典古代の伝統のなかに位置づけることによって、ポーランド＝リトアニア国家のヨーロッパ世界への帰属を強調する意味をもっていた。それに対して、バロック期のサルマティズムは、イデオロギー（唯一至高の国制としての貴族共和制）の領域でも、美的嗜好（サルマタのオリエンタリズム）の面でも、むしろヨーロッパ世界におけるポーランドの特異性・異質性を際立たせている。ポーランドがヨーロッパ世界の内部に位置すること自体は、バロック期のシュラフタにとっても自明の前提であった[91]。しかし、シュラフタがサルマタとして自己を表象するとき、ポーランドが両サルマチアのヨーロッパ部分に位置するという空間認識よりも、古代サルマチア人の東方的・辺境的性格に自己同一化する姿勢が前面に出てくることは否定できない。

ポーランド国制の特異性と優越性を誇示する言説は、一七世紀末頃から、いかなる改革の導入も拒否し、現状の維持を正当化する保守的な文脈のなかで用いられた。タデウシュ・マンコフスキ（Tadeusz Mańkowski）やウレヴィチらの研究者は、ザクセン時代（一六九七―一七六三年）の前半にとくに顕著にみられるこのような傾向を、サルマティズムの「退廃」（degeneracja）ないし「硬直化」（skostnienie）と規定している[92]。

硬直化したサルマティズムに対する反動は、ザクセン時代の後半に表面化した。一七三〇年代後半から、他の諸国と比較しながらポーランドの状況を憂慮する論調が目につきはじめる[93]。たとえば、一七四三年に刊行された『自由の声』*Głos wolny* の著者は、次のように述べている。「わが国において、統治とは何か、諸外国の統治がいかなる効用をもたらしているかを考慮せず、問うことさえせずに、われわれは他のいかなる国民よりも立派に統治していると決めてかかることは、少なからず有害である」。また、「われわれのポーランドには、他の諸国におけるような経済における規律も、経営からの利益も、商業における巧みさも、さまざまな手工業の分野における産業も、みられない」[94]。一七四〇年代から六〇年代にかけて、ステファン・ガルチンスキ（Stefan Garczyński）、スタニスワフ・ポニャトフスキ（Stanisław Poniatowski）ら、西欧諸国の政体を進んだものとみなし、それらを模倣し導入することによってポーランドの国制を改革する必要を説く論者が輩出する[95]。なかでもスタニスワフ・コナルスキ（Stanisław Konarski）は、『効果的な議事の運営について』*O skutecznym rad sposobie*（一七六〇―六三年刊）のなかでイギリスの議会制度を高く評価し、議会に多数決制を導入することによってポーランドの伝統的な国制の欠陥を正すことを主張した。コナルスキは、「サルマチア風に」(po sarmacku) という表現を否定的なニュアンスをこめて用いたおそらく最初の文筆家でもあった[96]。

バロック期のサルマティズムがヨーロッパ世界におけるポーランドの異質性を強調した反動から、初期のポーランド啓蒙は、土着的なサルマティズムに対抗して「外国風（＝西欧風）」(cudzoziemszczyzna) の文化を顕揚した[97]。スタニスワフ・アウグスト・ポニャトフスキ (Stanisław August Poniatowski)（在位一七六四―九五年）の治世初期には、政治・文芸評論誌『モニトル』**Monitor**（一七六五―八五年刊）がサルマティズム批判の急先鋒となった。「サルマツキ家のお歴々は、ファナティツキ家 (Fanatyccy＝狂信家たち) やニェウク家 (Nieukowie＝無教育な者ども) などのお歴々とご親戚同士[99]」といった諷刺的表現にみられるように、そこでは、サルマティズムはほとんど「無知」や「狂信」の同義語として扱われた。この段階における「啓蒙」とは、「二百年間にわたって、わが国民を、学識ある人びとのもの笑いの種にしてきたサルマティズムの偶像[100]」の打倒をめざす戦いにほかならなかった。

シュラフタの伝統的価値観だけでなく、民族衣装や口髭など、サルマタの外見的特徴も、諷刺の対象となった。フランチシェク・ザブウォツキ (Franciszek Zabłocki) の戯曲『サルマティズム』（一七八五年初演）は、地主貴族グルノス家とジェゴタ家の争いに、両家の娘と息子の恋愛をからめた喜劇である[101]。登場人物のうち、父親たちは、家柄を自慢し、農民を鞭打ち、無教養で、訴訟好きの典型的なサルマタであるのに対して、子供たちは、都会に憧れ、読書を好み、理性を崇拝する「啓蒙の子」として描かれている。物語は、子供たちが父親の世代の因習的な家同士の対立を克服し、両家の娘と息子が結ばれて終わる。劇中では、グルノス氏の立派な口髭が、両家の従僕によって笑いものにされている。「ヴォイチェフ〔グルノス氏の従者〕：いや、おれ様の主人にしても、口髭濃き永遠のサルマタさ。箒みたいに口髭で空を掃いてら。この口髭に、彼の男気も魅力もかかっているというわけさ。／ヴァレンティ〔ジェゴタ氏の従者〕：せいぜい彗星めかして周りを怖がらせるのが関の山だろう[102]」。

しかし、ポーランド分割（一七七二、一七九三、一七九五年）によって国家の独立が脅かされるなかで、サルマタ的な伝統を完全に否定し去ることは、国民意識を喚起するうえでかえってマイナスであった。一七七〇年代にはいると、啓蒙主義者のあいだにも、「外国風」であればすべてよしとする風潮に対する反発が生じる。詩人フランチシェク・ディオニズィ・クニャジニン（Franciszek Dionizy Kniaźnin）は「口髭へのオード」（一七七九年）のなかで、サルマタ風口髭を祖国愛の象徴として擁護している。「顔の誉れよ、ねじ曲がった口髭よ！／柔弱な連中がお前にたて突いている。／恥知らずな女たちがあざ笑っている、／ポーランド女性の昔の美しさとはほど遠い女たちが。／剣が国の境に睨みをきかせていたころは、／マルスのまなざしが人びとの心を支配していたころは、／女の瞳をとらえて離さず、／愛の神は口髭に舞い降りたものだった。／〔……〕／母や父や兄弟を恥じる者は、／自分の国をあざ笑うがいい。／私は祖国の姿を誇りにし、／我なおポーランド人なり、と口髭を捻る[103]」。

啓蒙主義者によるサルマティズムの再生は、四年議会（一七八八―九二年）の時期に最盛期を迎えた。愛国派（patrioci）の議員たちは、民族衣装を纏って議場に現れた。地方議会では、国民にポーランド風の衣装を義務づける提案も出された[104]。文学史家クリモヴィチは、この時期のフーゴ・コウォンタイ（Hugo Kołłątaj）やスタニスワフ・スターシツ（Stanisław Staszic）らのイデオローグに代表される思潮を「啓蒙的サルマティズム」と呼ぶ[105]。たとえばスターシツは、『ポーランドのための警告』*Przestrogi dla Polski*（一七九〇年刊）のなかで、「ポーランドはようやく一五世紀だ。ヨーロッパ全体がすでに一八世紀を終わろうとしているのに」と祖国の後進性を嘆く一方で、一七六〇年代の「外国風」偏重の風潮には、次のように批判的なまなざしを向けている。「この一族〔familia＝チャルトリスキ家〕は、シュラフタのなかでは弱い側だったので、敵対する側〔ポトツキ家〕を撃破することができず、その憤りを自国民への憎悪へと変えていった。彼らはポーランドにあるものすべてを嘲笑し始め、国内の習俗を軽蔑し、民族的なしきたりを笑いものにし、シュラフタの素朴さと誠実さをサルマティズムと呼んだ。彼らはポーランド風の衣装を投げ捨て、屋敷を外国人でいっぱいにし、子供たちに教育でポーランド人への憎しみを植えつけ、外国風の囲いのなかに閉じ込め、ポーランド風の衣装とポーランド語は愚か者の衣装であり、愚か者の言語であると信じ込ませた」[106]。一七九一年に成立した「統治法」（五月三日憲法）をはじめとする四年議会期の改革――コウォンタイのいう「穏やかな革命」――は、「貴族の共和国」の共和主義的伝統を継承しつつ、啓蒙主義者の批判する後進性を克服し、「ヨーロッパ」諸国の一員としての地位を確保しようとする試みであったといえよう[107]。

分割による国家の消滅によって、一八世紀末の啓蒙的サルマタたちの試みは挫折した。しかし、サルマティズムの遺産は、一九世紀のロマン主義者たちによって受け継がれた。十一月蜂起（一八三〇―三一年）の敗北後、アダム・ミツキェーヴィチ（Adam Mickiewicz）やユリウシュ・スウォヴァツキ（Juliusz Słowacki）らロマン派詩人たちは、サルマティズムに特有のメシアニズムを新たなかたちで蘇らせた。たとえばミツキェーヴィチにとって、シュラフタ位は、選ばれた民族に神が与えた「自由の洗礼」（chrzest Wolności）であったし[108]、スウォヴァツキにとってポーランドは「世界で最初の民」（pierwsza rasa na świecie）であり「光溢れるイェルサレム」（słoneczny Jerusalem）へと至る道であった[109]。また、保守主義者ヘンリク・ジェヴスキ（Henryk Rzewuski）は、シュラフタ的な語りの世界を再現することによって分割前の貴族文化をノスタルジックに描きだした[110]。彼らの作品は、消滅した「貴族の共和国」の記憶のうえに民族再生への強い願望を重ね合わせ、過去の歴史に新たな意味づけをあたえることによって、近代的なポーランド民族意識の形成に無視しえない影響を及ぼした。その意味で、トポスとしてのサルマチアは、国家としてのポーランドが地図上から消滅したのちも、民族の精神的な故地として存続したのである[111]。

第六節　サルマチアから東中欧へ――二〇世紀末のポーランドのトポス

一五世紀にはじまる「サルマチア」をめぐる一連の議論は、西欧と東欧のあいだ、ヨーロッパ世界と非ヨーロッパ世界の接点に位置する地域におけるヨーロッパ的アイデンティティのあり方をめぐって展開してきたといえるであろう。両義的なサルマチア概念の性格を反映して、今日なお、サルマティズムへのまなざしは、「民族の病」としての否定的な評価と、「共和主義的伝統」への積極的な評価とに分裂している。(112)

二〇世紀のポーランド文学を代表する作家のひとり、ヴィトルト・ゴンブロヴィチ（Witold Gombrowicz）は、晩年、インタヴューに答えて次のように述べている。「ポーランドとは一体なんだ? それは東と西のあいだにある国、ヨーロッパがすでに終わりかけようとするところだ。それは、こちらからあちらに移る途中にある国、東と西がお互いに相手を弱めあうところだ。つまり、弱められた形式しかもたない国だ……。ヨーロッパ文化の大きな潮流は、ひとつも本当の意味でポーランドに深く鋤を入れたことはない。ルネサンス然り、宗教戦争然り、フランス革命然り、産業革命然り。ここにはただぼんやりとした反響が届いたに過ぎない。〔……〕そこで、あらゆる方向から吹く風に向かって開かれたこの平らな国では、古来、おおいに形式を損ない、貶めることが行われてきた。形式はぼやかされ、ぼろぼろにされた…。ここでは文化は起伏に乏しく、農村的で、大きな都市もなく、力のある都市民もいない。〔……〕それはシュラフタ的、農民的、田舎司祭的だった。シュラフタは農場に腰を落ち着け、農民を叱りつけていたし、教区司祭は予言者面をしていた。形式がないという感覚はポーランド人を悩ませもしたが、あの奇妙な自由によって満たされてもいた。この感覚が、彼らのポーランド性

(polskość) 崇拝の根底にあったのだ。

こういうわけだから、西欧の芸術家と比べたときに、私のおかれた状況には彼らにはない難しさがあることをわかっていただきたい。もし私がフランス人やイギリス人に生まれていたら、私はもっとうまく振る舞うことができたろうに！　私が自分の人格をめぐって闘うとき、いったいどうやって自分の民族の文化に支えを求めることができるというのだ。たしかに、サルマチア風スタイルという、あのポーランド的形式はある。まさにあからさまにある、といってもいいくらいだ。しかし、それはあまりに頼りないもので、崩れ落ちていくような弱さを内に含んだものだ。いったいどこにポーランド独自の思想、ポーランドの哲学、ヨーロッパの創造へのポーランドの知的で精神的な寄与があるというのだ(113)」。

これに対して、中世史家サムソノヴィチが『ヨーロッパにおけるポーランドの場所』（一九九五年刊）で提示するサルマチア像は、ゴンブロヴィチのペシミスティックで、自虐的ともいえる見方とは、まったく対照的である。「共和国のシュラフタによって創り出された文化のモデル、国家のモデルは、ヨーロッパの広大な部分——一六世紀にオスマン帝国との境界からバルト海まで、モスクワからハプスブルク家領とエルベ川まで広がっていたヨーロッパの若い、新しい部分——にとっての模範となった。ヨーロッパ文化のなかでは、このモデルは、蒙昧だが富だけはあるサルマチア人の野蛮な習俗としてイメージされるにとどまってきた。しかし、われわれは、イェジ・イェドリツキ（Jerzy Jedlicki）にならって、次のように言おう。すなわち、『このサルマチア的な生活様式は、西欧からも、ドイツからも、ロシアからも区別される、最も独自でオリジナルな文化の模範となりうるものであった』、と。土着性やシュラフタの特権に対する崇拝は、時とともにシステムを異常な方向に歪め、堕落させていった。しかし、出発点においては、それは、地域自治や議会の発展、シュラフタの広範な市民的権利、さまざまな立場への寛容とプルーラリズムを伴っていたのであり、絶対主義、宗教戦争、暴虐な植民地の獲得と比べて、今日の、あるべきヨーロッパのよりよい伝統となるものなのである」[114]。サルマティズムのなかに寛容で民主的な文化の伝統をみる立場は、今日のポーランドの歴史学界においてけっして例外的なものではない。歴史心理学の立場からサルマティズムを論じたスタニスワフ・グジボフスキ（Stanisław Grzybowski）は、上からの強制ではなく、下からの社会的・文化的結合にもとづいて合意の形成を重視する点にサルマティズムの本質を見いだしている[115]。

しかし、サルマティズムのなかに継承に値する歴史的遺産を見いだすとしても、「サルマチア」という地名はもはや過去のものであり、ヨーロッパにおける今日のポーランドの位置を表象するにはふさわしくないであろう。ポスト社会主義時代のポーランドの地域的アイデンティティについて、中世史家クウォチョフスキはインタヴューに答えて次のように語っている。「〔インタヴューアー〕：西側（Zachód）では、ポーランドについて、五〇年間、こう言われてきました、あそこは東欧だ、と。／〔クウォチョフスキ〕：われわれは、西側でそのように言われることに対して激しく闘っているのです。そのために何よりも役立つのは、東中欧の概念を広めることです。西側から自分を守ろうと抵抗している人たちは、われわれがどのような選択の前に立たされているか、自覚するべきです。すなわち、われわれにできるのは、ヨーロッパに加わるか、それとも、ポーランドの伝統に反してユーロアジア（Euroasia）に加わるか、そのどちらかなのです。それ以外の選択肢はありません。と同時に、西側と世界が抱いているあのようなステレオ・タイプを変えるために、そして、ヨーロッパにおけるわれわれの現実に即した、歴史的な場所を示すために、おおいに努力し続けることが、われわれに求められているのです[116]」。

クウォチョフスキのこの発言は、「東中欧」が、「ヨーロッパへの回帰」の途上にあるポーランドがきわめて戦略的に選んだ新たなトポス――「ヨーロッパにおけるわれわれの現実に即した、歴史的な場所」（nasze rzeczywiste, historyczne miejsce w Europie）――であることを示しているのである。

注

＊本章は、『洛北史学』第二号（二〇〇〇年六月）、一六―三九頁に掲載された拙稿「サルマチア――ヨーロッパにおけるポーランドのトポス――」をもとに加筆・修正したものである。

（１）エストニア、ラトヴィア、リトアニア、ポーランド、チェコ、スロヴァキア、ハンガリー、スロヴェニア、キプロス、マルタの十カ国。

（２）ＥＵのホームページから“Enlargement”（http://europa.eu.int/comm/enlargement/index_en.html）を参照。

（３）羽場久浘子『拡大するヨーロッパ――中欧の模索』、岩波書店、一九九八年、一九―二二頁。

（４）羽場久浘子「ＥＵ・ＮＡＴＯの拡大と中欧――「境界線上」の民族――」、宮島喬・羽場久浘子編『ヨーロッパ統合のゆくえ――民族・地域・市場』、人文書院、二〇〇一年、五一―五四頁を参照。

（５）以下では、後述するオスカル・ハレツキの地域区分にしたがって、ドイツの東方、ロシアの西方に広がるラテン・キリスト教文化圏のうち、バルカン地域（南東欧）を除く部分を指す地域名として「東中欧」East-Central Europe を用いる。ただし、「東中欧」は歴史的に構成された概念であり、特定の政治的意図のもとに用いられる場合があることに注意しなければならない。「東中欧」概念が帯びている歴史的・政治的負荷については、本章の末尾であらためて触れる。

（６）ポーランド出身の歴史家、あるいはポーランド史を専門に研究してきた歴史家によるヨーロッパ史ないし東中欧史の通史が近年、相次いで刊行されている。ヨーロッパ史の通史としては、Krzysztof Pomian, *L'Europe et ses nations*, Paris 1990（邦訳、クシシトフ・ポミアン『ヨーロッパとは何か――分裂と統合の一五〇〇年』、松村剛訳、平凡社、一九九三年）; Norman Davies, *Europe. A History*, Oxford and New York 1996（邦訳、ノーマン・デイヴィス『ヨーロッパ』Ｉ―Ⅳ、別宮貞徳監訳、共同通信社、二〇〇〇年）; *Historia Europy*, pod red. Antoniego Mączaka, Wrocław-Warszawa-Kraków 1997、東中欧史の通史としては Piotr S.Wandycz, *The Price of Freedom. A History of East Central Europe from the Middle Ages to the Present*, London and New York 1992; *Historia Europy Środkowo-Wschodniej*, T. 1-2, pod red. Jerzego Kłoczowskiego, Lublin 2000 を参照。この問題については、拙稿「よみがえるヤギェウォ朝の記憶――ヨーロッパ統合と東中欧史の構築」、谷川稔編『歴史としてのヨーロッパ・アイデンティティ』、山川出版社、二〇〇三年、一七二―一九六頁をも参照。

（７）Jerzy Kłoczowski, *Młodsza Europa. Europa Środkowo-Wschodnia w kręgu cywilizacji chrześcijańskiej średniowiecza*, Warszawa

1998〔以下、*Młodsza Europa*と略記〕。

（8）Bronisław Geremek, „La notion d'Europe et la prise de conscience européenne au bas Moyen Age”, in: *La Pologne au XVᵉ Congrés International des Sciences Historiques à Bucarest*, Wrocław-Warszawa-Kraków-Gdańsk 1980, pp.69-94〔以下、*La notion d'Europe*と略記〕; Id., *The Common Roots of Europe*, Cambridge 1996〔以下、*The Common Roots*と略記〕。

（9）Henryk Samsonowicz, *Miejsce Polski w Europie*, Warszawa 1995.

（10）Janusz Tazbir, „Polska wobec pojęcia Europy”, *Kwartalnik Historyczny*, 77-3 (1970), s.569-584〔以下、*Pojęcie Europy*と略記〕; Id., “Poland and the Concept of Europe in the Sixteenth-Eighteenth Centuries”, *European Studies Review*, 7 (1977), pp.29-45; Id., *W pogoni za Europą*, Warszawa 1998.

（11）「東中欧研究所」のホームページ（http://www.iesw.lublin.pl/）を参照。

（12）Oskar Halecki, *Historia Europy—jej granice i podziały*, przełożył Jan Maria Kłoczowski, Lublin 1994（原著は、Id., *The Limits and Divisions of European History*, London and New York 1950. 邦訳、オスカー・ハレツキ『ヨーロッパ史の時間と空間』、鶴島博和訳、慶応義塾大学出版会、二〇〇二年）。ハレツキのヨーロッパ史像については、前川貞次郎『ヨーロッパ史序説』、ミネルヴァ書房、一九七八年、二八—三二頁に簡潔な紹介がある。

（13）Halecki, *op.cit.*, s.109-166.

（14）東中欧史研究におけるハレツキの地域区分論の意義については、Jerzy Kłoczowski, *Europa Środkowowschodnia w historiografii krajów regionu*, Lublin 1993, s.7-10, 15-25, 28を参照。第二次大戦後、ハレツキは亡命政権を支持していたため、戦後ポーランドの歴史叙述のなかで彼の影響が明言されることはほとんどなかった。社会主義時代には、彼の著書はポーランド国内では刊行されていない。Jerzy Kłoczowski, „Przedmowa do wydania polskiego”, w: Halecki, *op.cit.*, s.7を参照。

（15）Kłoczowski, *Młodsza Europa*, s.11-17, 485-486.

（16）Denys Hay, *Europe. The Emergence of an Idea*, Edinburgh 1957, pp.73-95; Geremek, *La notion d'Europe*, pp.69-72.

（17）Hay, *op. cit.*, p. 106. ヘイは一五一八年刊としているが、確認されるかぎりでの初版はクラクフで刊行された一五一七年版である。翌一八年、アウクスブルクで再刊され、一五二一年にはクラクフで『アジア及びヨーロッパ・サルマティア誌』*Descriptio Sarmatiarum Asianae et Europianae*と改題された版が刊行された。この書物については、本章第二節でも触れる。

（18）Geremek, *La notion d'Europe*, p.88; Id., *The Common Roots*, pp.110-113.

（19）ここでは「トポス」（topos）は「場所」、「特定の型にはまった表現・考え方」の両義を含む概念として用いる。

（20）ヘロドトス『歴史』4;21, 110-116（松平千秋訳、岩波文庫、一九七二年、中、一八、六四―六七頁）。

（21）Henryk Łowmiański, *Początki Polski. Z dziejów słowian w I tysiącleciu n.e.*, T.I, Warszawa 1994, s.142. Id., „Sarmacja", w: Id., *Studia nad Słowiańszczyzny, Polski i Rusi w wiekach średnich*, Poznań 1986, s.43-59をも参照。

（22）*Galli Chronicon*, in: *Monumenta Poloniae Historica*, ed. A.Bielowski, T.I, Warszawa 1960, p.395. 邦訳は、荒木勝「『匿名のガル年代記』第一巻（翻訳と注釈）」、『岡山大学法学会雑誌』、四二-二（一九九三年）、一九八頁。

（23）Tadeusz Ulewicz, *Sarmacja. Studium z problematyki słowiańskiej XV i XVI w.*, Kraków 1950[以下、*Sarmacja*と略記], s.18-23.

（24）Jadwiga Bzinkowska, *Od Sarmacji do Polonii. Studia nad początkami obrazu kartograficznego Polski*, Kraków 1994, s.14-15. 1550年までの諸版の一覧は*Ibid.*, Aneks Iを参照。

（25）『プトレマイオス地理学』、織田武雄監修、中務哲郎訳、東海大学出版会、一九八六年、四七―四八頁。

（26）前掲書、二二六―二二七頁。一八世紀までに刊行されたプトレマイオスのサルマチア地図の書誌については、Lucyna Szaniawska, *Sarmacja na mapach Ptolemeusza w edycjach jego „Georgafii"*, Warszawa 1993を参照。

（27）「北方洋（Oceanus Septentrionalis）は、かつて北方ではサルマチア海（Mare Sarmaticum）とも呼ばれた。これは、その沿岸にサルマチア人すなわちポーランド人（Sarmate sive Poloni）が国と町を持っていたからである」。*Ioannis Dlugossii Annales seu cronicae incliti Regni Poloniae*〔以下、*Dlugossii Annales*と略記〕, Liber I et II, Varsaviae 1964, p.67. また、「昔の著述家や歴史家たちによって〔ポーランド地方は〕ヨーロッパ・サルマチアと呼ばれ、ルテニア人とポーランド人はサルマチア人と呼ばれた。そして私は、古代人がポーランド人とルテニア人に与えたこの名称を正しく、また真実であると考える」。*Ibid.*, p.89. ドゥウゴシュは、一四六〇年代にイタリアで成立したプトレマイオス『地理誌』の手稿を参照した可能性が高い。Bzinkowska, *op.cit.*, s.23-24.

（28）*Dlugossii Annales*, Liber I, pp.68-69.

（29）Hay, *op.cit.*, pp.38-48; Geremek, *The Common Roots*, p.101-102.

（30）*Ibid.*, pp.110-111. ドゥウゴシュによるサルマチア概念の導入については、Ulewicz, *op.cit.*, s.27-32をも参照。

（31）Franciszek Bujak, „Wykład geografji Jana z Głogowa w r.1494", w: Id., *Studia geograficzno-historyczne*, Warszawa 1925, s.63-77.

（32）「ヨーロッパ・サルマチアとは現在のポーランド、マゾフシェ、プルシィ〔プロイセン〕、リトアニア、クルランディア、サモギティア、リヴォニアのことである」（Sarmatia Europae nunc Polonia, Massovia, Prussia, Lithuania, Curlandia, Samogitia, Livonia）。Ulewicz, *op.cit.*, s.48より引用。

（33）Maciej z Miechowa, *Opis Sarmacji Azjatyckiej i Europejskiej*, wstęp Henryk Barycz, z języka łacińskiego przełożył i komentarzem opatrzył Tadeusz Bieńkowski, Wrocław 1972, s.28. ミェホヴィータはヨーロッパ・サルマチアの地誌をルシ、リトアニア大公国、モスクワ大公国の順に記述しているが、ポーランド王国については章を設けていない。*Ibid.*, s.61-76. これは、ヴィスワ川をヨーロッパ・サルマチアの西限としたために、ポーランド王国を全体として扱うことが不可能になったことによるのではないかとウレヴィチは推測している。Ulewicz, *op.cit.*, s.63.

（34）ミェホヴィータのサルマチア地誌の意義については、Karol Buczek, „Maciej Miechowita jako geograf Europy Wschodniej", w: *Maciej z Miechowa 1457-1523. Historyk, geograf, lekarz, organizator nauki*, red. Henryk Barycz, Warszawa 1960, s.75-166をも参照。

（35）今日では断片しか残っていない。Bzinkowska, *op.cit.*, s.77-82.

（36）全九三用例中、「ヤギェウォ朝国家とその住民」を指すケース八四例、狭義の「ポーランド（王国領）、ポーランド人」四例、古代の地名としてのサルマチア一例、意味確定不可能四例。Ulewicz, *op.cit.*,s.75.

（37）Ioannis Mączyński, *Lexicon Latino-Polonicum*, edidit Reinhold Olesch, Köln-Wien 1973, pp. 218, 736.

（38）引用は一五六四年版による。Marcin Bielski, *Kronika to jest historia świata* …, Kraków 1564, rpt. Warszawa 1976, s.335.

（39）Ignacy Chrzanowski, *Marcin Bielski. Studyum literackie*, Warszawa 1906, s.128.

（40）Marcin Kromer, *Polska czyli o położeniu, ludności, obyczajach, urzędach i sprawach publicznych Królestwa Polskiego księgi dwie*, przekład S.Kazikowskiego, wstęp i opracowanie R.Marchwińskiego, wyd.II, Olsztyn 1984, s.15. クロメルの地理認識については、Roman T.Marchwiński, *Geografia Polski Marcina Kromera*, Bydgoszcz 1997を参照。

（41）Ulewicz, *op.cit.*, s.102より引用。

（42）サルマチア起源論が歴史的フィクションであることについては、今日の研究者のあいだにほとんど異論はない。ただし、古代サルマチアと歴史時代のポーランドとの連続性を実体として跡づけようとする議論もないわけではない。Tadeusz Sulimirski, "Sarmatians in the Polish Past", *The Polish Review*, 9-1(1964), pp.13-66; Id., *Sarmaci*, przełożyli z angielskiego Agnieszka i Tadeusz Baranowscy, Warszawa 1979, s. 188-206. なお、Davies, *op. cit.*, pp. 194-195〔邦訳、前掲書、I、三四七－三四八頁〕をも参照。

(43) 国家や民族の起源を古典古代に求める議論は、中世から近世にかけて、ロシアも含めてヨーロッパ諸国に広くみられた。ポーランドの特異性は、次節以下にみるように、ルネサンス期に形成された古代起源論が、バロック期にはいって、サルマティズムと呼ばれる固有のイデオロギーと生活様式の複合体を生み出した点にある。Stanisław Cynarski, „The Shape of Sarmatian Ideology in Poland", *Acta Poloniae Historica*, 19 (1968), pp.7-9を参照。

(44) Tadeusz Bieńkowski, *Antyk w literaturze i kulturze staropolskiej (1450-1750). Główne problemy i kierunki recepcji*, Wrocław-Warszawa-Kraków-Gdańsk 1976, s.92-93.

(45) Stefan Zabłocki, „Paradoksy sarmatyzmu", w: *Od prerenesansu do oświecenia. Z dziejów inspiracji klasycznych w literaturze polskiej*, Warszawa 1976, s.203-215.

(46) リトアニア人のローマ起源説の成立時期については議論があるが、はじめて明確に記述したのはドゥウゴシュである。Elżbieta Kulicka, „Legenda o rzymskim pochodzeniu Litwinów i jej stosunek do mitu sarmackiego", *Przegląd Historyczny*, 71-1(1980), s.1-5; Marceli Kosman, *Litwa pierwotna. Mity, legendy, fakty*, Warszawa 1989, s.172-176.

(47) *Dlugossii Annales*, Liber X *1370-1405*, Varsaviae 1985, pp.167-168.

(48) Maciej z Miechowa, *op.cit.*, s.64.

(49) Maciej Stryjkowski, *Kronika polska, litewska, żmódzka i wszystkiej Rusi* (wyd. z roku 1582), T.I, Warszawa 1846, rpt. Warszawa 1985, s.78.

(50) *Ibid.*, T.I, s.15-16, 28, 38, 41.

(51) *Ibid.*, T.I, s.78.

(52) 「性格よきサルマチア人は、これら三つの身分〔農民、騎士、司祭〕のうちに／自らの国家を据えた。〔……〕農夫は鋤を、騎士は剣を、司祭は祭壇を護り、／各自が自分の役を果たした。〔……〕各人は自らの役目にとどまりつつ共通の富を増やした」。*Ibid.*, T.II, s.483.

(53) Woyciech Dębołęcki, *Wóywod iedynowłasnego państwa świata*〔……〕, Warszawa 1633.

(54) *Ibid.*, s.12-13.

(55) *Ibid.*, s.31-32.

(56) *Ibid.*, s.41, 81.

(57) *Ibid.*, s.57-64.

(58) *Ibid.*, s.79.

(59) *Ibid.*, s.106.

(60) Jan Stanisław Bystroń, *Megalomania narodowa*, Warszawa 1935, s.18-20. デンボウェンツキについてはZbigniew Ogonowski, „Z dziejów megalomanii narodowej", w: Id., *Filozofia polityczna w Polsce XVII wieku i tradycje demokracji europejskiej*, Warszawa 1992, s.157-173をも参照。

(61) Walenty Pęski, *Domina Palatii Regina Libertas* (c.1671). Jerzy Michalski, „Sarmatyzm a europejzacja Polski w XVIII wieku", w: *Swojskość i cudzoziemszczyzna w dziejach kultury polskiej*, Warzsawa 1973〔以下、*Sarmatyzm*と略記〕, s.115より引用。

(62) *Słownik języka polskiego przez M.Samuela Bogumiła Linde*, T.V: R-T, wyd.III fotooffsetowe, Warszawa 1951, s.220-221. 辞典類における語義の変遷については、Halina Stankowska, „Sarmatyzm i Sarmata w literaturze polskiego oświecenia (opozycje i modyfikacje)", w: *Antynomie oświecenia. Tom specjalny w 200 rocznicę Konstytucji 3 Maja* (Acta Universitatis Wratislaviensis, No 1368, Prace Literackie, XXXI), Wrocław 1991〔以下、*Sarmatyzm w literaturze polskiego oświecenia*と略記〕, s.130-134を参照。

(63) Janusz Maciejewski, „Sarmatyzm jako formacja kulturowa (Geneza i główne cechy wyodrębniające)", *Teksty*, 4 (1974), s. 13-42.

(64) サルマティズムの研究史については、Janusz Tazbir, „Sarmatyzm a barok", *Kwartalnik Historyczny*, 76-4 (1969)〔以下、*Sarmatyzm*と略記〕, s.815; Stankowska, *Sarmatyzm w literaturze polskiego oświecenia*, s.129-134; Janusz Pelc, *Barok—epoka przeciwieństw*, Warszawa 1993〔以下、*Barok*と略記〕, s.211-213; Stanisław Grzybowski, *Sarmatyzm*, Kraków 1996, s.6-7を参照。次に挙げる事典は、サルマティズムの問題領域を概観するのに便利である。*Słownik sarmatyzmu. Idee, pojęcia, symbole,*

pod redakcją Andzieja Borowskiego, Kraków　2001.

(65) Tadeusz Ulewicz, „Zagadnienie sarmatyzmu w kulturze i literaturze polskiej (Problematyka ogólna i zarys historyczny)”, *Zeszyty Naukowe Uniwersytetu Jagiellońskiego*, 59 [Prace Historycznoliterackie, z.5, Filologia, z.9] (1963)〔以下、*Zagadnienie*と略記〕, s.46; Pelc, *Barok*, s.230.

(66) Jacek Staszewski, „Apogeach kultury sarmackiej i periodyzacji XVIII stulecia”, w: *Między barokiem a oświeceniem. Apogeum sarmatyzmu. Kultura polska drugiej połowy XVII wieku*, praca zbiorowa pod red. Krystyny Stasiewicz i Stanisława Achremczyka, Olsztyn 1997, s.7-12.

(67) Wiesław Müller, “Epoka baroku i sarmatyzmu”, w: *Uniwersalizm i swoistość kultury polskiej*, pod red. Jerzego Kłoczowskiego, T.I, Lublin 1989, s.222.

(68) たとえばJanusz Maciejewski, *Dylematy wolności. Zmierzch sarmatyzmu i początki Oświecenia w Polsce*, Warszawa 1994, s.187-247を見よ。

(69) スタシェフスキはカルポヴィチの用法に従っている。Staszewski, *op.cit.*, s.9.

(70) Tadeusz Mańkowski, *Genealogia sarmatyzmu*, Warszawa 1946, s.45; Stanisław Cynarski, „Sarmatyzm—ideologia i styl życia”, w: *Polska XVII wieku. Państwo, społeczeństwo, kultura*, pod red. Janusza Tazbira, wyd.III, Warszawa 1977, s.263.

(71) Cynarski, *op.cit*, s.261, 268-269.

(72) Ignacy Lewandowski, „Rzymska i rzymsko-sarmacka genealogia rodów szlacheckich w niektórych herbarzach staropolskich”, w: *Świadomość historyczna Polaków. Problemy i metody badawcze*, pod red. Jerzy Topolskiego, Łódź 1981, s.227-249.

(73) Wespazjan Kochowski, *Utwory poetyckie. Wybór*, oprac. M. Eustachiewicz, wyd.II, BN Seria I Nr 92, Wrocław-Warszawa-Kraków 1991, s.306.

(74) 井内敏夫「ポーランド「防壁」論の歴史的考察」、『社研研究シリーズ（早稲田大学）』、一五（一九八三年）、一—三九頁を参照。

(75) Janusz Tazbir, *Szlachta i teologowie. Studium z dziejów polskiej kontrreformacji*, Warszawa 1987, s.230-267.

(76) Alina Nowicka-Jeżowa, *Sarmaci i śmierć. O staropolskiej poezji żałobnej*, Warszawa 1992, s.153-162; Mariusz Karpowicz, „Polski

portret trumienny”, w: Id., *Sztuki polskiej drogi dziwne*, Bydgoszcz 1994, s.107-126.

（77）Tadeusz Chrzanowski, „Orient i orientarizm w kulturze staropolskiej”, w: Id., *Wędrówki po Sarmacji europejskiej. Eseje o sztuce i kulturze staropolskiej*, Kraków 1988〔以下、*Wędrówki* と略記〕, s.177-190; Jan Kieniewicz, „Polish Orientalness”, *Acta Poliniae Historica*, 49 (1984), pp.67-103.

（78）Tadeusz Mańkowski, *op.cit.*, s.95-98; Cynarski, *op.cit.*, s.266-267.

（79）Tazbir, *Sarmatyzm*, s.818.

（80）Maria Bogucka, „L’《attrait》 de la culture nobiliaire? (Sarmatisation de la bourgeoisie polonaise au XVIIe siécle)”, *Acta Poloniae Historica*, 33 (1976), pp.23-41.

（81）Pelc, *Barok*, s.217-221.

（82）Ulewicz, *Zagadnienie*, s.51. タデウシュ・フシャノフスキは、マグナートの「見せかけのサルマティズム」(pozorowy sarmatyzm）と、中下層シュラフタの「真のサルマティズム」(prawdziwy sarmatyzm）とを区別している。Tadeusz Chrzanowski, „Sarmatyzm—mity dawne i współczesne”, w: Id., *Wędrówki*, s.11.

（83）Mariusz Karpowicz, *Sztuka oświeconego sarmatyzmu. Antykizacja i klasycyzacja w środwisku warszawskim czasów Jana III*, wyd.II poprawione i uzupełnione, Warszawa 1986.

（84）*Ibid.*, s.15.

（85）Bartosz Paprocki, *Herby rycerstwa polskiego*, wyd. K.J.Turowskiego, Kraków 1858, przedruk Warszawa 1982, s.404. 紋章鑑による伝承の差異については Lewandowski, *op.cit.*, s.232-234を参照。

（86）Karpowicz, *op.cit.*, s.70-72, 148.

（87）*Ibid.*, s.152-155.

（88）*Ibid.*, s.156.

（89）Serhi Płochij, „Między Rusią a Sarmacją: „Knarodowienie” Kozaczyzny ukraińskiej w XVII-XVIII w.”, w: *Między sobą. Szkice historyczne polsko-ukraińskie*, pod red. Teresy Chynczewskiej-Hennel i Natalii Jakowenko, Lublin 2000, s. 152-172.

（90）Leszek Hensel, *Kultura szlachecka w Europie Środkowo-Wschodniej w I połowie XVIII wieku*, Wrocław-Warszawa-Kraków-

Gdańsk-Łódź 1986, s. 31-56; Andrzej Borowski, „Sarmatyzm—świadomość narodowa i świadomość europejska” , w: *Polska i Węgry w kulturze i cywilizacji europejskiej*, Kraków 1997, s. 169-180; Wandycz, *op. cit.*, pp. 84-85; *Historia Europy Środkowo-Wschodniej*, T. 1, s. 240-241.

(91) Janusz Tazbir, *Pojęcie Europy*, s.569-584.

(92) Mańkowski, *op.cit.*, s.107; Ulewicz, *Zagadnienie*, s.58; Cynarski, *op.cit.*, s.270.

(93) イェジ・ミハルスキは、西欧諸国を範例としてサルマティズムを批判する一八世紀の論調を、「ポーランドのヨーロッパ化」(Europejzacja Polski) と呼んでいる。Michalski, *Sarmatyzm*, s.113-114.

(94) *Ibid.*, s.128, 130.

(95) *Ibid.*, s.126ff.

(96) Jerzy Michalski, „Stanisław Konarski wobec sarmatyzmu i problemu europeizacji Polski” , w: *Polska w świecie. Szkice z dziejów kultury polskiej*, Warszawa 1972, s.277-283.

(97) Mańkowski, *op.cit.*, s.156.

(98) Stankowska, *Sarmatyzm w literaturze polskiego oświecenia*, s.134-137.

(99) Ulewicz, *Zagadnienia*, s.68より引用。

(100) Stankowska, *Sarmatyzm w literaturze polskiego oświecenia*, s.134より引用。

(101) この作品は、一七世紀のフランスの劇作家オートロシュ (Noel Lebreton de Hauteroche) の喜劇『田舎貴族』*Les nobles de province* を下敷きにしているが、ポーランドの事情に合わせて大幅に書きかえられている。Mieczysław Klimowicz, *Oświecenie*, wyd.VI, Warszawa 1998, s.246-248.

(102) 第四幕、第五場。Franciszek Zabłocki, *Sarmatyzm. Komedia w pięciu aktach*, w: *Teatr Franciszka Zabłockiego*, oprac. Janina Pawłowiczowa, T.III: *W kontuszu i we fraku*, Wrocław-Warszawa-Kraków 1995, s.319.

(103) Franciszek Dionizy Kniaźnin, „Do wąsów” , w: *Poezja polskiego Oświecenia. Antologia*, oprac. Jan Kott, Warszawa 1956, s.278-279.

(104) 「王国領のすべての市民は、国風の衣服以外は身につけないように。すなわち、ポーランド風の服を身につけ、頭を剃るように」（一七八八年のルブリン地方議会の提案）。Michalski, *Sarmatyzm*, s.150.

(105) Mieczysław Klimowicz, „Problemy literatury" , w: *Polska w epoce Oswiecenia. Państwo, społeczeństwo, kultura*, pod red. Bogusława Leśnodorskiego, Warszawa 1971, s.301-306.

(106) Stanisław Staszic, *Pisma filozoficzne i społeczne*, T.I, oprac.Bohdan Suchodolski, Warszawa 1954, s.227, 303.

(107) 拙稿「消滅した国家ポーランド」、『岩波講座世界歴史　一七　環大西洋革命』、岩波書店、一九九八年、八八―九四頁。

(108) Adam Mickiewicz, *Księgi narodu polskiego o pielgrzymstwa polskiego*, opracowała Zofia Stefanowska, Wyd. V, Wrocław-Kraków 1956, s. 22-24.

(109) Andrzej Waśko, *Romantyczny sarmatyzm. Tradycja szlachecka w literaturze polskiej lat 1831-1863*, Wyd. II. Kraków 2001, s. 44-46を参照。

(110) Henryk Rzewuski, *Pamiątki Soplicy* (1841-44).

(111) ロマン主義的サルマティズム（sarmatyzm romantyczny）については、Waśko, *op. cit.*を参照。ポーランド国家消滅後のサルマティズムの遺産については、Ulewicz, *Zagadnienie*, s.75-88; Aleksander Nawarecki, „Sarmatyzm" , w: *Słownik literatury polskiej XIX wieku*, pod red. Józefa Bachórza i Aliny Kowalczykowej, Wrocław-Warszawa-Kraków 1994, s.858-862をも参照。

(112) Henryk Hinz, „Sarmatyzm jako problem" , W: *Polono-Slavica Varsoviensia. Historia i kultura. Studia z dziejów polskiej myśli kulturalnej*, Warszawa 1987, s.33-47.

(113) 一九六七年、ドミニク・ド・ルー（Dominique de Roux）によるインタヴュー。Witold Gombrowicz, *Dzieła*, T.X: *Dziennik 1967-1969*, Kraków 1992, s.44-45. ゴンブロヴィチの創作とサルマティズムとの関係については、Jan Błoński, „Sarmatyzm u Gombrowicza" , w: *Tradycje szlacheckie w kulturze polskiej*, Warszawa 1976, s.137-153をも参照。

(114) Samsonowicz, *op.cit.*, s.134.

(115) Grzybowski, *op.cit.*, s.7.

(116) 一九九七年、アンナ・ヤルムシェヴィチによるインタヴュー。Wywiad z prof. Jerzym Kłoczowskim, "Bądźmy sobą" , w:

Anna Jarmusiewicz, *W Polsce, czyli w Europie. Rozmowy na początek XXI wieku*, Kraków 1998, s.119.

第4章

ナポレオンのヨーロッパ統合

――「大陸体制」の夢と現実

服部　春彦

第一節　ナポレオンのヨーロッパ統一計画

本章は、「大陸体制」(Système continental)の樹立を目指したナポレオン一世のヨーロッパ政策について、それを「ヨーロッパ統合」の先駆的試みと見る視点から、再考を試みるものである。本論に入るに先立ち、まず二つの点について述べておくことにしよう。

その第一は、そもそもナポレオンにヨーロッパ統一計画があったのかどうか、あったとすればどのような意味においてであるか、という点である。この点については、フランスの第一帝政史研究者N・プチトーの近著が、「ナポレオンはヨーロッパ連合の先駆者か」という問いのもとに一九世紀以来の諸説の整理を行っている[1]。まずナポレオン自身、後年『セント゠ヘレナ日記』において、もしモスクワで講和をかち取っていたら、「ヨーロッパ・システム」を組織することができたであろうと述べている。「このすべての君主の集会において、われわれはあたかも一つの家族のごとく自らの利害についてうち解けて論じたことであろう」。ナポレオンは「ヨーロッパ連合」の繁栄に力を尽くし、「至るところ同一の諸原理、同一のシステムを、一つのヨーロッパ法典、一つのヨーロッパ破棄院、同一の通貨、同一の度量衡、同一の法律等々」をうち立て、ヨーロッパをして同一の国民たらしめることができたであろう、と語っているのである[2]。このようなナポレオン自身の主張の影響のもとに、一九世紀中葉から一九三〇年頃にかけては、「ヨーロッパの統一者ナポレオン」という見方が幾人かの作家や歴史家、あるいはナポレオンの甥ルイ゠ナポレオンによって提出された。たとえば歴史家E・ドリオーは一九三〇年の論文で、ナポレオンを当時、政治家ブリアンが提唱していたヨーロッパ連邦の先駆者と見なしているのである。しかしこのような見方は、フランス革命史家G・ルフェーヴルによる全面的な批判を受けることになる。

ルフェーヴルは一九三六年刊の大著『ナポレオン』において上述の見方を、「あたかも皇帝が、大陸体制を自発的に結合した主権国家の集まりに変える計画を抱いていたかのごとく」みなして、ヨーロッパ帝国の形成と一九世紀の特徴であるナショナリズムとを折り合わせようとするものであると批判した[3]。そして、ナポレオンの「征服によってつくり出された統一は、大革命がその始まりにおいて自らの事業の完成と見なしたような、諸国民のあの自由な連合を否定するものであった」と主張したのである。以後、ルフェーヴルの見解は広く支持されるようになり、ナポレオンを無条件にヨーロッパ統合の先駆者とする見方は影を潜めることになる[4]。こうして現在、ナポレオンのヨーロッパ統一計画について語る場合には、それが諸国家の自由・対等の連合体の形成を目指すものではなく、フランスの利害をすべてに優先させるものであったことが了解済みとなっている。これと関連して、今日大方の見解が一致しているのは、ナポレオンのヨーロッパ政策が一定不変の原則やあらかじめ定められた計画にもとづいて遂行されたのではないことである。[5] もちろんナポレオンが「大陸体制」や「ヨーロッパ・システム」の形成を目指していたことは、誰もが認めるところであるが、そうした彼のヨーロッパ統一計画は、時々の状況と必要に応じて絶えず変更あるいは拡張されながら、実行に移されていったのである。

本稿は、「大陸体制」構想にみられるナポレオンのヨーロッパ統一計画について論じようとするものであるから、次に第二点として、この「大陸体制」という言葉の意味について若干述べておきたい。ナポレオン時代史研究に重要な業績を残したフランスの歴史家R・デュフレスによれば、[6]「大陸体制は、ヨーロッパの政治的・制度的・社会的・経済的組織化に関するナポレオンの構想として定義されなければならない」。経済的な面では、「大陸体制」がナポレオンの追求する帝国主義政策の一側面を成すことは疑いがない。皇帝は、イギリス工業の支配に代えるにフランス工業の支配をもってすることを熱望していた。しかし、もとより「大陸体制」は経済的基礎だけをもっていたのではない。「大陸体制」は政治的にはヨーロッパの連邦的組織化を目指しており、それに所属する各国は、とりわけ民法典によって、その制度、習慣、文明をナポレオンのフランス、即ち大革命から生まれたフランスのモデルにもとづいて変革するべきものとされた。この観点からすれば、「大陸体制」は疑いもなく封鎖に先行し、またイギリスとの闘争とは全く関係がない。かりにイギリスとの戦争がなかったとしても、ナポレオンは「大陸体制」をヨーロッパに押しつけようとしたであろう。しかし彼はイギリスと戦わねばならず、その上、経済的野心を抱いていた。「大陸体制の内部では経済的膨張の試みが政治的組織化の夢をこわした。ちょうどフランスの保護主義体制が封鎖をこわしたようにである。ナポレオンは結局、フランスのエゴイスティックな利益を犠牲にすることを拒んだが故に失敗したのである。」

以上から判るように、デュフレスは「大陸体制」を「大陸封鎖」(Blocus continental) と明確に区別すべきであると主張する。「大陸封鎖とは、フランスで既に行われていたイギリス商工業に対する措置を、ヨーロッパに強制的に実施させるために、ナポレオンがとった政治的・軍事的・外交的・経済的諸施策の全体として定義されねばならず」、それまでフランス一国でのみ行われていた関税法を大陸的規模へと――ただし、関係諸国への相談なしに――拡大したものにほかならない。これに比べて「大陸体制」ははるかに広い問題領域を含むものである。われわれはここで、デュフレスが「大陸体制」の政治的側面と経済的側面との密接な関連に触れていることに注目しておきたい。

ところで、「大陸体制」がイギリスの経済的破壊を直接の目的とするだけでなく、ヨーロッパ大陸におけるフランスの経済的覇権の確立をもその課題としていたことは、わが国においても吉田静一がつとに明快に指摘している[7]。吉田は、ナポレオンが一八〇六年以後イギリスの経済的崩壊をはかるためにヨーロッパ大陸的規模で実施した貿易＝関税政策の総体を「大陸体制」と呼ぶ通説を受け入れつつ、そこにフランス重商主義の完結形態およびフランス産業革命の母胎を見ようとする。またルフェーヴルの見解に従って[8]、ナポレオンがヨーロッパの政治的統一とヨーロッパ文明の刷新をめざして「ヨーロッパ連邦」の実現に努力を傾けたとする。ただし「ヨーロッパ連邦」もまたイギリスに対する戦いをその直接の目的とするものであった。吉田によれば、「ヨーロッパ連邦」と「大陸体制」とは一体をなしており、前者なしには後者の成立もおよそ不可能であった。

吉田においては、「大陸体制」という言葉はナポレオンのヨーロッパ統一政策の主に経済的側面を指して用いられており、これに対してヨーロッパの政治的統一の側面は「ヨーロッパ連邦」の構想の実現として述べられている。しかしここでは、上述のデュフレスの定義に従って、「大陸体制」という言葉を、経済的側面に留まらないナポレオンのヨーロッパ組織化の構想全体を意味するものとして用いることにする。

以上、まえおきがやや長くなったが、次に「大陸体制」理解の前提となるフランスの対外的膨張の過程を簡単に跡づけることにしよう。

第二節　大陸体制の政治的側面

1　ナポレオン帝国の形成過程

フランス勢力の周辺諸地域への拡大は、大革命期に対仏同盟諸国との戦争の中で開始された。フランスはまず一七九五年にベルギーを併合し、オランダをバタヴィア共和国として従属させ、九七年には北イタリアにチザルピーナ・リグリア両共和国を建設して勢力下に置くとともに、ライン左岸地方を事実上併合した（一八〇一年正式承認）。次いで九九年一一月ナポレオン・ボナパルトが権力を握ると、相次ぐ軍事的勝利を通じて領土拡大と従属化政策が一層強力に推進されることになる。即ち、イタリアにおいては一八〇二年にピエモンテ、〇五年にリグリア共和国、〇八年にエトルリア王国、〇九年には教皇国家がフランスに併合されたほか、一八〇二年チザルピーナ共和国をイタリア共和国に改組し、〇五年にはナポレオンを王、皇妃ジョゼフィーヌの連れ子ウジェーヌ・ド・ボーアルネ公を副王とするイタリア王国にこれを変えた。またナポレオンは同じ年、オーストリアから旧ヴェネツィア領を奪ってその一部（ヴェーネト地方）をイタリア王国に編入し、他の部分（イストリア、ダルマティアなど）を占領下に置いた。後者は〇九年、アドリア海沿岸の他のオーストリア領とともにイリリア諸州総督府を形成する。さらにナポレオンは、〇六年南イタリアにおいてナポリ王国を占領し、兄ジョゼフをその王位に据えた。

ドイツにおいては一八〇六年ナポレオンを保護者とするライン連邦が結成され、フランス勢力が決定的拡大を遂

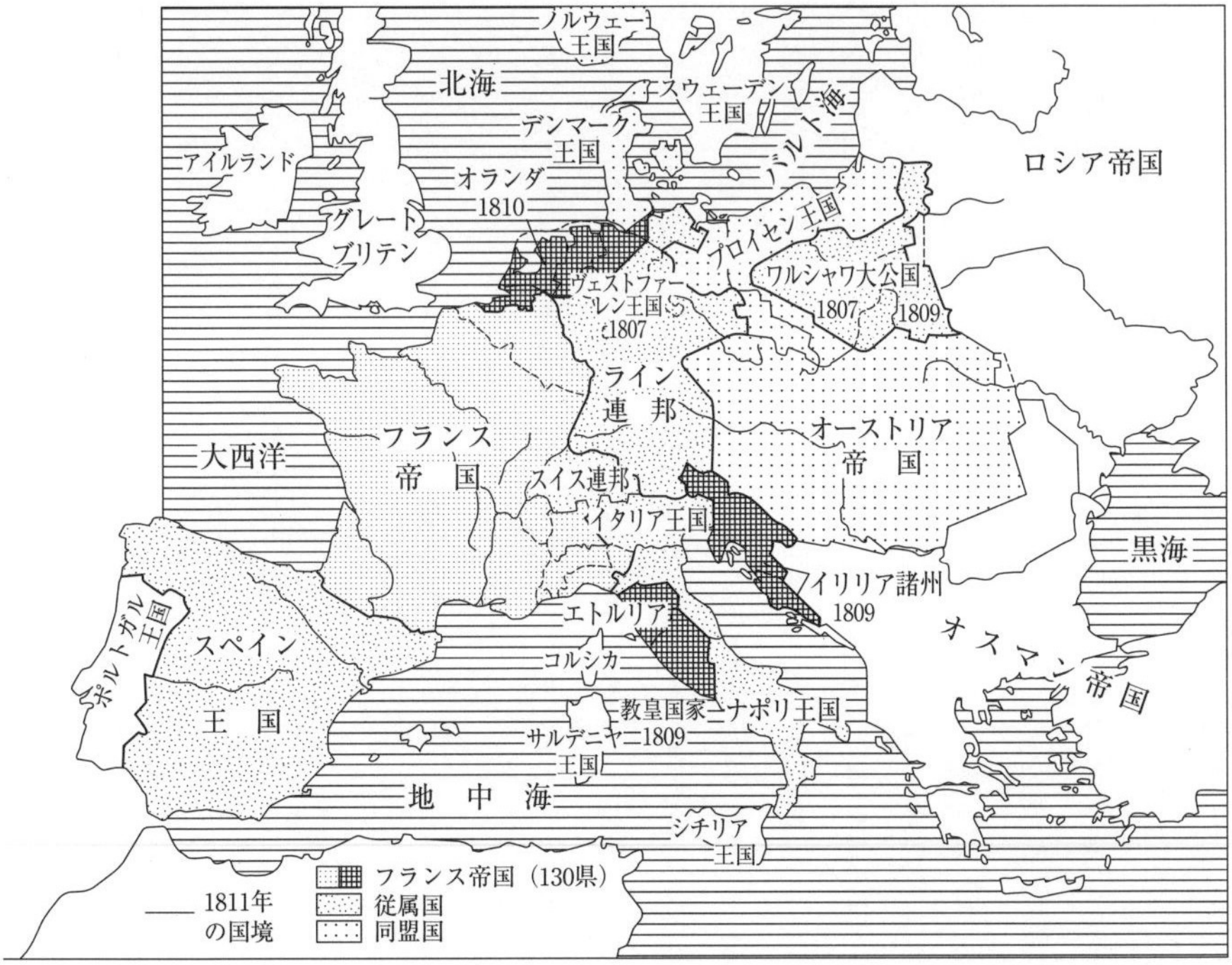

典拠：Woolf, *Napoleon's Integration*, p.36.

図4-1　1807—1812年のヨーロッパ

げた。ライン連邦は当初は、西南ドイツのバイエルン、バーデン、ヴュルテンベルク三国を中心に一六か国から成っていたが、〇七年のティルジットの講和以後はプロイセンとオーストリアを除く全ドイツがこれに加入する。

そのうちナポレオンによって新設されたベルク大公国ではナポレオンの妹婿のミュラー元帥が（〇八年ナポリ王に転出）、同じくヴェストファーレン王国では末弟ジェロームが、それぞれ君主となった。さらに〇七年プロイセンから奪った旧ポーランド領にワルシャワ大公国を建て、同盟国ザクセンの王にこれを委ねた。またナポレオンは、これより先一八〇三年にヘルヴェティア共和国の内部抗争に「調停者」として介入、以後スイス諸州を保護下に置き、〇六年にはバタヴィア共和国を廃止してオランダ王国とし、弟ルイをその国王に据えた。オランダは一〇年にハンザ諸都市とともにフランスに併合される。スペインでも〇八年ブルボン家の王を退位させてナポリ王だったジョゼフを王位に就けた。

以上の過程でフランスに併合された地域は、いずれもフランスにならって県（départements）に区分されたが、こうしてフランス全体の県の数は、一七九〇年時点の八三から一八〇〇年には一〇二に、一八一〇年には一三〇へと増加を続けたのである。[9]

フランスの勢力圏が最大に達した一八一一―一二年において、ナポレオンのヨーロッパ支配の体制は、直接統治地域たる「拡大されたフランス帝国」を中核として、その周辺に衛星国ないし従属国として、まずナポレオン一族が統治するイタリア、ナポリ、ヴェストファーレン、スペインの各王国を置き、さらにその外側にワルシャワ大公国、ライン連邦諸国、スイス連邦などを配置するものであった。フランス帝国にこれら従属諸国を加えた地域が「大帝国」（Grand Empire）と呼ばれたが、これとてもより広い組織、即ち「大陸体制」の主要部分を成すにすぎない。ナポレオンの「大陸体制」の構想とは、この「大帝国」にさらにプロイセン、オーストリア、ロシア、デンマーク、スウェーデンなどを同盟国として結びつけ、イギリスに対抗する政治的・経済的連合体に組織しようとするものであった。[10]次にこのような構想の実現のためにナポレオンがとった諸施策のうち、まず法的・行政的・社会的改革に属するものについて見ていくことにしよう。

2　「ナポレオン改革」の実施

ナポレオンは併合地域はもとより従属諸国に対しても、フランス帝国と同一の制度と社会構造を与えようとした。

つまり「大帝国」の政治的枠組みに行政的・社会的統一を付け加えようとしたのであり、後者は「新しいヨーロッパ文明の枠組み」となるべきものであった[11]。そのために彼が実施し、あるいは従属諸国の君主に実施させようとした改革は、封建制（領主権）の廃止や土地の再分配などの社会的改革、フランス民法典およびフランス・モデルの憲法の導入、行政・司法・租税制度の改革、の三つに分けられる。

まず社会的改革の要をなす封建制（領主権）の廃止は、一元的・排他的な土地所有権の確立と裁判権その他公権力の国家への集中という点で、「近代化」の不可欠の前提となる改革であったが、全体としてきわめて不十分にしか行われなかった。確かにベルギー、オランダ、北イタリア、ドイツのライン左岸地方など、封建制がほとんど消滅していた国や地域では、フランス革命政府とその軍隊の圧力の下に領主権の残存物が教会十分の一税とともに一掃されたが、その他の国々においては、封建制がフランス革命の際のように完全に廃止されることは決してなかったのである[12]。即ち、一八〇六年のナポリ王国の場合や、〇八—〇九年のベルク大公国とヴェストファーレン王国の場合には、封建的諸負担のうち農奴身分規定や賦役のように人身的隷属に属するものは無賠償で廃止されたが、領主に対する地代支払い義務は農民によって買い戻されなければならないものとされた。バイエルン、バーデン、ヴュルテンベルクなどの西南ドイツ諸国とワルシャワ大公国では封建制廃止は一層不徹底であり、農奴身分が廃止されたほかは、領主制地代、賦役、教会十分の一税が温存されたのである。

もう一つの重要な社会的改革は土地所有権そのものの再分配である。フランスの併合地域や従属諸国においては、様々な規模において教会財産をはじめ王領地、亡命貴族財産などの没収と売却が行われた[13]。このいわゆる国有財産の売却は、革命期のフランスの場合と同様、国家債務の償還のための収入の確保という財政目的と同時に、土地所有権の分与によって新体制に対する支持層を拡大することを目的とするものであったが、フランスに併合されたライン左岸地方などを例外として、売却された土地のうち農民層の獲得分は僅かにとどまった。たとえばイタリア諸国では、公債の完済が国有財産売却の主要な目的とされたために、農民大衆の参加は極めて困難であり、売却地の圧倒的大部分は貴族や富裕なブルジョワ層によって買い取られた。特にナポリ王国では、購入者総数の七%を占めるに過ぎない一五四人の購入者が売却地面積の六五%を獲得している。カトリック国のバイエルンでは、一八〇〇年に約三万の農場のうち一万四〇〇〇が教会に属しており、国王は修道院領の売却によってその公債を償還し、さらに王領地の拡大によってその収入を四分の一だけ増加させることができたといわれる。一般にドイツでは、教会財産の没収はその売却のためよりも、それを王領地に編入するために行われたのである。このように事情は様々であったが、しかし全体として、財政目的が社会的目的よりも優先せしめられた限り、国有財産の売却が大土地所有の優越する、地域の既存の社会構造をゆるがすものとなり得なかったことは疑いがない。

次にフランス民法典（一八〇四年公布、〇七年ナポレオン法典と改称）の支配下の国々への輸出は、ナポレオンがとりわけ熱意を傾けた点である。ナポレオンは市民的平等、所有権の絶対性、契約の自由、労働の自由など近代社会の諸原理を確認した民法典を、全ヨーロッパに適用可能な普遍的法典とみなし、自らの兄弟をはじめ従属諸国の君主に命じてそれぞれの国家へ導入させようとした⑭。こうして一八〇六年のイタリア王国を皮切りに、ワルシャワ大公国（〇八年）、ナポリ王国（〇九年）、オランダ王国（一〇年）、さらにライン連邦のベルク、ヴェストファーレン、バーデン、ヘッセン＝ダルムシュタット各国に民法典が導入されていき、一八一二年には「大帝国」の大部分の地域にそれが施行されるようになった。しかしながらフランス民法典の導入は、ワルシャワ大公国やバーデンの場合のように重要な修正や削除を伴ったこともあり、またザクセンやバイエルン、ヴュルテンベルクでは民法典が導入されることはなかった⑮。

ナポレオンはまた、従属諸国にフランス憲法を模倣した憲法を採用させた⑯。帝政樹立後についていえば、一八〇五年のイタリア王国憲法、〇七年のワルシャワ大公国とヴェストファーレン王国の憲法、〇八年のナポリ王国、スペイン王国、バイエルン王国各憲法などが重要なものである。これらの憲法は、既存のすべての身分的・地域的特権の廃止と全市民の法の前での平等を規定し、公職就任の自由、人身の自由、所有の安全、信仰の自由などの基本権を保障している。またそれは、行政・執行機関の優越を認めつつも、「指導的名士層」の国政参加に道を開く国民代表機関の設置を定めており、民法典とともに新しい国家の法・制度的基礎となるべきものであった。

最後に行政・司法・租税制度の改革においては、旧体制下の身分的・地域的特権に基づく無秩序で不公平な組織を一掃し、フランスを範とした、平等原理に立つ統一的なシステムを構築することが目指された[17]。イタリア王国では、中央権力に強く従属した県知事と郡長が地方行政を担うことになり、司法と税制もフランスにならってつくり変えられた。ナポリ王国でも一八〇六年以来、ジョゼフ王の下でフランス人行政スタッフによって行政・司法・財政がフランス・モデルに合わせて改編され、この近代化事業は〇八年に国王となったミュラーによって続行された。一方ライン連邦諸国では、フランスへの「同化」は国により極めて不均等であった。ベルク大公国ではフランスにならって行政の統一化と司法・租税制度の再編が行われたが、前述のような封建制廃止の不十分さ故に、「同化」は不完全であった。また、ドイツにおける「最も進んだモデル国家」となったヴェストファーレン王国でもフランスの行政・司法組織が無条件で取り入れられた。これに対して、バイエルンやヴュルテンベルクでは、行政組織の近代化は古い社会構造を温存しつつ、国家を強化することを目的として行われた。さらにバーデン大公国とザクセン王国では、本質的には何らの変革もなされなかったのである。

イギリス人史家S・ウルフによれば[18]、上述の諸改革のうちでも「財政改革はナポレオン的国家近代化の試金石であった」。それは「旧体制の諸政府を特徴づけた急増する公債の拘束からの国家の解放を意味し、また租税の公平な分配を通じて、法的平等の唯一の後見人としての国家の役割を法認することを意味した」が、多くの利害に触れるが故に、その実行は甚だ困難であった。加えて、ナポレオンのヘゲモニーにもとづく軍事的要求を満たすために、国庫収入を急増させねばならず、すべての国において、旧体制財政の破綻の原因となった公的債務が特に一八〇六—〇七年に猛烈に増加した。さらにもう一点留意しておくべきは、フランスの租税制度を採用した国々において租税負担の構造的不平等がいわば拡大再生産されたらしいことである。この点の十分な論証はなお不可能であるが、土地台帳の作成がフランスにおけるほど完全に行われず、また改革、即ち地租の配分の有効性が地主と地方行政官吏の協力あるいは妨害に強く左右されたことは否定できない。実際ナポリやバイエルンのように封建制（領主権）が強い地方では、租税改革は社会的弱者の犠牲において歪められたのである。[19]

3　「改革」の成果と限界

以上のように、「ナポレオン改革」の大筋は既に先行研究によって確認されているが、しかし改革の具体的な実施状況や定着の度合いについてはなお十分に解明されているとは言えず、研究者の間で評価が分かれている。上述のウルフは、『ナポレオンのヨーロッパ統合』と題する著書において、フランスの「近代的で画一的な統治・行政モデル」がナポレオンの支配下に入った地域にどのように導入され、受容されていったかを、その担い手となったフランス人官僚と現地エリートにも注目しながら詳細に分析している。ウルフによれば、フランスの法や制度をモデルとした改革の実施は、文化的伝統や社会構造の多様性の故に多くの地域的差異を伴ったとしても、併合地域や従属諸国の近代化に重要な成果を挙げ、ナポレオン後のそれらの地域に対しても持続的な制度的遺産を残したとされる。[20]

これに対して同じイギリス人史家G・エリスは、ナポレオンの喧伝された改革プランとその実際の社会的結果との間にはウルフが考えている以上に大きなギャップが存在したと主張する。彼によれば、フランスに隣接しかつ比較的早く併合された地域においては、フランスの「行政的・法的形式」への同化が広範に進行したが、遅れて併合された諸地域と従属諸国においては、ナポレオンの法的・社会的改革はしばしば挫折を余儀なくされ、ほとんど根づくことがなかった。たとえばフランス民法典の導入は、ライン以東のドイツ、ポーランド、南イタリアのように封建的慣習が根強く残っていたところでは、旧来の社会秩序の変革をすぐには引き起こさなかった[21]。ライン連邦諸国では「封建領主はしばしば民法典の厳格な条項を無視するか、必要な時にはそれをくぐりぬける方法を発見した。またそもそも民法典を施行するにはフランス式訓練を受けた法律家が足りなかった。その結果、隷農制は領主的貢租と強制労役を含めて大部分無傷で存続したのである[22]」。

しかしエリスが強調するのは、「ナポレオン改革」の実施が現地の支配層の抵抗や旧来の法あるいは慣習との衝突の故に困難になったということだけでなく、ナポレオンのヘゲモニー政策自体が矛盾をはらんでいたこと、とりわけ彼が従属国家において構築した「利権システム」がそれらの国の近代化に阻止的に働いたという事実である。ナポレオンは一八〇七年頃から、ドイツ、イタリア、ポーランドなどの征服地において没収した以前の君主や諸侯の所有地の一部を、自らの親族と気に入りの高級軍人さらには文民エリートに贈与する政策を大規模に推進した。この政策の費用を最も多く負担させられたのが、ライン連邦における「モデル国家」ヴェストファーレン王国であり、そこでは一八一〇年一月までに合計一三三四件の土地贈与が行われ、受贈者は総額で一〇五〇万フランの年収を得ることになった。ナポレオンがこの間に行った土地贈与総数は四〇四二件、その年収総額は一八二〇万フランであったことから、ヴェストファーレン王国の負担の大きさが分かる[23]。このような土地贈与政策は贈与地における不在領主の封建地代徴収権、即ち上級土地所有権を保障することを前提としており、一元的な近代的所有権を前提にした民法典とは相容れないものであった。ヴェストファーレン王国はこれ以外にもナポレオンによって多額の軍事費を負担させられていたが、この土地贈与政策は同王国の財政を一層窮迫させると同時に、古い社会関係を温存することで、民法典及び王国憲法が定める近代的諸原理の適用を実際上不可能にしたのである。

以上のようにエリスは、特に従属国家における「ナポレオン改革」の結果について極めて厳しい評価を下している。確かに従属諸国における行政・司法・税制の改革は、「画一性」や「効率性」といった基準に照らした場合多くの問題をはらんでいたし、また封建制（領主権）の廃止や民法典の導入の社会的インパクトも過大評価されてはならない。しかし、エリスは事態の一面をやや強調し過ぎているように思われるので、以下、他の研究者の説をも参考にしながら、「ナポレオン改革」の実施状況と影響ないし意義についてもう一度整理しておくことにしよう。

ナポレオンのモデルが、支配下の全地域に画一的に押しつけられたのでないことは今日誰もが認めるところである。それぞれの地域における「ナポレオン改革」の成功度やインパクトは、地理的位置やフランスによる支配期間の長さと支配の態様、現地のエリートと民衆の反応、先行する時期における内発的改革の進行度などに規定されて一様ではなかったが、大まかには、一七九五年から一八〇五年にかけてフランスに併合されたベルギー、ドイツのライン左岸地方、北イタリアのピエモンテとリグリアなどでは、民法典や行政・司法・財政のフランス的システムが最も効率的に導入され、長く影響をとどめたとみて間違いない。これらの地域では、フランスの行政システムは単純に住民に押しつけられたのではなく、一般に現地のエリートの支持の下に導入されたのである[24]。これに対してトスカナや教皇国家、ハンザ都市とオルデンブルク大公国、イリリア諸州など一八〇八年以後にフランスに併合された地域では、一般にフランス・モデルが根を下ろすための時間が不足したといわれる。ただし一八一〇年に併合されたオランダの場合には、一七九五年以来長らくフランスの影響下に置かれてきたこともあって、民法典の導入や行政改革は比較的スムーズに実施された。オランダの法律家はフランス法に精通しており、民法典はナポレオン没落後も一八三八年まで維持された[25]。

問題は、以上の併合地域以外の従属諸国における「ナポレオン改革」の結果をどのように評価するかである。ライン連邦諸国における封建制の廃止やフランス民法典の導入が限られた社会的インパクトしかもちえなかったことは、エリスの指摘する通りであろう。しかしベルク大公国やヴェストファーレン王国において、農民の買戻し方式によるにせよ領主の地代徴収権＝上級所有権の廃止への道が開かれたことは、近代的土地所有への移行のための法的前提の創出を意味した。また領主裁判権が廃止されたことも、司法権力の国家による独占を完成するものであった。[26] さらにナポレオンはヴェストファーレン王国を真の「モデル国家」にすることはできなかったが、同王国の存在がライン連邦の他の国々における近代化の過程に重要な影響を与えた事実を見逃すことはできない。たとえば一八〇八年に制定されたバイエルン王国の憲法は、その前年のヴェストファーレン王国憲法を模倣したものであり、人身的隷属と貴族の免税特権や官職独占権の廃止、所有の安全、信仰の自由、国民代表議会の設置など後者の多くの条項を採用している。[27] バーデンでも一八〇九年の時点で憲法の最終草案ができ上がっていたが（発布は一八一八年）、その内容はヴェストファーレン王国憲法に酷似していた。またバーデンでは一八〇九年に「バーデン国法典」の名の下に、ナポレオン法典が修正つきながら導入され、それは一九世紀末まで効力をもちつづけたのである。[28]

次にイタリアに目を転じると、フランス革命期に既に封建制と十分の一税が無償で廃止されていた北部と、封建制の廃止が領主の地代徴収権を温存する形で行われた南部との違いは大きい。形式上は独立国家でありながらフランスに厳しく従属させられた北部のイタリア王国では、ナポレオンの直接指導下に民法典をはじめとする諸法典が導入され、行政・司法・税制の統一と合理化が強力に進められて、フランスをモデルとした国家と社会の枠組みがつくり出された。これに対して、古い社会構造が強固に存続していた南部のナポリ王国では、ジョゼフ次いでミュラーが国王として推進した近代化改革ははるかに大きな困難に遭遇し、土地改革や民法典の導入も北部におけるような社会的インパクトをもち得なかったのである。[29]

このようにイタリア王国とナポリ王国とでは、「ナポレオン改革」の広がりや深さに明白な相違があったが、この点を認めた上で、われわれはナポレオン没落後のイタリアにおけるナポレオンの「遺産」の広範な存続に注目する必要がある。最近のM・メリッジの総括によると、イタリアでは一八一五年王政復古後のすべての政府が、自覚的であろうとなかろうと、また程度に差はあるにせよ、ナポレオンの「遺産」の重要な要素を採用したとされる。即ち、北部のロンバルド＝ヴェーネト王国、モデナ・パルマ両公国から中部のトスカナ大公国、教皇国家、南部の両シチリア王国まで、そして数年後にはサルデーニャ＝ピエモンテ王国も同様になるが、至る所で国家機構、つまり中央集権的行政システムが社会に対して絶対的権力を振るった。貴族はもはや課税免除その他の特権を保持せず、臣民は共通の法典の前で基本的に平等であり、封建的身分や都市の自治機関や地方的集会など国家から一定程度自立した諸機構は消滅するか、その権力を大幅に縮小されたのである。[30]

さらにワルシャワ大公国では、フランスにならって行政・司法・租税制度が改編され、それは一八〇八年に導入された民法典とともに、一八一五年以後のポーランド王国に受け継がれた。またナポレオンが一八〇七年に賦与した憲法は、基本的自由権を保障し二院制の議会を置くと同時に、世襲の君主に広範な権力を与えるものであったが、このワルシャワ大公国憲法の多くの条項も一八一五年に公布されたポーランド王国憲法に再現されることになる。このようにポーランドにおける「ナポレオン改革」は、法と制度の面では持続的な影響を及ぼしたといえるが、しかし社会的改革としての内実には乏しかった。農民は憲法によって人格的自由を与えられたが、彼らの耕作地に対する伝統的権利は土地所有権として認められず、その上、地主は契約自由の原則を利用して農民の地位を自己に有利に変更しようとした。こうして旧来の社会構造を温存したままでの民法典の施行は、地主による農民支配をむしろ強化する結果となったのである。[31]

最後にスペイン王国の場合には、ナポレオンが一八〇八年七月に制定させたバイヨンヌ憲法において内閣制度と二院制議会、人身の自由と法の前での平等などが定められたのに続いて、同年一二月マドリードを再占領したナポレオンによって、封建制、異端審問、国内関税の廃止と約三分の二の修道院の解散が命令された。その後も国王ジョゼフは、民法典とフランス式の集権的行政機構の導入や、教会と貴族の特権の廃止を目指したが、しかしこれらフランス人支配者による改革計画は反ナポレオン独立戦争の拡大のためにほとんど実行不可能となった。一方、カディスの革命議会に結集したスペイン人「愛国者」は一八一二年、穏健な立憲君主政をうたった自由主義的憲法を制定した。この憲法はフランス革命期の一七九一年憲法を範とするもので、国民主権、封建制廃止、人身の自由と所有権の保障、司法改革と地方行政の画一化などを定めていた。こうしてスペインにおける戦争は、政治的近代化の二つのモデルの間の闘争という様相を帯びるに至った。イギリス・ポルトガル連合軍の援助によって勝利を収めた「カディス版の改革」は、一八一五年に復位したフェルナンド七世によって一旦破棄されたが、一八二〇年の革命後実行に移されるのである。[32]

4　未完の「政治統合」

以上に述べたところから筆者は、「ナポレオン改革」の実施が様々な地域差をともないながらも、フランス支配下の国々の近代化の過程に対して重要でかつ持続的な刻印を残したと考える。そこで残る問題は、ナポレオンがヨーロッパの政治的統一についてどのように考えていたかである。従来の研究は一般に、ナポレオンが支配下の国々に対してフランス・モデルの法や制度を押しつけようとしたことから、彼がヨーロッパ大陸全体ではないにせよ、少なくとも「大帝国」について政治的統一を目指していたと考えてきたが、フランス人史家Ａ・ジュールダンは最近、この点について注目すべき異論を提出している。[33]

本章の冒頭でも触れたように、ナポレオンは『セント＝ヘレナ日記』において、自分は同一の原理、法律、システムによって支配される統一ヨーロッパの形成を夢見ていたと主張している。この言葉をそのまま信用することはできないが、しかしナポレオンが「ヨーロッパの統合」について語ったのはこれが最初ではない。彼は一八〇七年、プロイセン、ロシアを破って両国とティルジットの講和を結んだ後、立法院での演説において「フランスはライン連邦の法によってドイツ諸国民と、またわが連邦体制の法によってスペイン（原文のまま）、オランダ、スイス、イタリア各国民と結ばれている」と述べ、「ヨーロッパ連邦」の観念をはっきりと表明している。さらにナポレオンは一八一五年の百日天下の際にいま一度、「余の目的は世紀の精神に適合し、文明の進歩に有利な「一大ヨーロッパ・システム」を組織することであった」と語っているのである㉞。

ところでジュールダンによれば、このように繰り返し「ヨーロッパ連邦」に言及しているにもかかわらず、ナポレオンは実際には「ヨーロッパにおいて統一の道を選ぶことを絶えずためらった」のである。ナポレオンがその支配下の地域に創設したのは国民国家ではなく、イタリア・ナポリ両王国、ヴェストファーレン王国、ワルシャワ大公国といった中小国家であり、プロイセン・オーストリア勢力に対抗し、ロシアに対する障壁となるような国々であった。ナポレオンは「民法典とフランスの法律（様々な制度、租税、徴兵を含む）を介して、それらの国々を画一化しているが、十分に統一してはいない。せいぜいのところ、彼は過度の（政治的）細分化を改善したにとどまる。それはあたかも大きな面積をもつ国家的実体はすべて、フランスの優位にとって一つの危険であるかのようにである㉟」。

それ故、「帝国連邦体制」の本質とは何よりもまず、征服地や同盟国の領土をよりよく支配するために、それらを弱体化することにある。「統一」への願望と見えるものは実は「画一性」への渇望なのであり、両者は全く別物である。そしてこの「画一化」政策はナポレオンがセント＝ヘレナで語っているように様々な国民的感情を融合させるためにではなく、一つのヨーロッパ精神、つまりはフランス精神のためにすべてのローカルな精神を破壊しようとして、全力を尽くしたことを示しているのである[36]。

筆者はこのようなジュールダンの見解に賛同するものであるが、その理由は以下の通りである。確かに百日天下の際およびセント＝ヘレナ追放後にナポレオンが語っている「ヨーロッパ・システム」は、「大帝国」とその外側の同盟・友好国とを合わせた大陸的規模のものとも受け取れる。しかし上述の一八〇七年の演説における「連邦体制」とは、フランス帝国とその従属諸国を含むに過ぎず、「大帝国」の範囲を出るものではない。次に、ナポレオンの実際の政策を見ると、彼がフランスの法と制度による統一（ジュールダンのいう画一化）を押し進めようとしたのは、フランス帝国とその周辺の従属諸国、とりわけ皇帝一族が統治する国々とワルシャワ大公国においてであった[37]。ナポレオンは「大帝国」の外側に位置する同盟国にまで、フランス・モデルを拡大しようと試みてはいないのである。

さらに「大帝国」の内部構造についてみても、ナポレオンはフランス帝国の周辺に「家族体制」に組み込まれた衛星諸国を配置するにとどまって、「大帝国」全体を緊密なまとまりをもつ政治システムに組織するには至っていない。フランスはライン連邦規約によって同連邦の国々と結合されていたが、「大帝国」全体を統括するような「連邦体制の法」は存在しなかったのである。そればかりでなく一八〇八年以後になると、次節で述べる大陸封鎖の貫徹のために、スペインへの侵入に続いてトスカナ、ローマ、オランダ、ハンザ諸都市、スイスのヴァレー地方が相次いでフランスに併合される。今や名目的にせよ主権国家の連合体としての「ヨーロッパ連邦」の組織化ではなく、直接統治地域としてのフランス帝国の一層の拡大が、ナポレオンの政策の主目標となったのである。このようにみると、ナポレオンが目指したヨーロッパの統一とは、その政治的、制度的側面においては、せいぜいのところフランス帝国に従属諸国を加えた「大帝国」における法的・制度的統一＝画一化にほかならず、本来の意味で政治的に統一されたのは「拡大されたフランス帝国」のみであったといわなければならない。

第三節　大陸体制の経済的側面

1　大陸封鎖の実施とその効果

次に「大陸体制」の経済的側面、デュフレスのいう「ヨーロッパの経済的組織化に関するナポレオンの構想」について若干の考察を試みたい。ナポレオンの対外経済政策の目標が、イギリスの商品をヨーロッパ大陸から締め出して、同国経済に決定的打撃を加えること、それと同時に、大陸においてフランスの工業製品の販路を拡大しつつ、その経済的覇権を確立することに置かれていたことは、すでに多くの論者が指摘するところである[38]。しかし、そうした二重の目標を追求する貿易＝関税政策は、ナポレオンによって創始されたものではなく、フランス革命期に対イギリス開戦とともに打ち出され、ナポレオンによって発展させられたものであることに、注意する必要がある。

イギリス商品のフランス国内からの締め出しは一七九三年三月一日の法令に始まり、一七九六年一〇月三一日（共和暦五年ブリュメール一〇日）の法律によって確認・強化された。後者の法律はイギリス工業製品の輸入を全面的に禁止するにとどまらず、およそ外国からもたらされる綿糸・綿織物、毛糸・毛織物、メリヤス、金属製品などについては、その原産地がどこであれ、これをイギリス製品とみなして輸入禁止を適用したのである。このようなイギリス商品あるいは外国製品の輸入禁止措置は、フランス軍の占領地やベルギー、ライン左岸地方などフランスに併合された地域にも当然、適用された。さらにオランダ（バタヴィア共和国）や北イタリアのチザルピーナ共和国もフランスの圧力の下にイギリス商品の輸入禁止を約束させられた。一方、フランス工業製品のために大陸諸国の市場を開放させる政策は、総裁政府によって一七九七年まずスペインに対して試みられたが、スペイン側の拒否に遭い失敗した。しかしその後、一七九八年二月にフランスがチザルピーナ共和国に押し付けた通商条約では、両国商品の輸入関税を互いに従価六％以下とすることが定められ、工業生産力に優るフランスが北イタリアに製造品の輸出を拡大する道が開かれたのである[39]。

一八〇二―〇三年のアミアンの平和の間仏英間の商業戦争は一時停止されたが、平和決裂直後の〇三年六月フランスは、イギリス本国とその植民地からもたらされるあらゆる商品の輸入を禁止し、次いで〇四年三月にはイギリスの港を出た中立国船のフランス帝国への入港を禁止した。さらに〇六年四月三〇日の帝国関税法は、白地及び捺染された綿織物とモスリンの輸入を全面的に禁止するとともに、植民地貿易が今やイギリスの手中に落ちつつある現状に鑑みて、綿花、砂糖、コーヒーなどの輸入税を大幅に引き上げた[40]。またこれと並行してナポレオンは、イギリスに対する封鎖措置をイタリア共和国（王国）やオランダなどフランス帝国の外部にも広げて行くと同時に、その支配に服した国々をしてフランスの製造品に対する特恵輸入関税を設定させたのである[41]。

さて、一八〇六年一一月二一日のベルリン勅令による大陸封鎖宣言は、以上のような革命期以来のイギリス商品締め出し政策をヨーロッパ大陸全体に拡大することで、それを一層効果あらしめようとしたものにほかならない。もとよりそれは、デュフレスがいうように、「対等の参加者の間で論議されたものではなく、最強者によって押し付けられた、広大な経済同盟の形成であった[42]」。イギリスとの一切の貿易、通信の禁止、イギリス商品の没収とイギリス船の入港禁止を内容とするこの勅令は、同日直ちにオランダ、スペイン、ナポリ、エトルリア王国、ハンブルクに通告され、これら諸国におけるフランスの代表達はその厳重な適用を監視するよう命じられた。同年一一月末にはブレーメンとリューベックが勅令を受け入れた。翌〇七年一一月、イギリス政府がフランスとその同盟国の封鎖を宣言するや、ナポレオンは報復措置として同年一二月一七日ミラノ勅令を発して、イギリス艦船の臨検を受けた船舶、イギリスの港に寄港した船舶をすべてイギリス船とみなし、正当拿捕の対象とすることを宣言したのである[43]。

大陸封鎖、より正確にはイギリスに対する「大陸の自己封鎖」は、以上のベルリン・ミラノ両勅令によって制度的には完成されたが、しかしベルリン勅令から七〜八カ月間は、封鎖はフランス帝国とイタリア王国を除いて真剣に実施されなかった。この時期にはドイツ北海岸の監視は不十分であり、デンマークを経由してハンブルクやオランダから莫大な量のイギリス商品が密輸入された。封鎖が真に「全大陸的な」ものとなるのは、〇七年七月のティルジットの講和によってロシア、プロイセン、オーストリアがイギリスと国交を断絶して封鎖を支持し、さらにポルトガルが占領され、デンマークがフランスの同盟国に加わった時である。フランスの経済史家で大陸封鎖研究の泰斗F・クルーゼの分析によると、一八〇七年にはスウェーデンを除く大陸のすべての国がイギリスとの貿易を禁止した結果、イギリスの大陸向け輸出は大幅に減少するに至った。ここに初めて大陸封鎖は一個の現実となり、以後一八〇八年五月までは大陸に平和が保たれ、封鎖は極めて効果的に実施される。

しかしながら〇八年夏、スペインの反乱勃発によって事情は一変する。ポルトガルとスペインの一大部分がイギリス商品を大量に輸入し、アメリカのスペイン領植民地の一部もイギリス船に港を開いたからである。加えてイベリア半島への軍隊の派遣のために北海・バルト海沿岸の警戒はおろそかにならざるを得なかった。一八〇九年にはオーストリアの反抗のためにドナウ方面に軍隊が集結されたこともあって、密貿易は北海上のヘリゴランド島と地中海のマルタ島を拠点にますます盛んとなった。このように大陸封鎖の実施は軍事的・政治的状況によって著しい変動を経験したのである[44]。

一八一〇年にはオーストリアの屈服によって、イベリア半島を除く大陸全域で平和が支配し、ナポレオンは多数の軍隊を大陸封鎖の実施に用いることができるようになった。彼はこの年サン＝クルー（七月）、トリアノン（八月）、フォンテーヌブロー（一〇月）の各勅令によって大陸封鎖の再編成を行った。即ち封鎖の内的矛盾を緩和するために、それを一定程度緩和して、特許状を所持する船舶に限りイギリスとの貿易を認め、過剰な農産物の輸出と不足する工業原料および植民地物産の輸入を増加させるとともに、植民地物産についてはその輸入税を驚くほど引き上げたのである。このような措置の狙いは密貿易に代えるに厳重に統制された貿易をもってし、同時に輸入関税収入を増加させることにあった[45]。

一八一〇年後半にはオランダとドイツの北海沿岸とが併合され、さらにスウェーデンが封鎖体制に強制的に編入された。こうして同年末から一八一二年のロシア遠征の失敗まで、イベリア半島を除いてヨーロッパ大陸はイギリスの貿易に対して閉ざされることになった。イギリスでは一八一〇年七月から未曽有の経済恐慌が起こり、一八一一年には〇九年に比べてその輸出は三六%、工業総生産は二五%減少した。しかし一八一三年以後、ヘリゴランド島を基地として密貿易が大規模に再開され、同年一〇月のライプツィヒの戦いの後にはほとんど大陸全体がイギリスの商業に開放された[46]。

以上クルーゼの説明に従いながら、大陸封鎖の成立から崩壊までの過程を略述した。結局、大陸封鎖が比較的有効かつ厳重に実施されたのは、一八〇七―〇八年の一年足らずと一八一〇―一二年の二年半とを合わせて三年余りの期間に過ぎなかった。封鎖がイギリス経済に決定的打撃を加えることができなかったことは以上から明らかであろう[47]。

2　「経済統合」の拒否――最盛期「大帝国」の経済構造

それでは、フランス工業製品のための市場を大陸内部に拡大するという、ナポレオンの対外経済政策のもう一つの目標はどの程度達成されたのであろうか。この点に立ち入る前に、最盛期におけるナポレオン帝国の「経済統合」の実態について簡単に述べておきたい。

前述のようにナポレオンは、フランスの統治モデルの「輸出」によって、支配下の国々を法的、制度的に統一し、あるいは少なくとも画一化しようとした。これに対して経済的には、ナポレオンは、フランス帝国と従属諸国との、また従属諸国相互間の統合を拒否し続けたのである。

今、「大帝国」の最盛期であった一八一二年についてその構造を見ると、一方にはフランス帝国経済があり、他方には従属諸国の多様な経済が存在する。今や最大規模に達したフランス帝国は「大帝国」の総人口八五〇〇万の半ばを超える四四〇〇万の人口を擁しており、関税障壁によって外部からの競争に対してよく保護され、その内部では商品が自由に流通する大規模な統一市場を形成していた[48]。実際、その内部に編入されたベルギーやドイツのライン左岸地方では、綿工業を先頭に繊維諸工業と鉱山・製鉄業がこの大市場を利用して大いに発展をとげたのである。

これに対して従属諸国は、フランス工業の利益を最優先に設定された関税線によって分断された政治的単位からなり、それら相互間での経済的接近の試みは一切禁止された。有名な例を挙げると、一八〇八年一月二日にイタリア王国とバイエルン王国との間で締結された通商条約はナポレオンの裁可拒否によって発効することなく終わった。この条約は、両締約国が、イタリア王国でフランス商品が享受している特権（輸入税の五〇％引き下げ）を尊重しつつ、相互に最恵国待遇を与えるとともに、バイエルンの若干の商品に対するイタリア王国側の輸入禁止の撤廃と、他の産品に対する関税引き下げとを定めるものであった。ナポレオンはこれによって、ザクセンおよび他のドイツ諸国の工業製品がバイエルンを経由してイタリア王国に流入することを恐れたのである[49]。

大陸封鎖によるイギリスとの貿易禁止は、「大帝国」全体に、さらにはその外部の同盟諸国にも適用されたが、これを除くならば、「大帝国」全体に共通の措置としては、前述の一八一〇年のトリアノン勅令による植民地物産及び綿花に関する共通輸入関税の設定と、同年のフォンテーヌブロー勅令による、没収された輸入禁制品の公衆の面前での焼却措置とがあるのみであった[50]。このように、大陸全体はもちろん、「大帝国」に限っても、それを経済的に統合するような制度的枠組みが欠如していたのである。デュフレスがいうように、ここに見られるのはフランスと他の国々とを一体化する「経済統合」ではない。それは今日の意味での「経済統合」を伴わないフランスの経済的覇権であり、「フランス経済の利害への、ヨーロッパ諸経済の組織的従属化」にほかならないのである[51]。

しかし、ここで是非付け加えておきたいのは、この時期にナポレオンの側近の学者や政治家の間から「経済統合」の提案がなされていたことである。そのうち最も注目すべきものは、コクベール・ド・モンブレの関税同盟構想である[52]。統計学者で帝政の高級官僚でもあったコクベールは、一八〇六年外務大臣シャンパニーに対して、皇帝一族が統治する国々、即ちフランス帝国、オランダ、スイス、イタリアを共通の関税地域に統合し、その内部では自由な商品流通を実現するという大胆な計画を提示したが、外相の支持を得ることができなかった。コクベールによれば、自由こそはこの大規模な内部市場にとって流通の理想的な条件を作り出す最良の機会となるだけでなく、イギリスと闘うための最良の切り札ともなるものであった。彼はイギリスの生産物のヨーロッパ大陸への流入を完全に禁止しなければならないとする点では、ナポレオンと完全に一致するが、しかし、政治的に統一された空間では自由貿易が適用されるべきだと考える点で、厳格な保護貿易主義者であるナポレオンと真っ向から対立する。ナポレオンは国内の製造業を保護するために輸入禁止的関税制度を維持する一方、国外においてはフランス産品のための特権的販路を力によって獲得しようとしたのである。

ナポレオンはこのような側近の提案に一切耳を貸さず[53]、大陸諸国間に関税同盟あるいは共同市場を創出しようとは決して考えなかった。彼は従属諸国の工業の犠牲においてフランス工業製品の販路拡大につとめ、また併合地域と従属諸国が生産する原材料をフランス工業のために優先的に確保しようとした。次にそのような政策がどの程度所期の目的を達成したか、またそれが支配下の地域の工業にどのような影響を及ぼしたかを、ベルギー、ドイツ、イタリアの例を取り上げて考察することにしよう。

3　支配下の地域に対するナポレオンの経済政策の影響

前述の経済史家クルーゼは一九六四年の論文において、大陸封鎖の最も重要な経済的結果として、イギリスの綿糸・綿織物の輸入禁止が、大陸諸国の幼弱な綿工業に対して必要不可欠な保護を与え、その発展を刺激したことを挙げた。即ち、ナポレオン期にはフランスだけでなく、ベルギー、オランダ、スイス、ザクセン、ベーメンなど大陸的規模で戦略的セクターである綿工業、とりわけ綿の機械紡績の著しい発達が見られ、それによって一九世紀の工業化の基礎が据えられた。これに対して、戦争中に綿工業の発達が見られなかったイタリアやスペインは工業化のバスに乗り遅れることになったというのである[54]。このようなクルーゼの見解は、イタリアの場合を除けば、その後の地域的研究の結果に照らして基本的に支持できるように思われる。

まず、一七九五年のフランス併合時に人口二六五万に過ぎなかったベルギーは、併合の結果人口二八〇〇万の広域市場に編入され、最終的には四四〇〇万の人口を擁するフランス帝国に所属することになった。J・ドーントと石坂昭雄によると、ベルギーではそれまで綿工業の伝統がほとんどなかったが、一八〇〇年以降有名なリーヴェン・バウウェンスらによってガンにミュール紡績機を備えた巨大な綿紡績工場が設立され、その数は一八一六年には二八に達した。また一八〇六年に外国綿布の輸入禁止が再確認されると、更紗捺染業の原料となるキャラコの生産が急速に発達をとげ、こうしてガンでは、紡績・織布・捺染の三工程を垂直的に統合する綿業企業が広く成立した。ガンを首邑とするエスコー県は一八一〇年には一一万の綿紡錘（ほとんどがミュール機）を擁し、フランス帝国内ではノルマンディ、ノール県に次ぐ綿業地となった。しかし、ベルギーにおいてナポレオン体制下で最もめざましい発展を示したのはヴェルヴィエの毛織物工業であり、織元達はフランス帝国の莫大な需要に対応するため、大型のジェニー機を中心に準備・紡績・仕上の三工程を一挙に機械化し、織布もその集中工場で営んだ。こうしてヴェルヴィエとその周辺は、フランス帝国内で最も強力な毛織物工業地帯と化し、ナポレオン帝国の広域市場の恩恵を最大限に享受できたのである。[55]

一七九七年に事実上併合されたライン左岸のドイツでも、広大なフランス帝国市場への編入とイギリス商品の排除、さらにナポレオンが従属諸国で勝ち取ったフランス商品に対する特恵待遇は、伝統的諸工業に多くの利益をもたらした。この時期にはザールの炭坑業、アーヘンの毛織物工業、クレフェルトの絹織物工業などで生産量や企業数の著しい増加が見られた。しかし、最も注目すべきは綿工業の飛躍的な発展である。この地方では綿工業としてはそれまで小規模な織布業が存在するのみであったが、ナポレオン期には綿織物生産の拡大に加えて、特に一八〇七年以降のミュール紡績機の急速な普及によって機械制綿紡績業が確立をとげたのである。また毛織物工業でも刷毛・紡績・仕上三工程が機械化され、動力として蒸気機関が使用されるようになった。こうして一八一一年には、ルール県（首邑アーヘン）はフランス帝国の中でも最も工業化された県となるのである。[56]

このようにベルギーやライン左岸地方がナポレオン体制下に産業革命へと突入したのに対して、一八〇二年にフランスに併合された北イタリアのピエモンテでは事情はより複雑である。ピエモンテは隣のリグリアとともに、フランス革命前からフランス絹織物工業に対する原料糸の供給地として重きをなしていたが、フランス併合後そこで生産される良質の繭と絹糸は、フランス絹織物工業のために今や無税で、最優先的に確保されることになった。ピエモンテの生糸生産量は一八〇八年にフランス帝国全体の生糸生産量の四八％を、一八一二年においても四四％を占めており、この地方がナポレオン期にフランス、とりわけリヨンの絹織物工業のための原料生産地たる役割を担わされていたことは明らかである[57]。

ところで、ピエモンテに限らずイタリアは、ナポレオンがフランス工業のための原料供給地および製品市場として最も重視した地域であり、いわば「フランスの経済植民地」に擬せられていた。その点は、イタリア王国に対するナポレオンの政策のうちにはっきりと示されている。ソヴィエトの歴史家E・タルレの古典的研究によれば、当時北イタリアは幼弱な綿工業しかもたず、イギリス製のモスリンその他の薄手綿布とスイス製の捺染綿布を大量に輸入しており、フランスやザクセンの綿ビロードはそこにおいてイギリス製品に太刀打ちできなかった。ところがナポレオンは、一八〇六年六月一〇日の勅令によってイタリア王国に対し、イギリス商品とみなされる工業製品の輸入を禁止し、次いで一八〇八年六月二〇日の同王国との通商条約によって、フランス商品に対する輸入税の五〇%引き下げを強制した[58]。その後一八一〇年一〇月一〇日の勅令はフランス帝国以外からの綿織物、毛織物の輸入禁止を再確認したが、スイス、ドイツの競争者に対してフランスの工業を優遇するこれらの措置の結果として、とりわけ一八〇七年以降イタリア王国に対するフランス綿織物の輸出が急増し、それは一八〇八―一二年にはフランスの綿織物輸出全体の四〇%から時には六七%にも達した。また同じ時期にはイタリア王国に対するフランス毛織物の輸出も急増し、それはフランスの毛織物輸出全体の三〇%に達した[59]。こうして一八一二年には、イタリア王国へ輸入される綿織物、毛織物のすべてではないにせよ、その圧倒的部分がフランスによって供給されるようになったのである。

タルレによれば、ナポレオンの政策はイタリア王国の綿織物・毛織物工業だけでなく、その絹織物工業に対しても深刻な打撃を与えた。ロンバルディアはイタリア最大の絹織物工業中心地であったが、ナポレオンはこの工業からピエモンテ産の原料糸を奪い、またその製品の重要な販路であったイギリスとの貿易を禁止したからである[60]。ところでタルレは、ナポレオンの政策がイタリア王国だけでなく半島全体の工業活動に対して一律にネガティヴな影響を及ぼしたと見る傾きがあるのだが、この点についてはウルフが異論を提出している。ウルフは特にセクターによる影響の相違に注目する。彼は、たとえばピエモンテやイタリア王国の生糸・撚糸生産がイギリス、ドイツ、ロシアなどへの輸出を禁止されたことによって過剰生産の危機に見舞われたことを認めるが、ナポレオンが設けた関税障壁は若干の工業を保護する効果をもったという。その最も明白な例はロンバルディアの場合である。そこではイギリスからの輸入品が排除されると同時に、バイエルン、ベルク大公国、スイスと中欧の他の地域の製造品の競争が弱まった結果、内部市場が拡大し、毛織物、麻織物、さらには綿織物（ミラノ、コモなど）の生産が発展をとげた。毛織物・綿織物生産の発展はピエモンテとジェノヴァでも、またナポリ王国でも見られた。ナポリでは、一八〇八年国王に任命されたミュラー元帥が、フランスに対抗する保護関税を設定して自国工業の発達を図ったのである。[61]これら繊維工業の発展は基本的に「プロト工業」（農村家内工業）の形態をとるものであったが、フランス革命からナポレオン期にかけてはイタリアでも極めて少数ながら機械制綿紡績工場が設立されている。ウルフの言葉を借りれば、「イタリアにおける近代的綿工業の端緒はこの時期に位置しており、かつそれはドイツやスイスの企業家達のイニシアティヴを伴っていた」のである。[62]

以上の事実から、イタリア工業の長期的発展に対するフランスの支配のインパクトがそれほど単純なものでなかったことは認めてよいであろう。ところでウルフは、一八一〇年と一二年のイタリア王国の貿易統計（表4-1）に基づいて、「貿易収支の数字は新しい国境と関税障壁にもかかわらず、イタリア王国が貿易活動を高い水準に維持する卓越した能力を有したことを証明する」[63]と述べている。確かにこの両年においてイタリア王国は、フランス帝国との貿易においてこそ大幅な輸入超過になっているが、オーストリア、スイス、イリリア諸州との貿易によって多額の輸出超過を記録しており、全体としては小幅ながも輸出超過を実現している。イタリア王国の主要な輸出品

表4-1　イタリア王国の貿易収支　（単位：1,000リレ）

相手地域別	1810年			1812年		
	輸　入	輸　出	差　額	輸　入	輸　出	差　額
フランス帝国	63,013	35,534	－27,479	80,294	66,340	－13,954
ドイツ	16,718	26,487	＋ 9,769	16,070	7,524	－ 8,546
スイス	9,280	23,616	＋14,336	5,910	15,354	＋ 9,444
オーストリア	3,267	24,970	＋21,703	2,650	21,625	＋18,975
ナポリ王国	14,718	4,101	－10,617	11,325	3,237	－ 8,088
ロシア	1,631		－ 1,631	2,750		－ 2,750
イリリア諸州	9,901	12,161	＋ 2,260	12,030	16,675	＋ 4,645
イオニア諸島	5,760	4,476	－ 1,284			
レヴァント	6,753	5,646	－ 1,107	6,820	2,000	－ 4,820
マルタ島					7,380	＋ 7,380
その他	9,225	7,712	－ 1,513	218	589	＋　371
合　計	140,266	144,703	＋ 4,437	138,067	140,724	＋ 2,657

数字の空白は原統計に記載を欠くもの。1810年の「その他」は、オランダと教皇国家を含む。
典拠：Woolf, "L'impact", p.1115, Tableau 2 を, Tarlé, *Le Blocus continental*, pp. 234-236の数字により補充して作成。

は第一に絹原料糸（生糸・撚糸）、第二に穀物（小麦と米）であり、両者の輸出拡大によってのみ王国の貿易収支は黒字であり得た。ところで、一八一二年において絹原料糸の輸出総額のうちフランス向けは三五％にとどまっており、イタリアの絹糸を独占しようとするナポレオンの努力は部分的にしか成功しなかったことが分かる。これに対して、イタリア王国の急増する穀物輸出はその大部分がフランス向けであり、同王国は「フランスのための巨大な穀物貯蔵所」となっていたのである。一方、イタリア王国の輸入品の中では毛織物と綿織物を中心とする工業製品は総額の二分の一以下にとどまっており、残りの大部分は食料・飲料品、家畜と、染料・薬剤・香辛料・砂糖・コーヒーなどの海外＝植民地物産とによって占められている。フランス帝国との貿易だけをとってみても事情は基本的に同様であり、フランスといえどもその必要とする絹糸その他の繊維原料と穀物をイタリア王国から輸入するためには、繊維製品の他にぶどう酒、オリーヴ油、家畜、染料などを大量に輸出しなければならなかったのである。最後に、イタリア王国はオーストリア、イリリア諸州、マルタ島などに向けて各種の織物や金属製品、石鹸、紙などを輸出し続けていたのであり、同国の工業は決して内部市場のためにのみ働いていたわけではない。これらの事実からみると、フランスの従属国家であったイタリア王国は、一八一二年においてなお経済的に一定程度の自立性を維持していたと考えざるを得ない[64]。

最後に取り上げたいのは、ナポレオンの大陸封鎖がライン連邦諸国の経済生活に及ぼした影響について見直しを求めているデュフレスの見解である。前述のように、ナポレオンの経済政策はその攻勢的側面においては、フランスの支配に服した国々を、フランス工業のための原料の供給源にしてかつ工業製品を妨害なしに売り捌き得る市場たらしめることを目指していた。このような政策はイギリス商品の輸入禁止と同じくフランス革命期に始まるが、ナポレオンはそれを忠実に受け継ぎ、大陸体制の経済原則としたのである。しかしながらナポレオンは、イギリス・ドイツ間の合法貿易を著しく減少させたとはいえ、ドイツ産品（羊毛、木材、穀物）のイギリス向け輸出を完全には阻止できなかったと同様、ライン連邦諸国をイギリス商品（製造品および英領植民地物産）に対して完全に閉ざすことはできなかったのである[65]。

またナポレオンは、ライン連邦諸国の経済をフランス経済に完全に従属させること、即ち連邦諸国を「帝国の植民地」とすることにも成功しなかった。表4-2のように、フランスからライン連邦への製造品輸出額は一七九九年（共和暦七年）から一八一二年まで、一八〇五年を例外として、ライン連邦からフランスへの製造品輸入額の三倍から五倍に達したが、しかしライン連邦からの輸入はフランスからの輸出よりも急速に増加したのである。フランス工業は同国の実業家達が期待したようには、その生産物をライン連邦諸国に氾濫させなかった。フランスの綿織物は以前よりも多く輸出されたが、ライン連邦の綿織物もフランスでの販売が伸びたので、ライン連邦の綿工業が全体としてフランスとの競争に苦しむことはなかったことを認めなければならない。またナポレオンは、バイエ

表4-2　フランスの対ライン連邦諸国製造品輸出入額の推移

（単位：100万フラン）

年	輸出額	指　数	輸入額	指　数
1799	55.4	100.0	11.5	100.0
1800	50.6	91.3	9.1	79.5
1801	43.5	78.5	10.0	86.9
1802	45.2	81.5	10.7	93.3
1803	40.3	72.8	11.7	101.9
1804	64.0	115.6	21.9	190.6
1805	57.8	106.5	26.6	231.4
1806	50.4	91.0	16.9	147.4
1807	45.9	82.7	13.0	112.9
1808	70.1	126.5	11.7	102.0
1809	59.8	107.9	19.9	173.1
1810	87.5	158.0	19.2	167.3
1811	52.1	94.1	16.0	139.6
1812	56.2	101.4	27.3	237.8
1813	37.7	68.1	21.8	190.4

1799－1805年の数字はそれぞれ共和暦7－13年に関するもの。
典拠：Dufraisse, “L'influence”, pp.289-290, Tableaux IV,V,VIにもとづき作成。

ルンとベルク大公国からイタリア産生糸の供給を奪い、これをフランス絹織物工業に優先的に確保しようとしたが、しかしフランスの需要が満たされると、ライン連邦向け絹糸の輸出を許可したので、後者の絹織物工業が完全に麻痺することはなかったのである[66]。

このようにみると、ドイツ市場からイギリス商品を締め出し、ドイツに対するフランスの経済的覇権を確立しようとするナポレオンの企ては、その目的を達し得なかったと言わざるを得ない。その理由は、一つにはナポレオンの政策の成功に不可欠な熱意が、ライン連邦諸国の君主達や彼らを支えるべき皇帝の代理人にしばしば欠如していたことにあるが、より根本的には、フランス工業がなおライン以東の市場でイギリス工業に取って代わるだけの力をもたなかったことに求められよう[67]。

だがそれにもかかわらず、ナポレオンの経済政策はライン連邦諸国の経済に深い影響を及ぼした。[68]それはセクターによりまた国によって非常に異なっていたが、主要な犠牲者はドイツの外部へその生産物の著しい部分を輸出していた工業、ことに北西ドイツのリンネル工業である。ミュンスター、オスナブリュック、リッペ、ミンデンなどこの地方のリンネル工業は、イギリスへの糸の発送と、スペイン、ポルトガルとその植民地への亜麻織物の発送を中断しなければならなかった。また絹工業もライン左岸諸県を含むフランス帝国との競争の故に停滞もしくは後退を余儀なくされた。さらにベルク大公国の工業は、金物、リボン、麻織物、綿織物などの輸出に対するフランスとイタリアの市場、後にはイベリア市場の閉鎖と資金の不足のために一時的に衰退した。

これに対して、ナポレオンの経済政策の最大の受益者は、その原料補給が永続的には中断されず、イギリスの競争に対して十分に保護され、かつフランスの競争と大陸封鎖の裂け目の故に温室的環境による過保護をもまぬがれた諸工業である。これら発展のための好条件を十分に利用したのが綿工業であり、幾つかの国で機械紡績が出現、発展し、綿の織布と捺染においても重要な技術的進歩が見られ、さらに間接的に機械製造業も刺激を受けた。地域別に見ると、バーデンとヴュルテンベルクでは、イギリスの競争が抑制された一八〇六―一二年に繊維工業とりわけ綿工業の創業ブームが起こった。しかし、ナポレオンが強制した措置から最も直接に利益を得たのはザクセンの綿工業であり、その企業家達はイギリス綿工業の外圧が弱まり、次いで消滅した一八〇八―一三年に機械化への投資を行い、輸出を拡大して、ライン連邦におけるフランス工業の第一の競争者となったのである。

第四節　統一計画の挫折とナポレオンの遺産

以上に述べたところから、「大陸体制」構想に集約されるナポレオンのヨーロッパ統一計画が、政治面でも経済面でも到底実現されるに至らなかったことが明らかになったと思う。このように計画が挫折した原因としては通例、ナポレオンの政策自体の覇権主義的もしくは「帝国主義的」性格と、これに対する支配下の諸国民の抵抗が挙げられるが、それに加えて、ナポレオンのヨーロッパ支配政策そのものがまぬがれなかった内部矛盾や不徹底さにも注目する必要があろう。

ヨーロッパ大陸全体からイギリス商品を排除するにとどまらず、さらに進んで大陸諸国をフランスに経済的に従属させようとするナポレオンの政策が、その目的を達し得なかったことはいうまでもない。その理由は簡単ではないが、根本的な原因はフランスの経済的実力がナポレオンの壮大な計画にふさわしいものでなかったことに求められよう。フランス帝国はベルギーやドイツのライン左岸の工業地域を新たに含むことになったが、それでもなお大陸諸国がそれまでイギリスから輸入していた工業製品のすべてを供給することは到底できなかった。またフランスは、一八世紀におけるように西インド植民地物産の供給国の役割を果たすこともできなかった。他方でフランス帝国は、大陸諸国とりわけ北・東ヨーロッパの国々が平和時にイギリスに販売していた穀物と木材、鉄などの船舶資材を吸収することもできなかった。そのため必然的にイギリスとの非合法貿易が拡大したが、それを阻止することは、コントロールするべき大陸の規模からして不可能であったのである。

フランス工業の利益を最優先させるナポレオンの経済政策は、従属諸国においてさえ十分な成功を収めることはできなかったが、重要なことは、大陸封鎖の実施とともに頂点に達したフランスの経済的エゴイズムあるいは「経済的帝国主義」が、従属・同盟諸国との関係を緊張させ、「大陸体制」そのものの内的矛盾を激化させたことである。実際、ウルフが指摘しているように、大陸封鎖の実施とともにナポレオンの政策の中で経済的目的がますます支配的役割を演じるようになり、封鎖の拡大強化＝非合法貿易の阻止を目的として、一八〇七―一一年には相次ぐ領土併合が強行され、また軍事的手段による支配圏の拡大が追求されていった。それはまた、フランスの統治・行政モデルを支配地の住民に受け入れさせようとする努力とも矛盾するものであったのである。[69]

そもそもナポレオンが、ヨーロッパ大陸全体の「政治的組織化」や「経済統合」をどこまで真剣に考えていたかは疑問としなければならないが、それにもかかわらずナポレオンの現実の政策が「ヨーロッパ統合」の歴史に残したものを無視することはできない。デュフレスによれば、ナポレオンの政策は「フランス帝国」を超えてヨーロッパ諸国間に経済的連帯性が存在するという意識を否応なしに生み出した。大陸封鎖という共通の法に服した経験に加えて、大陸の様々な部分の間の経済交流、とりわけ物資の動きが活発化したことが、そうした連帯意識を強めたというのである。[70]

ジュールダンがいうように、ナポレオンはヨーロッパの政治的統一を推し進めたとは言い難いとするならば、「統一ヨーロッパ」の形成に対する彼の貢献は、民法典やフランス・モデルの憲法や行政・司法・財政制度などの「輸出」を通じて、支配下の国々の法や制度の近代化と画一化を推し進めた点に求められなければなるまい。この点においてナポレオンがどの程度の成功を収めたかは、地域差が大きく、一律には決め難いが、近年の諸研究はフランスに併合された地域と多くの従属諸国について、ナポレオンの「遺産」の重要性を強調している。[71]即ち、フランスの支配に服したところでは、一八一五年に復位した君主達は通例、ナポレオン期に導入された集権的で画一的な統治・行政機構を実質的に維持したのである。さらにナポレオンの大陸支配が、プロイセンやオーストリアにおける近代化改革に強い刺激を与えたことは周知の通りである。こうしてウルフがいうように、「ナポレオンのヨーロッパ征服は王政復古の間ヨーロッパの様々な国における政治行動に異常な、恐らく前例のない統一性を押しつけることになった。[72]」

ところで今日、基本的人権の尊重と民主主義的な政治制度とは、「ヨーロッパ共通の価値」として「ヨーロッパ連合」への加盟の要件の一つとされている。[73]ナポレオンは支配下の国々の幾つかにフランス・モデルの憲法や民法典を押しつけ、また他の国々におけるその自主的な制定への動きを加速させたが、それらの憲法と民法典は法の前での平等や人身の自由、所有権の安全などの基本的市民権を保障し、国民代表機関の設置を定めるものであった。もちろん現在の目から見ると、そこには理論的にも不備な点があり、とりわけ諸権利の実質的保障の点では決定的ともいえる限界が存在した。とはいえ、フランス革命の直接の成果である近代的な諸原理や諸制度をヨーロッパの一大部分に普及させるのに貢献したという点に、ナポレオンの事業が「ヨーロッパ統合」の歴史の上にもつ最大の意義を認めうるのではなかろうか。

注

（1）N.Petiteau, *Napoléon, de la mythologie à l'histoire*, Paris, 1999, pp.267-274.

（2）Emmanuel de Las Cases, *Mémorial de Sainte-Hélène*, 2vol., Paris, 1968, t.II, pp.1130-1131, 一八一六年八月二四日の項。同様の主張は、一八一六年一一月一一日の項（*ibid.*, p.1462）にも見出される。

（3）G.Lefebvre, *Napoléon*, Paris, 1936, 4me éd., 1953, p.478.

（4）この後二〇世紀ヨーロッパの先駆者ナポレオンというイメージは、第二次大戦後の「ヨーロッパ経済共同体」形成時に公刊された著作の中にも滅多に現れない。Petiteau, *op.cit.*, p.272.

（5）たとえば革命史家J・ゴデショは次のようにいう。「ナポレオンは一時自らをシャルルマーニュの後継者とみなしたかもしれないが、この考えはまもなく放棄された。ナポレオンは一八〇七年以降、オーストリアとロシアを『大陸体制』に参加させ、かくしてヨーロッパ全体を支配しようとするのであり、シャルルマーニュの計画をはるかに乗り越えるのである。実際ナポレオンの野心は際限のないものであり、その対外政策は彼自身の野心以外の基礎も原則ももたなかったのである」。J. Godechot, *L'Europe et l'Amérique à l'époque napoléonienne*, Paris, 1967, pp.206-207. またS・ウルフも、「今日、ボナパルトが、フランスの支配についてであれ、ヨーロッパの問題処理についてであれ、最初から単一の計画を心に抱いていたと主張する歴史家はほとんどいないであろう」という。S.Woolf, *Napoleon's Integration of Europe*, London, 1991, p.20.

（6）R.Dufraisse, "Régime douanier, Blocus, Système continental", *Revue d'histoire économique et sociale*, t.44, 1966, pp.535-537. ナポレオン自身帝政下で、その複合的ヨーロッパ政策を定義するために「大陸体制」という言葉を用いている。do., *Napoléon*, Paris, 1987, p.61.

（7）吉田静一『フランス重商主義論』未来社、一九六二年、一一五―一一七頁、同「ナポレオン大陸体制」『岩波講座世界歴史』一八、一九七〇年、所収、一九二―一九三頁。

（8）Lefebvre, *op.cit.*, pp.427-430.

（9）以上の経過については、Dufraisse, *Napoléon*, pp.62-85: A.Soboul, *Le premier empire*, Paris, 1973, pp.55-67; J.-O.Boudon, *Histoire du Consulat et de l'Empire, 1799-1815*, Paris, 2000, pp.283-288、本池立『ナポレオン―革命と戦争―』世界書院、一九九二年、四五―一四四頁、などを参照。

（10）Lefebvre, *op.cit.*, pp.427-429.

（11）*ibid.*, p.470. なお、「ナポレオン改革」についての簡にして要を得た概観として、吉田・前掲論文「ナポレオン大陸体制」、二〇九―二一三頁、がある。

（12）以下、封建制の廃止については、cf. Soboul, *op.cit.*, pp.72-73 ; J.Tulard, *Le Grand Empire*, Paris, 1982, pp.114-135.

（13）国有財産売却＝土地再分配については、Soboul, *op.cit.*, pp.73-74; Woolf, *op.cit.*, pp.199-205; do., "L'impact de l'occupation française sur l'économie italienne (1796-1815)", *Revue Économique*, Vol.40, numéro spécial, 1989, pp.1106-1107; C.Dipper, "Vente des biens nationaux et développement du capitalisme en Allemagne", in G.Gayot et J.-P.Hirsch, éd., *La Révolution française et le développement du capitalisme*, *Revue du Nord*, numéro 5 spécial, 1989, Lille, pp.321-332; 石坂昭雄「ベルギーの『市民革命』と『産業革命』」岡田与好編『近代革命の研究』下巻、東京大学出版会、一九七三年、所収、二一一頁、参照。

(14) 民法典の輸出については、Woolf, *Napoleon's Integration*, pp.106-107; Soboul, *op.cit.*, pp.71-72; Tulard, *op.cit.*, pp.200-203; A.Jourdan, *L'empire de Napoléon*, Paris, 2000, p.234；本池・前掲書、一四〇―一四一頁、参照。

(15) たとえばワルシャワ大公国では、戸籍は世俗化されず、教会は結婚に関する管轄権を保持した。cf. Tulard, *op.cit.*, p.202.

(16) 憲法の採用については、Woolf, *Napoleon's Integration*, p.126; Boudon, *op.cit.*, pp. 292-294.

(17) Soboul, *op.cit.*, pp.69-71 ; Godechot, *op.cit.*, pp.215-216.

(18) Woolf, *Napoleon's Integration*, pp.104-106.

(19) *ibid.*, p.106；ウルフ（鈴木邦夫訳）『イタリア史　1780-1860』法政大学出版局、二〇〇一年、三七八―三七九頁。

(20) Woolf, *Napoleon's Integration.*, pp.104-106, 116, 126-128, 239-243.

(21) G.Ellis, "The Nature of Napoleonic Imperialism", in Ph. G. Dwyer, ed., *Napoleon and Europe*, Harlow, 2001, pp.101-104 ; do., *The Napoleonic Empire*, 2nd ed., Basingstoke, 2003, pp.92-101.

(22) Ellis, "The Nature", p.110.

(23) do., *Napoleon*, London-New York, 1997, pp.101-104, 136-139 ; do., *Napoleonic Empire*, pp.102-105.

(24) Woolf, *Napoleon's Integration*, pp.127-128 ; M.Broers, *Europe under Napoleon, 1799-1815*, London- New York, 1996, pp.69, 264-268.

(25) Broers, *op.cit.*, p.202 ; Soboul, *op.cit.*, p.70.

(26) ベルク大公国とヴェストファーレン王国については、H.Berding, "Westphalie", in Tulard,dir., *Dictionnaire Napoléon*, 2vol.,2me éd., Paris, 1999, t.II, pp.968-970 ; J.-O.Boudon, "L'exportation du modèle français dans l'Allemagne napoléonienne: l'exemple de la Westphalie", in J.-C.Martin, dir., *Napoléon et l'Europe, Colloque de la Roche-sur-Yon*, Rennes, 2002, pp.93-98, 107-111 ; Tulard, *Grand Empire*, pp. 120-127 ; 岡本明「ナポレオン支配期ベルク大公国官僚群の危機意識」山代宏道編『危機をめぐる歴史学』刀水書房、二〇〇二年、所収、八一―一〇〇頁、同「ナポレオン支配下のヴェストファーレン王国」服部春彦・谷川稔編『フランス史からの問い』山川出版社、二〇〇〇年、所収、一九九―二一一頁、園屋心

和「ヴェストファーレン王国（一八〇七―一三年）と西南ドイツ諸国」『史林』八三-五、二〇〇〇年、一二二―一三一頁、参照。

（27）園屋・前掲論文、一一〇―一一八頁、谷口健治『バイエルン王国の誕生――ドイツにおける近代国家の形成』山川出版社、二〇〇三年、一三七―一四〇頁。

（28）P.-L. Weinacht, "Les États de la Confédération du Rhin face au Code Napoléon", in Martin, dir., *op.cit.*, p.98；園屋・前掲論文、一一九―一二二頁。

（29）ウルフ『イタリア史』、三六〇―三八三頁の他、Soboul, *op.cit.*, p.69；S.Woolf, "Napoléon et Italie", in Martin, dir., *op.cit.*, pp.120-124.

（30）M.Meriggi, "State and Society in Post-Napoleonic Italy", in D.Laven and L. Riall, eds., *Napoleon's Legacy. Problems of Government in Restoration Europe*, Oxford-New York, 2000, pp.51-52. ほかに、Woolf, *Napoleon's Integration*, p.243; ウルフ『イタリア史』、四一七―四三一頁をも参照。

（31）Soboul, *op.cit.*, p.70；Tulard, *Grand Empire*, p.135；A.Nieuwazny, "The Polish Kingdom (1815-1830): Continuity or Change?", in Laven and Riall, eds., *op.cit.*, pp.117-121.

（32）Ch.Esdaile, "Enlightened Absolutism versus Theocracy in the Spanish Restoration,1814-50, in Laven and Riall, eds., *op.cit.*, pp.66-69.

（33）Jourdan, *L'empire*, pp.113-125; do., "Napoléon et la paix universelle. Utopie et réalité", in Martin, dir., *op.cit.*, pp.55-69.

（34）Jourdan, *L'empire*, p.120; do., "Napoléon", pp.60-61. 一八〇七年の演説は、Boudon, "L'exportation du modèle", p.103に引用。

（35）Jourdan, *L'empire*, p.124; do., "Napoléon", p.63.

（36）Jourdan, *L'empire*, p.125; do., "Napoléon", pp.63-64.

（37）Dufraisse, *Napoléon*, p.93.

（38）大陸封鎖を頂点とするナポレオンの経済政策については、E.Tarlé, "Union économique du continent européen sous Napoléon", *Revue Historique*, t.166, 1931, pp.239-255の他、R.Dufraisse, "Blocus continental", in J.Tulard, dir., *Dictionnaire Napoléon*, t.I, pp.231-251；吉田・前掲書、第三章、参照。

(39) Dufraisse, "Blocus continental", pp.231-232; 拙稿「総裁政府期フランスにおける貿易拡大政策の方向転換」『京都橘女子大学研究紀要』二九、二〇〇二年、五五—七九頁。

(40) Dufraisse, "Blocus continental", p.233.

(41) Tarlé, op.cit., p.244 ; E.F.Heckscher, *The Continental System*, Oxford, 1922, pp.84-85; G. Ellis, *Napoleon's Continental Blockade : The Case of Alsace*, Oxford, 1981, p.115 ; Dufraisse, *Napoléon*, pp.62-64.

(42) Dufraisse, "Blocus continental", p.235.

(43) ibid., pp.234-236.

(44) Fr.Crouzet, "Le système continental et ses conséquences", in J.Mistler, dir., *Napoléon et Empire*, 2vol., Paris, 1968, t.II, pp.97-98.

(45) ibid., pp.133-134.

(46) ibid., pp.134-135.

(47) ibid., p.135. 以上、大陸封鎖の実施状況についてより詳しくは、Fr.Crouzet, *L'économie britannique et le Blocus continental*, 2vol.,Paris,1958, 特にt.II, pp. 854-855参照。ところで、クルーゼが時期を限ってにせよ、大陸封鎖がともかくも効果を発揮した事実を認めているのに対して、マルザガッリの最近の研究は、大陸封鎖期における中立国貿易の本質的役割と、フランス貿易商人による非合法貿易の盛行を強調しつつ、封鎖の実質的効果を根本的に疑問視している。cf.S.Marzagalli, *Les boulevards de la fraude. Le négoce maritime et le Blocus continental, 1806-1813*, Paris, 1999, pp.263-267.

(48) R.Dufraisse, "L'intégration hégémoniale de l'Europe sous Napoléon", *Revue de l'Institut Napoléon*, no.142,1984, p.36.「大帝国」の総人口については、R.Dufraisse et M.Kerautret, *La France napoléonienne. Aspects extérieurs, 1799-1815*, Paris, 1999, p.205による。

(49) Dufraisse, "L'intégration hégémoniale", pp.33-34.

(50) ibid., p.25.

(51) ibid., p.37.

(52) ibid., p.23. より詳しくは、cf. I.Laboulais-Lesage, *Lectures et pratiques de l'espace : l'itinéraire de Coquebert de Montbret,*

savant et grand commis d'État （1755-1831）, Paris,1999, pp.361-365,373-381.

（53）関税同盟の提案はコクベール以外にも、アリエ県統合税局長J・B・デュボワ（一八〇六年）、外相シャンパニー（一八〇七年）、ナポレオンの顧問官の一人カティノー＝ラローシュ（一八一一年）によってなされていた。Dufraisse, "L'intégration", pp. 22-23 ; Laboulais-Lesage, *op.cit.*, p.379.

（54）Fr.Crouzet, "Wars, Blockade,and Economic Change in Europe, 1792—1815", *Journal of Economic History*, Vol.24/4,1964, pp. 574-580.

（55）J.Dhondt, "L'industrie cotonnière gantoise à l'époque française", *Revue d'histoire moderne et contemporaine*, t.II, 1955, pp.234-235,240,246-247,258,273;　石坂昭雄・前掲論文、二二一―二二五頁、同「ヴェルヴィエ毛織物工業の展開」『ドイツ資本主義の史的構造』松田智雄教授還暦記念I、有斐閣、一九七二年、所収、九八―一〇一頁。

（56）以上、ライン左岸地方の工業発展については、Dufraisse, "Les départements réunis de la rive gauche du Rhin(1797-1814)", in *Les pays sous domination française*, Paris, 1968, pp.45-47,54-56による。

（57）Woolf, "L'impact", p.1114.

（58）E.Tarlé, *Le blocus continental et le royaume d'Italie. La situation économique de l'Italie sous Napoléon 1er d'après des documents inédits*, Paris, 1931, pp.249-370.

（59）このイタリア王国向け輸出増加については、拙著『フランス近代貿易の生成と展開』ミネルヴァ書房、一九九二年、一三二頁、表3―11、参照。

（60）Tarlé, *Le blocus continental*, pp.27,208-210.

（61）Woolf, "L'impact", pp.1109-1116; Dufraisse, "L'intégration", p.31. しかし一八一〇年一〇月、ミュラーが遂にナポレオンの圧力に屈してフランス以外からのすべての織物の輸入を禁止すると、フランスのナポリ向け綿織物と毛織物の輸出は激増を示した。

（62）Woolf, "L'impact", p.1116. なお、ナポレオンの支配下のイタリア繊維諸工業の動向については、P.Villani, "Quelques aspects de la vie économique italienne à l'époque napoléonienne", *Annales historiques de la Révolution française*, no. 230, 1977, pp.600-617をも参照。

(63) Woolf, "L'impact", p.1115.

(64) 以上、イタリア王国の相手地域別商品輸出入額については、Tarlé, *Le blocus continental*, pp.92, 94, 101-102, 107-108, 112, 249-250, 277-279, 299-302, 348, 355-356参照。

(65) R.Dufraisse, "L'influence de la politique économique napoléonienne sur l'économie des Etats du Rheinbund", in do., *L'Allemagne à l'époque napoléonienne. Questions d'histoire politique,économique et sociale*, Bonn, 1992, pp.272-272 et p.288, Tableau 1.

(66) ibid., pp.274-276.

(67) ibid., pp.276-277.

(68) ibid., pp.284-286. ザクセンの綿工業については、大島隆雄「ドイツにおける資本主義の勃興」『岩波講座世界歴史』一九、一九七一年、所収、三五一—三五四頁をも参照。

(69) Woolf, *Napoleon's Integration*, pp.28-30, 133-134.

(70) デュフレスは、ナポレオンの政策が深い痕跡を残した三つの領域として、ヨーロッパ人の経済的連帯感の強化のほかに、道路と河川交通のインフラストラクチャーの創出がその後多くの国の経済発展を促進したこと、および「ただ一つの強国の利益のために経済連合を試みてはならない」という未来への教訓を残したことを挙げている。Dufraisse, "L'intégration", pp.39-41.

(71) 前掲、Laven and Riall, eds., *Napoleon's Legacy* 所収の諸論文、特にLaven and Riall, "Restoration Government and the Legacy of Napoleon", in *ibid.*, pp.1-26参照。

(72) Woolf, *Napoleon's Integration*, pp.240, 243.

(73) この問題については、上原良子「ヨーロッパ統合支持派は統合に何を見たのか?」『創文』四四九、二〇〇二年、一六—一七頁を参照。

第3部

ヨーロッパ統合の起点

第5章

西ドイツ成立への道
――アメリカの対ドイツ占領政策に沿って

紀平英作

はじめに

第二次世界大戦後のヨーロッパ統合運動が、序論にも述べたとおりシューマン・プラン（一九五〇年発表、五二年発足）を起点として一九五八年一月のヨーロッパ経済共同体（European Economic Community、ＥＥＣ）、さらにはヨーロッパ共同体（European Community、ＥＣ、一九六七年設立）の形成へと、フランスと西ドイツとの協力を主軸とした動きであったことは、重ねて強調するまでもない事実であろう。その重要性とともに、新しさのゆえに仏独枢軸とも呼ばれる関係である。実際、一七世紀、主権国家体制としてのヨーロッパ国家系（European State System）が成立して以後の近代ヨーロッパの歴史を通して、仏独がこのような協力関係をはぐくんだ時代は前例がなかった。とくにフランス革命後のナポレオンによる大陸占領以後は、プロイセンの強大化とともに仏独は鋭角的対立の道をたどり、普仏戦争、そして第一次世界大戦、さらには第二次大戦という破壊的抗争へと突き進んだ。第一次大戦後の一九二〇年代半ばからフランス外相アリスティド・ブリアン（Aristide Briand）はヨーロッパ協調を提唱し、またドイツのグスタフ・シュトレーゼマン（Gustav Stressman）もそれに呼応して対仏協調外交を展開したことはよく知られる。しかし、その両大戦間期にみられたブリアンらによる「ヨーロッパ連合」の提案（二九年九月）も、各国主権の放棄を全く意図しなかった点で政治的協調の域を出ず、大恐慌の勃発と三〇年代ナチス・ドイツの台頭とともに思想の片隅に追いやられていった(1)。

以上の経緯を視野に仏独関係に焦点を絞れば、第二次大戦後の世界史において刮目すべき変化であったヨーロッパ統合の動きを論じる第一の作業は、この二国がいかにして接近し、協調関係を確立したのか、さらには部分的主権の放棄にまで議論を進めたのかという、大戦以後のダイナミズムと構造を叙述することであるといってよい。しかもその解明は、二国間関係をこえた国際的視野で、さらに両国の政治・経済・社会・文化動向をふまえた歴史総体の動きとして進められねばならないであろう。

筆者は最終目標としてそのような課題に挑もうとしているが、ここでは、右のような関心を視座においてすでによく知られた三点の事実を確認し、本章で問うべき当面の問題点を明示しておきたい。

戦後の仏独関係、またヨーロッパ統合の歴史を具体的進展に即して考えようとするとき、まず基本的に認識すべきは戦後のドイツの特異な状況であった。第二次世界大戦後、敗戦したドイツは、米英ソ仏、四連合国による直接占領体制（しかも分割占領）という厳しい監視下で自らの運命の多くを自国民の選択によって決定したわけではなかった。四八年、米英ソ仏、四占領国が自身のうちで対立関係を強めるという冷戦構造の登場とともに、ドイツは他律的に東西に分裂せざるをえなかった。一九四九年五月、ドイツ連邦共和国の建設（以下西ドイツ）、そして一〇月、ドイツ民主共和国（東ドイツ）の建設がその結末である。先に述べた仏独枢軸とは、正確に記せばこの四五年以降の連合国占領体制と冷戦的国際関係の登場で生み出された西ドイツという、きわめて特異な旧ドイツの西半分国家とフランスとの関係であった。以上の事実は、戦後ヨーロッパの動向を歴史的に考える際、やはり十分に注意してよい基本的事実にほかならない。

その問題に関連を持ついま一つの重要な論点として、次の事実をさしあたり剔出しておこう。手短に言えば第二次大戦終結後、フランスは当初、ドイツの統一を望んではいなかった。否、統一を望まなかったばかりか、四七年に具体的な構想として立ち現れた西ドイツという国家を受け入れることにたいしても、フランスは抵抗を示した。フランスと西ドイツの関係は、その始発時、戦勝国（占領国）対敗戦国（被占領国）という特異な関係に加えて、伝統的な国民国家的対抗関係を基礎的なところで孕んだ。

ただし、それにも拘わらずフランスは、四八年半ばまでには不承不承ながら西ドイツを受け入れたことは疑いない。だとすれば、フランスは強い不満をもちながらも、なぜ西ドイツを受け入れたのか。そして、そのような緊張関係を孕みつつ受け入れられた西ドイツとは、どのような国家であったか。本章が検討を試みようとする西ドイツ形成史の研究が重要な意味をもつ一点は、その成立過程に、戦後ヨーロッパ史の核心ともいうべき、仏独が曲がりなりにも協調していく関係が初期的に凝縮していた事実にある。

いま一つ、西ドイツの形成に最も大きな影響を及ぼした国家がアメリカ合衆国という、ヨーロッパ外の国家であった事実も改めて熟慮すべき重い意味をもとう。

ちなみにヨーロッパには既述のとおり一七世紀以来、ヨーロッパ国家系と呼ばれた独自の国際関係の枠組みが存在した。ヨーロッパが近世から近代に入る過程で作り上げた主権国家関係を律するダイナミズムとして、勢力均衡を基本原理とし、国家間の同盟・対抗関係をヨーロッパ内部の問題として調整していく国際関係制御のシステムが、それであった。第二次世界大戦後のヨーロッパ政治に対するアメリカの介入は、実はその三世紀に及んで自立的であったヨーロッパ国家系の歴史的、最終的崩壊を意味した。さしあたりそのように考えれば、アメリカが第二次大戦後ヨーロッパ国際関係、さらには世界秩序の形成に強力なヨーロッパ外国家として参加した軌跡は、一七世紀以来の世界史構造とは決定的に異なる新しい世界構造への転換過程として、戦後のヨーロッパのあり方、とくにヨーロッパ統合の意義に結びつけて独自に分析されるべきものであった。

やや先走ることになるが、筆者はその構造をおおまかには次のように理解してみたい。第二次大戦後、一九五〇年代から始まるヨーロッパ統合の動きは、詰まるところ世界秩序におけるヨーロッパの経済的また政治的地位回復、復権の動きであった。アメリカは、その種の復興を目指す戦後ヨーロッパに積極的に関わりを持つことで、ヨーロッパ統合のあり方に大きな影響を与えた。かつてアメリカを圏外におくほど自立的であった近代ヨーロッパ国家システムは第二次大戦時点で完全に瓦解したが、それに代わってアメリカがヨーロッパの補助者として台頭したとき、そこには新しいアメリカ・西欧中軸的国際関係が成立していった。ヨーロッパ統合の動きは、その新しいアメリカ・西欧中心の国際関係構造のもとで、アメリカが新たなパートナーシップを西欧との間に築こうとする動きと重なりつつ力を強めた。われわれが二〇世紀後半に登場する新しい帝国アメリカの存在、さらにはそれが世界史に及ぼした役割を重要と見做す大きな理由の一つは、アメリカと西欧が結びついたその新しい関係が、戦後の世界史、また世界秩序の形成に決定的に大きな影響力を及ぼす主体であったと考えるからである。

ただし、アメリカのそうしたヘゲモニーの確保と、その枠内にあった第二次大戦後の西ヨーロッパの動きは、実のところヨーロッパ統合のあり方をめぐって複雑な思惑の相違を基底部分で含んでおり、その意味では戦後ヨーロッパ統合とアメリカとの関係は共生しながら、同時に鋭い対立と矛盾を孕みつつ展開したといってよかった。[2] 議論をあえて先取りすれば、戦後ヨーロッパ統合の展開は、アメリカへの依存とともに対抗という意味をも含んだ点が重要であり、その両面からしてアメリカの関与の軌跡を明らかにすることは戦後世界史の基礎構造を理解するうえで核心的な課題であろう。

本章はとりわけ戦後ヨーロッパ統合の起点となる西ドイツ成立の過程を明らかにしていくことを課題とし、そのための基礎作業として、アメリカの第二次世界大戦期から四七年までの対ドイツ認識さらには対ドイツ占領政策の転換過程を、対ヨーロッパ政策全体の構造の中で追おうとするものである。その間のアメリカの介入の軌跡を詳らかにすることを通して、大戦直後から五〇年代前半にむけて、激しい対立関係を払拭していくことになるドイツ（わけても西ドイツ）とフランスを包んだ新たな国際関係の基礎構造が明らかになるであろう。さらにはその過程で、いずれヨーロッパ統合の主役となるフランスおよびドイツと、アメリカとの関係のあり方にも若干の光を当てることができるであろう。[3] その一連の過程の解明を本章の課題としたい。

第一節　第二次世界大戦中のアメリカによる戦後ドイツ構想

ひとまず第二次大戦中におけるアメリカの戦後世界構想から論を始めていきたい。

一九四一年一二月、日本の真珠湾攻撃によって大戦に参戦したアメリカ政府は、その実、参戦前の時期から戦後世界のあり方について検討に入っていた。時期的には、ヒトラーのポーランド侵攻によってヨーロッパで大戦が始まった一九三九年の後半からである。もっともその時から四一年までの議論は、将来ありうべき参戦を視野に入れて、アメリカの対外行動を正当化するための一般的議論という性格を強く持つものであり、実質的には参戦以後の議論が、問題を拡げ本格的な戦後世界構想の検討へとつながったことは間違いない。かってない厳しい戦争を戦い抜くことを決意し、膨大な戦時の経済社会動員を行うなかで、大戦期のアメリカの戦後構想が建国以来のアメリカ対外戦略の基本原理を大きく変える歴史的な性格を持つものとなっていったことは、今日、多くの研究者によって明らかとされつつある事実である[4]。以下では、そのような展望を前提として、この大戦期にアメリカ政府、特に国務省が検討を始めた戦後ドイツに対する構想を多面的に解明していく。

1　参戦前から始まったアメリカの「戦後構想」

フランクリン・ローズヴェルト政権のもとで、国務省が大戦以後の世界秩序のあり方を検討対象としたのは組織内部では四〇年の初めであった[5]。サムナー・ウェルズ（Summner Wells）国務次官を議長とし、国務省幹部一五名で構成された第一次諮問委員会と呼ばれる組織の設置が、それであった。ただし、この委員会は四〇年から四一年にかけて、アメリカの参戦の可能性を含めて多忙な対外交渉が国務省をおそったため、国務長官特別補佐官として戦後構想の作成の任を受けたレオ・パスボルスキー（Leo Pasvolsky）の活動をのぞいては、事実上、会合らしい会をもつことなく、十分な機能を果たさなかった。四〇年半ばからは活動を休止したと言われる。ただ、省としてのまとまった活動は休止したが、四一年二月、コーデル・ハル（Cordell Hull）は、パスボルスキーを長として国務省内に、講和と戦後世界のあり方に対する特別調査部を内々設置した。中期的にみれば、そのパスボルスキーのグループこそが、参戦後、国際連合構想の立案に深く携わるなど国務省内の戦後構想立案に長く関わる重要機関へと成長していった。

こうして、国務省は、四〇年から四一年末までに限れば、表だって戦後構想を立案する省としての体制を整備するまでにはいたらなかったが、ただその時期にもかねてから関係を持ったニューヨークに本拠をおく民間外交専門機関、外交関係協議会（Council on Foreign Relations）との接触を通して、戦後構想の議論に広いネットワークを保った。注目すべきは、そのネットワークのもとで参戦前から積極的であった外交関係協議会（以下、協議会と略記）の活動である。簡単にふれておこう。

外交関係協議会とは、両大戦間期、ほとんどのアメリカ人がその全体像を知ることのない高度のエリート組織であったが、実のところ、一九二二年に創刊された外交専門季刊誌『フォーリン・アフェアーズ』の編集母胎というだけの存在ではなかった。その理事会は、国際的ビジネスに関わる経済界・金融界、さらには学界に幅広い人的結びつきを持ち、幾人かの系列人材を国務省などの政府官僚機構に供給する重要な役割を担った。事実、三〇年代後半から四〇年代はじめの時期、協議会の思想的立場は、アメリカの対外戦略・影響力を大幅に拡大しようとする、いわゆる「国際主義的立場」を鮮明にしたものであった。金融界出身のノーマン・ディヴィス（Norman Davis）を総裁とし、アイザック・ボーマン（Isaiah Borman　ジョンズ・ホプキンズ大学学長）、またジェームズ・ショートウェル（James Shortwell　コロンビア大学教授、歴史学）といった、二〇世紀を「アメリカの世紀」と意識し始め、アメリカの世界的指導権を可能な限り強調しようとする外交問題専門家あるいは有力理論家たちがこの団体を担ったことは、まず確認してよい点であろう。ついでながら彼らの認識の基礎には、第一次大戦後、アメリカが孤立主義政策に回帰し、国際連盟に不参加となったことに対する反省、ひいては一九三〇年代中頃までの中立政策への厳しい批判があった。[6]

一九三九年九月、ヨーロッパで戦争が勃発したことを受けて、この戦争をどのように位置づけ、また戦後をいかに考えるかという関心を中心として、協議会が議論や情報を国務省に提供するべく申し出、そのための組織的関係を提案していった。とくに四〇年二月から協議会のイニシアティブで組織され、国務省との協力を前提に活動を開始した「戦争と平和の研究」委員会が、そのための組織であった。委員会内には、戦後の世界経済組織のあり方を検討するグループ、領土問題に関わるグループ、国際組織のあり方を考案するグループ、さらにはアメリカの安全保障体制、とくに国防を検討するグループなどが、専門集団として設置され、彼らの議論が国務省に組織的に提供されていったことが知られる。[7] たとえば四〇年の三月には「グリーンランドの重要性」と題した報告書がこの委員会でまとめられ、国務省に伝えられた。合衆国の安全保障のためには、グリーンランドに軍事基地を借用することが望ましいとして、従来の、西大西洋からカリブ海までを合衆国の制海権とする認識を破り、北大西洋上に独自の軍事的拠点を持つ必要を論じたこの文書は、その後、国務省また陸軍省の戦後構想にも大きな影響を与えた。

ただしそれらを下敷きとしたうえでやはり、四一年一二月、アメリカが参戦したことは、外交関係協議会また国務省内で内々考えられた戦後に関わる議論にとって決定的な転機となった。もはや一般的議論ではありえない戦後の問題が、戦時下における外交交渉そのものにも深い関わりをもつ具体的課題として、国務省、さらには財務省、陸軍省を巻きこんで、時の経過とともに大きな関心事となっていったからである。

その文脈で国務省が、四一年二月から活動した特別調査部を改組し、政治調査部と経済調査部に分離して戦後構想作成機能を強化したのは、参戦から一年強がたった四三年一月であった。四三年から戦争は連合国側の明確な有利に傾斜し、年の終わりには米英ソ三国外相による外相会談（一〇月）、またテヘランでの戦時下における初めての三国首脳会談（一一月）が予定されたが、国務省の戦後構想検討の拡大はその戦況の変化に決定的に促されたものであった。国務長官ハルの督励のもと、一方に国際連合構想、他方においてブレトンウッズ協定案に集約される戦後世界経済組織構想が、パスボルスキーや国務次官エドワード・ステテニアスらのリードで四三年中に概要が作成され、イギリスさらにはソ連との検討の場に出されていった。

しかし、その間アメリカ政府が検討を開始した構想が、右のごとき戦後世界を包括的に覆う世界組織構想だけに留まらなかったことはまず注意しておこう。参戦前の外交関係評議会が四〇年二月時点で各種の専門チームを設置していたように、参戦後アメリカ政府が戦後への考察対象とした問題群には、多くの複雑な個別問題が含まれた。大別すると、打倒を目指すドイツおよび日本を中心とした、ヨーロッパならびに東アジアにおける各国の領土と政治社会組織の問題が一つであった。そしていま一つは、アメリカ自身の戦後の安全保障を目指す、海外基地の配置を含めた世界的軍事配置あるいは同盟の問題であった。

対独講和および対日講和の問題は、四三年から四四年の時点では、右の分類で言えば前者のヨーロッパおよびアジアにおける各国の領土および政治社会組織の問題とともに論じられていたようにみえる。アメリカ政府、とくに国務省官僚が、ドイツおよび日本を改革の必要な単独の敵国としてのみ見るのではなく、地域の枠でドイツおよび日本の戦後をいかに位置づけるかという、地政的視野をもつ問題として捉えていたことは、さしあたりドイツ問題の検討の枠で鮮明に現れてくる議論の立て方として注目してよい点である。その地政的問題の立て方は、彼らの戦後に対する見方が、ヨーロッパと東アジアをアメリカにとってそれぞれ重視する地域として捉え、国境にとらわれない地域への配慮あるいは展望を含んでいたという意味でアメリカ外交の性格をこの時期から刷新しつつあった。国務省の機構自体が、大戦末の四四年から、ヨーロッパ局と東アジア局の組織を大幅に拡大して地域への関心を明示していた。

ともあれドイツに対する戦後構想は、以上の流れでみれば、ヨーロッパ各国の領土と政治社会組織の問題という枠で四三年初めから本格的に検討が始まった問題であった。そして彼らの議論は、四三年の秋には一つの構造を持つ具体的構想までに至った。以下、その内容を二つの史料に沿って検討してみたい。

2　アメリカ国務省は統一ドイツの保持を、軍部は分割占領を想定

左記に検討する史料は、一九四三年九月二三日付けで国務省「部局間ドイツ委員会」（以下、「ドイツ委員会」と略記）が作成した「ドイツの政治的再編」、および「ドイツ――経済的問題」と表題された二つの文書である。文書に関する基本情報は次の通りである。(8)「ドイツの政治的再編」。原題 "The Political Reorganization of Germany," CAC-13（文書番号）、Sept. 23, 1943, RG59 Notter Files, Box 117, DSAC（アメリカ合衆国国立公文書館所蔵国務省文書）、文書の頁数五頁。「ドイツ――経済的問題」。原題 "Germany: Economic Problems," CAC-14（文書番号）、Sept. 23, 1943,以下同上、文書の頁数四頁。

この二つの文書は、「ドイツ委員会」が同日付けで作成したものであり、内容的にも前者が政治組織、そして後者がドイツ経済のあり方を論じたものとして対となる性格のものであった。あらかじめ「ドイツ委員会」が国務省内に持った位置について略記しておこう。このドイツ問題を専門とする国務省中級幹部官僚が構成した委員会は、ハーリー・ノッターの後年の説明によれば、アメリカ軍が北アフリカからイタリアに進軍を開始した四三年七月、長官ハルの指示によって国務省内に急ぎ新設された各地域の占領問題、さらには戦後構想の検討を行うべく設置された九つの「部局間地域委員会」（Interdivisional Country and Area Committee、略称ＣＡＣ）の一つであった。連合国の攻撃が本格化し、イタリア占領が間近となりつつあった当時の軍事状況を反映して、最初に設置されたのが「バルカン・ダニューブ諸国委員会」であった。

その後、立て続けに「ギリシャ・トルコ委員会」（のちにトルコ委員会が分離）、「ロシアおよびポーランド委員会」が設置された後、「ドイツ委員会」は四三年九月に公式に設置された。参加したのは、従来からドイツ問題担当の

中心機関であったヨーロッパ部（Division of European Affairs）の中央ヨーロッパ課（ちなみに、この組織は四四年にはヨーロッパ部がヨーロッパ局に、中央ヨーロッパ課が中央ヨーロッパ部に昇格した）の官僚のほか、戦後構想のためにさきに設置された国務省政治調査部および経済調査部の官僚たちであった。議長は中央ヨーロッパ課のデイヴィッド・ハリス（David Hariss）が務め、ヨーロッパ部からはほかに、ロシア問題の専門家であり、のちにヤルタ会談でローズヴェルトとスターリンとの個人的会談にも通訳として同席したチャールズ・E・ボーレン（Charles E. Bohlen）などが加わった。「部局間地域委員会」のなかでも最も重要な委員会であったことは、その構成からして間違いないであろう。(9)

検討しようとする九月二三日の二文書は、委員会設置から間もない時期に作られたものであったが、内容はすこぶる明快で、また包括的であった。その明快さは、四二年から始まった国務省内におけるドイツ問題に対する検討がすでに四三年九月には相当の蓄積を持った事実を明示する。またさらにいえば、ハルの指示があったとはいえドイツ委員会がある種の政策提言を設置直後の時期にまとめた背景には、国務省の立場からして、差し迫った軍事的・政治的状況があったことも関係していた。

急迫する事情とは、よく一〇月から一一月に予定された国務長官ハルのモスクワ訪問、米英ソ外相会談、それにつづいて開かれるテヘランでの三首脳会談、いわゆるテヘラン会談の開催日程であった。外相および三首脳の討議は、主に軍事状況に関わることが予定されたが、他方で、戦後ドイツにたいする三国政策担当者の最初の討論となることは避けがたかった。国務省官僚、とくにヨーロッパ部は、国務省内の意見集約を急いだばかりか、戦後ドイツ政策について国務省と異なる見解を持つことがすでに知られた大統領ローズヴェルトに対して彼らの立場を極力説明することを希望していた。ローズヴェルト、さらにはその側近であった財務長官ヘンリー・モーゲンソー（Henry Morgenthau）らは、戦後のドイツを三つないしはそれ以上の国家に分割するという厳しいドイツ処理をしばしば口にした。「ドイツ委員会」を構成した国務省中級幹部は、そのドイツ分割論に四二年から強い反対意見を抱いた。九月二三日の文書は、四三年後半、そのような迫りくる国際会議日程と政府内の意見対立のもとで国務長官ハル、さらには大統領ローズヴェルトへの提示を目指した、もっとも基本的な文書であった。

文書作成の背景をなす一連の政治状況には確認するべきこともさらに多いが、ここではいま一点、次の事実のみを検討しておきたい。

戦後ドイツの数カ国分割論に反対の姿勢をとった国務省にとって、四三年夏から秋にかけてローズヴェルトとその周辺がとる分割論は明らかに重要な懸念の対象であったが、それとは別に、いま一つ不安をかき立てる事態が生じていた。参戦が決定した段階から、戦後ドイツさらには日本に対して、何らかの軍事占領が行われることは広く認識された。しかし、軍事占領のあり方の問題は基本的に軍部、つまり陸軍省の管轄事項であったため、国務省内で占領体制の基本的軍事配置についてこの時期まで検討された形跡はなかった。歴史的に見てすこぶる興味深い事実であったが、ドイツを戦後、米英ソ三主要連合国が分割占領するという構想が初めて登場したのは、四三年の七月から八月であった。

提案者は、一九四三年一月カザブランカ会議においてローズヴェルトとチャーチルの合意のもとに、米英軍のフランス侵攻を計画・準備する軍組織として設置された連合国最高司令官付き参謀本部（Chief of Staff to the Supreme Allied Commander、以下連合軍参謀本部と略記）であった。この機関は、組織上は米英連合軍最高司令官ドワイト・アイゼンハワーの指揮下におかれたが、参謀長はイギリス軍のフレデリック・モーガン中将が指名された。設置から半年後の四三年七月、連合軍参謀本部は、米英首脳が会するケベック会議（四三年八月開催）への提出資料として、ドイツが突如敗戦する事態が起こった場合に備え、ドイツに対する占領体制案を軍事的観点から早急に作成すべき旨の指令を受けた。その司令のもとモーガンが、同会議に提出したドイツ軍事占領体制案に盛り込まれた構想が、ドイツを米英ソ三国軍によって分割するという分割占領構想であった。暗号名ランキンC（RANKIN（C））と指定されたその占領案は、軍事提案である性格上、占領地域の配分、またその境界線にも細かくふれた。ソ連軍がドイツ東部を占領することは地政的にみて当然とし、一方、ドイツ西部については、フランス侵攻後の米英連合軍の配置が北にイギリス軍、南にアメリカ軍が展開する予定であったことから、西ドイツの北の部分をイギリス占領地域と定め、南ドイツをアメリカ占領地域と指定した⑩。

このランキンC占領構想案が、その後四四年初めに設置された米英ソ専門委員会であったヨーロッパ諮問委員会（European Advisory Commission）、そしてヤルタ会談での三国首脳の合意を受けて、第二次大戦後のドイツ分割占領体制の基本構想へとつながったことは、その占領配置からして間違いない。その意味で、歴史的にみてもすこぶる重要な意義を持つ案であったが、さしあたりいまわれわれの文脈で興味深い点は、このランキンC構想の作成過程にアメリカ国務省が全く関与しなかった点であった。否、むしろ国務省はこのランキンC構想に対して、大げさにいえば狼狽するほどの不安を示した。以下にみる二つの文書は、その構想をあわただしく批判する意味をもこめて書かれた提言であった。

以上の諸事実を視野に入れて、四三年九月二三日の文書「ドイツの政治的再編」（以下、「政治的再編」と略記）、および「ドイツ——経済的問題」（以下、「経済的問題」と略記）をみてみたい。

二つの文書にはランキンC構想への強い不安が語られた。ドイツの分割にはあくまで反対と記す「政治的再編」の冒頭の文面を要約してみよう。本委員会は、ドイツの戦後の政治的再組織として「分割」を強制することには断じて反対である。ドイツは戦後もあくまで政治組織として一体の形で保持されるべきであり、将来のドイツの侵略行動を予防する手だては、一体であるこの国の軍事的および経済的非武装化を進めるとともに、基本的にはドイツを西欧に似た民主国家に改革することに求められるべきである。

委員会は基本構想としてそう主張した上で、続けた。「ドイツの「分割」をも視野に入れた連合国の分割占領は、〔ドイツ人の激しい反発を招くことによって〕占領に対しても、あるいは占領下の〔軍事的・経済的非武装化という基本的な〕施策の行政に対しても、全く益するものがないであろう。それどころか行政を複雑にし、さらにまた別個の占領地域を設定することによって、占領の性格、あるいは各地域の扱いについて、戦勝国間に対立を引き起こす可能性を含んでいる」（括弧内、筆者補注）。この文面からにじみ出るとおり、四三年九月、国務省「ドイツ委員会」がドイツの将来に関わってソ連の影響力拡大に強い不安を抱いていた事実は明らかであった。もし戦後、米英政府とソ連の間に不和が起こった場合、「ソヴェト政府はドイツ国内の共産党勢力を活用して、ドイツの国内状況を混乱させ、ひいては戦後のドイツをロシアの利益に活用する可能性を含んでいる」。「ドイツ委員会」が分割占領に強く反対した理由は、ソ連の影響力が分割占領によってもっとも拡大すると危惧するからであった。

文書は、その上で、ドイツの戦後に対してすこぶる穏和な方針を示すことをはばからなかった。米英政府は可能な限り早い時期に、自由で統一した民主的ドイツを支持する旨を明確にすべきである。戦後早期に、ドイツに対して経済回復を期待することを説明し、またドイツを可能な限り早く国際社会に迎い入れる旨を表明することが重要である。それらによってドイツに穏健な政治勢力が指導権を握るよう配慮することが、アメリカ政府の基本的な利益であろう。米英政府のそうした態度表明が遅れたり不十分であったとき、危惧されるのは、ソ連の支援を受けつつあたかも民主的な計画を支持するかのような運動が、ドイツにはびこり、最終的にドイツの民主的な運動を共産党が支配し、新しいドイツ政府がロシアの傀儡になるという危険である、と。

四三年九月というかなり早い時期から、戦後のヨーロッパの政治的、経済的再建を立案する国務省官僚に、ソ連に対する右のような反共を原理とした奥深い配慮があったことは、明記してよい事実であろう。ただし、われわれはその種のソ連に対する警戒が、大戦期から大戦後にかけての国務省官僚の中心的対ヨーロッパ政策であったと短絡することは、この時期における戦後構想のいま一つの重要な側面、さらには全体像を見落とすことにつながることから厳に慎みたい。ソ連への警戒は、戦前からの両国の関係、また体制の異なる国家に対する不安という観点では当然であった。むしろそのこと以上に問題は、彼らの対ドイツ構想がなぜ大戦中の時期においてさえ、かほどに穏和であったかである。

問題の本質は、国務省が、戦後のヨーロッパ政治と経済にドイツがなお圧倒的に重要な、基軸の役割を果たすと考えていた点にあった。その点で戦後のドイツ経済の再建を論じた文書「経済的問題」の議論は重要であった。文書は、この時期の国務省を特徴づけたより幅広い関心を次のように説示している。

戦後世界の安全を保障するためには、ドイツの非軍事化を計ることが第一の手段であるが、他方でいっそう重要な基盤となるのは、相互に開かれた自由な貿易を基礎とする世界経済の拡大である。ヨーロッパは戦前のごとき経済的ナショナリズムを放棄しなければならない。西ヨーロッパからイギリスそしてアメリカを結びつけた、いわば大西洋を中心とする自由な世界経済体制が戦後世界の安定を図る基軸的な経済構造として考えられるべきであり、戦後のアメリカの対ドイツ政策は、その基盤にドイツをいかに組み入れかという問題を要点とする。多くの輸出産業を持つドイツ経済の有力な潜在的工業力、さらには資源を国外に依存する構造は、世界経済の繁栄にとってドイツが欠かしえない存在である点を示すのであり、ドイツの政治的再建、ヨーロッパの貿易体制、さらには戦後ドイツが負うべき賠償等の負担の問題も、ドイツの経済的重要性を配慮する枠で考えられなければならない、と。

この文書「経済的問題」の議論は、四三年の時期、国務省と財務省が共同で用意しつつあった戦後世界秩序構想の基軸、ブレトンウッズ構想に基本的に立脚した内容であることは改めて言うまでもない。いな右のドイツ問題への考慮を加えてみたとき、アメリカの戦後構想にとってブレトンウッズ構想が、いかに大きな位置を占めるものであったかも改めて確認できるというべきであろう。とくに重要な点は、ブレトンウッズが単に世界の貿易自由化と通貨の安定を求めた一般的構想であっただけでなく、ヨーロッパ経済を大西洋経済体制に連結させるという地域的視野をいま一つの眼目としていた点であった。戦後、アメリカ経済が優位を誇る大西洋ドル基軸経済に中央ヨーロッパ・ドイツを組み入れることで、アメリカからイギリスそして中央ヨーロッパまでを結びつけた、いわば大西洋を基軸とする自由世界経済体制を創造していく展望、それこそは、国務省がこの大戦期に考え始めていた戦後世界の基本構想であった。その関心からみれば、戦後ドイツのあり様は分割もしくは分裂したものであってはならなかった。

右の議論を補う意味で最後に、国務省「ドイツ委員会」が、戦後ドイツの政治的再編に寄せた議論を整理しておこう。

「ドイツ委員会」は、戦後ドイツに西欧的民主主義が根づく条件には二点があると強調した。まず第一に敗戦後のドイツ国民にも相応の生活水準が確保されることであり、そのためにもドイツの経済回復が必要であると語った。そしていま一つが、ドイツに対する戦後講和があまりに厳しいものでないという要件であった。その二つの点でドイツの国家的分割は、いかなる形にせよ避けるべき悲劇であった。ドイツの非軍事化、またナチス指導者の責任が問われなければならない一方で、可能な限り早い時期に個人の市民的自由、および政治的自由を盛り込んだ人権保障の法制度をドイツに確立し、広く国民の声を吸い上げる民主的政体が確立されることが望ましかった。

文書がとくに一節をもうけて検討したのは、そうしたドイツ政治制度の非集中化の問題であった。戦後ドイツはナチス権力体制のごとき集権的国家であることを改め、プロイセンの解体を含めて、政治的非集中化、具体的には連邦制度化がはかられねばならない。警察力、徴税を中心とした財政構造、そして教育などの面での連邦化、地方自治体への権限委譲が重要である。しかし、文書は同時に次にようにも付け加えた。近代的経済と社会生活は政治と行政の集約化を歴史的に不可避の傾向としたため、中央政府の権限があまりに弱体であることは戦後のドイツの民主主義を機能不全に陥らせるであろう。とくに経済政策分野では連邦政府の十分な権限が保障されるべきである。ワイマール共和国が破綻しのは、ドイツ国民をもっとも苦しめた不況という問題を解決できなかったからであった、と。以上のワイマール共和国に対する評価には、ニューディールを経験したアメリカ国務省官僚の、経済組織、さらには経済政策の有効性に対する自信にみちた認識が現れていたといってよい。国務省は、そうした修正資本主義的経験を踏まえて戦後世界になにより経済の拡大を実現すること、それも、ドイツを含めた西ヨーロッパとアメリカをリンクした大西洋規模の経済的安定を多角的自由貿易体制の枠で展望することが、戦後構造の基軸であると捉えていた。

3　ドイツ分割に反対しつづけた国務省

とはいえ、上記二つの文章は、第二次大戦終結の二年近く前に書かれたものであったことから、戦後ドイツ構想の議論としてはやはり曖昧な箇所をいくつも含んだ。その曖昧さがもっとも典型的に現れていたのが、ソ連に対する認識であったことは間違いない。すでにみたようなソ連への警戒心を示しながら、同時にこの時期の国務省は戦後におけるソ連との協調を前提とした。否、国務省が期待するドイツの早い戦後経済回復、そして統一し安定した民主主義国家ドイツと、アメリカ・西欧とのより親密であるべき関係は、ソ連がそのようなドイツを容認することを前提とするものであった。戦時の同盟者というソ連への配慮ばかりか、戦後のソ連のあり方に対する未だ不定形の国務省の認識が、そこには顔をのぞかせていたというほかかない。

そのほか、ドイツの統一を保持するという前提で論じたとしても、具体的にポーランドとの国境を中心とした領土問題、さらにはフランスとドイツとの関係について、国務省のこの文書は細部に及ぶことは何もなかった。それらについては、いまだ検討が行われていなかったことを窺わせる。とくに文書「経済的問題」が、この時点で亡命自由フランスのジャン・モネ（Jean Monnet）が論じた「ヨーロッパ関税同盟構想」などにごく手短な消極的コメントしか示していなかったことは、国務省の戦後計画が、西欧経済の拡大を目標としながら、戦後にみられた西欧経済統合を基礎と考えるような関心とは明瞭に一線を画した事実を窺わせる。

さらにいえば、以上二文書で国務省がとった戦後ドイツ構想は、実のところ国務省が、いずれ自ら放棄していく構想であったことが付け加えられねばならない。ドイツの分割を避けることがこの時点における国務省の最大関心であった事実は上述のとおりであった。しかし、それから四年後の四七年、西ドイツ成立という形でのドイツ分割を決断するのはほかならぬ国務省であった。アメリカ国内の政策議論、それに連なる政治集団の系譜という観点から言えば、ドイツ分割論を担う勢力が初期の大統領ローズヴェルトとその周辺、とくに財務省モーゲンソー・グループから、戦中には分割論に徹底して反対した国務省へとドラスティックに交替していく事実が重要であり、その変化の過程こそ、合衆国の対外政策における冷戦路線の台頭であった。その間の分析は、第二節、三節において改めて行うであろう。

ただ、そうした曖昧さと国務省路線のその後の変化にも拘わらず、四三年九月の文書が重要であったのは、国務省が戦後のドイツをある特定の体系の中に位置づけていた点であった。国務省は、ドイツが戦後有力な経済国家として復興してくることを不可避とみたばかりか、またそれがアメリカの戦後利益にとっても望ましと捉えていた。しかし、そのためにはドイツがアメリカを中心とした大西洋的政治経済構造に、重要なパートナーとして組み込まれることが何より肝心であった。彼らのそうした議論の根底には、戦後のアメリカとヨーロッパとの関係、とくに中央ヨーロッパとの関係を新しい大西洋規模の自由世界構造へと再構成していこうとする、それ自体、歴史的に見て野心的な国務省の戦後世界構想があった。四三年の時点で、国務省のそうした対ヨーロッパ構想を体系的に組み込んでいたのは、つまりはブレトンウッズ構想であった。すなわちブレトンウッズ構想とは、考案された当初から、戦後民主化され、経済的ばかりか政治的にも西欧およびアメリカと近似的となるドイツが、戦後世界の有力構成要因となることを想定した政治構想であった。

国務省は、その認識を基礎として四三年後半、戦後ドイツの分割論に反対した。事実として重要なのは、以後国務省が遅くとも四六年後半までその立場を一貫した点であった。一貫したというだけではない。国務省が実際のドイツ占領が始まる四五年春までその立場に執着しつづけたことは、彼らが、時にほとんど夢想のような案にまで飛びついたことからも窺うことができる。一つのエピソードとして付言にたる事件がある。ドイツの分割占領の動きは、四三年八月の連合国参謀本部案の提示以降、四四年にはいると米英ソ三国の合意事項へとすすみ、四四年後半には三国による分割軍事占領が、ドイツ分割論とは別に、当面の軍事占領体制として基本的に合意された（ヤルタ会談でフランスが加えられ、四カ国占領となる）。しかし、分割占領がドイツの分割、あるいはドイツに対するソ連の影響力拡大につながるとする国務省の不安は四四年後半の時点でも変わらなかった。そうした状況で、焦る国務省が提示した占領体制案が、三連合国軍の分割占領体制ではなく、米英ソ三国占領軍をドイツにおいて一体化し、統一の指揮のもとに入れるという統一ドイツ占領軍案であった。陸軍省がほとんど一顧だにせず結局葬られた案であったが、国務省が四四年末まで、ドイツに対する分割占領体制にいかに強い危惧を抱いていたかを示す確かな事実であろう。[11]

しかし、そこまで固執した統一ドイツ案から国務省は、やがて一九四六年後半にはドイツ分割論へと転じていくことになる。節を改めるべきときであろう。

第二節　ポツダム体制

1　東西ドイツ分割論に傾斜していくアメリカ

戦後ドイツの四カ国占領体制は、一九四五年二月、ヤルタ会談で米英ソ仏が受け持つ占領地域区分などが合意されたのち、四五年七月一七日から八月二日までポツダムで開かれた米英ソ首脳会議が、占領方針に関する協定文書に合意して正式に発足した。ポツダム協定第一条において、連合国占領体制の最終の決定機関として設置されたのが連合国ドイツ管理理事会であった。ちなみに、理事会の公式第一回会合はベルリンにおいて七月三〇日に開催された。連合国管理理事会を機構の頂点とする四カ国ドイツ占領体制は、ポツダムの合意に基づくものとして、公式にはその時点から始まった。ドイツ占領体制がさしあたりポツダム体制とよばれる所以である。

ポツダム協定が掲げたドイツの非武装化、非ナチ化、経済の非軍事化、さらには教育改革など細部の占領方針については、ここでは紙数から詳しくはふれない。それより、ポツダム体制が、占領国間の意見対立をすでにいくつか含みながら、占領の基本方針としてドイツを数カ国に切り裂くという分割論を退け、政治的に統一したドイツの維持を前提に占領政策を開始したものであったことをまず協定文から明示しておくべきであろう。

「最終的にドイツの政治形態を民主的基盤において再建し、国際社会において平和的に協力するドイツ（単数）を将来に用意する」、それが占領の基本原則であった。つまり、ドイツを分割する意図はないというポツダム協定の基本枠を明示した文言は、右のほかにも、「当面の管理期におけるドイツ占領政策の基本原則」と題された合意第

—— 国境，　―・― 占領区分，　—— 州区分

図5-1　1945年、ドイツ・米英仏ソ四国占領体制

二条にいくつか補い合う形で謳われた。たとえば「A政治原則」は、次の方針を明示する文章で始まる。「実際的である限りにおいて、ドイツ国民に対する扱いはドイツ全域において統一的となるべきである」。

　右を受ける形で、第九項四は、「現時

点では中央ドイツ政府は設立されない。しかしながら、その点とは矛盾しないものとして、可能な限り早い時期に政務長官を長とする相応のドイツ中央行政機構が、財政・輸送・通信・対外貿易、さらに産業問題において設立される。それらの各省は、連合国管理理事会の管理下で活動する」。この規定が、四占領地域全域に管轄権を持つドイツ中央行政機構の早期再建の方針であったことは言うまでもない。そのうえで第一四条は、「占領期を通して、ドイツは一つの経済単位として扱われる。この目的達成のため、以下の各事項について、四占領地区においては共通の政策が確立されるべき」である。具体的には、A鉱工業生産の確保またその割り当てにかかわる事項、B農業・林業・漁業、C賃金・価格・配給政策、Dドイツ全体を含んだ輸出入計画の策定、E通貨・金融・中央税制・および関税、F賠償また軍事潜在力を持つ産業施設の除去の問題、そして最後にG輸送・通信の事項、であった[12]。

主にドイツ東部国境の大幅な西への移動という、国土の厳しい縮小をポツダム協定は求めており、ほかにも経済の非軍事化、生産水準の制限、賠償など、協定がドイツに対して迫った政策は穏健とは言い難い。しかし、その厳しさの中で、ドイツの分割という選択肢が明確に除去されたことはポツダム協定の性格を規定する要点の一つであった。しかもその後の経緯からみて興味深いのは、統一ドイツの行政を目指すことで分割論をどこよりも否定していた占領国が、その時点で、ほかならぬアメリカであった事実である。

四五年八月時点でのアメリカ政府の意向を、いま少し広い視野で総体として把握すれば次のように論じうるであろう。アメリカにとって、ドイツ占領は決して長期のものとは考えられていなかった。ローズヴェルトは戦中から、駐留が一、二年程度のものであろうと言明していた。ヨーロッパ戦線が決定的勝利であったとしても、たかだか一、二年の占領で、ドイツの分割を強制することが政治的に不可能であることを、アメリカ政府は了解し始めていた。アメリカ軍をヨーロッパ大陸に長期駐留させる意図が全くなかった事実こそが、この時点でアメリカ政府部内にも一部語られたドイツ分割論を退ける、決定的に重い理由であった。

その上で、ドイツ分割は政治的にも経済的にも不合理であり、また持続しえないという認識が、繰り返し強調された。その議論の背景には、国務省文書がすでに語った政治・経済的な考慮のほかに、アメリカ政府がドイツ占領をすこぶる現実的に捉えたいま一つの事情が関係した。占領には多額の費用がかかるのであり、しかもそれをドイツが負担できないのであれば、占領国が負担しなければならない。つまり、アメリカ側はポツダムで、ことあるごとに占領コストを合理的に削減する方策を主張しており、その主張が鮮明に現れたのが賠償問題であった。

ヤルタ会談以来、ソ連は対ドイツ賠償要求を総額二〇億ドル相当とし、その半分をソ連が取得することを要求した。その場合、賠償はドイツの生産施設・輸送施設の接収として行われる現物賠償（デモンタージュ）であることが約束された。しかし、そのような莫大な規模の現物賠償は、アメリカ政府の立場からすれば、ドイツ経済を壊滅的に破壊し、ドイツが短期・長期にわたって経済的に極度に困窮することを意味した。恐れられたのは、その結果としての占領コストの加重負担であった。最低限であってもドイツ人が占領下、またその後において生きていくためには、食料輸入などが必要であるが、その輸入能力を維持するためにはドイツに一定の工業生産能力、その上での輸出能力の確保を認めなければならない。つまり、ドイツからの賠償持ち出しという行為は、ドイツの輸出入に係わる全体能力をあらかじめ算定した上での事後の判断でなければならない。そう主張したアメリカの立場が、ポツダム協定に謳われた、輸出入計画に対し四占領国の間で共通の政策立案をまず急がねばならない、という文面の含意であった。ポツダム協定はさらに次のような一文を加えた。「ドイツの非軍事的経済のために不必要であり、したがって賠償に供しうる生産施設の量ならびに施設の種類の確定は、連合国賠償委員会が指定した政策に則って連合国管理理事会が最終的に決定する」[13]。

約言すれば、賠償は基本的にドイツの平時経済を維持する産業能力を損なうものであってはならない。損なわれた場合、ドイツ占領は膨大な経費を連合国そのものが負担する結果となるのであり、アメリカはそうした事態を強く避けることを期待する。したがって、ドイツからの賠償の持ち出しについては、ポツダムでなされた例外協定[14]は別として、連合国管理理事会が統一的な政策を採ることによって最終的に決めるべきものである。——このように主張するアメリカの立場からすれば、ドイツを分割し、結果として占領政策がバラバラとなる方向はあくまで忌避すべきであり、それどころか四カ国占領体制の統一的政策立案がなにより肝要であった。それを盛り込んだポツダム協定は、アメリカの主張を最大限組み込んだ不満の少ない体制であったといってよかった。

やや先を見通せば、その統一的政策立案をもとめる立場はポツダム協定時点から、翌四六年にはいってもかなりの時期までアメリカ側が固執した見地であり、それゆえアメリカがドイツ分割論に転換するという事実は、ポツダム協定の放棄につながる根本的さらには構造的変化をもたずにはおかなかった。しかし、その転換は四六年前半から後半にかけて徐々にすすんだ。一九四六年は、アメリカがそれまでのドイツ占領政策を根本的に改め、東西という形でのドイツ分割論に傾斜していく重要な移行の時期となった。その経緯と時期を確認していきたい。

2　ポツダム体制の行き詰まり

統一的な四カ国占領体制の整備を目指すアメリカ政府の執念は、ポツダム会談以降、四六年前半にかけて連合国管理理事会の席上を通して繰り返し表明されたが、主張はことごとく挫折の運命をたどった。

四五年七月以降、アメリカ軍政府当局者の立場からみて占領体制の統一化に障害となったのは、当初予想された、賠償の取り立てで単独行動が目立つソ連だけではなかった。フランスの行動がそれ以上に困惑を生んだ。占領国の一国でありながらポツダム会談に招かれなかったフランスは、協定に拘束されないという明らかに身構えた独自の立場をとって四五年秋、連合国管理委員会に臨んだ。ドゴール（Charles de Gaulle）首班政府のもと、ドイツの復活を根こそぎ阻止するという関心でドイツを数カ国に分割する構想を公言したこの時期のフランスは、とりわけラインラントのドイツからの切り離し、その国際管理、さらにザール併合、そしてルール工業地帯の国際管理を要求して、文字通りもっとも厳しいドイツ占領の将来を主張した。⑮　そのフランスの立場からすれば、ポツダム協定に盛り込まれた財政・輸送等の七分野（先にみたA～G）においてドイツ中央行政機構を早期に設置しようとするアメリカの立場は、まったく受け入れがたかった。新機構設置に対する拒否権の発動など彼らの単独行動は激しく、四五年九月から一一月にかけて、アメリカおよびイギリス側が連合国管理理事会に提案した各種のドイツ中央行政機構設置の提案は、ことごとくフランス軍政府の反対によって挫折したのが実態であった。⑯

四五年秋から四六年前半、フランスのそうした行動を折り込んで考えれば、対ドイツ連合国管理委員会における米英ソ仏、四カ国の対立関係は、東西対立という枠組みでは一元化できない複雑にねじれた対立構造を孕んで展開した。やや長期にみればドイツ占領四カ国の対立構図が、フランスのそのねじれた行動を西側陣営に強引に取り込み、西側三国の意向として西ドイツを切り離す新しい図式に転換していくまでには、各国の占領政策そのものばかりか国際関係においても多くの紆余曲折があった。要はそうした対立図式の変化がどのようなメカニズムで起こったかであったが、いまはその点を視野に入れながらさらに少し先にすすもう。

占領当局であるアメリカ軍政府は、フランスの執拗な抵抗に手を焼きながらも、四六年にはいると、四カ国占領体制を可能な限り統合する彼らの関心から、ソ連に対する不信感をより露わに示していった。四六年五月三日、アメリカ軍政長官代理ルシアス・クレイ（Lucius Clay 四七年三月に軍政長官）が発したアメリカ占領地区からの現物賠償「引き渡し停止」という突然の宣言は、管理理事会におけるフランスの行動への苛立ちもさることながら、賠償引き渡しをもっとも要求したのがソ連であったという意味で、やはりソ連に対抗する意味を強く含んだ行動であった。ポツダム体制の行き詰まりをきたした最初の重要な事件である、その宣言にいたる事実過程は、四五年後半から顕在化した。

アメリカ側の対ソ認識の変化は、大戦末期から始まった東欧諸国に対するソ連の政治的軍事的干渉など、ほかにも複雑な問題が絡む複合的な変化であったが、ことドイツ占領においても、四五年末から四六年前半にかけていくつもの事実の積み重ねによって悪化の方向をとった。工場生産施設ばかりか鉄道貨車・レールなどの輸送施設を、ソ連は東部ドイツ占領地域から現物賠償として大量に接収、持ち出していることが報じられた。輸送施設はドイツ経済を一体に保ち、ポツダムで約束された農作物のソ連占領地域から西への配送、さらには多くの物資の輸出を行う面でも、アメリカ側の立場からすれば占領四カ国がまず政策調整を行い、統一的に路線の確保につとめるべきもっとも重要な分野であった。しかし、事態は完全に逆の方向に向かった。四五年一一月、アメリカ政府が最重要案件として提示した鉄道輸送・管理の統合を行う中央ドイツ行政機関の設置案があえなく流産となり、また一二月には、四国占領地域間の労働者の移動を含めた、ドイツ人の往来を認めるとする米英提案も実現しなかった。これらはいずれもフランスの拒否権行使で流れた議案であったが、アメリカ側が不満としたのは、そのフランスの行動の陰に隠れてソ連が事実上、自占領地域において最大限の行動の自由を得ている状況であった。

ドイツ東部をしめたソ連占領地域は、ベルリンの西側都市部を除いて、賠償の持ち出しから農地改革といった行政のすべての分野で、占領国ソ連がいち早く共産党を用いて独自行動をとった、さしずめ社会主義的占領の対象地域であった。占領軍政当局に一応の行動の自由が与えられることはポツダム協定でも冒頭に明記された原理であったが、アメリカ側の理解は、中央ドイツ行政機構が設置されなかったことによってポツダムで認められた以上のソ連の自由裁量がすすみ、占領地域が明確に政治的に変質しつつあるという意識であった。行政のあり方だけではなかった。各都市での政党運動の規制の仕方、さらに労働団体に対する施策などにおいても、ソ連は共産党優位に施策をすすめ、結果として東部地区が政治的にソ連体制に徐々に組み込まれつつあるという危機感を、アメリカ側はすでに四六年春には強めた。その最大のきっかけとなった事件は、ソ連軍政当局が四五年一二月に発表し四六年四月までに強引に進めた、ソ連地区の最大政党であった社会民主党を共産党と合同させ、共産党主導の社会主義労働者党に統合した動きであった[17]。

実際のところ、四つの連合国ドイツ占領地区がポツダム体制発足以後、各軍政当局の判断で運営され、そこにおける行政のあり方ばかりか、非ナチ化政策、経済組織改革、政党の再建、労働団体への対処の仕方についても個別的に運営されていたことを考えれば、ソ連軍政府の行動のみが一方的にポツダム協定を破ったものとして批判される所以は、歴史的にはなかったかもしれない。しかし、そのこととは別に、ポツダム協定が理念としてはあくまでアメリカの意をくみ統一ドイツの回復を想定したとき、アメリカ政府側はその想定とソ連の行動の溝にソ連の政治的配慮をよみとり、ドイツに対する野心に憶測をたくましくせざるをえなかった。ヨーロッパ全域に及ぶ共産主義の脅威という反共イデオロギーが、その憶測に深い影として重なったことは言うまでもない。ドイツ軍政長官クレイが賠償引き渡し停止を命じた五月から六月にかけては、アメリカからみて、共産主義が西ヨーロッパ全域にまで広がり、各国が共産党の進出によって厳しい政治危機にさらされるという緊迫した状況が露呈した時期であった。フランス政界では共産党が強い影響力を持って連立政権に参加しており、またイタリアにおいても共産党の動向は国制選挙に深刻な衝撃をもたらすものと理解された。トルーマン政府部内では、四六年五月五日フランスでの新憲法案国民投票にからんでフランス、さらにはイタリアにおいて共産党が絡んだクーデターなど不測の事態が起こった場合には、治安維持を名目に軍事介入も辞さない主張が語られた[18]。そうしたイデオロギー的警戒心が、ドイツにおける四カ国占領体制につよく投影していくことは避けがたかった。

その意味では、四六年四月から六月にかけての春は、アメリカの対ドイツ占領政策また戦後ヨーロッパ政策が、明らかに最初の変化を示した注目すべき転機であった。その危機意識を具体化したのが、ヨーロッパおよび世界情勢に係わってソ連の意図や行動様式を再検討しようとする、国務省内での関心の台頭であった。四六年二月二二日、駐ソ・アメリカ大使館に勤務した参事官ジョージ・ケナン（George Kennan）が、ワシントンにおくった八〇〇〇字に及ぶ「長文電報」とよばれたソ連分析が、国務省高官の間に強い関心を呼び、ソ連の非妥協性あるいは敵対的行動を動かし難い与件と解する立論が頭をもたげたのは、そのような再吟味の明確な結果にほかならなかった。事実、ケナンの反ソ論またソ連共産主義封じ込め論が、以後、H・フリーマン・マシューズ（H. Freeman Matthews）らの国務省ヨーロッパ局首脳が企画する対ヨーロッパ政策立案の際に、重要な支柱の一つとして組み込まれていったことは疑いなかった。

ただし、四六年前半の時期をそのように転機と考え、一応の時期区分を行おうとするのであれば、われわれはまた、その年の夏にいたる変化の範囲と限界についても厳密に確認しておく必要がある。四六年夏、アメリカ国務省は対ドイツ占領政策が当初予想されない行き詰りに逢着しつつあることを危機と認識し、その問題状況の再検討を模索しはじめてはいた。ただしそうした彼らの思考枠の変化は、その時点では、ドイツの分裂、いわんや西ドイツ建国への関心に連結するものではなかった。おそらくその局面で起こった国務省の変化の核心部分は、戦後世界を捉える上でドイツ問題、とくに占領問題がいかに大きな政治的、経済的重要性を含んでいるかを改めて認識し、問題の再吟味の必要性を痛感しはじめていたという点にあった。ただ課題はその先にあった。ドイツ問題の政治的重要性を重ねて確認した上で議論の組み替えを行おうとする作業は、従来の彼らの思考とは決定的に異なる質の論点を生み出すことによって、国務省に新たな困惑をもたらした。その新しい論点が何であったかが、国務省がおかれた状況、またその後の彼らの議論をみる上では重要な問題点であった。

3　「われわれのドイツ政策はすでに失敗したのか」

四六年夏から後半に向けてドイツ問題に対する国務省の思索の変化を、数段階にわたる複合的な変化の過程として捉えようとするとき、とくに注目すべき史料は、その年七月、『フォーリン・アフェアーズ』誌に掲載されたハーヴァード大学のエドワード・メイスン（Edward S. Mason）の論文である。「われわれのドイツ政策はすでに失敗したのか」[19]。論文は、そのような刺激的タイトルを冠してポツダム以後の四カ国ドイツ占領体制がアメリカ政府の意に反していると分析した上で、その危機の諸相を国務省批判という形でえぐり出そうとしていた。今日「理由はどうであれ、各占領地域の経済的、政治的展開には、すでに重要な相違が生まれており、経済問題について共通の政策さらには中央行政機構を設置しようとする動きは、ますます困難になっているのが現実である」。メイスンはかく論をおこし、ドイツの分割がもはや仮説の問題ではないと立論したうえで次のような議論を展開した。論旨をざっと概観してみよう。

なぜ、占領四カ国が共通の対ドイツ政策をとることが出来なかったのか。メイスンの主旨は、その基本的理由としてアメリカ政府が従来前提としたドイツ問題への理解がおよそ非現実的概念であった、と論難する点であった。アメリカは、統一ドイツの保持を前提としたが、その理解の背景には、ドイツを非武装化し、その中立を保障する枠組みをヨーロッパに作ることができればドイツ問題は解決しうるという思いこみがあった。ドイツを改変できれば、ヨーロッパの国際関係は、再びかつてのように、アメリカが介入せずとも、それぞれが個別的である多くの独立国家の多角的関係に戻るというのが認識前提であった。しかしながら、当のヨーロッパ諸国は、もはやドイツをそのような形で組み込んだ既成秩序に戻ることが不可能であるとみな判断している。その点にこそ、今日の状況の根本的な背景がある、と。

メイスンはかく論じた上で問題を絞り、ソ連の対ドイツ政策を論じた。ソ連は、今日、ドイツを自らの影響下に入れなければ、いずれドイツが西欧の支援を受けて自らに戦争をしかけてくるであろうと認識している。したがってかりにドイツの復活があるとしても、その攻撃が西欧に対して向くようドイツとロシアの関係を保持しておくことこそが、ソ連の対ドイツ占領政策の要石なのである。つまり、現在のヨーロッパにおいて、独立した中立的ドイツというものを存在させる基盤が存在しないのであり、ドイツはいずれかの陣営の影響下にはいるか、それとも分割されるか、この二つしかドイツをヨーロッパにおいて落ち着かせる方策は存在しないのである。けだし、ソ連が右にみた意図で行動しているとき、アメリカがなおもドイツの統一を求める政策は、存立基盤をまったく持たないという意味で不毛に終わらざるをえないであろう。

この論文では、ドイツ分割論がいまや明確な現実的選択肢として提示された点がなにより注目してよい事実であった。しかし、実のところアメリカにとって対ドイツ政策の包括的再検討が難しかった理由は、その分割を現実的選択肢としたときに先にみえる、アメリカの対ヨーロッパ政策にこそあった。対ドイツ政策を変えたとき、アメリカの対ヨーロッパ政策そのものが根本的に、原理的に修正されなければならなくなる。メイスンはそのことを明瞭に意識した。そして、そこまでの修正がいかに困難な問題を含んでいるかも、彼はまた承知した。彼は次のように論説を結んでいたのである。

「分割をわれわれの解決策とするのであれば、ポツダム協定に盛り込まれた賠償やドイツの工業を厳しく制約するというあの施策は、もはや明らかに不要なものとなろう。米英仏、三国の占領ゾーンから、若干の工場や生産施設が賠償として西欧連合国に提供されるとしても、その賠償枠は厳密に制限されるべきである。というのもドイツの分割は、ヨーロッパを確実に東西に分裂させ、さらに分裂を強めることになるからである。かくして、ドイツに対するアメリカの政策は行き着くところ、おそらく西側ブロックなるものを形成する、そうした西ヨーロッパ諸国全般に対する一連の体系的政策の一部にならざるをえないであろう。そうした政治的再編は、いま現在ある、ドイツの英米仏占領地を単一経済に統合するという〔……〕さらなるドイツ政策の修正を引き起こすことにもなろう。そのような西ドイツ経済は、西欧の経済さらには世界経済とどのような形で合理的に接合されるのか、その課題こそが、これまでほとんど検討されてこなかった新しい問題を提示するのであり、筆者はいまその問題を論じることは出来ない」。しかしいずれにせよ、「ドイツさらにはヨーロッパが東西に分裂するという状況を想定した場合、合衆国はその利害からして、西ヨーロッパ諸国に対して従来以上の積極的な政策を採用し、各国の国内事情さらには個々の国に対する経済援助を活発に行わなければならないであろう」。そのことが、近い将来の課題となりつつあることを承知しておかねばならない、と。

一九四六年七月、国務省は、全体としてみるときメイスンが以上説明した問題群に対して、直ちに積極的に応じる用意がなかった。この時点で国務省が承認していた変化の限界は、ポツダム協定が行き詰まりつつあることを了解し、その現状をソ連との関連で改めて検討するという、その限りでの転換であった。しかし、その先に、メイスンが言うような米英仏三国の占領地域を西側ブロックとして経済的に統合するような施策が、どのようにして可能であるのか。その展望はなかった。さらに言えば、メイスンが言うヨーロッパ政治に従来以上に積極的にかかわるという提案にいたっては、第二次大戦期をも含めてアメリカの伝統的対ヨーロッパ政策の根本的修正を必要とする内容であった。つまりメイスンの議論が、西欧各国政治への持続的関心、あるいは各国への経済援助を含むのであれば、全体としてその方向への転換は、伝統的な孤立主義の廃棄を含めて、アメリカの政治力をヨーロッパ大陸にたえず及ぼすという、アメリカとヨーロッパとの関係の決定的見直しをこそ意味したのであり、そのための合意を国内で確保することが多くの困難を伴うことを、国務省の中枢にいた人物であれば容易に想像しえた。

四六年中葉、アメリカ政府の対ドイツ政策の転換は、こうした制約の縛りをうけ、転換の具体的な現れ方としては、およそ多義的で、そして現状に対して最小限の変化を示すに留まらざるをえなかった。

表面に現れた最小限の変化とはこうである。四六年四月から七月にかけてパリにおいて開かれていた四カ国外相会談は、ドイツ占領政策の統合をめぐる問題、さらにはドイツの将来に対してアメリカ側が提案した非武装中立化条約の是非の問題、そして賠償接収・引き渡しの問題などをめぐる意見対立によって、徒労ともいわれるほどに議論の空転がつづいた。合意をえる重要事項がまったくないなかで、四六年七月一一日会議の最終日、米英外相は、占領負担を軽減する理由から、当面両国占領地域の経済運営の統合を行う旨の、二カ国のみの合意に達した。米英占領地域の経済合同（Bizone）と呼ばれたその動きは、たしかにその後西ドイツ建国の基盤となった最初の事件であったが、ただし四六年七月時点では、アメリカ政府がそこまでの展望をもって決断した行動ではなかった。イギリス占領地域の経済コストの深刻さが、イギリス政府の財政難とも相まって文字通り看過しがたかった。他方で、アメリカ政府側も、ルール石炭工業地域をもつイギリス占領地域をアメリカ占領地域にひとまず接合することが、統一的ドイツ占領政策の実現にいずれ寄与するものと理解された。合意がなされた七月中旬から実際に両地域経済統合が開始する翌四七年一月一日までの間、とくに四六年後半、国務省がメイスンの示唆したような反ソ的であることを前提とした西側ブロック形成に向かう論理を自ら構築するには、さらに新しいきっかけを必要とした。事態はすでにある方向に動きはじめたが、論理がそれにおいつくには一定の時間がなお必要であったというべきであろう。

第三節　四六年後半、西ドイツ分離構想の明確な台頭

1　イギリスが先行した東ドイツ切り離し論

四六年一〇月半ばから後半にかけて、イギリス・アトリー政府は、ワシントンにおいて一一月に予定されたドイツ占領両地区統合に係わる米英間会議に、イギリス側が提示する主張をまとめるべく、対ドイツ占領政策の現状分析と再検討をとりまとめていた[20]。外相アーネスト・ベヴィン（Ernest Bevin）が検討結果として提出した閣議資料は、イギリス占領地区がそれまでにもまして困難な経済状況に直面している事実を訴えた内容であったが、議論は窮状の確認に留まらなかった。以下、政治的にすこぶる重要な意味をもったこの時期のイギリス側の行動と議論について瞥見しておこう[21]。

ベヴィン報告を待つまでもなく、イギリス占領地区の経済社会状況は、四五年五月のドイツ降伏以降、四六年後半まで一貫して窮乏にあえぐ敗戦社会そのものであった。戦火によって瓦礫の山と化した主要都市部では、住宅や輸送部門、また水道・電気等のインフラ部門が大きな打撃を受けたままであった。加えて東部ドイツ領土の喪失と西部でも農地が荒廃したため、農作物供給が激減し食糧事情の逼迫がつづいた。否、単につづいたばかりか、四六年一〇月一七日ベヴィンが示した特徴的な状況分析は、その窮乏状況がドイツ占領政策の行き詰まりと絡んで戦争終結からすでに一八カ月という長期にわたったため、事実上決定的危機といえる事態にいたったと認識していた点であった。たとえば報告が伝える食糧状況は次のようであった。

現在占領地域における食糧配給の目標基準は成人で一日あたり一五五〇カロリーに減少したが、その程度の食糧供給を保持するためにも、明年までに英米両占領地区あわせると約三百万トンの小麦輸入が必要である。しかも実際には基準にみあう配給も行われないのが実態であり、配給は一日六〇〇カロリー程度、食事にして二切れ程度のパン、わずかな量のスープ、そして小さなジャガイモ程度のケースさえみられた。他方、住宅は既存の五二五万戸の内、居住可能なものは三分の二程度にすぎず、東欧から避難してきたいわゆる「被追放民」の人口増加と相まって、冬季の接近にも拘わらず、多数の人が都市で路上をうろつき、さらに農村をさまよう状況がつづいていると説明された。加えて重要なことは、そのような経済的窮乏状況が、労働者の生産意欲をそぎ、頻繁な欠勤、あるいは新たな職場を求める活力を減退させ、結果として経済活動は身動きとれない停滞構造にある、というのであった。

イギリス政府の思惑は、こうした状況を多少とも改善すべく、米英占領地区経済統合によって全体財政の八割をアメリカ政府が負うことを求めるという、実質的にイギリス占領政策への援助を強く要望する点にあった。言いかえればイギリス政府はもはや占領を単独では行いえないと訴えていたが、その論理から報告のなかで導かれたいま一点の重要な指摘が、米英占領地区経済統合の枠を将来ソ連に広げることは、もはや望ましくないというベヴィンの言明であった。彼の説明は次のようであった。

占領体制が課す財政負担がつづく状況のもとで、今後ソ連占領地区も加えた共通の経済政策を行うのであれば、われわれはソ連に対しても応分の貢献を求めねばならないであろう。しかしながら、ソ連政府がそのような負荷を分担するとは考え難い。というよりドイツ占領の重みは、ソ連地区を加えた場合、現在よりはるかに大きなものになると予想する方が合理的であろう。ソ連占領地との自由な物流往来が実現した場合、米英占領地域からソ連占領地に対して実際のところ多くの物資を救援のために送らねばならない事態に直面することが想像されるからである。つまりは、ソ連が彼らの占領地区からすでに膨大な生産施設、あるいは食糧品までも接収してしまった今日、ソ連占領地との経済統合は、われわれにとっていっそう負担の大きなものとなろうとしている、かく説く点が、ベヴィンの議論の核心であった。

ベヴィンは右の論点に添えて、かりに米英ソ占領地区統合への動きが進めば、共産党による西側ドイツに対する政治宣伝・組織的浸透は拡大し、それがもたらす脅威も重大であると語り、結論として、ソ連占領地区に統一を求めることはもはやこの時点では政治的にも経済的にも妥当性をもたないという結論を明言した。四六年一〇月から一一月にかけて、イギリス政府の立場としてその種の議論が登場した重要性は明らかであろう。まずなによりイギリス政府は、ある政治体としての西ドイツをソ連占領地域＝東ドイツから切り離す意味のドイツ分割論に、この時点で明確に踏み出していた。それは、イギリス地区占領政策の経済的行き詰まりが一因であったとともに、ソ連の戦後の拡大をヨーロッパ大陸全般の政治状況に対する深刻な脅威として捉え、ソ連の進出を東ドイツを切り離しても抑止するという、イギリス・アトリー政府の戦後初めて示した明確な冷戦への意志表示であった。

このイギリス側の状況分析が、アメリカ政府に伝えられたのは四六年一一月から一二月であったが、イギリス政府のそうした判断は、トルーマン政府、とくに国務省ヨーロッパ局さらにはヨーロッパ担当国務次官ウィリアム・クレイトン（William Clayton）に強い印象を与えずにはおかなかった。国務省は、アメリカ側の財政負担拡大を求めるイギリスの要求をただちに承認する姿勢を示さなかった。しかし四六年末までには、ドイツ占領政策がたとえ米英に限った西側占領地区だけの問題であっても、莫大な経済的負担を引き受ける長期の事業であることを改めて認識せざるをえない状況にあった。実のところ占領地区経済の状況という点では、アメリカ占領地区もイギリスとさほどに違いのない停滞状態にあった。しかも困窮の問題は、時間的に切迫しつつあった。四六年末が近づくにしたがい、来るべき冬季が例年にない寒気の厳しい冬であることが判明しつつあった。石炭や住宅不足の中で寒さに震える数百万人の避難民や労働者、その家族たち。ドイツ占領問題はこの時点から、ドイツの戦後改革を求める問題から、ドイツの政治的経済的混乱を抑止するという、ポツダム時点とは基本的に位相の異なった問題へと変わらざるをえなかった。そうした中でアメリカ政府内に、西ドイツの経済再建を早期にアメリカの指導下で図らなければならないという、従来一部に指摘されたとはいえ、たえず忌避された問題意識が浮上した。対ドイツ・アメリカ占領政策の、四六年前半に起こった変化を決定的に上回る、根本的な転換が起ころうとしていた。

そこで重要であった事実は、そうしたドイツ経済再建を射程におく問題意識が浮上したとき、国務省がかねて枠組みとした対ヨーロッパ政策の根本的修正という課題が、いま明瞭に俎上となりはじめた点であった。占領下ドイツ経済の再建を積極的に後押しするという決断は、ほかでもなく、アメリカ政府がドイツ問題、さらにはその上位となる西ヨーロッパ全体の政治経済社会状況の問題に、従来以上に深くしかも長期に係わり合うという新しい国際的姿勢を承認することであった。直接的にはそれは、ドイツさらには西ヨーロッパ経済の復興を目指す以上、国務省がその時期から包括的な対ヨーロッパ政府間経済援助（のちのマーシャル・プラン）を必要と認識しはじめた事実につながるものであった。戦時中になされた武器貸与援助、さらには難民援助という暫定的援助をこえて、戦後長期に及ぶ援助をヨーロッパに振り向けることを嫌う空気はとくに議会に強かった。そのような議会および世論の傾向に配慮しながらも、国務省がこの時期から検討を開始した対外援助に積極的意味づけを与えようとする議論は、明らかに合衆国の対外政治姿勢の根本的変化を全体構図にとり入れなければならなかった。

ただし、そうした転換を必要と認めはじめた国務省にとって、なおも明確な回答が見つからない課題がいくつか存在した。一つは、かりにドイツの経済復興支援を新方針として採用するとして、そのドイツ経済の再建を西欧諸国とのいかなる関係に組み入れて、どのような手段ですすめるかという、四六年七月、先の『フォーリン・アフェアーズ』誌でメイスンが提示した問題であった。そして、いま一つが、アメリカにとってやはり厄介であった、独自の対ドイツ政策をとるフランスとの関係調整の問題であった。フランスに対して西ドイツの経済再建をいかにして認めさせるのか。さらには明確に西側という立場を明示する米英の新しい政治的枠組みに対して、フランス政府ならびに占領軍政府をどのように同調させるのか。事実は、四六年末から四七年前半にかけて、その二つの問題に関しても、アメリカ政府、とくに国務省の立場からして一応の展望が開けつつあった。そのとき国務省は、明確にドイツ分割論に転換した。転換そのものに議論を転じよう。

2　ダレスによるドイツ分割論（西欧経済統合論）

西ドイツをソ連占領地域から切断するという前提を設けたうえで、その西ドイツの経済再建を西欧諸国との関係でいかに位置づけ、どのような枠組みで図るか。明示的に西ドイツという政治的単位をもっとも早期に想定し、その経済的将来を独自に議論した国務省内の最初の人物は、やはりジョージ・ケナンであった。四六年三月七日、ケナンはモスクワから、国務省の要請に応えドイツ問題に関する彼の所見を国務長官宛書簡で披瀝した[22]。ソ連封じ込めを説いた彼の「長文電報」から半月後のものである。そこでの彼の議論は、ソ連地区軍政府との政策統合を追求するポツダム協定堅持の路線が、ドイツ占領政策としてはもっとも危険な選択であると主張し、米英が、ドイツにおいて独自の行動をとるべきとした明瞭に反ソ的立場に立つドイツ分割論であった。書簡でケナンは、ドイツの将来像として、アメリカに次の二つの選択肢しかないであろうと記した。「一つは、現在のドイツを名目的に統一させ、結果的にドイツ全域にソ連が政治的に浸透し影響力を持つことになる」、そのようなドイツを容認することであった。それに対しいま一つの道は、「すでにソ連地区で進んでいる政治的分断の流れをわれわれも正面から受け止め」、ソ連占領地区とは切り離したいま一つのドイツを展望する決断であった。その場合のドイツとは、現在の米英仏、つまり西側ドイツ占領地域にほかならず、われわれがなすべきは、その西側占領地域を「共産主義勢力の浸透を十分に阻止する力を持つ社会とすること」、言いかえれば西ヨーロッパの経済的政治的国際関係の枠に円滑に組み込んでいくことが重要である、というのであった。

かくして三月のケナン書簡は、ドイツを西ヨーロッパ経済あるいは西側政治協調の枠に統合することが、アメリカがドイツに期待する要であるとみなし、そのためには東のソ連占領地域から切り離さねばならないであろうと説く論旨であった。国務省官僚としてドイツ分割論を四六年三月という異様に早い時期に俎上とした主張であり、この書簡の及ぼした政治的衝撃力は大きかったが、ただそのうえで、ドイツを西ヨーロッパ経済の枠にいかなる方法によって統合するのか。ケナン書簡は、その点ではあまりに早熟の議論として、展望について語るさしたる細部を持たなかった。おそらく歴史的にみれば、その展望あるいは細部をより具体的なものとして詰めるためには、国務省ばかりかケナンにとっても、四六年いっぱいのドイツ占領状勢の展開、さらにはフランス、イギリスの動向に対する分析が必要であったに違いない。

事実、ケナンは四六年の春、モスクワからワシントンに呼び戻され、国務省内で以後、活発なソ連封じ込め論、ドイツ分割論、さらにはフランス政治情勢への発言を繰り返したが、そうした彼とヨーロッパ局さらにはウイリアム・クレイトンらの討議のなかで、ソ連占領地域＝東ドイツを最終的に切り離した西ドイツなる構想が具体的にふくらみ、しかもその西ドイツをいかにして西欧経済に連接させるかという議論の枠組みが、およそ四六年末頃までにある形をなしていった[23]。ただ経過的にみると、その枠組みを公の場で説明する最初の任を果たした人物は、国務省官僚そのものではなかった。四六年一一月共和党の中間選挙勝利によって、来るべき四七年には連邦政界に重要な影響力を行使することが予想された共和党系の民間人ジョン・フォスター・ダレス（John Foster Dulles）が、国務省の議論に理解を示しながら、全体の議論を世論と摺り合わせる新たな政治的役割を担った。ダレスが深い関係を持ったニューヨークの外交関係協議会のこの時期における動き、さらには国務省内ですすんだドイツ問題をめぐる議論をあわせて考えれば、四六年末から四七年にはいってダレスがみせた活発な言動は、決して一個人の行動ではなかった。深刻化の一途をたどったドイツ問題に対して、対外政策分野において国際派と呼ばれた数群のグループが、こぞって立ち入った再検討を開始した姿がそこにある。

ダレスの演説に先駆けて外交関係協議会は、四六年一一月からドイツ問題についての特別研究グループを発足させ、国務省への提言を目指す新しい対ドイツ占領政策案の取りまとめを進めた。四六年半ばまで国務省にいたジョン・K・ガルブレイス（John F. Galbraith）らが活発な発言をした委員会であったが、その議長を務めたのはフォスター・ダレスの弟アレン・ダレス（Allen Dulles）であった。四六年一二月一一日、同グループ第二回会議では、ソ連占領地域を切り離して西側占領地域を統合するという意味のドイツ分割論が、明確なアイデアとして検討された。フォスター・ダレスが、その年の末から四七年初めにかけて、公の場でドイツ問題にたいして積極的な発言を示し始めたのは、そのような国務省、さらには外交関係協議会の新しい対ドイツ政策をめぐる議論を受けてのことである。[24]

年が改まった一月一七日、フォスター・ダレスはニューヨークの全国出版社協会大会に出席して、多くの含意を含んだ演説を行った。「新年にあたっての決意」と表題された講演であったが、内容は過半がドイツ問題に費やされ、[25]四七年に向けて、ドイツ問題への対処がアメリカにとっていかに緊急かつ重要な課題になるかを強く印象づけるものであった。冒頭、彼は、対ソ関係がアメリカおよび西欧の立場からしてもはや決定的な敵対関係となっていると断言して議論にはいった。ソ連の政治的膨張主義、またイデオロギー的拡大主義は、第二次大戦後の世界が直面した最大の不安であったが、新しい年四七年にむけて、アメリカと西欧の課題はそのソ連の脅威にいかに断固として対抗するかである、というのであった。ダレスは、その対処が従来までのような受け身の姿勢ではならないと強調した。西欧世界が、自由の基盤たる、資本主義的社会として経済的に活力を持って復興していくこと、言いかえれば資本主義的経済再建に向けてアメリカが何にもまして指導力を発揮することが、われわれの対抗力を強化する。彼は四七年の喫緊の課題が西側世界の経済再建であることを力説した。

では資本主義的経済再建をいかなる枠組みで行うのか。ダレスは、西欧再建の核がドイツであるとしたうえで、そのドイツの経済再建にたいしてこの時点まで公式には論じられることのなかった新しい構想を提示した。

今日われわれが将来のドイツを企画しようとするとき、その枠組みとしてドイツを「単一の経済的単位」とみなそうとするあのポツダム公式によらず、ヨーロッパの経済統合という枠でドイツの将来を捉える、そのような新しい思考をわれわれは持たなければならない。〔……〕小さな経済単位にヨーロッパが分裂している限り、ヨーロッパは健康ではありえない。ヨーロッパにあるすべての潜在的な経済能力が最高の効率をもって活用され、また大量の消費にむけて工業生産が活発に拡大するためには、なによりヨーロッパ規模の市場が必要である。先日イギリス首相アトリーは「ヨーロッパは連邦たろうとするかそれとも死すか」と論じたが、まさにそのようなヨーロッパの統合が必要なのである。

ダレスは、かくヨーロッパの連邦的統合という議論を展開したが、その「ヨーロッパ」が、ソ連圏を排除した西ヨーロッパであることは、彼ののちの議論からして明瞭であった。ドイツ経済の再建は、ほかならぬ「西ヨーロッパ」経済の統合的発展に組み込まれて考えられるべきであろう――ダレスは、統合の輪郭を次の言葉でさらに明示した。

豊富な石炭と工業能力を持つライン流域地帯は、西欧を伝統的に支えた経済的心臓部ともいうべき地域である。つまりルール工業地帯は、単にドイツばかりか、ドイツの西方の隣人たちにも豊かな活力を提供すべきものなのである。ルールが国際的に活用されるならば、およそ二億の人口を擁する西欧は、より繁栄した安定した地域に発展するに違いない。もしドイツが排他的主権のもとで経済再建を目指すときには、ドイツの西方の隣人たち、つまり、フランス、ベルギー、オランダは、将来のドイツの優位を恐れ、ドイツ支配に陥る協力関係を結ぶことに躊躇するであろう。結果として西ヨーロッパは対立と分裂という混乱を余儀なくされる。西ドイツの潜在的経済力をドイツのみのものとせず、西欧経済の共同の利用に供するという形で新しい統合に組み入れ、それによって生まれる広域の経済圏において資源の配分や市場の拡大が行われることが、ドイツを組み入れた西欧の再建を目指すうえでもっとも安定した道なのである。

ドイツ問題をそうした視座におけば、西欧の政治的将来についても、ヨーロッパ「連邦」が形成される状況を未来に展望してよい（実質的には「西」ヨーロッパ連邦であろう）。ダレスはそのように記したうえで、議論をかくまとめた。

いずれにせよ西ドイツの潜在的工業力を、ドイツを含める西欧という新しい枠の経済活動に密接に結びつけ、ドイツの覇権という恐怖を取り除くことで西欧の統合を促すことが、われわれのドイツ問題そしてヨーロッパ問題に対する新しい対処の仕方である。最後に言えば、アメリカは、そのような、西ドイツを組み込んだ西欧の統合を外から押しつけることは出来ないであろう。しかしながら、イギリスとともに西ドイツに対し強い影響力を持つものとして、その統合に重要な援助を与える責任を負っているのである。

かくして提示されたダレスの西欧経済統合構想、さらには西欧連邦構想は、四七年一月、それを肉付けする具体的プランについてさえ背後で幅広い検討が始まっており、まさにダレスが議論集約の先端的役割を担った新構想であった。背後で検討された議論のなかでももっとも重要であったのは、ルール工業地帯の将来をめぐる問題であった。このルールについては、イギリスがソ連の参加を排除した形で西側諸国が参加する国際管理構想を、アメリカ側にすでに打診していた[26]。四六年後半に入ってルール産業の公有化を視野に出された、そのイギリス政府案に、国務省またダレスは国有化を嫌う立場から直ちに同意する意思はなかったが、他方で新案がソ連を排除し、さらにはフランスの同意を得うる、そのようなフランスと西ドイツの経済統合を促す案であればルールの国際管理に同調する腹を固めはじめていた。

さらに興味深い一点は、「ヨーロッパ関税同盟」と呼ばれる議論への国務省の態度の変化であった。国務省は、かつて戦中、自由フランスのモネが戦後ヨーロッパの経済回復に不可欠と語った「ヨーロッパ関税同盟」構想に関心を示さなかった。しかし、四七年に入ると、西ヨーロッパ規模の関税同盟がブレトンウッズ体制に先立って西欧経済拡大に資する具体的手段になるのであれば、自らの構想に取り込む議論を展開しはじめていた[27]。地域関税同盟は、本来、多角的自由貿易体制を指向するブレトンウッズ協定に照らせば異質で排除すべきものであったが、西欧経済の再建を当面支援することによって、長期的に多角的貿易体制への道に寄与するものであれば、その同盟をも認めようとする議論の転換がそこに起こっていた。幾分長期的にみるとき、この西欧関税同盟構想がヨーロッパ経済統合構想の文字通り核になる理念であったのであり、その面での合衆国がみせた変化も重要であろう。つまりアメリカは、はやくも四七年前半の時点から当初目論んだブレトンウッズ構想を決定的に修正し、その構想の長期的展望と齟齬をきたさない限りで、ヨーロッパ関税同盟案を西欧経済復興と西ドイツ建国の基本構想の一部に組み入れはじめていたのである。

ルールの国際管理、そしてヨーロッパ関税同盟構想を積極的に受容するという右の二つの動きは、おそらく西ドイツ建国という構想に向けてアメリカがこの時点で取り込んだ最も重要な新機軸とみなしてよいものであった。その二つの構想を軸に西ヨーロッパ統合の具体的な動きがいずれ始まる経緯は、フランスの動向を論じる次章が改めて明らかにする問題であり、その詳述は次章に譲ろう。

いずれにせよアメリカに戻れば、右の二点と同時に重要であった事実は、ダレスが四七年一月一七日の講演のなかで西欧経済統合にアメリカが「重要な援助」を与える「決意」をにおわせた点であった。英米ドイツ占領地域が経済的に停滞を極め、さらにフランスも低迷した経済から復興の糸口をつかむべくアメリカに政府間借款を要請していた状況において、新たなヨーロッパ政策をアメリカ側が積極的に語り、そのために援助を行うという約束をもらしたことの政治的衝撃は大きかった。その「援助」まで視野に入れれば、一月のダレス演説は五カ月後、四七年六月国務長官ジョージ・マーシャル（George Marshall）が公式に発表するヨーロッパ援助計画案を先取りした、観測気球的講演であったと位置づけても間違いないものであった。またその潮流に重なる形でフランスが四七年八月、フランス・ベネルクス三国にイタリアを加えた西「ヨーロッパ関税同盟」を提唱したのであり、ダレスの講演を通して語られたヨーロッパ統合を求める動きは、急速に大きな反響を呼び始めていた。事実、ダレスその人自身、一月の講演を終えてまもなく、国務長官マーシャルの随員としてモスクワで開かれた四国外相会議（四七年三月〜四月）に公式に出席する地位を得ていった。ダレスの起用が、アメリカの新政策とヨーロッパの新しい動きをさらに加速するものであったことは言うまでもない。

小括しておこう。かくして四七年一月から四月にかけてアメリカ政府内においては、ドイツ分割論が、対ヨーロッパ政策の基本路線として幅広い合意を得る地位を確保した。紛れもなくそれは新政策であり、ポツダム体制からの決別という明示的表現は決して使わなかったが、ソ連の合意ないアメリカによる事実上のポツダム体制廃棄を意味した。実際、そのような決断をするなかで国務省は、四七年の二月後半からは、翌三月に予定されたトルーマン・ドクトリン演説の準備に取りかかった。さらにマーシャルは、四月にはいるとドイツ分割論の旗手の一人ケナンを新設の国務省政策企画室長に任命した。アメリカ政府の基本政策として、ドイツ分割論つまりドイツの西側部分のみを国家として切り離す行動が確実に新政策たる地位を持ち始めたのは、その時点であったと確言することに異論の余地はないであろう。

むすびに

若干時間を戻してこの章の議論を結ぼう。四七年一月のダレスの講演では、フランスに対する言及は僅かしかなかった。西ドイツをフランス、ベルギー、オランダという西欧隣国と経済的に結びつけ統合すること、さらには連邦にまで誘うという、新しい将来を期待したいと語りはしたが、フランスが実際その種の西ドイツを容認するか否かについては、ダレスは講演で何も言及しなかった。おそらくその見通しがまったく不透明であったことから論及もしえなかったのであろう。その意味では、本章が俎上とした四七年一月から春までの時期におけるフランスの動きと、それにたいするアメリカ国務省の対応について付言しておかねばならない。

四七年一月ダレス演説は西ドイツ分離論を含意したが、そうした転換を示し始めたアメリカ側の動きにたいしフランスは、いかなる反応を示したか。実のところ、一月の時点でフランスは、なお対ドイツ占領政策において米英に同調することを拒み、従来のかたくなな姿勢を崩さなかった。

ただし、表向きはすこぶる独立的姿勢にみえたが、実のところすでに四六年後半からアメリカは、フランス連立政権の内部、とくにＭＲＰ（人民共和運動党）の動静にアメリカとの同調を策する動きがあることを感じ取っていた。四六年八月末、アメリカ駐仏大使ジェファソン・キャフェリー（Jefferson Caffery）は、フランス外相ジョルジュ・ビドー（Georges Bidault）から内々の思惑として次のような意向を伝えられた。フランスは「合衆国とソ連の関係をにらんで両者の狭間にたつような行動をもはやとらない」ことを願っている、と。さらに、ビドー個人の意向としては、共産党との連立政権に不満を強めており、できれば来たるべき半カ年程度の間に、連立政権から共産党を排除することを希望している、とも。この八月末のビドーの意向は直ちに実現する政治的計算ではなかったが、アメリカ政府は、フランス政界の動静に、対ドイツ政策、さらには対ソ政策においてもアメリカに同調しうる有力な勢力がいることをこの時期から明確に意識した。フランス共産党との連立に対する不満がＭＲＰばかりか、社会党内にも四六年末までには強まっていたことを確認していたのである[28]。

四七年一月、そうしたフランスにおけるラマディエ社会党内閣の組閣は、国務省に複雑な印象を与えた。四六年一一月レオン・ブルム（Léon Blum）の組閣によっていったん閣外にでた共産党が、社会党首班のラマディエ政権組閣にあたって連立に再び復活したからであった。しかしその一方で、国務省の感慨が微妙な二面性を孕んだ点は、共産党の連立復帰をフランスの不安定な国内政治状況を勘案すれば、現時点ではありうる選択と観念していた事実であった。総じて言えば、四七年初めの時期から国務省によるフランスへの態度は、それまでのフランスの一方的な行動にいらだちを示すというものよりも、腰を落ち着けて対仏関係を中期的に調整する姿勢を明確にとり始めていた。その新しい態度を指示するかのように、国務省は四七年前半、ラマディエ連立政権が共産党をいずれ自ら排除することを期待し、そのために圧力をかけるという強引な姿勢を示さなかったのである。

ほぼ時を同じくして、四七年三月から四月のモスクワ外相会談では、英米ドイツ経済統合地区にフランス占領地区の参加を強く勧奨する思惑にしぼって、アメリカはフランスとの話し合いに臨み始めていた。フランスのラインラント切り離し要求は拒否するとしても、ルール工業に対する国際管理構想については、彼らの意向を部分的にくみ取る姿勢をマーシャルがモスクワ外相会議でビドーに伝えたのは、その文脈においてであった。さらに会議の一カ月後、国務省が得た最大の朗報は、五月四日、ラマディエ政権がルノー工場労働者のストを引き金として起こった労働者賃金引き上げ問題を争点として共産党閣僚を閣外に追いやり、連立政権をついに解消した事件であった。国務省は、戦後フランス第四共和制がたどった政治的分岐点であるこの対共産党連立解消によって、フランスを西側陣営に組み込んでいく明確な枠組みを得たと確信した。事実、対ドイツ占領政策、さらにマーシャル・プランへの対応を含めて以後、[redacted]ンスは、西側陣営として積極的に行動する意向を明確にしていった。戦後、ヨーロッパ政治の決定的転換の一つ[redacted]の過程につづいた。

ただし、注意すべきは、[redacted]年冒頭以降に起こったそうした一連の変化は、フランスが対ドイツ占領政策をめぐってアメリカに完全に妥協[redacted]以後、全面的に指揮下に入ることをかならずしも意味しなかった事実にある。理由は明白であった。西ドイツへ[redacted]再建支援を盛りこんだアメリカの西ドイツ建国構想は、それが強力なドイツを展望したという意味では、フラン[redacted]にとって簡単に容認しがたい脅威であったからである。

フランスはこうして四七年[redacted]以後、西ドイツ設立をアメリカ主導の国際環境がよびおこす避け難い政治的与件として徐々に受け入れていく一[redacted]で、その西ドイツをいかに自己のイニシャティヴの枠内に取り込むか、その意味から自らの対ドイツ政策の再構[redacted]模索し始めていった。そしてその再構築は、何をおいても反共を優先し、しかもアメリカの圧倒的経済力・軍事[redacted]もとで影響下の国々にたいして幅広[redacted]網をかけるような形で西欧統合を促そうとした合衆国側の西欧統合の動きと[redacted]、自ずと異なる方向を目指すもの[redacted]あった。ドイツの行動を抑制しながら、同時に西ドイツと和解しフランスの優位を[redacted]する、そのような西ヨーロ[redacted]の戦後関係をいかに構築するか。フランスがイニシャティヴをとって模索し始めた[redacted]ロッパ統合の議論と[redacted]アメリカが軍事的視野にまで広げて論じた一括り的西欧統合、たとえば早期に西ヨーロッパ各国[redacted]の包括的調整を求め、さらにはイギリスをも統合に加えようとする動きとは確実に一線を画していく、むしろ、フランスを軸に西ヨーロッパ各国の利害を複雑に確保しようとする動きを含もうとしていた。

あえて言えば一九四〇年代後半からのヨーロッパ統合のうねりは、この時点からマーシャル・プランをてことしたアメリカの西ヨーロッパ介入を受け入れつつまたそれと共生しながらも、アメリカの構想とは異なる位相の、ヨーロッパ自前の統合を目指す動きとして決定的に展開しようとしていた。次章が、四八年以降のフランスの対外行動を別個に論じようとするのは、四〇年代後半から五〇年代前半まで、実質的には複線的であった西ヨーロッパ統合を指向するいま一つの動きを、つぎにはフランスの側から明らかにしたいからである。ただし、そうした複線的流れはさておき、アメリカの構想さらにはフランスから始まる潮流を含めて、第二次大戦後にみられたヨーロッパ統合の流れの結節点に、四七年前半にアメリカが決断した西ドイツ建国への動きが決定的与件として働いたことは、重ねて言うまでもなかった。西ドイツ自身は、保護者たるアメリカとフランスの双方に発する統合の動きをそれぞれ柔軟にうけとめる受け皿となりつつ、同時に自らもまた統合のいま一つの主体へと変貌することによりヨーロッパ統合運動の複合的核を形成していったことは、すでに序論で述べたとおりである。第二次世界大戦後、複雑かつ多様な動きを伴ったヨーロッパ統合の核心的動きとして、西ドイツ建国が全体の流れの結節点となったと本章が結論する所以はまさにその点にある。

最後に一言しておこう。西ドイツがそのようなアメリカ、さらにはフランスの双方から差し出された統合の手の受け皿となった事実は、おそらく歴史のすこぶる微妙な組み合わせの結果であった。そもそも戦後のドイツ国内において西ドイツ建国への動きを素直に受け止めることは、決して容易なことではなかった。西側陣営に与していくことの是非はともかく、そのために国土の分離を認めるという、背反する二つの行動を同時に承認することの難しさは大きかった。戦後社会民主党の主導権をいち早く確立したクルト・シューマッハー（Kurt Schumacher）が、四七年には西ドイツ建国の動きに早くも不満を表明し、社会民主党が以後、四九年にかけて西ドイツ建国に対しただ黙認するだけの消極的行動しか取りえなかった事実に、その間のドイツの苦悩は端的に表れた。アデナウアーも苦悩という点では決して例外ではない。一九四七年から四九年の間、ドイツの進路をめぐってCDUと社会民主党との間に展開した論争については、いずれ稿を改めて論じたい。

注

(1) Walter Lipgens, "General Introducton," in W. Lipgens and W. Loth, eds., *Documents on the History of European Integration, Vol. 1 : Continental Plans for European Union 1939-1945* (Walter de Gruyte, 1985), pp.4-7.

(2) Alan S. Milward, *The Reconstruction of Western Europe, 1945-52* (University of California Press, 1984), ch 5.また本書第六章を参照。

(3) 第二次大戦期から戦後占領期にいたるアメリカの対ドイツ政策をあつかった先行研究には以下のものがある。いずれも小論にとって参考となったものである。John Gimbel, *The American Occupation of Germany : Politics and the Military, 1945-1949* (Stanford University Press, 1968) ; Bruce Kuklich, *American Policy and the Division of Germany : The Clash with Russia Over Reparation* (Cornell University Press, 1972) ; John Backer, *The Decision to Divide Germany : American Foreign Policy in Transition* (Duke University Press, 1978) ; Jerry M. Dieendorf, Axel Frohn, Hermann-Jesef Rupieper, eds., *Americn Policy and the Reconstruction of West Germany, 1945-1955* (Cambridge University Press, 1993) : Carolyn Woods Eisenberg, *Drawing the line : The American Decision to Divide Germany, 1944-1949* (Cambridge University Press, 1996).

(4) 拙著『パクス・アメリカーナへの道——戦後世界秩序の胎動』山川出版社、一九九六年参照。

(5) 以下の叙述は、とくに注記しない場合、U.S. Dept. of State, *Postwar Foreign Policy Preparation, 1939-1945*, Department of State publication 3580 (GPO, 1949), pp.23-164.による。

(6) Eisenberg, *op. cit.*, p.21.

(7) *Ibid.*, p.21.

（8）二つの史料は、以下の資料集に収録されている。*Post World War II Foreign Policy Planning : State Department Records of Harley A. Notter, 1939-1945*, microfiche, 1987, 1090-CAC-13 (access number), 1090-CAC-14 (access number).

（9）U.S. Dept. of State, *Postwar Foreign Policy Preparation, 1939-1945*, pp.176-178.

（10）Paul Y Hammond, "Directives for the Occupation of Germany," in Harold Stein, ed., *American Civil-Military Decisions : a Book of Case Studies* (University of Alabama Press, 1963), p.322.

（11）Eisenberg, *op. cit.*, pp.26, 27.

（12）Protocol of the Berlin Conference, in U.S. Senate, Senate Committee on Foreign Relations, *A Decade of American Foreign Policy, Basic Documents, 1941-1949*, Senate Document no.123, 81st Congress, 1st session, 1950 (GPO, 1950), pp.36, 37.

（13）*Ibid.*, p.40.

（14）賠償要求をめぐって、ポツダム会談では米英とソ連との間で激しい対立が生じ、そのため、当面の事態を乗り切る例外規定として次の内容の妥協条文が成立した。ソ連は、ソ連占領地域からまず賠償を接収すること、西側諸国は西側占領地域から賠償を接収すること、ただし、ソ連は、その占領地域から接収するもの以外に、西側占領地域からも、冶金・化学・機械産業から平時ドイツ経済に必要でない産業施設の一五パーセントを受領することが認められる、と。アメリカ政府は、この合意をすすめるにあたって、それらの規定は、あくまで例外的な当面の処置であり、賠償額等についての最終決定は、本文に記したとおり、後日、連合国管理理事会が行うものという立場をまもなくとった。Cf. Protocol of the Berlin conference, in *Ibid.*, p.39.

（15）U.S. Department of State, *Foreign Relations of the United States*（以下、*FRUS*と略記）, 1945, Vol.3, pp.898, 899.

（16）F. Roy Willis, *The French in Germany, 1945-1949* (Stanford Univeristy Press, 1969) pp.26-29.

（17）この事件が米英両国政府に与えた衝撃は大きかった。国務省の不満は、次の国務次官ディーン・アチソンの書簡に明らかであった。The Acting Secretary of State to the Secretary of State, at Paris, May 9, 1945, *FRUS*, 1946, Vol.5, p.550.またイギリス政府の反応については四六年四月アトリー政府の閣議に外相ベヴィンが提出した「ドイツの将来とルール」と題する報告書（作成日付、四六年三月十一日）が、この問題への不満を次のように語っている。「ロシア占領ゾーンは、いま政治的に、他の占領国でソ連が用いたと同じモデルに沿って組織されつつある。社会民主党と共産党を合同させ、上から強引に指揮・管理するような統一労働者党なるものの設立のためのあらゆる準備が進められている。このような処理の結果として、名目的にそうではなくとも、実質的にあらゆる行政に支配的力を行使するのは、ロシアで訓練された共産主義者となる。〔……〕彼らの操作の目的はドイツの東半分を含むルーベックからトリエステにいたるまでの地域を、単一のソ連支配地域に組み込み、編成しようとする動きであるように思える」、と。Committee on German Industry, "The Future of Germany and the Ruhr," Memorandum by the Secretary of State for Foreign Affairs, March 11, 1946, CP (46) 156, Gen 121/1, CAB129/6, in *Cabinet papers, series three, 1945-1951 : CAB 128 &CAB 129*, microfilm reels, ed. by Public Record Office, Great Britain (Acam Matthew Publications, 1996).

(18) Memorandum by the Deputy director of the Office of European Affairs (Hickerson). May, 6, 1946, in *FRUS*, 1946, Vol.5, pp.436-438；拙著『パクス・アメリカーナへの道』二三四—二三五頁参照。

(19) Edward S. Mason, "Has our Policy in Germany Failed?" *Foreign Affairs*, vol.24, no.4, July 1946, pp.579-590.

(20) Anne Deighton, *The Impossible Peace : Britain, the Division of Germany, and the Origins of the Cold War* (Oxford University Press, 1990), pp.112-117.

(21) Germany : Memorandum, Oct. 17, 1946, CP (46) 383, CAB129/13, in *Cabinet papers, 1945-1951*.

(22) Kennan to the Secretary of State, March 6, 1946, in *FRUS*, 1946, Vol.5, pp.516-520.

(23) ケナンのドイル分割論は、四六年三月の書簡以降、彼が四六年に繰り返し論じた重要なテーマの一つであり、いわばこの時点でのソ連封じ込め論の支柱の一つであった。以下の資料もそのケナンの立場を明示している。Memorandum by Mr. Geroge F. Kennan to Mr. Carmel Office, May 10, 1946, in *FRUS*, 1946, Vol.5, pp.555, 556.

(24) "Study Group Reports, Second Meeting," Dec. 11, 1946, Box 241, Study Groups Records, Council on Foreign Relations Archives, Mudd Manuscript Library, Princeton University Library,

(25) John Foster Dulles, "A New Year Resolve," address before the National Publishers Association, Jan. 17, 1947, in *The Papers of John Foster Dulles*, Princeton University Library, micrfilm, reel 60 (Scholar Resources, 1976).

(26) International Control of the Ruhr, Oct 24, 1946, CP (46) 398, CAB129/13, in *Cabinet papers, 1945-1951*.

(27) Michael J. Hogan, *The Marshall Plan : America, Britain, and the Reconstruction of Western Europe, 1947-1952* (Cambridge

University Press, 1987), pp.56, 57.

(28) Irwin M. Wall, *The United States and the Making of Postwar France, 1945-1954* (Cambridge University Press, 1989), pp.59, 60.

第6章

戦後フランス外交の転換過程
――シューマン・プランが目指したヨーロッパ統合の意味

紀平英作

はじめに

第二次世界大戦におけるヨーロッパ戦線が終了してちょうど五年後となる一九五〇年五月九日、フランス政府が発表した声明は、ヨーロッパが先立つ第一次大戦から第二次大戦、さらにその直後にいたるまでの三〇年を超える危機と混乱の時代を自ら乗り越えていく決定的な転機となるものであった。フランス外相ロベルト・シューマンが発表したヨーロッパ石炭鉄鋼共同体設立提案、いわゆるシューマン・プランであったが、プランの意味を論じるまえに文面をまず確認することから始めよう。

世界平和は、平和を脅かす脅威にたいし、それを上回るだけの創造的努力なくして守り抜きえないであろう。〔……〕フランスは、過去二〇年ヨーロッパ統合の指導者であるべく努め、平和の保持を基本的な国家目的としてきた。しかし、残念ながらそのめざすヨーロッパは実現されず、われわれは破壊的戦争を再び繰り返した。

おそらく統合ヨーロッパは一朝には形成されえないのであろう。それは、具体的な事実を積み上げていく、何より将来への基盤を作り出す着実な努力によって創造されていく。とくに現下でいえば、ヨーロッパ諸国の再結合はまずフランスとドイツの一〇〇年にわたる対立関係の改善を必要とするに違いない。ヨーロッパ統合の礎は、フランスとドイツの関係改善を図るものでなければならないのである。

そのような企図から、フランス政府は今日、限られ範囲であっても、しかし決定的な定礎となる行動を直ちに実現に移すべく提案する。

フランス政府は、ドイツとフランス、両国における石炭ならびに鉄鋼生産に関するすべての経営事項〔設備投資・近代化計画の統一、相互の価格調整、さらには関税等〕について独自の管理権を持つ国際共同組織、さらにはそのもとにある高等運営機関の設立を提案し、またその共同組織が他のヨーロッパ諸国の加入にも開かれることを提案するものである[1]（一九五〇年五月九日、フランス政府公式声明。括弧内筆者註）。

第二次世界大戦後、フランス、さらにドイツの隣国であったベネルクス三国という西ヨーロッパ諸国にとって最大の課題は、敗戦したドイツといかに政治的、経済的さらには軍事的に向きあうかという意味での「ドイツ問題」に収斂した。彼らが捉えた「ドイツ問題」は、それがヨーロッパそのもののあり方に関わったという点で、アメリカ合衆国さらにはイギリスにとっての「ドイツ問題」とも決定的に異なる重みを持つものであった。迫りくる冷戦も「ドイツ問題」との関連のなかでたえず位置づけられたといって過言ではない。そうした文脈からすれば右のドイツとの協調また同権を謳ったシューマン・プランは、戦後フランス史、また西ヨーロッパ史のまぎれもない転換点であった。プラン発表以後フランスは、この声明が語るとおりドイツを協力者として自らの生き方を確定するという仏独協調を政策の基調に明示し、それを軸として西ヨーロッパ統合の枠を広げる路線を今日にいたるまで、紆余曲折があっても持続してきた。二〇世紀の中間点となる一九四九年から五〇年、フランスは合衆国またイギリスとNATOを通して大西洋的関係を結びながらも（NATOは四九年四月調印）、その冷戦構造とは明確に距離を保つヨーロッパ石炭鉄鋼共同体形成に踏み出すことでヨーロッパ国家たる独自の道を歩みはじめたといってよい。[2]

が、そうした二〇世紀的意味と同時に歴史的に注目すべきは、五〇年時点でそれほどに革命的であったシューマン・プランをフランス世論の多数が即座に受け入れた事実、その点にあった。やや立ち入っていえば支持する時評は、石炭および鉄鋼に寄せた単なる経済的関心という文脈だけではなかった。シューマン・プランを報じた『ル・モンド』紙の解説を引くことから、受け止め方の一例を確認してみよう。

シューマン・プランの試みは、今日多くの支持者が求めるヨーロッパなるものの建設を早めるもっとも有効な礎石となるに違いない。なるほどヨーロッパ理念は数多い支持者をもってはいるが、現在、強固な支えと呼ぶべきものを保持していない〔……〕。というのも、いかなる形にせよ国際組織を設立しようとする際には、各国政府さらには民間利害が激しく抵抗するからである。そうした状況のなかで、シューマンが基礎産業間のものとして提案した両国の緊密な経済的結合は、該当産業分野における平和的関係を相互に引き出すばかりか、将来、幅広い協力関係へと展開可能な政治的礎を構築するという意味で大きな利点をもつのである。このことこそ、シューマン・プランの最大の要点である、と。[3]

シューマン提案がフランス国内において幅広く迎えられた右の状況は、一九四五年、ドイツに対して根深い敵対意識を政治的ばかりか文化的にも噴出していた戦後状況と比較すれば、驚嘆ともいってよい変化が四〇年代後半のフランスに起こったことを暗示している。五〇年五月、ドイツとの協調、さらには部分的な経済統合までを指向するにいたったフランス対外政策論理の変化は、複雑でまたきわめて曲折に富んだものであったと予想してよい。本章はシューマン・プランに流れ込んだ議論の多様さを明らかにするとともに、またその多様性が同プランへと収斂した内的構造を解明することを課題としている。

ちなみに戦後フランス政治史の基本課題といってよい、四〇年代後半にフランス外交が示した変化については、それがあまりにドラスティックであったことを主な理由としてその過程を政治史的に追う実証的歴史研究はフランス内においても従来活発に行われてこなかった。そうした制約もあり、本章は現在知られた議論をできるだけ明瞭に整理しこの問題に関わる今後の研究基盤を明示していくことも課題としている。[4]

ひとまず大戦直後のフランスから論じていこう。

第一節　戦後フランスが抱えた課題と対ドイツ政策

1　対ドイツ同盟網構築への模索

四四年八月からその年末にかけて、パリ解放後臨時政府を組織したシャルル・ドゴール・フランス新政府に対して三大連合国が示した対応は、決して好意的でも積極的でもなかった。とくにアメリカ大統領フランクリン・ローズヴェルトが、民族主義色のつよい、しかもヴェトナムなどに対して明確に植民地主義的であったドゴールを四一年の時期から嫌った事実はよく知られており、合衆国がドゴール臨時政府を承認したのは、パリ解放から三カ月もたった四四年一〇月であった[5]。

その事情などが背景にあって、ドゴールが四四年夏から四五年かけてソ連としばしば協調するかのような姿勢を示すことで、自らの対ドイツ政策の実現を目指そうとしたのには、さらに二つの理由が働いていた。一つは大国としてのフランスの地位を戦後に向けて早期に回復する年来の願望であった。フランスの行動をみくだすような合衆国に対抗し、ソ連との接触、支援を受けることが三大国に対するフランスの地位を高めるであろうとする思惑をドゴールは隠さなかった。ただし、その種のドゴール流大国指向とともにいま一点彼が対ソ関係に配慮した理由は、戦後のヨーロッパにおいてフランスの安全確保を目標とするとき、アメリカは結局のところ外部者であり、ドイツに対してフランスとソ連がいかに圧力を及ぼすかが肝要と解する、伝統的なヨーロッパ国際関係観が基盤となっていた。首相就任後の一一月、チャーチルから、東ヨーロッパにおいてソ連に対し大きな勢力圏を認めざるをえなかったとする四四年一〇月のチャーチル＝スターリン・モスクワ会談を聞いたことを機に、ドゴールがただちにモスクワ訪問を決意した事実も、そのような彼の戦後観を基礎に理解できる行動であった。ドゴールは一二月モスクワに発ち、スターリンと会見した。そのモスクワ訪問の成果が、戦後フランス外交の出発点となる対ドイツ同盟としての仏露同盟条約の締結（四四年一二月一〇日）であった[6]。

民族主義的色彩の強いドゴールの強引な指導があったとしても、戦後世界に対して基本的には同盟関係の構築を目指して開幕した戦後フランス外交の最大課題が、何をおいてもドイツに対して安全を確保する「ドイツ問題」にあったことは強調するまでもない要点であろう。第五章でも記したとおり、ドイツの根本的弱体化を目指すフランスの対ドイツ政策は、戦後フランスおよびヨーロッパの安全保障が「ドイツ問題」そのものであるという認識を前提としており、対ドイツ同盟網の構築がその目標に向けた第一の外交努力であった。

ちなみに、その種の対ドイツ政策がドゴール臨時政府のもとでいつの時期に体系的に立案されたかについては解明すべき点も多いが、実質的内容が明確になるのはやはりドゴールがソ連に出向いたモスクワ訪問の前後であった。モスクワ訪問に当たって彼が示した第一の目標は仏露同盟条約の締結であったが、おりしも彼は、戦後ポーランド領を、旧ドイツ領シュレジエンを含むオデル・ナイセ線まで西進させるという、ソ連がヤルタ会談に向けて主張しはじめた新ドイツ東部国境案に対してもいち速く賛意を示した。彼の脳裏に、東部国境を認める代価として西部ドイツ領土の変更への関心があったことは疑いない。事実、帰国後、彼が四五年初めから語りはじめたのが、ラインラントをドイツから切り離し、さらにすすんで、ライン右岸であるルール工業地域をもドイツ領から切りとり、国際管理機構の統治下におくという西部新国境案ならびにルール処理案であった。そこでいわれた「ラインラントならびにヴェストファーレン」地域に対してドイツの主権を排除するという主張が、ドイツ経済の心臓部を切り裂こうとする、文字通りの懲罰的、対ドイツ強硬論であったことはいうまでもない。(7)

その時期からフランス政府は戦後ドイツの政体についても、東西国境が縮小したドイツをさらに二、三の国に分割するか、あるいは徹底的に連邦化するという、いわば中央集権的ライヒを否定する政体論を展開し始めていた。その議論をドゴールはすでにモスクワにおいてスターリンに伝えたが、スターリンは逆にドイツの分割には反対の意向を示した。ドゴールが戦後のヨーロッパに対するフランスとソ連の思惑に微妙な相違を感じ取ったのは、やはりこのモスクワ訪問時であった。しかし、その反対にも拘わらず、フランスは以後一貫して中央集権的ドイツの否定、できればドイツの分割、すくなくともドイツの徹底した連邦化を主張しつづけた。(8) 一八七一年、帝政ドイツ創建という形で集権化をすすめた近代ドイツを否定し、ドイツを数個の国に分割するかあるいはそれを徹底的に連邦化するフランスの主張は、あえていえばドイツをウィーン会議後のドイツ連邦期に戻そうとする一九世紀的政治原理への回帰に近かった。

フランス政府はその後、ドイツ領ザールへの関心をも国際的に表明したが、その明示は同じ西部国境でもラインラントおよびルール処理案の提示から遅れた四五年六月、サンフランシスコ国連憲章起草会議においてであった。数カ月の遅れはフランスの要求が増幅したというより、フランスにとってザール併合は論議を超えた既定の方針であった事実を物語る。表明の直後から、フランス政府は対ドイツ・フランス占領政策の開始とともに、ザール呑込みの企図を実行に移した。フランス軍が割当占領地としてザールにはいったのは四五年七月一〇日であり、一カ月後には政府は、この地に軍政府とは別の独自の総督を指名した（それから半年後の四六年一月一七日、ザールの併合を宣言したのである）。ザールを含めてフランス占領地域に対して軍政府がとった厳しい賠償取り立て行為、さらには賠償取り立ての名を借りた物資徴発は、フランスによる強硬な対ドイツ姿勢として広く知られたが、その占領政策を含めてフランスの対ドイツ政策は四五年、実際のドイツ占領が開始するにつれて頑強さと峻烈さを増した[9]。ドゴールが、ヤルタ会談に続いてポツダムにも招かれなかったことをふまえ、会談後の四五年八月二二日、合衆国大統領トルーマンに向けてフランスはポツダム協定に拘束されないと言い放った事実は、フランスにとっての対ドイツ政策の重要さを改めて鮮明にしようとする示威行為にほかならなかった。

2　懲罰主義と国際主義——二つのドイツ政策の混在

そうした一連の戦後対ドイツ政策が、フランス政界では民族主義的保守に属するドゴールの意向をつよく反映した体系であった点は、その限りで間違いのない現実である。その事実を強調する研究者は、他方で、この時期の社会主義者、レジスタンス運動家までを含めたフランス政界、知識人による戦後構想が、懲罰的ドイツ政策一色に塗りつぶされたわけではなかったことを今日実証する。しかし、その面の実証成果をも認めていえば政治的立場の異同・偏差があったにせよ、四四年末から四五年初めにかけてフランスが明示した対ドイツ政策は、四六年一月、ドゴール自身が国内政争のはてに大統領職を辞した以後も、四七年初めまでは基本的に外交路線として維持され、それに代わる政策が直ちに表明されなかった。さらに四七年以降においてさえ転換は微妙であり、その事実のもつ意味は歴史的にみて重いと考えざるをえない。あえていえば戦後フランスにおける対ドイツ懲罰政策の表明、またその政策がかなりの期間持続した事実には、ドゴール流の民族主義を超えて一九世紀末から一九四〇年代半ばまでの独仏関係の包括的なあり方が張り付いており、その枠からの脱却が決して容易でなかった政治・思想事情が埋め込まれていた。議論をその点に沿っていま少しすすめてみよう。

ドイツの歴史家W・ロートの分析に依拠する。彼の理解によれば、フランスの戦後構想には四五年五月ヨーロッパ戦争終結時点から二つの流れが伏流した。ドイツの徹底した弱体化とそれに対する防衛同盟を確保することによって、西ヨーロッパから中央ヨーロッパにフランスの優位を確立しようとする、伝統的パワー・ポリティックスの原理に基づく政策体系が第一の枠組みであった。これに対し、集団安全保障的思想を基礎理念とし、ドイツの民主化を求め、民主的ドイツを有効な国際組織に取り込むことでフランスの安全保障とヨーロッパの平和確保を協調的に目指そうとする政策論が、体系的論理としては確認しえた。政治的には、前者の思想を突出的に表現したのがドゴールと初期の臨時政府指導者であり、後者を下敷きとする議論を展開したのは、戦時下にレジスタンス運動を指導した非共産党系の社会主義者集団、とくにかつての統一戦線内閣首班であったレオン・ブルム影響下の人びとであった。ただし、ロートはあわせていう。右のような二つのイデアルタイプス＝理念型を歴史回想的に整理できるとしても、実際に展開した個々の具体的議論を理解するには歴史家は慎重でなければならない。なぜなら個人また集団が語る議論では、ドイツに対する懲罰的態度と後者の国際主義的立場を踏まえた議論は複雑に溶け合い、さながら二つが混合するに近い議論が圧倒的に多かったというのである。[10]

たしかに四九年までのフランス指導者の言説を通観するとき、立場の違いを超えてドイツに対する年来の不安とフランスの安全保障を優先する点で、ドゴール流の対ドイツ強硬論が矛盾なくとけ込む混合的性格をもつものが圧倒的であった。代表的な二例をあげて論理の構造をみておこう。

ブルムの盟友であり、四七年には第四共和制初代大統領に就任した社会党のヴァンサン・オリオル（Vincent Auriol）が残した日記には、ヨーロッパ戦線終結後もドイツの復活の恐怖におののくフランス指導者の心情がきわめて率直に吐露されていた。彼は四八年二月、米英二国が正式に西ドイツの建国、その復興を目指しフランスとの協議に望もうとしたロンドン会談を前にして、フランス・ドイツ占領地区軍政長官ピエール・ケーニグ（Pierre Koenig）に対し西ドイツ建設に対する不安を次のような激しい言葉で表現していた。「アメリカとイギリスは、〔昨年一二月のロンドン会議以降〕われわれに〔ロシアと対抗するという意味で〕お互いに一致した行動をとることを提案している。しかしながら、その一致した行動とは彼らの理解では、われわれが独立性を装いながら両国の意図に沿って行動するという内容を含意するのであろう。疑いなく、彼らはわれわれが提案する手段を受け入れようとはしない。〔……〕私はケーニグに話した。「いずれ米英はわれわれに対してバイゾーンにおいて必要とするすべての方向に同意を迫るであろう。残念ながらわれわれの力は独自の立場を貫くにはあまりに弱く、結局米英は、惨憺たる結果に向かうに違いない彼らの政策に、われわれを引きづり込むことになるであろう」、と」[11]。

オリオルが、戦後直後の時期から他の社会党指導者とともにヨーロッパの将来として国民国家を超えた統合組織の樹立を構想し、のちのヨーロッパ議会構想に近い理念を抱いたことは事実であった。しかし彼にとって、その理解と、ラインラントをドイツから切り離して独立のラインラント国家とすること、さらには残りのドイツについても徹底的に連邦化し事実上の数個の国家連合とする構想は、まったく矛盾するものではなかった[12]。否、フランスの安全はそのようなドイツを基盤としてしか維持できないと理解する確信こそが、四八年二月彼がケーニグに語ったドイツへの不安の根底にある問題であった。

社会党指導者がそうであるとすれば、中産階級を基盤とするリベラル政党として、少数ながら国民議会に一定の有力議席を保持した「急進党」（正式名称「共和・急進・急進社会主義党」）の指導者エドゥアール・エリオ（Edouard Herriot）にも、同様の複合的議論がみられた。彼は、戦間期フランスでの指導的国際連盟支持者の一人であり、二九年九月外相ブリアンが提唱した国際連盟傘下での「ヨーロッパ連合」設立という構想にも強い共感を示した集団安全保障論者であった。しかし、戦後彼は同時にもっとも強烈なドイツ警戒論者の一人として知られた。戦闘が終わってすでに四年がたった四九年五月、彼は西ドイツ建国の日を間近に控えてなお厳しいドイツ観を「急進党」執行委員会において吐露することを憚らなかった。ドイツの産業基盤・技術基盤が極めて高い事実をわれわれが認めるとすれば、ドイツの復興はまもなくフランスを圧倒する可能性をもつことをフランスは常に銘記しておかねばならない。またドイツ社会の特質からみて、外から注入される民主主義が容易に定着しがたいことについてもわれわれは現実的でなければなるまい。つまりはドイツの西側指向が一気に実現できるなどという劇的変化を夢想すべきではないのである。――かく語った上でエリオはいう。そうであればルール産業の単なる国際管理ばかりか、ルールそのものをドイツの主権から切り離し、またドイツの徹底した連邦化を図ることがヨーロッパの協調、統合を構想する上で前提の道であろう、と。エリオの脳裏においては、フランスとドイツが参加するヨーロッパ協調体制と、戦後フランスが主張した懲罰的ドイツ政策とはまったく矛盾しない一体の論理体系たりえた⑬。

おおよそ四四年末から四五年前半にかけてドゴール新政府が掲げた戦後フランスの対ドイツ政策は、つまるところドゴールとその周辺が突出して案出した奇形的ドイツ政策ではなかったというべきであろう。伝統的ドイツ観はもとよりのこと、第二次世界大戦終了時点でフランスが直面していた国際政治状況では、その種の対ドイツ政策以外にフランスの安全を確保するものがないと理解された現実が重要であった。フランスの疲弊は激しく、またイギリスの力の弱体化も覆いがたかった。そしてアメリカ合衆国はいずれヨーロッパから撤退するであろうことをすべての政治集団が予想した点では、対ドイツ政策は党派を超えた共通理解であった。たとえば、四四年一一月、中道カトリック民主主義勢力の結集として組織された人民共和運動（Movement Républicain Populaire、以下ＭＲＰと略記）は、以後フランス第四共和制を支える中道政党として成長したが、四七年までその対外政策は圧倒的にドゴール色を刻印した。さらに、同時期連立政権に加わった議会内最左翼の共産党もまた、ドゴール・グループにおとらぬ対ドイツ強硬策を頑強に支持したことが、記すに値しよう。共産党の対ドイツ政策論理はソ連の意をくんだ点でやや別の思惑を含んだが、いずれにせよ「ドイツ問題」という限りでは左右対立が解消したかにみえる状況が、この時期のフランス政治の特徴であった。[14]

第二節　モネ・プランの射程

1　第四共和制の出発——ＭＲＰと社会党の主導体制へ

「ドイツ問題」を離れて議論をいま少し広げてみよう。

大戦後、第三共和制憲法の廃棄を議会が決定しながら、第一次憲法案が国民投票によって否決され、再度選出された第二次憲法制定議会の起草になる第四共和制憲法が国民投票によって採択されたのは、四六年一〇月一三日であった。その間、長期間にわたったドイツによる大戦中の占領と戦闘がもたらした人的損傷、さらには都市部の建物、鉄道・工場施設の四分の一以上が破壊された経済的疲弊はフランスに重くのしかかっていた。戦中にみられた

表6-1　戦後フランス政党の国民議会勢力地図、1945〜1956年

	共産党(1)	社会党	急進党(2)	MRP	共和右派	その他	
戦後第1回 国民議会選挙 1945年10月21日	161	150	57	150	64	161	
第2次憲法制定議会選挙 1946年6月2日	153	129	53	169	67	153	
第4共和制 第1回国民議会選挙 1946年11月10日	183	105	70	167	71	183	
第2回国民議会選挙 1951年6月17日	101	107	95	96	RPF 98	共和右派 98	その他 10
第3回国民議会選挙 1956年1月2日	150	共和戦線(3) 84		84	共和右派 84	プジャード派 84	その他 2〜5

(1)「共産党」には同系のものも含む。
(2)「急進党」には同系のものを含む。
(3)「共和戦線」は、社会党、急進党・同系、77議席、およびその他7議席で構成される。
典拠：中木康夫『フランス政治史（中）』未来社、1975年、166、174、180、210、270頁より作成。

死者は一五〇万人におよび、四五年の産業生産は、戦前一九三八年水準のなお五六パーセント、工業生産にいたっては二〇パーセント強にしか達しなかった。翌四六年になってもフランスの一人あたり国民所得は戦前水準を下回る二六〇ドルに留まった。世界的にみてその年の合衆国の一人あたり国民所得が一二〇〇ドルであった事実と比較すれば、ドゴールが野望する大国フランスの復活は四六年時点で見る影もなかった⑮。そうした人的・物的疲弊、さらには少数政党の分立、また左右対立のため、発足期から不安定にみえた第四共和制前半期のフランス国内政治状況を、ここでは政党を中心に対外政策の担い手を確認する視点から簡単に整理しておきたい。

フランス解放以後、初となった国民議会選挙（四五年一〇月二一日、結果的には第一次憲法制定議会選挙）において一〇〇以上の議席を得たのは、レジスタンス三派の流れをくんだ、共産党、社会党、そして人民共和運動MRPの三党であった。表6-1にみられるように三党は、この時点ではほぼ均等の力を保持した。解放の指導者ドゴールが翌一一月新政府を組織したが、その内閣は議会

の構成からして文字通り挙国一致内閣的性格を持つ三党連立政権とならざるをえなかった。しかし、相当数のドゴール支持者・政治的保守を含んだＭＲＰはさておき、社会党また共産党まで加えた政権基盤のため、民族主義派右翼ドゴールはことあるごとに閣議不一致をおこし、結局二カ月で自ら内閣を放棄せざるをえなかった。そのドゴール下野以後、政治状況は四六年末から四七年初めにかけて、逆にＭＲＰおよび社会党と共産党との溝が深まり、四七年五月共産党閣僚の閣外追放・連立解消という最左翼切り落としへと進んだが、その間のダイナミズムを通して一貫したのは連立政権を支える社会党とＭＲＰとの共生関係であった。共産党を排除した後も五一年六月選挙まで、社会党とＭＲＰが連立政権の軸にあった。政治状況全般を俯瞰すれば、その二党と協調して、少数政党ながら社会党とＭＲＰの双方に接近する位置にあった「急進党」が議会において要職をしめ政府与党を構成した。

ＭＲＰと社会党の連立に対して、四七年五月に野党に転じたとはいえ共産党が引き続き議会内において大きな勢力を保持したことが、第四共和制の特徴であった。そして、共産党のその強大さが結果的に五〇年代中葉フランス政治を再び不安定化した一因であったことは、表6-1の政党勢力推移が明示するところであろう。五一年選挙を機としたＭＲＰの衰退によって第四共和制はそれまでのＭＲＰ・社会党連立という支柱を失い、スエズ危機、さらにアルジェリア危機という対外危機が左右対立を加速することで五八年に崩壊した。しかし、社会的動員力と院内勢力としての強力さは別として、外交政策面でいえば、共産党の影響は四七年五月の連立解消をもって明確に終了したといってよかった。それは戦後フランス外交に絡んだ政党配置の一画期をなした。

他方、四六年初め下野したドゴールが、翌四七年初頭彼の指導に忠実な右派民族主義グループを集いフランス人民連合（Rassemblement du Peuple français　ＲＰＦ）を結成した事実も、第四共和制下の政治動態をみる不可欠の構成要素であった。第四共和制の崩壊はアルジェリア現地軍の蜂起という政治危機を境としたドゴール・グループらの政権奪取によった。ただし四七年に結成されたゴーリストの実質的影響力が大幅に拡大するのはあくまで五一年選挙によってであり、それまでの政治状況ではＭＲＰが中道から政治的保守を体現し、最右翼のゴーリストがもった意味は彼らが起こしかねない非合法決起への不安にとどまった。ＭＲＰと社会党は、下野した共産党とともに右派ドゴール勢力がもつ政治動員力の圧力を終始感じながらも、国際的には合衆国の支援もあって五一年まで国内政策ばかりか対外政策においても基本的に主導権を確保した。直截にいえば、四四年九月に外相に就任して以来、戦後外交の舵取りにあたったジョルジュ・ビドー、その後のロベルト・シューマン（いずれもＭＲＰ）、ならびに社会党を代表したレオン・ブルムらが、モーリス・クーブドミュルヴィル（Maurice Couve de Murville）ら気鋭の専門外交官僚集団とともに、第四共和制外交の中軸を担う推進体であった[16]。

2　モネ・プランとルール問題の密接な相関性

右の政党配置を踏まえて、戦後国内再建問題をやや幅広く眺めてみよう。

戦後フランスが目指した最大の国内政治目標である再建が、基幹経済部門の近代化とそれをとおした国民総生産の拡大という、フランス史上かつてない高度の経済成長路線「本国・海外領土経済近代化・設備第一次計画」、いわゆるモネ・プランの採択へと四六年後半に収斂したことは周知の事実に属する。しかし、そのモネ・プランの始発点と論理については、今日必ずしも確かな歴史的同定が行われていない。いちはやくフランス解放後の四四年末から臨時政府指導下で開始された北部炭坑の国有化（四四年一二月）、さらに翌年一月のルノー自動車工場、六月の航空事業へとつづく一連の国有化路線が、四三年五月に組織された戦時統一レジスタンス組織「全国抵抗評議会」の四三年綱領（Le Council National de la Résistance、以下、ＣＮＲ、四三年綱領については「ＣＮＲ綱領」と略記）に沿ったものであったことは疑いない。多数派であった共産党系レジスタンスに社会党系が加わり作成したその綱領は、相当規模の大資本に対する「国民管理」を目指す「国有化」、また計画経済を軸とする「社会化と計画化」路線を指示した。ただし、四六年に登場するモネ・プランが指向したのはそのような意味での「国民管理」ではなかったし、さらにいえば国有化をことさらの目標としてみる政府施策でもなかった。国有化が四六年半ばまで共産党閣僚の牽引で四大預金銀行や電力・ガス・石炭・鉄道産業にすすんだことは事実であったが、その間の施策は、フランス産業のとくに基幹部門にみられた小規模企業分立状況を国家権力によって集約化する手段として重要性をもったのみで、イデオロギー的意味は含まなかった。そして事実、四七年前半、共産党との連立解除を機に国有化路線は停止し、初期の「国民管理」という政策論理は排除されたとみる方が妥当であった[17]。

同様に、四四年後半から四五年初めの時期に起源をもついま一つの政策体系があった。四四年九月、解放後のドゴール臨時政府のもとに設置された国民経済省と、その長官に任命されたピエール・マンデス＝フランス（Pierre Méndes-France　自由フランスから戦後急進党に入党）の施策がそれであった。国民経済省に経済管理権の大方を集中し、工業生産ばかりか食糧確保・配給なども統制下におこうとしたマンデス＝フランスの政策は、それ自体としては戦時統制・動員政策の一環と理解してよい内容であり、臨時政府内に異議はなかった。しかし、戦後を見通す段階となった四五年一月、マンデス＝フランスが臨時政府に提案した一連の経済計画案は、その暫定的戦時統制とは明確に異なる議論として不協和音を呼び起こした。進行するインフレの抑制を主眼に、新平価導入による通貨改革、一部預金の凍結と不当戦時利益の没収、さらには賃金の抑制を主張した財政政策は、戦後に対する彼の大胆な改革意識を投影したが、とくに賃金凍結策は共産党さらに社会党の激しい反対にさらされ、通貨政策とともに日の目を見ることがなかった。通貨改革と表裏の中期政策としてマンデス＝フランスが経済再建を目指す五カ年計画とした提案は、政権内の共産党グループが採る社会化をイデオロギー目的とせず、むしろ各産業部門の生産に対して傾斜重要度を与え、財政資源を優先順に投入しようとする点などで、のちのモネ・プランの手法を先取りした。ただし、その手法の反面で彼が主張した通貨改革と賃金の抑制、またそれらを基盤とした消費物資生産優先による国民生活改善の指向は、対外援助への依存をさけてフランス経済の自立再建を求めたいま一点とともに、彼よりはるかに重工業重視、成長指向的であり、合衆国援助への期待を当初から語ったモネ・プランの基本指向と異なった⑱。

戦後フランス社会と経済の再建目標を社会化におくのか、それとも社会化を単にプラクティカルに用いるのみなのか。また再建の手順としてどの部門を優先するか。あるいは対外関係をいかにするか。おそらく四五年前半時点では、臨時政府を構成した寄り合い所帯の各政党グループ、さらには国民経済省の経済官僚の間にもなお確信と確かな合意がなかった事実がマンデス゠フランス案の推進力をそいだ。事実、一月に提案された経済計画策は臨時政府のもとでの激しい抵抗によって廃案となり、マンデス゠フランスも四五年四月に政府を離れた。四五年半ば新政府の再建政策は蛇行のただ中にあったといってよかった⑲。

イギリスの経済史家F・リンチは、モネ・プランがCNF綱領の延長にあるのではなく、むしろ四五年後半以降のフランスがおかれた国際環境とそれに対応した国内政治動態の投影であったと理解する点で、独自のモネ・プラン起源論を展開する。しばらく彼女の議論を参照しながらプランの成り立ちと意味を考えてみよう。

歴史の現実としてCNFが主張した「社会化と計画化」の思想は、ある対抗的議論としてモネ・プランを側面で育てたことは疑いなかったし、またマンデス゠フランスの経済計画案も、傾斜生産方式を目指すものとしてモネの考えに取り入れられるものが少なくなかった。さらにモネ・プランは戦前にみられた一部有力企業の労使協調による生産性向上の議論、さらにはそれを受け止める労働組合CGTの経済管理理論を部分的を取り込んだ。加えて国際的にいえば、大恐慌下で経済・社会再建を目指した合衆国のニューディール路線という、幅広い国家介入による資本主義修正の議論を基礎としていた。いま一つモネらの政策を支えた要素として、モネら経済専門家が戦時期合衆国経済の著しい成長をみるなかで育てた経済成長論も重い意味をもったに違いない。しかしそうした思想的さらには行政的蓄積と同様に、モネ・プランの採択にとって重要であった点は、そのプラン自体が本質的に政治的なものであり、計画の内容には四五年後半以降のフランス政治と国際環境への思惑が色濃く反映した事実である[20]。

プランの提唱者、ジャン・モネの経済再建構想が戦後急速に受け入れられはじめたのは、時期的には四五年末から四六年初めであった。政権は、ドゴールの権威主義的支配からＭＲＰおよび社会党がより表面にたつ三党連立政権へと移行する時期であり、国際環境としては、ポツダム会談終了後協定にのっとって戦後ドイツ占領政策が開始した時期であった。

モネの説く議論が説得力をもった事実には、一つに、戦後ドイツに対する展望がこの間萌芽的にせよ姿を現しつつあったことが深く関わった。フランスはポツダム協定に拘束されない立場を公言したし、占領地では厳しい占領政策を開始したことはすでに記したとおりであったが、その実、国内では同協定がドイツの分割を否定し、ドイツ人による中央行政機構の早期再生を決定した事実に強い衝撃を受けていた。それらが近い将来強力なドイツの復活につながると予想したからであった。ドイツに対抗するためには戦後フランス産業の近代化を鉄鋼部門を中心に基礎産業部門から急がなければならない、そのためには、アメリカからの借款を積極的に利用するほか道がない、さらにはフランス産業のエネルギー供給源としてドイツ・ルールの石炭をフランス政治の影響力によって確保していくことが何より不可欠であろう。——モネ・プランは、この三つの思惑と、四五年末から四六年、戦後フランス経済の立ち直りがすこぶる遅いという焦燥のなかから、ＭＲＰおよび社会党を中心とした勢力が推しはじめた経済政策体系であった[21]。

四六年一月、ドゴールの下野と入れ替わるように三党連立政権内の首相直属機関として設置されたのが、モネの就任した「経済計画庁」（Commissariat au Plan）であった。モネは連立政権内の政争に巻き込まれないよう機関を慎重に経済専門集団機関として保持することを目指し、事実その行動こそがモネ・プランの成功を保障した。しかし、プランがアメリカからの資金援助を期待し、それゆえ合衆国政府に対してまず説明された歴史的経緯は、モネの計画が本来から非政治的でありえず、複雑な国際環境に晒されていく計画案であることを予知した。

「経済計画庁」設置の一カ月後、四六年二月から五月にかけて、フランス政府がワシントンに送った借款交渉団を率いたのは政権与党の重鎮、社会党のブルムと、モネであった。モネがワシントンで説明した戦後復興の基本構想とは次のようであった。フランスは国際貿易の拡大がフランス経済の再建にとって不可欠の環境であると理解し、原則的な意味でブレトンウッズ協定を受け入れる。事実、国家目標としても経済を一九五〇年までに戦前の最高であった二九年水準の二五パーセント増にまで拡大したい。そのためとくに石炭、鉄鋼、電機、輸送、セメントならびに農業機具という、六部門の近代化をすすめる。すでに行われた国有化はさておくとして、主に政府財政支出や税優遇措置による六部門への重点的設備投資により、フランス経済は、四七年から五〇年までの期間に国民所得の四分の一前後を設備投資に投下することを予定したい。フランスはその設備近代化とさらに合理化・効率化によって自らの為替と輸出入構造を安定させ、計画期間後半には安定した貿易収支を保持する基盤を形成するであろう。ただし、そのためには主としてアメリカから大量の設備機材等の輸入超過（たとえば、一九四六年には輸入額一〇億ドル）を見込まねばならず、フランスは今後数年、貿易収支に大幅な赤字を計上せざるをえない。三〇億ドル程度の合衆国からの借款希望は、中期的にフランス経済の復興を可能とする基礎である、と。[22]

以上がワシントンでの説明であったが、その対米説明を離れてモネが抱く全体構想そのものに立ち入れば、モネ・プランには二つの点で戦後フランスがヨーロッパに向けた政治経済戦略が根本的な内容として含まれた。一つは、フランスの戦後は、三〇年代にみられたような狭隘な経済アウタルキーを指向せず、近代化を基盤にヨーロッパ経済との相互連関を強める方向に向かわざるをえないという理解であった。長期的にみてアメリカと世界経済がその方向を求めていたことは周知であった。そうであれば、先んじてもフランスは基礎産業の近代化を国家介入によって進めることでヨーロッパ経済の主軸たる位置を確保すべきであり、その地位こそがドイツに対するフランスの安全保障を確保する経済的基盤になるという考え方であった。四六年春、ワシントン交渉でモネらが強調したのは、フランス経済の近代化がヨーロッパ経済の開放性、つまり将来のブレトンウッズ体制の整備につながるゆえに借款を期待したいという議論であった。

しかしモネらの構想が孕んだいま一つの支柱的議論は、フランス経済をそのようなヨーロッパの支配的地位に引き上げるためには、単にドイツの生産性を上回るばかりか、フランスに不足するエネルギー、とくに石炭に関してドイツ・ルール産石炭を継続的に確保するシステムを確立することが必須という理解であった。四六年一月、モネが就任する「経済計画庁」の第一の任務とされた課題が、今後五カ年間の経済近代化計画においてルール産石炭が毎年どの程度に必要か、その見積もりを正確にするという作業であったことは、モネ・プランが実は対ルール要求と直接連動する対外戦略を含むものであったことを明示した。その見積もりとしてモネらが示した試算は次のようであった。戦前のもっとも高い経済水準であった二九年時点でフランスは石炭・石油輸入に二億七七〇〇万ドルを費やしており、その基準からすれば、二九年水準を上回る予定の四九年には、石炭、石油の輸入総額は三億八六〇〇万ドルに及ぶ。つまりフランスは将来のドイツとの間に結ぶ講和条約の一部として、今後二〇年間にわたって年間およそ二〇〇〇万トンの石炭輸入を確保する権利を強引にでもドイツから奪取しなければならない、と。[23]

四六年春の仏米借款交渉に戻ろう。ブルム・バーンズ合意として知られた五月のワシントン交渉の結末は、ブルム、またモネの期待を大幅に下回った。とくにフランス側が新規の設備投資に使いうる資金と約束された純粋な借款金額は、合衆国輸出入銀行からの新規ローン六億五〇〇〇万ドルにすぎず、この額はフランスがその後一年の対外収支赤字で消えてしまう金額であった。[24] モネ・プランははやくも暗礁に乗り上げたのが現実であった。しかし実のところ注意すべきは、モネらの議論が右のとおり二つの異なる方向性を孕んでいた事実であり、借款の不十分さがプランをただちに絶望的にしたわけではなかった事情であった。事実、歴史家ウォールは、仏米借款協定に対するフランス政府の微妙な受け止め方を、対ドイツ政策との絡みという観点から次のように明快に整理する。「従来、ブルム・バーンズ交渉は失望すべき結末にも拘わらずフランスが合衆国の主導する反ソ西側ブロックに統合される決定的ステップであったと論じられ、その延長上の過程として、マーシャル・プランの導入、さらにＮＡＴＯの設立をもって統合が完結したと論じられてきた。しかし、実際にはその合意はフランスの外交政策に当面しかるべき効果を及ぼさなかった」。フランスは依然として、アメリカとソ連との間において中間的にみえる立場を国際的にとり、対ドイツ政策で独自の姿勢を継続した、と。[25]

フランスのこの姿勢こそ政治的議論として繊細な説明が必要であろう。四六年の時点でフランスが強硬な対ドイツ政策の旗印を簡単にはおろしえない国内事情にあったことは、政党派をこえた合意、さらには指導者の心情からして既述したとおりであった。しかし、その間の全体的な事情はフランスの直截な安全保障要求、その要求にかかわる世論のうねりという問題を超えて、戦後フランスのヨーロッパ戦略、とくに実利的な経済再建の基本戦略が強硬な対ドイツ策と密接に連関したという一連の事情によっていた。いかにしてドイツの、とくにルール産の石炭を毎年数千万トン規模で確保していくのか。モネ・プランはフランス経済の近代化の成否がエネルギーの確保にあると展望したが、その面での現状は希望からほど遠かった。四七年初め、モスクワ外相会談に赴く途上の合衆国国務長官ジョージ・マーシャルに対して大統領オリオルが石炭問題をまず話題とした事実は、問題の重要性と事態の深刻さを示している。オリオルの説明を聞いてみよう。フランスは四七年の自国石炭生産の予想として五〇〇〇万トンの確保を見込むが、輸入については一二〇〇万トン程度しか望みえない状況にある。しかもその内の半分は、コストがきわめて高いアメリカ産に頼らざるをえないことが重い財政負担になっている。その事情からもドイツからの石炭供給を現状で毎月五〇万トン、一年後には一〇〇万トン程度確保することをモスクワ外相会議において是非とも主張しなければならない、と。[26]

四七年二月、モスクワ外相会議を前にしてフランスの立場が従来と変わらず強硬であったのはそのような事情を背景とした。ドイツ産石炭を恒常的に確保するシステムを作るには、ルールに対するドイツの主権を否定し、そのうえでフランスが参加しうるルール国際管理機構を設置することしかないであろう。しかも、それは時を争う問題となりつつある。会談冒頭外相ビドーが、ルール特殊地域化・国際化構想を差し迫った問題として再び語ったのはそのゆえであった。[27] 彼の主張は、バランス・オブ・パワー論理からくる懲罰的対ドイツ政策という枠を越えて、戦後のフランスがめざす経済復興、ヨーロッパにおけるフランスの政治的・軍事的戦略に深く関わる包括的構想の一環であった。モネ・プランがその構想の基盤にあった。

3　「西ドイツ」浮上によるフランス外交の転換

かくしてモスクワ外相会談（四七年二月〜四月）まで、フランスの対ドイツ政策の外観には基本的な変更がなかった。

しかし同時にモネ・プランにはいま一つの看過しがたい側面があった。フランス経済の近代化はもはや閉鎖的なフランス経済の自立では実現できない、少なくとも西ヨーロッパを構成するベルギー、オランダ等のベネルクス三国、さらにはイタリアとの相互協調、また市場の開放なくして経済の成長を維持できないという認識が、モネ・プランの国際的な側面であった。ドイツ懲罰論を抱き込んだ初期のモネ・プランは、その種の国際的側面と合成されるとき、現実的政策論としてたしかにある基本的矛盾を抱えた。なにより、四七年にはベルギーまたオランダというフランス周辺諸国もまた、経済再建をすでに活発に目指しはじめており、彼らのなかからドイツ抜きの西ヨーロッパ経済関係は考えられないという議論が台頭しはじめていた。ベネルクス三国は、フランスと同様合衆国からの設備購入を行うことで対米赤字の傾向を強め、その点でもヨーロッパ内での貿易拡大さらには対ドル圏決済の円滑化という目的での相互為替決済の統合を期待し始めていた。そうした三国の意向からすれば、西ヨーロッパ経済全体との協調を謳いつつフランスの近代化を図るというモネ・プランが、同時にルールを切り放す構想を掲げつづけることで対独関係、さらには対合衆国関係の混乱の元凶となっている現状は桎梏となり始めていた。それはモネ・プランの基盤となるベネルクス諸国との関係に摩擦をもたらし、さらには西ヨーロッパにおけるフランスの指導力さえも損傷する危険を含んだ[28]。

四七年前半、フランス外交は確実に一つの転機にさしかかっていた。この年の春から合衆国は、西ドイツを切り離し、その経済復興をヨーロッパ戦略の中心におく政策へと転換しつつあった。ルールの切り離しというフランスの対ドイツ政策は、実現の見通しを決定的に失いつつあった。それにも拘わらず切り離し要求を掲げ続ける結果としての混乱が、モネ・プランの実現をいっそう阻害するという逆説的状況をもたらし始めた。モネ・プラン実施のためにドイツの石炭をいかに安定的に確保し、さらにはドイツ鉄鋼業の回復を牽制するか。フランス政治はなお新しいアイデアを見いだしてはいなかったが、従来とは異なる視野の政策課題が明確に認識され始めたという点において、一九四七年は戦後フランス外交の決定的転換点と呼ぶにふさわしい年であった。

以後、フランスはその転換のために二年余を要していく。変化は複雑であり、しかも確実に現れはじめるのは四八年であった。しかし、いずれにせよ転換への兆しが四七年の春には部分的にせよ現れはじめたことは事実であった。五月、社会党およびＭＲＰは共産党との連立解消に踏みきった。その解消は、国内政治要因が基本的には絡んだものであったが、対外的にも対ドイツ政策の変更を容易にする重要な要因になることはすでにＭＲＰ、社会党自身が感じ、またアメリカ政府もこの時点で予想した事実であった。対ドイツ政策の転換過程の解明に論を転ずべきときであろう[29]。

第三節　ヨーロッパ議会構想の挫折

1　ルール切り離し要求の放棄へ

フランス政府がルール地域をドイツの主権から切り離すという、戦後直後から掲げた公式要求を取り除いたのは、マーシャル・プランの発表を受けて西欧一六カ国がパリ協議を開始した四七年八月であった。

八月七日、合衆国国務次官ウィリアム・クレイトンはフランス外相ビドーとの会談を国務長官に次のように報告した。フランス政府が求めるものはルールの資源が再びフランスに対する戦争に用いられない保障を得ることであり、これらの保障が得られるのであれば、ドイツ主権からルールを切り離すという要求を撤回し、その地域の産業について国際管理を行おうとする四七年春、米英がモスクワで打診した国際管理機構構想に支持を与えるであろう[30]、と。

その後フランス側が展開した主張から解すれば、クレイトンが受け止めた理解とフランスの主張には齟齬があり、仏米間の意見対立は以後も重要な部分で継続した。クレイトンは、覚書きでフランスが同意したルール国際管理機構とは次の内容であると記した。石炭・鉄鋼、そして可能性としては化学産業を加えたルール主産業に対し、その出荷活動への監督・指導権限を保持する国際機構を講和条約の枠で設立し、合衆国、イギリス、フランス、ベネルクス三国ならびにドイツが参加する協議機関とする。その新国際機構の監督権限によってルールの活動をドイツの意志のみにゆだねず、西ヨーロッパ諸国全体で活用するシステムを整備するのであれば、ルール地域の主権ばかりか、該当産業の所有権と運営権をドイツ人に戻すことに問題はないであろう、と。しかし、彼の理解は合衆国が四七年初めから主張し始めたまさにアメリカ式「ルール国際管理」案そのものであり、フランスが八月以降論じた内容は、それとは明確に異なる強力な経営機関の提案であった。ルール地域への主権はドイツに認めざるをえない。しかし上記主要三産業の運営権はあくまで国際管理機構が保持すべきであり、各産業の生産から投資までにいたる実質上の経営権限を保持すべきである、と。右の相違は、意思疎通の齟齬という以上に、将来復興するであろうルール主要産業に対して、フランスがどのような利害を主張しつづけうるかという根幹的対立を含み、結局シューマン・プランの採択にいたるまで解決されない問題でありつづけた（その点は後述する）。

しかし、仏米間の対立が持続したとしても、フランス政府がドイツからのルール切り取り論を公式に撤回した事実の意義は大きく、以後、フランス外交が新しい方向性を求めはじめていたことは間違いなかった。ただその新しい方向性を論じる前に、四七年八月にみられたフランスの変化の背景を、政権内で重みを増したＭＲＰの動向を中心に改めて簡単に眺めておこう。

その年の二月以降、モスクワでビドーがルール切り離し論をなおも主張していたただ中の三月中旬、彼の所属政党ＭＲＰの第三回党大会は、ドイツからのラインラントとルールの切り離しという年来の要求を維持するかどうかの激論に揺れ、結局党決議からその二つの要求を削除した[31]。結党以来の対ドイツ政策論の核心部分を削除したＭＲＰの論理の背景は明白であった。ＭＲＰ党大会の開催は、おりしも四七年三月一三日、合衆国大統領ハリー・トルーマンが議会で熱弁をふるったギリシャ・トルコ援助要請演説、いわゆるトルーマン・ドクトリンの発表と重なった。合衆国がドイツの復興を目指しはじめた限り、ルールをドイツから政治的に切り離す施策は実現する余地をまったくもたなかった。一方、モスクワ会談では、そのアメリカさらにイギリスがフランスに対し明白な連携のシグナルを送っていた。

四月一一日、ビドーがルールとラインラントの切り離しを要求したその日の会談で合衆国はフランスの要求を再び拒絶する一方、ザールについては経済的管理権をフランスがもつことを認めるという姿勢を示した[32]。三月以来外相会談を詳細に報じて政府支援の立場をとった『ル・モンド』紙が翌四月一二日付紙面に掲げた社説「ドイツ国境について」は、一転してルール要求に固執する政府の姿勢を批判する立場を示して注目されたが、実のところ、その社説の内容はフランス政府がその後に示す変化の論理を先取りしたようにみえる。論説の一部をひいてみよう。

ドイツ国境にかかわるモスクワでの議論は混乱のただ中にある。〔……〕〔しかし〕その問題に関しフランスの立場が不変である限り、米英はわれわれからますます離隔することをいま明記しておく必要があろう。イギリスは、現在までのところルールの政治的切り離しばかりか、その地域の産業を西側諸国が経済的に管理する趣旨のいかなる国際組織の設立にも反対している。〔……〕〔他方、従来の言動から判断すると〕、合衆国国務長官マーシャルは占領後の一定期間、ルール産業に対して連合国が課す国際管理の可能性を検討の余地ある問題としているようにみえる。〔……〕

そうした米英の立場が最終決定なのか否かは、確言できない。しかし〔……〕すでに合理性をもつとは言い難い、ただ頑迷さのためにのみルールとラインラントの政治的切り離し要求を堅持する態度は放棄すべきであろう。〔……〕ルール産業を西側連合国が経済的に管理するという計画の方が、実質的に実現の余地があるのではないか。

なお、当日のモスクワ会談によると、英米二国は、ルール問題からわれわれを引き離すために、ザールについて譲歩したという印象を確認することができる。〔……〕〔他方、ソ連外相〕モロトフはいまだザールについて同意を示していない。〔……〕われわれを回避している一方の機嫌を損ねないために、すでにわれわれに明確な好意を示す側の申し出を拒否することは、幻を追って現実を失う行為に等しいであろう。[33]

「すでにわれわれに明確な好意を示す側」という表現に、この時期、東西間の亀裂が一気に拡大した事実、その冷戦構造がヨーロッパ全域を明確に二つに分断しはじめた国際環境が現れていたとみるべきであろう。『ル・モンド』の議論は確実に四七年五月、ラマディエ内閣が共産党との連立を解除した後のMRP・社会党連立内閣による新たな認識を先取りしていた。

モスクワ外相会談にはいま一つ、フランスにとって収穫といえるものがあった。外相会談の最終局面においてザールに対する譲歩に加えて、ドイツ産石炭のフランス向け分配について配慮を施す占領協定を米英政府が用意したのがそれであった。「スライディング協定」と呼ばれたその協定は、米英仏占領地域における石炭生産が今後、日産三七万トンに上昇する状況までを想定し、ドイツによる石炭輸出量をその時点では二五パーセントにまで引きあげること、その輸出の二八パーセントをフランスに振り向けることを認める内容であった。[34]

四七年夏には国際環境の決定的変化がさらに連続的に起こった。六月五日、国務長官マーシャルによってなされた大規模なヨーロッパ経済援助計画の発表が発端となる。フランス政府はその援助計画の受容をただちに決め、またヨーロッパ諸国による援助引き受けのための会談をイギリスとともに主催する役割を担った。仏英の呼びかけによって一六カ国が参加したマーシャル・プラン引き受けのためのヨーロッパ復興会議（先にみたパリ協議）が開幕したのは七月一二日であった。しかも、一二日までにソ連およびソ連影響下の東欧が合衆国からの援助受理を見合わせたことから、パリ協議はヨーロッパにおける東西分極化を決定する契機となるものであった。フランスによる会議招集は、その分極化をすすめる合衆国の意図に明確に呼応したものであり、パリ協議を機にヨーロッパ西側陣営の形成、またそこにおいてイニシャティヴを握ろうとするフランス外交の新たな方向が明確になろうとしていた。本節冒頭に述べた、協議開催の一カ月後八月初旬、フランス外相ビドーが国務次官クレイトンに対してルール問題についての新たな姿勢を伝えたのは、マーシャル・プラン発表を機に転換したフランス外交の方向を合衆国に明示する象徴的行動であった。

しかし、その伝達内容が合衆国の意にただちに即した新しいルール案ではなかったことは、この時点にいたってもフランスの立場が全体としてやはり複雑であることを示した。マーシャルの援助提案はフランス政府指導者にとって受諾以外に選択の余地がなかったが、同時に恐るべき両刃の剣である事実は劈頭から明らかであった。合衆国が発表したヨーロッパ経済復興支援計画は西ドイツの建国、またその経済的・社会的復興を合衆国が支援することを最大眼目とし、すでに七月初めにはドイツに従来課してきた許容産業水準の引き上げが米英により合意された(35)(鉄鋼生産については年間一〇七〇万トンまでの引き上げ)。フランスはその引き上げに激しい反対を表明したが、フランスの反対を押し切る形で合衆国による復興支援計画の議論はさらに七月以降、西ドイツ支援を西ヨーロッパ諸国援助と連動させ、西ドイツを各国に政治的に受容させる方向へと向かった(36)。戦後フランス外交が掲げた最大目標がドイツに対する安全保障である限り、合衆国が企画しはじめた各国の利害を無視したようにみえるドイツを含めた西ヨーロッパ統合への動きは、いかにも強引な外圧にみえた。フランス外交の新しい方向は、その時点から、冷戦構造に組み込まれながらも、同時に合衆国のヨーロッパ政策とは微妙に異なる独立的方向へと進みはじめていく。その転換点が四七年八月であったことは間違いない。

2　「ヨーロッパ議会」構想の提案へ

改めてその八月に記されたいま一つの資料を検討しよう。マーシャル・プランが西ドイツの建国・復興と密接に絡むことから、仏米間に危機的といってよい緊張が流れた八月五日、ワシントンではフランス駐米大使ジョルジ・ボネ（Georges Bonnet）が国務長官マーシャルと会見して立場を説明していた。

フランス政府は、ドイツ産業およびドイツの生産をヨーロッパ復興計画に組み入れなければならない必要性について十分了解している。そのようなシステムなくして、〔……〕ヨーロッパ復興の完全な計画は立案しがたいことは理解できる。しかし、フランスは現在進行するフランスが参加しない協議においてドイツ産業についての新しい計画が作られ、それを基礎としたヨーロッパ復興計画が練られるのであれば、その計画を受け入れがたいであろう。フランス政府は合衆国による信用を切望してはいるが、そのためにのみドイツに対する現在の計画を受け入れることは決して行わないことを明言したい[37]。

その後の歴史展開をみると、ボネの右の主張には、フランスがその後に目指す二つの方向性が暗示的に語られている。発言の最後にあった「合衆国からの信用を得たいだけの理由で」という議論は、外交交渉によくみられる「虚勢」という一面を否定しがたかった。要するにフランスはマーシャル・プランに是非とも参加せざるをえない状況にあった。しかし、それを受け入れるのであればフランスの立場はなおさら強硬であらざるをえなかった。対米交渉においてフランスが以後も四八年五月まで、ドイツ産業に対する制限水準の維持、さらには新しいルール国際管理機構のあり方について頑なまでの主張をつづけた背景であった。

しかし、その一方でボネの問題の発言は単に「虚勢」というだけでは止まりえない、フランスが四七年八月の対立を機に、合衆国の意図とは距離をおいて独自の対ヨーロッパ政策を立案する課題を切実に意識しはじめていたことをたしかに示唆した。その課題の模索は一年をかけて新しい姿をとった。ドイツ産業の将来ばかりか、ドイツの軍事的また政治的将来までも包括的に規律する、そのためのヨーロッパ議会（l'Assemblée européenne）の設置という政治構想がそれであった。なるほど、四七年後半から四八年にかけて、西ヨーロッパ統合という考え方が経済関係改善の議論からヨーロッパ合衆国論へと、西ヨーロッパ諸国に新しい政治潮流として広がりはじめていたことは事実であった。[38]その趣旨の議会設立提案がフランス国内にも戦後直後からみられたことは、第一節で記述したとおりである。しかし、その潮流をフランス政府のイニシャティヴに引きよせ、四八年初めから四九年前半までドイツを取り込む手段として政府がすすめた西ヨーロッパ統合の試みは、一気の政治統合を目指した点でいかにも直截かつ戦略的であることが大きな特徴であった。歴史的にも興味深いその動きを追っていこう。

フランス政府がこの問題について最初の公式発言を行ったのは四八年一月二二日、イギリス外相アーネスト・ベヴィン（Ernest Bevin）が二カ月後のブリュッセル条約につながる西欧同盟構想をフランス、ベネルクス三国に対して呼びかけたのを機とした。ベヴィンの呼びかけは、マーシャル・プランがヨーロッパ国際関係を東西に引き裂き、西ヨーロッパが新たな体制を整えるまえにソ連の攻撃に晒されかねないと危惧する声をうけて、西側諸国の軍事的協力を強化することを第一の主眼とした。ただあわせてベヴィンには、イギリスと西ヨーロッパ諸国との軍事的関係ばかりか経済的、政治的協調をも制度化していく西欧連合を曖昧ながら構想した可能性があることを、今日幾人かの研究者は指摘する。しかしその面でのベヴィンの発言は結局不透明にとどまり、イギリス国内政治事情が作用して、ブリュッセル条約協議が開始するに及んでイギリスの立場は軍事同盟に限る議論へと傾斜していった。[39]

これに対して、シューマンを首相としビドーを外相としたフランス政府がとった態度は対照的であった。軍事同盟を超えて、五カ国の政治的関係を制度化する新しい機構設立を論議する方向を求めた。このフランス政府の動きと密接に連動してその時期に活動を活性化したのが、ハーグにおいて四七年末から前イギリス首相W・チャーチルの影響下に組織された中道から保守系のヨーロッパ統合運動団体「ハーグ・ヨーロッパ会議（the Congress of Europe at the Hague）」であった。フランスでも同団体と理念的に密接に連携する中道勢力によるヨーロッパ統合団体「ヨーロッパ統合のためのフランス評議会（Le Counseil français pour l'Europe unit）」が、四七年六月に旗揚げしていた。四八年三月フランス議会は、ブリュッセル条約の欠落を埋めようとする政府の立場に配慮するかのように、西ヨーロッパ各国に活動する非共産党系のヨーロッパ統合を提唱する政治家さらには民間団体グループに対して、各国議会の推薦をもって代表を送るハーグ国際会議開催を要望する決議を採択し、事態のイニシャティブをとった[40]。これをうけてハーグ・ヨーロッパ会議が主催したのが、五月七日から一〇日にかけてのハーグ会議であった。

フランスは前首相ポール・ラマディエ（Paul Ramadier）を含めてMRPおよび急進党を中心とする一〇〇名以上の代表を送り、事実上の会議主催国の態度をとった[41]。社会党も、イギリス労働党が参加を見合わせたため正式参加決議を控えたが、数名の党員を会議に送りMRPと協調した。ただし、ヨーロッパ議会のあり方をめぐる議論が進行したとき、MRP主流とブルムを中心とする社会党の間に対ドイツ政策をめぐって、すでにみたW・ロートが剔出する二つの理念型とおぼしき議論の対立が表面化したことは、詳述すべき重要な事実であった。しかし、しばらくは、事実過程の確認を急ごう。

ハーグ会議が多くの注目を集めた点で成功裏に終わった二カ月後、フランス外相ビドーは同会議決議がいうヨーロッパ議会構想を受けるものとして、「ヨーロッパ議会設立問題」を西ヨーロッパ諸国の共通課題にしたいと正式に宣言した。四八年七月一九日である。その年の三月に起こったチェコスロヴァキアにおける共産党クーデターによる政権奪取、さらには六月からのソ連によるベルリン封鎖の開始は、ヨーロッパ全体に政治的危機感を強めフランスの行動を側面から加速させる要因であったことは間違いない。一カ月後の八月一八日、フランス政府は一気に、ヨーロッパ議会設置をブリュッセル条約締結国の協議にのせる「ヨーロッパ統合体設置を目指す国際運動委員会」の設立を明言した。その時点での政府の思惑は、翌四九年までに常設のヨーロッパ議会を設置するという内容であった。八月末以降、ブリュッセル条約締結国であるイギリス、フランス、ベネルクス三国は、年頭の軍事同盟条約締結の協議を超えて、フランス政府が提案したヨーロッパ議会設立構想をヨーロッパ経済協力機構（Organization for European Economic Cooperation、以下、OEECと略記）傘下の西ヨーロッパ一六カ国に共同提案するか否かの検討作業、さらには提案内容の協議を開始したのである。[42]

その協議こそが翌四九年五月までつづき、その年の八月、当初一〇カ国が参加するヨーロッパ審議会（Council of Europe）設立へといたった過程であった。交渉が激論のすえ曲折を辿った理由は一つであった。イギリス政府がヨーロッパ議会設立構想に徹底して反対したことによった。論議の細部をみよう。

フランス政府が四八年夏にはいって提唱した「ヨーロッパ議会」構想は、将来の超国家的議会につながるものを想定しつつもまずはその予備段階という位置づけであった。一九四九年までに設置されるべき当面の組織は、「ヨーロッパ議会」（l'Asemblée Européenne、以下「議会」と略記）の名称をとるが、各国主権の一部供託を受けるという意味での立法権また行政権をもたなかった。編成として、各国議会によって選出もしくは推薦される相当数の「議員」で構成するが、「議会」の性格はあくまで評議と位置づけられた。評議事項として定められた内容は、第一にヨーロッパの政治的、経済的統合を段階的にすすめるための実際的手段を検討すること、第二に参加各国の文化交流を促進すること、第三に国連が取り上げている人権憲章を採択すること、第四にヨーロッパ司法機関の設置を検討すること、最後に、参加各国政府に対し「適切な勧告」を行うことであった。「議会」と各国政府との関係は、「適切な勧告」という言葉がつなぐとおりに密接であることが期待されたが、「議会」側からの強制権は想定されなかった。しかし他方で、「ヨーロッパ議会」も各国政府から独立的であることが想念され、将来の政治的、経済的ヨーロッパ統合に向けて主体的検討をすすめるにたる活力ある機関であることが理念された。[43]

それに対しイギリス政府が決定的に反対した点は、各国議会から選出される「ヨーロッパ議会」のその自立性であった。労働党政府は、四八年から四九年初めにかけてフランスが語る西ヨーロッパ単位の「議会」設置を英連邦さらには合衆国との二国間関係を重視する立場から時期尚早と語り、地域的「ヨーロッパ議会」にイギリスが拘束されることを終始嫌う立場を明確にした。「議会」論議とは別に、四七年半ばから始まったヨーロッパ関税同盟交渉、さらには四九年初めのＯＥＥＣ内での仏英経済統合構想など、西ヨーロッパ単位で政策調整をめざす組織交渉が起こるたびにイギリスがたえず露出した態度であった。四八年一〇月、「議会」協議早々からイギリス側が示した対案は、「議会」の設置を見合わせ、それに代わる、各国政府派遣の代表から構成される常設政府間討議機関の設置であった。各国議会の選出を手続き的基盤とするフランス型「ヨーロッパ議会」は、参加各国政府の意を介さない独立的「議員」から構成される点が、危険である。現在求めるべきは、西ヨーロッパ諸国政府が非拘束的に幅広く協議しうる場であり、そうであれば各国閣僚級もしくは政府代表が定期に会する常設「審議会」の設置が適切であろう。その決定の原則は全会一致でなければならない。[44] それがイギリス案であった。

四九年一月から五月にかけてロンドンで合意されたブリュッセル条約五カ国の結論は、ＯＥＥＣ諸国に対する提案として参加各国の外相で組織されるヨーロッパ審議会（Counseil de l'Europe）の新設というイギリス案を採択した。あわせて併置する機関として評議会（Assemblée consultative）なる討議機関の設置が了解された。ただし、評議会への各国代表選出方法は、参加各国の自由な方法に委ねるとする根本的規定を入れることで、それが「ヨーロッパ議会」であることを明確に否定した。[45] フランスが目指した所期「議会」構想を尺度とすれば、イギリス案が勝利したことは明白であった。

ただし、やや仔細に交渉過程をみて注目してよい事実は、フランスが四九年に入ると実のところイギリスに対する説得熱意を薄め、事実上所期構想から撤収した点である。四七年末からフランスが政治課題とした、ドイツの行動を中長期的に牽制する政治的枠組みを西ヨーロッパ規模において早期に制度化するという思惑、それが、四八年中葉、「議会」構想に仮託したフランス政府指導部の政治的意図であった。しかし、その主張は構造として覆いがたい矛盾をはらみ、しかも重要なことは四九年初頭の国際情勢において急速に現実性を失っていた事情である。

3　「ドイツ問題」を内在したがゆえの「議会」構想挫折

フランス政府が主張する「議会」構想の根幹部分があからさまな対ドイツ政策であったなによりの証しは、「ヨーロッパ議会」へのドイツ参加問題に表現された。四八年一一月ブリュッセル条約五カ国代表で構成された検討委員会は、対立する仏・英二案の検討とともに同機関へのドイツの参加問題をいち早く俎上に載せた。フランス代表は、ドイツの早期参加を支持する立場で冒頭から一貫した。しかし、その際フランスは、ドイツ代表とは建国が目指される西ドイツそのものではなく、ノースライン・ヴェストファーレン州など八州を単位とするものであり、それぞれの州に対して二名から四名程度の議席を認めることでドイツ代表とする構想を示していた[46]。

その主張は、ドイツ基本法案がなお米英仏占領三地域において検討の途上にあり、西ドイツ建国の日程が不確定であった四八年一一月までの時点では、四九年設置の「議会」にドイツを早期に参加させる方法としてそれなりの妥当な手段であると説明された。さらに州政府ではなく西ドイツ政府の参加がソ連を刺激するという危惧も、フランスがある正当性をもって語る点ではあった。しかし、そうした説明を施したとしても、州代表参加という議論が西ドイツ建国後における連邦議会代表問題と連結されて論じられない限り、フランスの意図はいかにも露骨であり、指向された「議会」がヨーロッパ議会としては矛盾に満ちていることも明らかであった。州政府に認知を与えることで建国後の西ドイツ中央政府の行動を抑制しつづけるというフランスの戦略は、西ドイツを公式国家として西側世界に組み入れようと決断した合衆国やイギリスにとって了解できなかったばかりか、西ドイツ建国を受け入れて動いたアデナウアーらCDU指導者にとっても屈辱以外の何物でもなかった。四九年二月末、ブリュッセル条約五カ国外相会談がドイツ参加問題を再度取り上げた席上でも、フランス外相シューマンは年内の設立が決定的となった西ドイツ議会ではなく、州政府単位による代表権に固執した。しかし、フランス政府がドイツ参加問題に関し自説を固持したのはそれが最後であった[47]。

四八年を通してフランス政府が追求した「ヨーロッパ議会」構想は、結局所期構想自体に内在する矛盾のゆえに挫折したといわざるをえなかったが、他方で、その後のフランス対外政策さらには対ドイツ政策のあり方に対して貴重な経験を与えた事実こそが、歴史的にみれば付記してよい要点であった。本節の結びとしてフランス政治がその間に吸収した二点の変化を整理しておこう。

一つは、「議会」構想をすすめる段階でフランス政界内部にみられた新しい論点の明確化であった。シューマンら政権首脳とMRPが、この間ドイツの参加問題に関して州代表問題にこだわったことは右のとおりである。しかし、「議会」構想に当初から同調した社会党は、四八年の後半にはいるといまや設立予定の西ドイツ政府を「議会」から排除する不合理さを主張しはじめていた。とりわけブルムらの社会党指導部は、戦後三年が経過したヨーロッパのもとでフランスの経済回復と安全を確保し、また仏独関係を安定されていくためには、フランスもまたドイツの主体性を認め、ドイツ人自身が選ぶ政体を民主的である限り承認せざるをえないであろうと説いた。その主張は連邦共和国建設が日程に上った国際情勢への柔軟な政治的対応であるとともに、ドイツ問題をヨーロッパ的枠組みにおいて解決する以上、相互平等を原則にせざるをえないとした社会党年来の国際主義的立場の帰結であった。四八年七月社会党大会が採択した以下の文章は、フランス社会党が戦後の紆余曲折をへてようやく確言し始めた新方向を示す文書として重い意味をもつものであった。

戦争によって荒廃したヨーロッパは、すでにあまりに低い生活水準に落ち込んでおり、その水準の改善を目指すには合衆国からの援助なくして立ち上がりがたいであろう。マーシャル援助は目前の破局を避けるために、さらにはヨーロッパ自身が自ら立ち上がる手段を獲得するために時間を与えるであろう。しかしその一方で、援助は、ヨーロッパの諸国民に対して自らの経済・社会政策を選択する民主的な権利を尊重するときにのみ受け入れうるものである。〔……〕ヨーロッパの経済的統一は単に相互の関税を廃止するというような手段では実現できないに違いない。その統合は、生産の統合的な組織、輸出の計画化、中心産業の国際的視野での活動を必要としている。そのためには、効果的な権限をもち、世論の支持を受けた超国家的な組織、つまりは将来のヨーロッパ合衆国につながる政治統合への展望が不可欠なのである。

そのような文脈のもとで、フランス社会党は、ドイツ問題について、解放後われわれが繰り返し主張し、そして近年の事件がいっそう必要性を立証している社会主義者としての立場をここに改めて確認するものである。社会党はドイツ領土のいかなる併合も、また分割も、さらには外部からドイツに対して何らかの政治体制を課すような試みに対しても反対する。独仏関係の将来は、ドイツ経済を新しいヨーロッパ構造に統合することによってのみ解決されるというのがわれわれの本来の確信である。(48)

社会党の右の議論は、連立を組むＭＲＰの動きに四九年後半から五〇年にかけて緩やかな政治的転換の手掛りを与えるものであった。たしかにＭＲＰ内にはなおドイツに対する警戒心を語る勢力が少なくなかった。とくにＭＲＰに連動する「ヨーロッパ統合のためのフランス評議会」には民族主義的ゴーリスト・グループからも参加者があった。しかし、すでにＭＲＰもまたドイツ問題に対する彼らの強硬な姿勢を四七年から修正しはじめ、四八年にはドイツとの協調を明示することで社会党のとる新しい方向を受容する余地を広げていた。その変容は第四節で論じよう。

四八年を通した「ヨーロッパ議会」論議が生み出したいま一つの貴重な政治的経験は、その種の論議がドイツにおよぼす影響についてフランス政府が新たな知識を得た事実であった。外務省は、ハーグ会議以降ヨーロッパ議会論に対する西ドイツ政治指導者の対応や世論の確認に意を注いでいた。反応は、彼らにとって意外なまでに積極的であった。四八年秋、フランス占領軍政府が占領地内で行った聞き取り調査によると、ドイツ人回答者の七七パーセントが、ドイツは今後狭隘なナショナリズムを放棄すべきと語り、ヨーロッパ統合の理念に支持を表明しているとされた。さらにその八八パーセントがドイツ国民に対して平等の権利が確保されるのであれば、ヨーロッパ合衆国へのドイツの参加を了承する立場を示したと伝えられた。[49] 外務省はナィーヴにそうした世論調査やドイツ政治家の発言を信じたわけではない。四九年一月外務省中央ヨーロッパ課長ピエール・ドリゥース（Pierre de Leusse）は、ドイツ世論調査の動向を観察したうえで統合の意義を次のように主張していた。

統合という道は、ドイツがそのヨーロッパ統合という政治枠において以前と同様覇権的地位をめざすことができるという意味では、フランスにとって決して危険を伴わないわけではない。しかしそれにも拘わらず、ドイツがヨーロッパという枠組みをはずれて強力となり圧力を及ぼす危険を想定すれば、ヨーロッパ統合のなかにドイツを組み入れることの方が、やはり望ましいであろう。ヨーロッパ・ユニオンという枠を設定し、イギリスならびにフランス国民が密接に加わる結合の絆を作ることができるのであれば、ドイツの覇権を抑えることはおそらく可能であろう。[50]

結果的に「議会」構想はイギリスの反対で四九年初めに流産し、ヨーロッパ審議会は威信はあっても何の主体的権限ももたない機関として発足した。その意味でデリュースの議論は、所期の論理を貫徹できなかったが、他方、右のような見解をもつフランス外務省はドイツの世論動向からして、ヨーロッパ統合を提示しうる政治的可能性が将来時間的に限られることを明確に意識した。ドイツの復興が本格化し、政治力が回復したとき、ドイツ国民が現在のようにヨーロッパ統合に参加する意思を引き続き示す保障があるのか。四八年一〇月フランス占領軍政治顧問ジャック・タルベ・ド・サン＝アルドワン（Jacques Tarbé de Saint-Hardouin）がベルリンから外務省に送った一連の報告は、外交当局者が抱いた差し迫った時間意識を示して興味深い。

時が迫っている。西ドイツ政府が組織されるまえに前にヨーロッパ単位の政治機構を組織しておくことが不可欠である。なぜなら、「政治的主体性を回復したドイツは自らの運命を独自に定める方向をおそらくとるであろう」（四八年一〇月九日覚え書）。

ドイツにおいて広く論じられるヨーロッパ統合の声に応えてわれわれが迅速に行動することが今日なにより必要であろう。なぜなら、「われわれがドイツに呼びかける統合の魅力は、間違いなく長期にわたっては持続せず、ドイツが今日認めるわれわれの優位を積極的に活用しないのであれば、近い将来西ヨーロッパにおける優位を主張するのはほかならぬドイツだからである」（四八年一〇月一九日）。

フランスは、〔……〕「ドイツにおいて伝統的なナショナリストの力が新たに復活する前に」、ドイツがみずからヨーロッパ協調の道に進むべくいざなう努力をいま起こさなければならない（四八年一二月二九日）[51]。

ヨーロッパ議会の樹立という直線的で、包括的にすぎる政治的統合路線が四九年春までに挫折したとき、外務省官僚の模索は、より具体的な経済関係の枠組みに着目する方向をとった。シューマン・プランがその方向に沿ったことはいうまでもない。

第四節　帰着点としてのシューマン・プラン
——そしてまた始発点であることの意味

1　イギリスを除外する「小ヨーロッパ構想」への傾斜

五〇年五月九日に予告なく公表されたシューマン・プランが、案自体としては戦後フランス経済の再建と近代化計画を担当する経済計画庁のジャン・モネら一群の経済官僚によって立案された事実は、モネによる回顧録などで語られるとおりである。モネ・プランの遂行を視野に仏独間の経済協力を確保しようとする構想は、専門性の高い作業として数名の手で五〇年春、検討・立案された(52)。

しかし注意すべきはモネらのそうした動きも、先立つ四八年から四九年をとおしてフランス政府が、「西ヨーロッパ統合路線」に沿って、包括的なヨーロッパ議会構想からさらに具体的な経済制度論あるいは政治制度論へと思索を展開していた、構想の線上にあったという事実である。しかもその展開過程でいずれの議論にも一貫した特徴は、模索の方向が国際協定や同盟関係の締結ではなく、ドイツの参加を前提に多国間をつなぐ相互拘束的「制度（システム）」の創設を目指した点であった(53)。改めていえばフランスは四八年の中葉から対独講和条約という条約締結を超えて、ドイツをなにかの西ヨーロッパ制度枠に取り込むことで長期に行動を規律するという、新しい形の西ヨーロッパ政治制度の創造に指針を見いだしていた。問題は、その枠組みとしてフランスのイニシャティヴを保持しつつどのような国際的制度を提示しうるか、とりわけ独仏間の平等を将来に向けて約束する統合枠をいかなる論理で提供できるかであった。シューマン・プランが石炭および鉄鋼産業という基礎産業に絞った限定的経済統合案でありながら、フランス政治全体の方位を決定する政治性に貫かれた理由はまさにその点にあった[54]。

加えてモネ・プランの成立を急がせたいま一つの要因は、四八年以降明確となった冷戦の激化と、それと複雑に絡んだ新たなヨーロッパ国際関係構造の台頭であった。四八年二月から六月、ロンドンで開催された米英仏三国を中心としたドイツ問題会議は西ドイツ建国の道筋を明確とした画期的会議であったが、つづいたソ連のベルリン封鎖が建国過程を四九年半ばに決定的に早める促進力となった。将来強力になるであろう西ドイツの実現はフランス政府にあらゆる面で緊急の政治的対応を迫り、シューマン・プラン立案へといたる基本的環境となったが、その点の詳記は次項におこう。先だって、四八年後半以降西ドイツ問題の急迫化とともにフランスにとっていま一つ重い課題として登場したイギリスの動静にふれねばならない。

第二次世界大戦後のイギリスは、伝統的勢力概念からソ連との政治的・軍事的対峙という世界戦略上の冷戦をきわめて早い時期から意識し積極的に展開したが、他方、フランスが四八年以降指向した西ヨーロッパ統合路線には一貫して逡巡し、結局は拒否する姿勢を示していた。「ヨーロッパ議会」交渉がフランスの立場からして挫折に終わったのが好個の例であったが、そればかりかフランスが四七年八月に示したヨーロッパ関税同盟提案、さらにはヨーロッパ決済同盟構想においても、イギリスは英連邦さらには合衆国との二国間「特別関係」を重視する大西洋的立場を明示することで、ヨーロッパ枠への拘束を否定する道を選択した。政治的ばかりか経済的にもヨーロッパ協調が及ぼす拘束に縛られることを拒絶するという、あえていえばヨーロッパ政治からのイギリスの乖離の動きは、フランスにドイツ問題を単独で考えざるをえない立場へと追い込んだ。その結果としてフランスの西ヨーロッパ統合路線は、四九年半ばから巧まずしてフランス、西ドイツ、ベネルクス三国、それにイタリアを加える「小ヨーロッパ構想」へと変化する傾向を明確とした。

その転換の決定的転機は、九月イギリス政府が、フランスに協議せず決行したポンドの切り下げであった。アメリカの同意をとったとはいえイギリスの行動にフランスは強い不満を表明するなかで、以後、イギリスを視野の外におく「小ヨーロッパ構想」を現実的可能性として明確に意識した。[55]五〇年四月末までに成案化したモネらのヨーロッパ石炭鉄鋼共同体構想は、イギリス石炭業・鉄鋼業の重要性にもかかわらずイギリス政府への呼びかけを冒頭から省いた点で、第二次大戦後フランスが追求した仏英共同路線の最終的放棄を意味した。

対米関係も四七年以降フランスにとって、対ドイツ、対イギリス関係とならんで大きな意味をもつ問題であった。事実、シューマン・プランの発表に先だってフランスが事前報告を行ったのは合衆国政府のみであった。その事前報告の意味も歴史的に検討に値する。

実のところ合衆国は、西ドイツ建国を強引に主導する一方で四九年前半、マーシャル・プラン発表以来目指した、ＯＥＥＣを中軸とする合衆国主導の西ヨーロッパ統合路線の破綻という政策的手詰まりに直面していた。その直接の契機も四九年前半からのイギリスの対外収支悪化、ポンド不安であったが、問題の起源はマーシャル・プラン実施時点から潜在した。合衆国主導の西ヨーロッパ統合路線が目指した体系は、西欧一六カ国が援助の受け皿として四八年四月に組織したＯＥＥＣ（ヨーロッパ経済協力機構）を合衆国が発言権をもつ実質的な国際機関化し、毎年の援助の単なる配分以上に参加各国経済政策の調整にまで権限をもつ、西ヨーロッパ政治経済統合の起点とする構想であった。そうした統合機関をてこに西ヨーロッパ規模の経済成長とさらには自由市場形成を牽引しようとした合衆国の所期の路線であったが、そのＯＥＥＣ構想はとくに国内経済政策への介入を嫌うイギリスの反対を受けてしばしば立ち往生し、結局四九年夏、経済政策上の協調という期待からはまったく離れたイギリスの単独ポンド切り下げという事態を合衆国は承認せざるをえなかった。[56]二年に及ぶ統合機構としてのＯＥＥＣの機能不全と西ヨーロッパ協調からのイギリスの離脱という現実は、合衆国政府に次善策であったがフランスを軸とする大陸地域に限った経済統合路線を許容するという政策的余地を生み出していた。

たしかにこの間合衆国が一方で目指した基本的ヨーロッパ政策は、西ドイツ建国を急ぐという点でフランスと直ちに和合的ではなかった。しかし他方で、国務省には、西側陣営の政治的協調強化のために西ドイツが加わる西ヨーロッパ統合枠をどうしても必要とし、その統合枠の提示をいまやフランスに期待する機運が明確に生まれていた[57]。五〇年五月七日、国務長官デーン・アチソンがシューマン・プランの事前報告を受けたのはそうした関心の最中であった。プランにたいし彼は当初、仏独間国際鉄鋼カルテル構想に近いという懸念を示した。しかし、不安よりも彼の判断において勝ったのは、その提案によってドイツを組み込んでいく「穏健で」また「実効的な機構」がヨーロッパに初めて制度化されるであろうという期待であった[58]。アチソンの回顧によれば、合衆国政府はシューマン・プランを歓迎する旨の声明を用意し五月九日を迎えていた。

その間の経緯は、国際政治構造に生れた次のような事情を示唆する点でも興味深い。シューマン・プランはたしかにフランスを軸とした西ヨーロッパ統合のプランであり、その方向は合衆国の利害とも抵触するヨーロッパ規模の閉鎖的地域経済関係を構築する可能性を理論的には含んだ。そしてシューマン・プラン賛成者には、対米経済関係を視野に、西欧の基幹産業近代化を進めるというヨーロッパ主義的指向に共感をもつ集団も皆無ではなかった。しかしその事実を知りつつ、合衆国はこの時点でフランス主導の西ヨーロッパ統合を許容してさながら保護者の姿勢をとった。その保護者的姿勢が合衆国の冷戦政策あるいは対西ドイツ政策から強いられたものであったことは間違いない。しかし同時に合衆国はこの時期から対ヨーロッパ政策の範囲を大幅に広げており、合衆国によるその対ヨーロッパ・政治的、軍事的関与の拡大が、間接的とはいえ、フランス政府に西ヨーロッパ統合の主導権を保障したことは明記されてよい。ＮＡＴＯへのフランスの参加ばかりか、シューマン・プランを受け入れる西ドイツそのもののあり方、さらにはアデナウアーらCDUの動向がアメリカの関与を基盤にしていた。
シューマン・プラン立案の方向とそれを取り巻いた国際環境は右のような意味で多様であり、さらに複雑でさえあった。しかしとりわけフランスが抱えた課題がもっとも切迫した。四五年以来フランスが最大の問題としたドイツ産業の復活が日に日に接近していたからであり、以下、ルール問題に沿ってシュープン・プラン立案にいたったフランス自身の事情を最後に論じたい。

2　ルール問題の最終局面

西ドイツ建国の方向が明確となった四八年春から四九年にかけて、ルール問題をめぐるフランス政府の立場は深刻さを増した。フランスの歴史家P・ジェルベがひく、四九年一月五日外務省が作成した「ドイツとヨーロッパ連合」という覚書きは、フランス政府の一部に抱かれたこの時期の差し迫った問題関心と新たな方向性の模索を明確に指示する。「ドイツに対する安全確保のために管理という手段はもはや依拠できない」と記した覚書きの論旨をみてみよう。

われわれは、フランスの安全保障がヨーロッパという従来より大きな枠組みのなかでドイツとある種の連合する手段でしか確保できないという信念に到達している。〔……〕〔これまでわれわれが求めた〕国際管理機構という手段は不十分なのであり、むしろヨーロッパという枠組みによって、ドイツの鉄鋼生産の問題に対して実質的に発言する機会をより多くもつことができるであろう。たしかにヨーロッパという枠組みでのドイツとの連合は、参加する各国が主権の一部を放棄することを必要とする。しかしあえていえばその手段によってドイツをフランスに係留することでしか、フランスの安全保障は保持しえないであろう。〔……〕ドイツの経済力は、将来われわれにとって脅威ではなく、支えにならねばならない。[59]

脅威はドイツの経済力であり、当面は鉄鋼生産であったことが右の覚書きで率直に語られた。その経済力を規制するために「管理」という手段ではなぜ不可能なのか。ややさかのぼって四七年後半以降仏米間に繰り返された激しい議論の結末を確認しておこう。フランス政府がその年の八月に合衆国政府に提案して以来、米英仏間で争点となったルール国際管理機構（International Authority of Ruhr、以下、ＩＲＡと略記）設立問題についてフランスが結局アメリカ提案に譲歩したのは、翌四八年六月であった（最終合意、一二月二八日）。しかもその譲歩は、フランスにとって右の外務省覚書きが語る以上に惨めな敗北にほかならなかった。

四七年八月、フランス政府が示したルール国際管理案は、ドイツの領土的主権は承認しても、石炭、鉄鋼を中心とするルール産業についてはそのすべての生産、投資、販売活動を直接指揮・管理する文字通りの国際経営機関の設置案であった。しかし、それに対して合衆国が対案としたルール管理案は、ルール産石炭ならびに鉄鋼産業について所有権のほか経営権についてもドイツ人に戻し、最終製品に限ってドイツ国内供給と輸出の割合に監視を施すという、明確に市場供給面に権限を限定した国際監視機関であった。西ドイツ建国を目指しドイツの経済力を西側世界安定の基軸に位置づけた合衆国にとって、そのルール国際管理案は以後少なくとも五〇年初めまで、対ドイツ政策の根幹を構成するものと位置づけられていた。ほぼ一年の議論のすえに、米英仏さらにはベネルクス三国が西ドイツの建国に関して意見調整を行ったロンドン会議の四八年六月一日合意がアメリカ案にそってまとめられたのは、結局米仏の力関係を映した結果であった。[60] ルール国際管理機構の設置を正式に公表した六カ月後の一二月二八日コミュニケは、機構がルール産の石炭・コークス、鉄鋼についてドイツと隣接各国との間の分配に関わるものであり、しかもそれはドイツの基本的な必要を考慮するものでなければならないと明記した[61]。

事態は、さらに一一月九日、英米ドイツ占領地区軍政府が占領法令七五号を公布したことによってフランスにとりいっそう厳しいものへとすすんだ。西ドイツ建国の準備措置であったこの法令七五号は、力強いルール産業の復活という目的に沿って英米軍政府が従来直接管理したドイツ石炭ならびに鉄鋼産業施設について、すべてをドイツ人によって構成される「管財人協会」の管理に戻し、同協会の再編成計画をへて各資産・施設の経営を諸「管財者」に寄託する手続きを示した。「管財人協会」による再編が謳われたが、最終において「管財人」への寄託という展望は、両産業における経営組織があらすじで占領前の形態に戻ることを予想させた。四五年の占領開始時期から課題とされたドイツ産業の非集中化が、法令の冒頭「経済力の過度の集中を排除する目的が軍政府の政策である」とひきつづき謳われたが、政策の実施主体がドイツ人による「管財人協会」に委ねられた点の重みは大きかった。加えて七五号はまた、各企業の所有権についても建国後の新西ドイツ政府の決定に委ねると規定し、両産業の経営ばかりか所有がドイツ人の手に完全にもどる道筋を提示した[62]。法令公布に対して抗議するフランス外相シューマンに対し合衆国政府が示した説明は、法令の意図がいずこにあるかを改めて明示する伝達であった。

現下のドイツの状況に鑑み、合衆国政府はルール石炭および鉄鋼の所有権の問題はドイツの生産を増加するという観点でできるだけ早く明確にされることが望ましいと理解するものである。〔……〕合衆国はフランスの安全保障という問題を決して無視する意図を持たない。しかしながら、ドイツ問題の唯一のあるべき解決は、同時に西ヨーロッパの経済および政治組織をより強化するという観点からなされねばならないと考慮している[63]。

法令七五号の実施が、フランス外務省の「ドイツに対する安全確保のために管理という手段にもはや依拠できない」（四九年一月五日覚書き）という先にみた認識の根拠になったことは、間違いない事実であろう。そのおよそ三カ月後、四九年三月三一日、ロンドンにおいて最終的にまとめられた新生西ドイツ政府に手交すべき米英仏三国政府による占領規約もまた、フランスに不満が残る内容であった。三国政府を代表する三高等弁務官は西ドイツ内政に対して多くの発言権をもつことが規定された。たとえば主要産業への生産制限の継続であり、賠償支払い義務の実施であり、さらにはポツダム協定が規定した造船業などの禁止産業規定もそのまま保持された。しかし、フランスが最大の不満としたのは、制限の規模であった。もっとも重要であった鉄鋼生産に対する生産制限規定は、四九年時点におけるフランス鉄鋼生産を大幅に上回る年一一一〇万トンに引き上げられフランスを驚愕させた。加えて、占領規約の手交とともに発足したルール国際管理機構（四月二六日設立、六月一日初会合）は、予想されたとおりドイツ石炭ならびに鉄鋼業に対する補助的監視機構の域を出ず、発足時要員も貧弱であった。管理機構設立の春から秋にかけて西ドイツ建国に伴った諸状況は賠償支払いの継続など、ドイツ政府にとって占領体制としての制約がなお多く残るものであったが、ことルール管理のあり方については視界が急速に開けつつあった。国際管理機構は決して威圧的でなく、したがって経営実権をすでに引き継いだ各企業は建国前後から拡大した復興需要のもと、四九年から石炭・鉄鋼生産を一気に拡大しはじめたのが実情であった。それを支援するものとしてマーシャル援助という合衆国資金が西ドイツ政府むけに明確に流れ込みはじめたことも状況の鮮やかな転換を物語っていた。

フランス政府全体がルールをめぐる現状を自らの優位を確保しうる国際制度機構へと一気に包摂する施策を模索していたことは、四八年後半、ヨーロッパ議会構想の議論が示したとおりであった。しかし、その包括的な「議会」構想が蹉跌したあと、政府内の議論はいったん核を失ったことで政策上では行き詰まりがみられた。たしかに外務省がドイツ産業を制御しうる経済的に独自の制度を四九年初めには検討しはじめことは、一月五日の覚え書きが示すとおりであったし、他方、モネらが問題に対して幅広い検討を開始したのも四九年夏からであった。ただし、外相シューマンがプランの発表直前まで大統領ヴァンサン・オリオルの説得に意を注いだように、具体案としてのヨーロッパ石炭鉄鋼共同体構想への合意が政府内部で成立するのは、結局のところ五〇年四月という声明直前であったようにみえる。

しかし、特定プランへの収斂は複雑であっても、四九年末の時点においてはフランス政府内部ばかりか政党レベルのかなり幅広い集団の間に、対ドイツ政策の転換、しかも決定的な変化が必要であることに対し基本的な認識の接近が進んだ。社会党が党綱領を通して四八年後半からドイツとの協調を求めたことは広く知られたが、他方、保守的政治層に強い影響を与えた産業界にも従来にない動きが顕在化していた。西ドイツ建国を機に始まった復興需要をうけて輸出依存度の高い消費財産業などでは、ドイツに対する懲罰的政策が仏独関係をいたずらに混乱させていると捉える認識が広がっていた。当該の鉄鋼業界でも、ドイツ企業家との資本提携あるいは価格・生産調整を望む声が一部にあった[64]。対ドイツ政策転換をもとめる関心領域が政治的立場の左右に裾野を広がっていくなかでさらに、四七年以来賠償支払い義務として対ドイツ懲罰施策の象徴であった工場施設解体撤去が予定を早めて一一月二二日をもって終焉したことは、フランス政治全体に転換の緊急性を重ねて印象づけずにはおかなかった。合衆国政府が撤去に四八年以来つよく反対したことが終息の背景であったが、首相就任後のアデナウアーとドイツ国内の強い抵抗もペータースベルク協定として発表されたその日の決定をもたらす要因であった。ドイツの抵抗はアデナウアーが他方で呼びかける独仏の経済的結合という主張と表裏をなすことで、フランス政府とくにＭＲＰに新たな問題のたて方を促す契機にならざるをえなかった[65]。

おそらくモネらが四九年半ばから想をめぐらした新組織は、初期の意図ではアメリカ主導のルール国際管理機構に代わるドイツ鉄鋼業規制のための強力な組織の模索であったに相違ない。しかし、その立案過程で彼らは仏独関係の転換というはるかに大きな政治的意味を新構想に付与することで、あえていえば国内的また国際的に政治的正統性を確保しようとした。モネらの政治性が際だつたのは、新提案をヨーロッパ統合という枠に引き込み、内容を経済政策をはるかに超えた独仏協調の理念へと拡大した点であった。

3　第三世界市場への夢を語るシューマン・プラン

最終案の起草者であるモネまた経済計画庁が抱いた直接的関心を最後にいま一度確認することで、ヨーロッパ石炭鉄鋼共同体構想の成立過程に対する本章の分析を終えたい。四九年末から五〇年初頭にいたるプラン立案を促した経済状況として経済史家ミルワードが指摘した国際的な景気後退を確認することは、多くの政治要因とともにシューマン・プランの実像を等身大で論じる上で欠かしがたい点であろう。[66]

四九年前半、合衆国の景気後退に端を発した第二次大戦後最初の緩やかなリセッションは、西ヨーロッパ経済のとくに鉄鋼生産に幅広い影響を与えていたことが知られる。フランス鉄鋼生産は反復する労働争議など曲折を含みながらも、モネ・プラン第一次五カ年計画が重視した積極的な近代化投資の対象として四七年の年間生産五六四万トンから四九年には九〇一万トンへと生産の拡大を示していた。しかし、翌四九年後半から目立った需要の冷え込みのため五〇年には年間八五二万トンという生産縮小を余儀なくされ、モネ・プランが掲げた同年の目標生産額一一〇〇万トンを大幅に下回った。[67]モネの計画案が鉄鋼生産をフランス産業の近代化と成長の牽引力とした意味は、それが基幹産業であることにとどまらなかった。伝統的に鉄鋼生産の三分の一は国外市場をめざす輸出産業であった。フランス自身にとっての国内再建ばかりか、アルジェリア植民地における港湾、鉄道建設など海外インフラ投資と結びつくことでフランス経済の成長を支える、とくにアフリカ進出の基盤ともなるべき産業と位置づけられていた。[68]五〇年、鉄鋼生産の行き詰まりに象徴的に現れた不振が、五カ年計画である経済計画庁の経済成長プラン全体の継続を危うくするとされたのはそれゆえであった。

しかも五〇年にみられたさらに重要であった事実は、フランス鉄鋼業が直面した課題が新たな構造的問題を含むと理解された点であった。構造的問題はあげてドイツ鉄鋼業との比較に起因した。四九年に入って明確化した西ドイツ鉄鋼業の復活、それをささえたルール鉄鋼業に特徴的な垂直統合という経営規模上の比較優位、さらには石炭価格の安さあるいは鉄道輸送コストの優位は、フランスに対して改めて強い脅威を及ぼさずにはおかなかった。実際四九年、西ドイツ鉄鋼業は国内需要の拡大を基盤に前年の年間生産五四七万トンから九〇一万トンとフランスといっきに肩を並べるまでに復活したうえ、輸出市場にも確実にシェアを拡大した。輸出にそくしていえば、フランスの四九年における鉄鋼輸出二一一万トンに対し、西ドイツ鉄鋼業のそれは建国初年にも拘わらず前年の五倍、六〇万トンへと急拡大した。西ドイツの輸出力に押されて、ベルギーを中心としたベネルクス三国の鉄鋼産業が生産の停滞を示しはじめたのはすでに四九年前半からであり、西ヨーロッパ経済全体をとおして、戦後復興にむけた最初の需要の壁が見えはじめたのが四九年末の状況であった。

シューマン・プランが相互関税の廃止を目標とするばかりか、参加各国間の投資計画の調整、さらには伝統的なカルテル調整を模した鉄鋼卸売り価格の相互規制を包括目的としたのは、間違いなく西ドイツ鉄鋼業の復活、とくにルールがもつ生産・輸送コストにおける比較優位を国際的枠組みで抑制したいとする、五〇年時点でフランスさらにはベルギーが緊急課題とした問題を受けてのことであった。加えて仏独間の協調を大義として産業民主化というスローガンを再び掲げ、西ドイツ鉄鋼業の垂直的統合の禁止、石炭産業との結びつきを断ち切る「産業非集中化」の要求が添えられていたことも論点を明確にした。シューマン・プランは超国家組織としての石炭鉄鋼共同体の形成を目指したが、その新組織にはフランス、ベルギーのドイツに対する利害が明確に組み込まれており、基本的に中立的管理組織を超国家的に作るという論理自体が政治利害から独立しえないことを明示していた。

ただし、それにも拘わらず西ドイツはシューマン・プランを一年に及ぶ厳しい交渉を重ねつつ最終的に受け入れていった。依然占領下にあることに変わりない西ドイツが、フランスから提示された仏独協調さらには同権を保障するという石炭鉄鋼共同体構想を痛みがあっても将来のために受け入れざるをえなかった事実は間違いない。しかし、実のところ、西ドイツ首相アデナウアーが理解した状況は、その当面の痛みだけではなかった点も最後に記されてよい。石炭鉄鋼共同体案の目標はフランス側からみれば仏独間における鉄鋼生産・投資、価格の調整によるヨーロッパ市場でのフランス鉄鋼業の拡大であったが、その点を超えてフランス、ドイツともに視野に捉えていたのは、限られた西ヨーロッパ諸国市場だけではなかった。仏独が石炭鉄鋼共同体というヨーロッパ統合を介して視界としたのは、シューマン自身の言葉を借りればアフリカを中心とした第三世界の国々の鉄鋼需要、さらにはその地域でのインフラ整備にむけて生産と市場を拡大していくべき、外に向けての共同体でもあった。五〇年五月九日に発表されたシューマンの声明には仏独の協調という主題からみればいかにも唐突な形で、次のような「アフリカ」への言及が盛り込まれていたことに歴史家はやはり繊細であってよいであろう。

あらゆるものに開かれた共同体――本共同体を通した仏独の生産は、新たな生活水準の発展とさらには平和の促進に寄与すべく、いずれの国に対しても差別あるいは排除なく世界の到る所に提供されるであろう。とりわけヨーロッパは、この共同体を通して、アフリカ大陸の開発という歴史的に背負った使命の実現を果たすことができるであろう。(69)

本章を次のように結ぼう。

一時的に景気後退に直面していたとはいえ、ヨーロッパが戦後復興に乗りだした第一の時期が一九五〇年前後であった。その時期に、西ヨーロッパ諸国が合衆国やイギリスという主要経済圏に長期的にみて対抗し、さらに相互の関係を調整しながら経済成長を目指す内と外に向けた共同関係を設立しようと意図したことは、それ自体として不思議ではなかった。(70) そうした外への目が、五〇年代前半時期のフランスにおいてはアフリカの開発を主導する古典的植民地意識と明確に共振していた事情、またアデナウアーらドイツの指導者もフランスのそうしたあり方を暗黙に了解しつつ統合に身をゆだねた事実は、歴史としてのヨーロッパ統合の記すべき起点のひとつであった。

注

（1）*Le Monde*, 11 mai, 1950.

（2）Renata Fritsch-Bournazel, "Die Wende in der Französischen Nachkriegspolitik 1945-1949 : Die »Deutsche Gefahr« verliert die Priorität", in : Institut français de Stuttgart (Hrgs.), *Die Französische Deutschlandpolitik Zwischen 1945 und 1949* (Attempo, 1987), S.22-23.

（3）*Le Monde*, 11 mai, 1950.

（4）この間のフランス外交の転換過程を論じた基礎的研究には次のものがある。Raymond Poidevin, "Die Französische Deutslandpolitik, 1943-1949," in Claus Schafr und Hans-Jürgen Schröder (Hrgs.), *Die Deutschlandpolitik Frankreichs und die Französische Zone, 1945-1949* (Franz Steiner Verlag GMBH, 1983) ; Idem, "Die Neuorientierung der Französischen Deutschlandpolitik 1948/49," in Josef Foschepoth (Hrgs.), *Kalter Krieg und Deutsche Frage : Deutschland im Widerstreit der Machte, 1945-1952* (Vandenhoek & Ruprecht, 1985) ; Idem, "La facteur Europe dans la politique allemande de Robert Schuman (été 1948-printemps 1949)," dans Raymond Poidevin (dir.), *Histoire des débuts de la construction europoéenne, mars 1948-mai 1950* (Bruylant, 1986) ; Fritsch-Bournazel, *op. cit.* ; Wilfried Loth, "Die Franzosen und die deutsche Frage, 1945-1949," in Claus Schafr und Hans-Jürgen Schroder (Hrgs), *op. cit.* ; Idem, "Die Europa-Diskussion in Frankreich," in Wilfried Loth (Hrgs.), *Die Anfange der europäischen Integration, 1945-1950* (Europa Union Verlag, 1990).

（5）Irwin M. Wall, *The United States and the Making of Postwar France, 1945-1954* (Cambridge University Press, 1989), pp.23-30.

（6）Herbert Tint, *French Foreign Policy since the Second World War* (Weidenfeld and Nicloson, 1972), p.115.

（7）Poidevin, "Die Franzosische Deutslandpolitik, 1943-1949," S. 17-21.

（8）*Ibid.*, S.18-19 ; Tint, *op. cit.*, pp.35-39, 116-117.

（9）フランス占領地域におけるフランス軍政府の施策については、以下の文献を参照。Klaus-Dietmar Henke, "Politik der Widerspruche. Zur Charakteristik der Französischen Militärregierung in Deutschland nach dem Zweiten Weltkriege," in Schafr und Hans-Jürgen Schröder (Hrgs), *op. cit.*, S.92-146.

（10）Loth, "Die Franzosen," S.28-29

（11）Vincent Auriol, *Journal du Septennat, 1947-1954*, Tome 2, 1948 (Librairie Armand Colin, 1974), p.66.

（12）Loth, "Die Franzosen," S.30.

（13）Francis O'Neill, ***The French Radical Party and European Integration*** (Farnborough, 1981), p.21.

（14）付言すれば、エリオを含めて、戦後フランス政界の重要な指導者が一九四〇年以降のドイツ占領に服従せず収容所に拘束された人、あるいは地下抵抗運動を戦った人びと（通常、レジスタンス三派と呼ばれた、共産党系、社会党系、およびカトリック民主主義者系の人びと）、いわばドイツへの抵抗を戦後の政治資産とした人びとであったことも、戦後フランスの対ドイツ政策を当然のことながら厳しいものとした一因であろう。たとえばエリオをみれば、彼は、一九四〇年七月ヴィシー政権設立時、ペタン将軍への全権委任支持を棄権したため二年後ドイツに送られ、フランスに帰ったのは四五年四月、ロシア軍による収容所解放によってであった。すでに六〇歳代後半となる年齢を考えれば、エリオが、ドゴール以上に第二次大戦においてドイツによる圧迫に耐えた囚われ人であり、その限りでの頑強なドイツ批判者、いな「ドイツ嫌い」であったことは不思議なことでなかった。

（15）Loth, "Die Europa-Diskussion in Frankreich," S.29.

（16）ＭＲＰと社会党はこの間連立を保持したが、もとより両党の間がつねに協調的であったわけではない。とくに社会民主主義を主張する社会党と、ＭＲＰの右派を形成した財界グループでは、政策路線がしばしば対立したことは言うまでもない。しかし、同時にこの間、相互が政治力学的にみて不可分の関係にあったことも間違いなかった。

（17）英語文献を中心に本章で参照したモネ・プランについての基本研究を上げておこう。Frances M.B. Lynch, "The Political and Economic Reconstruction of France, 1944-1947, in the international context," unpublished Ph.D dissertation, The University of

Manchester, 1981 ; John Gillingham, *Coal Steel, and the Rebirth of Europe, 1945-1955 : The Germans and French from Ruhr Conflict to Economic Community* (Cambridge University Press, 1991) ; Alan S. Milward, *The Reconstruction of Western Europe, 1945-1951* (University of California Press, 1984).

（18）Lynch,"The Political and Economic Reconstruction of France," pp.268-275.

（19）Tint, *op. cit.*, p.13.

（20）Milward, *op. cit.*, p.129.

（21）Lynch,"The Political and Economic Reconstruction of France," pp.275-277.

（22）*Ibid.*, pp.32-37, 283.

（23）*Ibid.*, pp.37, 279.

（24）Wall, *op. cit.*, p.55 ; Gerard Bossuat, *La France, l'aide américaine et la construction européenne, 1944-1954*, tome l (Comité pour l'Histoire Economique et Financiére, Ministere de l'Economie et des Financiére de l'France, 1997), pp.94-96.

（25）Wall, *op. cit.*, p.56.

（26）Gillingham, *op. cit.*, p.156.

（27）*Ibid.*, p.157.

（28）Milward, *op. cit.*, pp.220-227, 232-234.

（29）付言しておこう。四七年三月、フランスはイギリスとの間にダンケルク条約と呼ばれる対ドイツ相互防衛のための仏英同盟条約を締結した。しかし、この条約の締結にあたって明確に妥協した。イギリスが反対するルールの切り離し要求を最終交渉から除いての同盟妥結であった。それは仏露同盟条約からはじまるドイツ包囲と抑制のための条約路線が明確に限界に達しつつあることを自覚した上での最後の条約であった。なお、五月の共産党の排除については以下の論文がその国内的要因を強調している。杉本淑彦「フランスにおける社共の政権協力と決裂（一九四四―一九四七年）」『史林』六五巻六号、一九八二年。

（30）U.S. Department of State, *Foreign Relations of the United States,* 1947, Vol.2 (GPO, 1972), pp.1022-24（以下、同シリーズを*FRUS*と略記）; Gillingham, *op. cit.*, p.157.

(31) Loth,"Die Franzosen," S.42.
(32) *Le Mode*, 12 avril 1947.
(33) "Les Frontières Allemandes," Le Monde, 12 avril 1947.
(34) *Le Monde*, 22 avril, 1947.
(35) Anne Deighton, *The Impossible Peace : Britain, the Division of Germany and the Origins of the Cold War* (Clarendon Press, 1990), p.193.
(36) Robert A. Pollard, *Economic Security and the Origins of the Cold War, 1945-1950* (Columibia University Press, 1985), pp.141-143.
(37) "Memorandum of Conversation, by the Chief of the Division of Western European Affairs," in *FRUS*, 1947, Vol.2, p.1021.
(38) Wilfried Loth,"General Introduction," in W. Lipgens and W. Loth, eds., *Documents on the History of European Integration, vol.3 : The Struggle for European Union by Political Parties and Pressure Groups in Western European Countries, 1945-1950* (Walter de Gruyte, 1988), pp.7-10.
(39) Alan S. Milward, *The Rise and Fall of a National Strategy*, 1945-1963 (Whitehall History Publishing, 2002), pp.31-33.
(40) Loth,"Die Europa-Diskussion in Frankreich," S.39.
(41) Paul Bastid,"Le Congres europeen de La Haye," *Revue politique et parlementaire*, no.50 (june 1948), p.220.
(42) Marie-Therese Bitsch,"Le role de la France dans la naissance du Conseil de l'Europe," dans Poidevin (dir.), *op. cit.*, pp.165-178.
(43) *Ibid.*, pp.174, 176, 177.
(44) *Ibid.*, pp.178, 189.
(45) *Ibid.*, pp.192, 193.
(46) *Ibid.*, pp.181, 182.
(47) *Ibid.*, p.194.
(48) "Les rèsolutions du 40e Congrès Socialiste : Action international," *Le Populaire*, 6 Juillet 1948.
(49) Poidevin,"La Facteur Europe," p.316.
(50) *Ibid.*, p.317.

（51）引用はR・ポワドヴァンの要約に沿っている。*Ibid*, p.318.

（52）Jean Monnet, *Mémoirs* (Fayard, 1976), pp.338-353.

（53）ヨーロッパ議会構想が挫折に終わった四九年五月、外相シューマンが語った次の理念はその後のフランスの指向を指示している。「〔ヨーロッパ審議会はわれわれの期待にそうものではないであろう〕」。将来のわれわれに必要なのは、フランスとドイツの結合に導くような何ものかを構築すること、つまり言葉だけの約束を交わすだけでなく、相互の利益が深く結びあった制度（systéme）を作り出すことである」と。Pierre Gerbert,"Les origines du plan Schuman : Le choix de la methode communautaire par le government Francais," Poidevin (dir.), *op. cit.*, p.215.

（54）Milward, *The Reconstruction*, pp.380, 419-421.

（55）*Ibid.*, pp.293-294.

（56）Auriol, *op. cit.*, tom.3, pp.324-332.

（57）*FRUS*, 1949, Vol.4, p.470.

（58）Acheson, *Present at the Creation : My Years in the State Department* (Norton, 1987), pp.383, 384.

（59）Gerbert, *op.cit.*, p.209.

（60）*FRUS*, 1948, Vol.2, pp.285-288.

（61）*Ibid*, pp.577-594.

（62）Margaret Carlyle, ed., *Documents on International Affairs, 1947-1948* (Oxford University Press, 1952), pp.637-645.

（63）駐仏合衆国大使カーフィーが手交した四八年一一月一六日付けシューマン宛覚書である。*FRUS*, 1948, Vol.2, pp.501, 502.

（64）Gillingham, *op. cit.*, pp.222-223.

（65）*Ibid.*, pp.217-227

（66）Milward, *The Reconstruction*, pp.367-371.

（67）*Ibid.*, pp.366-67 ; Lynch, op.cit., p.280.

（68）Milward, *The Reconstruction*, p.365.

（69）*Le Monde*, 11 april, 1950.

(70) 合衆国国務長官アチソンがシューマン・プランをただちに独仏間の鉄鋼カルテル構想と連想した事実をここでは改めて想起してよいであろう。彼の連想は、決して異様なものではなかった。

第7章

マーシャル・プランと「生産性の政治」

――西欧統合と経済再建の過程におけるモデルとしてのアメリカ

島田　真　杉

はじめに

第二次世界大戦の終結から今日にいたるまでのヨーロッパの経済面における統合は、一九四八年四月にヨーロッパ経済協力機構（ＯＥＥＣ：Organisation of European Economic Cooperation）が成立したことが大きな契機となって進展し始めた。このＯＥＥＣは、戦後の混乱したヨーロッパ経済と社会を再建し、世界経済を新しい軌道に乗せるために巨額の資金援助を提供しようというアメリカ合衆国の構想、すなわち、一九四七年六月に発表されたいわゆるマーシャル・プランを実施・遂行する機関として設立されたものであった。

マーシャル・プランによる援助は、四八年からの四年間で一三〇億ドル余りに上ったが、戦後ヨーロッパへの支援という点でいえば、アメリカはこれ以前の二年ほどの間にも、国連救済復興機関を通じて、あるいは政府が直接に、戦争で荒廃したヨーロッパにこれと大差ない額を提供していた。しかしそれらは緊急事態に対応した人道的援助という色合いが強く、長期的な視点や統一的な構想を欠いたものであったといわざるをえない。それゆえ、戦後のヨーロッパ統合の歩み、とくに経済面のそれをヨーロッパとアメリカとの関係の歴史として考察するには、まずマーシャル・プランに焦点を合わせてみなければならない。

このような認識から、本章はヨーロッパ統合という問題に、マーシャル・プランが成立した時期のアメリカ経済政策史という領域から接近する。この領域については、援助の意図に関するものを中心に膨大な研究成果が蓄積されてきた。かつては、冷戦構造への関心から、対ソ連という側面を中心に援助の政治的意味合いをめぐる議論が長く続けられてきたが、一九八〇年代に入るころからは、時代状況を映し出して多極世界秩序の形成、ヨーロッパの統一市場形成という観点から戦後ヨーロッパとアメリカとの関係を取り上げる研究が増えた。また経済面についていえば、近年の学界では援助が経済復興に及ぼした効果をめぐる議論が続けられている(1)。それらを摂取しつつ、ここでは次の二つの点に着目してアメリカの援助がヨーロッパの経済統合に及ぼした影響を探ってみたい。それはすなわち、アメリカ政府当局が援助のある段階から「生産性向上」や「アメリカ的生産方法」を強調し始めたことと、援助の実施過程でアメリカの労働運動が「アメリカ的生活様式」や「生産方法」の宣伝役として積極的に関与したことである。これは何を意味し、何をもたらしたのか。

以下、すこし具体的に議論の輪郭を示しておこう。

戦後のヨーロッパでは、経済的苦境の中でナショナリズムが広がった。これに対し、連邦という形の政治統合や関税同盟という形の経済統合を目指す動きも徐々に広がった。一方アメリカでは、戦後世界秩序の安定のためにもヨーロッパの統合を求める議論が高まり、マーシャル長官の援助提案が生まれた。この背後には、西欧の共産主義化を阻止し自由主義経済体制を確立しようという強い意志の他、モノや資金の援助とともに効率的なアメリカ的生産方法を導入することによってヨーロッパの経済的苦境を克服できるという認識があったと考えられる。しかし提案の当初、ヨーロッパの労働運動や左翼運動から批判的、あるいは懐疑的な目が向けられた。外部の介入、また帝国主義の介入としてアメリカを拒絶する大きな動きがあった。アメリカ政府当局はモノや資金援助の他、やがて生産性向上のための援助活動を繰り広げるが、この、アメリカ政府にとってきわめて困難な状況を打開するうえで重要な役割を演じたもののひとつと考えられるのが、アメリカの労働運動である。労働運動指導者はヨーロッパの労働運動や政府に積極的に働きかけ、アメリカ的手法による生産の合理性、効率性などを訴えたのである。

最後の点は二重の意味で興味深い。すなわち、覇権国となったアメリカがその価値観とともに中心的生産方法を海外に移植しようとした試みがいかなる結果をもたらすのか、また大戦直後のこの時期は、いわゆる「フォーディズム」が定着したと見られる時期、すなわちアメリカにおける労使関係の大きな転換の時期であり、アメリカの実業界のみならず、労働運動とその指導者の対外姿勢が国内の問題状況とどのようにかかわっていたのか、といった点が問題になろう。

こうしたことから、本章では、第二次大戦中から一九五〇年代半ばまでを視野に入れ、大戦後のヨーロッパ再建そして経済統合への歩みに、アメリカの援助、とくに生産性向上のための援助が果たした役割、およびアメリカの労働運動、とくに産業別組織会議（CIO：Congress of Industrial Organizations）が果たした役割、なかでもその主力を構成していた自動車労働者組合の指導者ルーサーの思想と行動に焦点を合わせる形で考察を進め、マーシャル・プランとそこから派生する一連の動きがヨーロッパの経済統合に関連してもつ歴史的意義について考えることにしたい。

なお、この点を学界動向との関連でいえば、筆者にとってとくに示唆に富むと思えるのが、アメリカの歴史家チャールズ・マイアの議論である。戦後のアメリカの外交原則として「封じ込め」という表現が当時から使われてきたが、マイアは同じ時期のアメリカ経済外交を捉えるために「生産性の政治（politics of productivity）」という概念を設定する。すなわち、生産拡大によってあらゆる社会問題、そしてそこから生ずる社会的政治的抗争を解消しようとする考え方が、地政学的な「封じ込め」や国家安全保障という考え方とともに、戦後アメリカ外交のなかで併存し、重要な役割を果たしてきたとみるわけである。この議論は学界で評価を受けているが、最近では戦後の対ヨーロッパ外交でこの側面が必ずしも貫かれていないという批判も強まっている[2]。本章ではこの仮説と批判とを摂取しながら、マーシャル・プラン実施の中心にいた実業人や官僚の言動、またヨーロッパ側の対応を探り、先述の点を検討することにしたい。

第一節　アメリカにおける戦後構想とヨーロッパ

1　大戦期のヨーロッパにおける統合論

まず大戦期のヨーロッパで統合構想がどのような状況にあったか一瞥することから始めよう。大戦中のヨーロッパでは、一九三〇年代末の機運が持続し、ヨーロッパ連邦化構想がいくつも登場している。例えばイギリスの場合、南アフリカ首相のJ・C・スマッツは四三年一一月にイギリス下院で開催された帝国議会連盟の会議で演説し、イギリスが主導権をとってヨーロッパ連邦を設立するよう主張していた。チャーチル首相も戦争中に何度か類似の提案をしており、四三年五月にはアメリカのワシントンで、アメリカ側に次のような構想を提示している。それはすなわち、戦後のヨーロッパは一二程度の state ないし confederate からなり、それぞれが European Regional Council に代表を派遣し、全体としてヨーロッパ合州国を形成するというものであった。そのほかに労働党のアトリーも、ヨーロッパは連邦化する以外に将来はないと主張していた。しかし、二〇世紀のヨーロッパ統合の歩みを検討したリチャード・ヴォーンによれば、こうした議論は戦後の混乱回避という短期的意図から出たものが多く、しかも十分煮詰められた構想とはとてもいえないものであった。[3]

一方、大戦下のヨーロッパ大陸各地では、レジスタンス運動を通じて、一体化されたヨーロッパという理想が大きな力を得ていた。運動内の急進的グループが描いた戦後の統一ヨーロッパ像は、あえて一般化していえば、諸地域の自治体を包含した自由で民主的な国家がヨーロッパ各地に生まれ、計画化を組み込んだ市場経済と社会正義という原理が広まり、さらに、そういう諸国が、外交や防衛については連邦という形でヨーロッパを代表する権力を樹立する、といったものであった。[4]

しかし、このような大戦中の機運にもかかわらず、戦後のヨーロッパにまず立ち現れたのは横のつながりのない国民国家群であった。戦争直後のヨーロッパにおいて統合あるいは連邦化への動きが後退した理由として、レジスタンス運動内部のイデオロギー対立や、諸地域の解放の時期がまちまちであったことなどを指摘できる。ともあれ、結局のところレジスタンス運動は統合ヨーロッパにむけての有効な国際戦線を組織することができなかったということになるのだが、それでは、一九四五年の戦争終結の時点においてヨーロッパの命運を握っていた三大国、とくに米・ソの二国は、戦後ヨーロッパの統合についてどのような立場に立っていたのだろうか。

2　自由貿易の構想とブレトン・ウッズ協定

まずアメリカでは、ローズヴェルト大統領もハル国務長官も三大国あるいは四大国の協同による世界秩序を構想しており、そうした立場から、地域的な統合には反対していた。また、国務省内のヨーロッパ組織化問題特別小委員会は、一九四三年から四四年にかけて各種のヨーロッパ統合案を調査・検討したものの、政府首脳に大きな影響を及ぼすにはいたらなかった。さらに経済的にも、後述する自由・無差別・多角的通商体制が政府の目標になっており、地域的なシステムに対してはきわめて強い疑念が抱かれていた。他方ソヴィエト連邦も、四三年にはヨーロッパの連邦化に明確な反対の態度を表明している。四三年にイズベスチヤ紙が伝えたところによれば、モロトフ外相は、連邦化が再び東欧に緩衝地帯を設けることにつながり、反ソ連ブロック形成につながる、として反対している[5]。

こうして、大戦中のヨーロッパ統合案は米ソによってことごとく葬られたのであるが、イギリス政府もまた、チャーチルが連邦論を説く一方で、ロンドンにあったヨーロッパ各国の亡命政府間の協力を支援することはなく、もっぱら各国との個別交渉に専念するなど、統合に向けた具体的な動きを示すことはほとんどなかった。

このように見てくると、大戦中の連合国とくに三大国はヨーロッパの連邦化に向けた動きにとってマイナス要因のみとなったかのように思えるが、しかし、そうしたなかで、大戦中に行われたアメリカによる軍事的・経済的援助は、後のマーシャル・プランにつながる側面をもつと考えられるものであり、その意味で歴史的にきわめて重要である。

援助の法的根拠は一九四一年の武器貸与法によって与えられたが、援助の具体的細目を定めた相互援助協定は四二年二月以降、イギリスを初めとする連合国各国との間で締結された。そしてそのなかには、アメリカ政府首脳の戦争観や戦後構想の原点が赤裸々に示されている。それは、基本的には、大戦が各国の閉鎖的経済体制間の対立に起因するものであり、戦後世界には、平和と繁栄の基礎としての生産・雇用・通商を拡大するために、自由無差別多角的な通商体制が築かれねばならないというものであった。そして、アメリカの戦時援助を受けた国々が戦後に支払う代償は、この理念に沿ったものでなければならないことが定められたのである。

こうした戦後世界を構築するためにアメリカがなすべきことについては、じつはアメリカの参戦に三カ月も先立つ四一年九月に、すでにハル国務長官が次のように述べていた。すなわち、「わが国が蓄えた金を、国際通貨を確立し、諸外国の国内秩序再建を支援し、そうして貿易と平穏な生活を取り戻すために無償で世界に提供するなどということは、今日では夢物語であろう。しかし数年のうちに、それほど荒唐無稽でもないことになるだろう。ヨーロッパの破壊された生活を再建するために連邦準備制度の巨額の資金を用いるということも、時が来さえすれば、仲間内の話などではなく、もっと緊急のものだということが判るだろう」と。[6]

アメリカ政府首脳のこれらの構想や観測に窺えるのは、大戦後には何としても完全に開かれた自由な通商体制を構築しようとする強烈な意志と、さらにそれを達成するためにはどんな大きな犠牲をもいとわないという姿勢である。そしてそのような構想が具体化に向かって動き出す場こそ、一九四四年七月のブレトン・ウッズ会議であった。戦後世界の通商体制や経済協力をテーマとして連合国各国の代表が集まったこの会議では、米・英間で長い交渉の末にまとめられたものを下敷きにして、国際復興開発銀行と国際通貨基金の設立を定めた協定が調印された。すべての国が世界中の市場と資源に自由にアクセスできるシステムの形成が、その目標であった。

3　アメリカ労働運動の戦後像とヨーロッパ

本章の課題からすれば、このいわゆるブレトン・ウッズ協定をアメリカの労働運動が全面的に支持したことにおおいに注目しておく必要がある。まずCIOは、戦争末期に出したいくつものパンフレットで、戦後の労働者の豊かな生活を実現し保障するものとして、ブレトン・ウッズ体制の全面的支持を訴えていた。例えば、CIOの政治行動委員会が重要問題についてのパンフレット・シリーズの第一号として一九四五年に刊行した、『ブレトン・ウッズは決して不可解なものなどではない』は、この協定に懐疑的な一部の大銀行やマスコミを批判し、「ブレトン・ウッズは、加盟国が投機家や銀行による通貨変動という形をとった妨害の不安なしに貿易できるよう、通貨の価値について取り決めたものである」と論じ、そして「それが労働者にとって意味するのは、それが諸国間の秩序だった公平な関係を作り出すことで貿易を拡大し、すなわち労働者にとっての仕事を増やし、しかもより良い賃金をもたらすことである」という[7]。

この種の議論は、戦後の平和と豊かな生活を期待する議論とともにその後も繰り返し現れた。もちろん、四五年という段階ではソ連がまだブレトン・ウッズ構想の枠の中にあり、その意味で、共産党系ないし左派の組合を抱えるCIOもちゅうちょなくブレトン・ウッズを支持できたという面はたしかにある。しかし重要なのは、この時期に発行された多くのパンフレットの議論から次のようなことが読み取れるということである。すなわち、三〇年代の不況の後に大戦中による膨大な軍需で景気が回復し、完全雇用状態を経験したこと、そしてそのことから生産拡大こそが労働者にとっての究極的な善であるという意識が形成されたこと、さらには「連合国の兵器廠」、そして食糧庫という役割を全うしてきたという経験を基にした自信、これらを読みとれるということである。このような経験と自信が、政治的・経済的急進派としてのＣＩＯをして、長期的目標としての生産増大と生産性上昇、そして自由で公平な貿易を通した通商拡大を高らかに称揚させたと見ることができる。そしてそれは、先に触れた、戦後世界の経済体制の方向に関する政府首脳の考え方と明らかに重なり合うものといってよいだろう。

戦後のＣＩＯは、四五年末から四六年春にかけて賃金引き上げを目指して激しいストライキを繰り広げたが、それが所期の成果を上げられずに終息すると、自動車労組（ＵＡＷ：United Auto Workers）を先頭に、また典型として、新しい動きを見せ始めた。すなわち、詳述は避けるが、経営に参加する権限を求めたり生産現場の合理化に抵抗したりという、従来の運動の中心的な戦略に代わって、生産性を向上させようとする経営側に協力し、それに対する見返りとしての高賃金、高福利を獲得し、何よりもまず労働者の豊かな消費生活を実現しようとする動きが顕著に出てきたのである。あきらかにこれは、ブレトン・ウッズ体制を称揚し支持する先述のパンフレットと軌を一にする動きである。ＵＡＷの指導者の一人、ウォルター・ルーサーこそ、この動きを代表し、ＣＩＯさらには労働運動全般の新しい旗手として台頭してきた人物である(8)。彼は、新しい資本主義のあり方、そしてたえまない技術革新が、すべての労働者を不可避的に消費社会に投げ込み、消費者に変えていくと考えていた。彼はやがてマーシャル・プランの実施期にはヨーロッパ各地を訪問し、ヨーロッパの労働運動に向けてアメリカ的経済と生産の仕組みの優位についてさかんにメッセージを発することになる。先述のＣＩＯの構想とあわせて考えれば、納得のいく行動である。その点は後に改めて述べる。

他方、アメリカ労働総同盟（ＡＦＬ：American Federation of Labor）の場合、ブレトン・ウッズ体制を支持したのはもちろん、さらに戦後のソ連やヨーロッパを中心とする各国の共産党勢力との抗争を予測して、一九四四年にはそれに対応する組織として「自由労働組合委員会」を設立している。この組織は、以後ＡＦＬの対外政策の中心になり、アメリカ政府と緊密に連携しながら戦後のヨーロッパで反共活動とアメリカ資本主義擁護、アメリカ外交支援の活動を積極的に繰り広げた[9]。

この委員会の中心に座ったのは、三〇年代に反スターリン主義の立場に移った元アメリカ共産党員、ジェイ・ラヴストンであった。彼は三〇年代末に、国際婦人服労働組合の指導者で反共主義でも名高いデイヴィッド・デュビンスキに見込まれて共産党勢力排除に手腕を発揮し、その後、デュビンスキやウィリアム・グリーン、ジョージ・ミーニィらＡＦＬ首脳が「自由労働組合委員会」を設立すると、その執行委員長に指名されたのである。彼はこの後、アーヴィング・ブラウンという、対外経済庁労働・人的資源局長としてヨーロッパで活動した経験をもつ人物を補佐役として、反共の立場から戦後のＡＦＬの対外活動、ヨーロッパでの各種政治工作に専念した。

以上のように、アメリカ政府首脳にとっても、また労働者や運動指導者にとっても、世界的規模の自由無差別多角的貿易体制の確立による通商拡大が、戦後世界にとって死活的重要性をもつ課題と認識されていた。そしてブレトン・ウッズ会議でアメリカ政府が掲げた戦後世界経済秩序は、アメリカの主要な労働運動からも、労働者の生活に死活的重要性をもつものとして全面的支持を得たのである。三〇年代には孤立主義的傾向を強く示していたＡＦＬもＣＩＯも、いまや、輸出拡大＝生産拡大＝賃金上昇＝生活水準の向上・豊かな生活、という図式を描くことで、政府・財界の対外政策と一体化し、図式の実現に向けて動き出したのである。

第二節　戦後ヨーロッパの混乱とマーシャル・プランの提案

1　戦後ヨーロッパにおける経済的苦難

戦後のヨーロッパにまず立ち現れたのは国民国家群であった。フランスでは、政権を握ったレジスタンスの英雄ドゴールが、伝統的な保守派の思想を背景として「フランスの偉大さ」を世界政治の場で蘇らせようとしていた。またレジスタンスを通じて大きく勢力を拡大したフランス共産党は多数の知識人・労働者を惹きつけ、四五年一〇月の総選挙では第一党の地位を獲得したのだが、指導者トレーズはドゴールと同じように「フランスの偉大さ」を頻繁に口にしていた[10]。

もちろん、ナショナリズムが強かっただけではない。全体としてのヨーロッパの地位の低下や、戦争の再発防止、疲弊した社会の再建のためなどさまざまな背景から、ヨーロッパの統合を求める議論も各地で明らかに強まっていた。四五年七月に行われた世論調査が示すところでは、フランス国民の七三％が、従来の国民国家を構成単位とするものではあるが、それらの連邦としてヨーロッパを再建することを望んでいた[11]。統合論の色合いは多様だが、ヴォーンによればフランス、イタリア、ドイツ、ベルギー、オランダがその中心であった。代表的な論者として、ドイツとフランスの関係修復やヨーロッパ合州国建設を説き、「統一ヨーロッパ運動」を率いたチャーチル、アメリカから戻ってヨーロッパ議会の結成を目指したクーデンホフ＝カレルギーなどの名前を挙げることができる。やがてこの一連の動きは、一九四八年五月にハーグで開催された「ヨーロッパ議会（European Congress）」で合流し、さらに翌年に結成された西欧諸国の大臣級の協議機関「ヨーロッパ評議会（Council of Europe）」へとつながる。しかしこの機関は結局のところ何の権限ももちえなかった[12]。

一方、この時期の経済についていえば、終戦の時点のヨーロッパには、ブレトン・ウッズ協定が目指した自由な国際交易が具体化する見込みはほとんどなかったといってよい。戦争で痛手を受け、再建を急ぐ各国にとって、消費財、生産財を問わず各種物資に対する社会的需要がきわめて強く、しかも外貨保有、とくにドル保有が底をついていたために、どの国の政府も外貨による対外債務の決済を厳しく制限し、同時に輸入に対しては割当制で厳重に規制をかけざるを得なかった。四七年には、前年の末にアメリカからの金融援助を確保したイギリスが自国の通貨の交換性回復を目指したものの結局は果たせず、このことは対外経済活動に対するヨーロッパ諸国の警戒心をいっそう強めたのである。

このようなヨーロッパ経済の緊迫した状況に輪をかけたのが、周知のことだが、一九四六年末から四七年にかけての冬の異常な気象であった。すさまじい寒波が各地を襲った。燃料としての石炭を供給するドイツでは労働者が飢え、川が凍結して石炭運搬船は動けなかった。暖房は行き届かず、工場は燃料不足で稼働できなくなった。ストライキは頻発した。この危機的状況の根本的な原因が、さきほど述べた「ドル不足」であることは明白であった。どの国も、農産物や石炭などの必需品を輸入するためのドルを欠いていたのである。ドル不足を来さないような形でヨーロッパ経済を再建することが緊急課題であった。もちろん、東西ヨーロッパを有機的に結び付けることはひとつの方法ではあったが、ドイツ問題を核心とする米ソの対立が深刻化しつつある状況では、それは文字通り「絵に描いたモチ」にすぎなかった。

じつのところブレトン・ウッズ協定は、こうした国際決済の困難をこそ防止しようとしたものであったが、加盟国が必要に応じて引き出せるとされた七〇億ドルは、危機の大きさに比べて少なすぎたし、さらにこれはもともと加盟各国の拠出した基金であって、大半が、ドルとの交換不能ないわゆる「軟」通貨で構成されていたため、危機のなかで本来期待された役割を演じることができなかったのである。

一方、まさにこの時期にアメリカで、ヨーロッパにおける地域統合ないし連邦化を望む議論が徐々に高まり始めた。その背景にはヨーロッパの混乱を目の当たりにしての危機感、そして「ソ連の脅威への対応」という意識を指摘すべきだが、その他、汎ヨーロッパ論者として著名な前述のクーデンホフ゠カレルギーが、大戦中にヒトラーの手を逃れてアメリカで亡命生活を送り、その間にアメリカの知識層や政治家に影響を与えていたといったことも指摘しうる。

ともあれ、注目に値する動きとしては、例えば四七年三月には、外交問題に大きな発言力をもつフルブライト上院議員らがヨーロッパ合州国の結成を求める決議案を上程したし、四月一八日には第三次世界大戦を防ぐためにヨーロッパ統一を求めるという意見広告が、八一人の著名アメリカ人の署名とともにニューヨーク・タイムズに掲載された。広告によれば、「統一ヨーロッパは世界平和の支柱であり世界の繁栄の源泉なのであり、アメリカの国益でもある統一と平和と繁栄というこの道にヨーロッパ諸国民が進めるよう支援することは、われわれの責務である」という。その一カ月後には、アメリカ世論に大きな影響力をもつ評論家リップマンが、ニューヨーク・ヘラルド・トリビューン紙上で、アメリカの援助をヨーロッパの統合とリンクするよう主張した。彼によれば、「アメリカ国民は、新しい、よりよい、再編成され統合され、存続可能なヨーロッパにこそ自分たちの資本を投資したいと思っている」のであった[13]。アメリカの戦後構想を具体化するにはヨーロッパへの大規模で組織的な援助が不可避という認識が支配的になりつつあったのである。

2 マーシャル・プランの提案

一九四七年六月、アメリカ国務長官ジョージ・マーシャルが、大規模なヨーロッパ援助構想、いわゆるマーシャル・プランを明らかにした。マーシャルが直接言及したことは、突き詰めると、ヨーロッパ各国が集って経済・社会の再建に必要なものを話し合い、それに基づいて要求を出すならば、アメリカは新たな援助を与えよう、ということになる。

この構想の意図については、発表の直後に『ネイションン』誌が、「簡単にいえば、アメリカ商品を購入するための世界の能力を、まず一番の得意客を手はじめに、回復させようとする試み」と述べていた。そしてそれが必要になる理由として、同誌は、「大戦中に五〇%もその生産能力を高めてしまったアメリカの工業が、もし余剰生産物をさばく市場を海外にもてないとすれば、わが国自身の経済がスランプに陥り、繁栄は一夜にして消え去るだろう」と、じつに率直に書いていた[14]。

構想の意図についてのこの見方、すなわちマーシャル・プランがアメリカ自体の繁栄維持のためであるという見方は、ソ連やヨーロッパ各国の首脳がひとしく示した反応でもあった。四七年九月の世論調査によれば、フランス国民の五七%も、同じような評価を下していた。このほか、先に見た統合を期待する議論、および援助供与を説く議論では、しばしばアメリカの善意やチャリティも強調されていた。また、逆に、ヨーロッパを復興させれば強力な競争相手が復活し、アメリカが不況に陥る危険があるという警告もあった。

ともあれ、このプランを生んだ要因はいくつも考えられるのだが、直接的にはヨーロッパ諸国における国際収支が極端に悪化したことを指摘すべきであろうし、究極的には第一節で検討した戦後構想実現への政府の強い意志を指摘しなければならない。また、意図という点でいえば、学界で議論と検証が積み上げられてきた冷戦ポリティクスという側面が重視されねばならないことはいうまでもない。これらさまざまな要因および観点を指摘したうえで、筆者が、先述のマイアの議論を借りつつ、ここで強調しておきたいことは、「生産性」の問題なのである。

戦争終結直後から、ヨーロッパ諸国は経済の復興を最優先課題として基幹産業や銀行の国有化を進め、なによりも生産の拡大を目指した。保守派のドゴールが指導するフランスにその典型例のひとつを見出せる。その他の国でも全国家的経済計画、完全雇用、生活水準の上昇がいたるところで目標に掲げられた。それが、異常な気象という要素があったにせよ、結局は多くの場合不調に終わり、全ヨーロッパ的危機を招来していたのであるから、マーシャル・プランによるヨーロッパ再建・復興というアメリカの政策には、反共産主義、あるいは反社会民主主義という観点に加えて、あるいはそれら以上に、より高い生産性をもったアメリカ的方法によるヨーロッパ経済の指導という側面が不可避的に生じてくる。この側面こそ、マイアのいう「生産性の政治」である。これは換言すれば、経済成長は、ヨーロッパ社会をマヒさせている経済運営の技術的問題や共産主義・社会主義というイデオロギーからくる対立を、生産量や生産効率の問題へ、そして近代化というテクノクラート的世界へと解消してくれるという仮定に立ち、そういう成長をヨーロッパに実現しようとする政治を指す。こうした政策観は、マイアの検証するところによれば、二〇世紀初頭以降のアメリカで育まれてきたという。またマーシャル・プランの立案者やその後の援助実施を担当したリベラルな官僚や政治家、そして企業人に抱かれていたのである。[15]

実際、そうした観点は、一九四二年に創設された経済開発委員会（ＣＥＤ：Committee for Economic Development）に参集していた大企業経営者たちの言動に顕著に見て取れる。この委員会は戦後の対外経済政策に大きく関与することになった組織で、代表的な構成員として、初代会長のスチュードベイカー自動車会社社長Ｐ・ホフマンの他、ジェネラル・エレクトリック社のＰ・リード、コダック社のＭ・フォルサム、コカコーラ社のＨ・ジョーンズ、ジェネラル・フーズ社のC・フランシスなど、財界指導者多数が名を連ねていた。このCED指導部をはじめとする経済開発論者たちは、マーシャル・プランが投資や労務管理、その他の経営行動における模範としてのアメリカを海外移植する格好の機会と捉えて積極的な支援を行った。これについてのCEDパンフレットを調査したJ・マクグレイドによれば、その論調は次のように整理できる。「「豊かさのリベラリズム」というアメリカの経済戦略を採用したヨーロッパ諸国ではすぐに経済復興が可能になる――その戦略とはすなわち、拡大する消費市場と自由化された貿易と投資、さらに民間企業の発展を抑えるのではなく奨励する国家の政策、これら三点によって推進される大量生産という不断に拡大するシステムを通して国民経済の成長を達成しようというものである」。これがCEDの基本認識であり、アメリカをモデルにすることが西欧復興の不可欠の条件とされていた⑯。

ともあれ、このような援助案を実施に移すには、まず国内外で合意を形成しなければならない。ヨーロッパでは、マーシャルの呼びかけに応じ、諸国が四七年七月半ばにソ連とその影響下の東欧諸国を除く形でヨーロッパ経済協力委員会（CEEC：Committee of European Economic Cooperation）西欧一六カ国が参加）を設立し、援助の前提としての具体的復興案作りに入った。

3　援助具体化にとっての障害

すでに見たようなヨーロッパ経済の状況からすれば、唯一の経済大国となったアメリカの援助を受けての復興が不可避の選択肢であったようにも思える。しかし、アメリカの援助の実現と目的達成の前に立ちはだかったものが少なくとも二つあったと考えられる。

一つは、全体として大きく左に傾いていたヨーロッパの政治情勢がもたらしたものである。すなわち、労働運動や社会主義運動がその力を大きく伸ばす一方、多くの国で産業界・経済界の首脳が、戦前・戦中にファシストと協力したことのためにすっかり権威を失墜させており、資本主義一般への懐疑、さらにアメリカ資本主義、あるいはアメリカ経済がヨーロッパに影響力を及ぼしてくることに強い反発があった。

例えば、四五年一一月にBBC放送に登場したイギリスの著名な歴史家、A・J・P・テイラーは次のように述べている。「ヨーロッパではだれもアメリカ的生活様式、すなわち民間企業のシステムなど信じていない。それは、こう言い換えてもよいだろう。ヨーロッパでアメリカ的生活様式を信じるものは、それは負け組であり、ちょうど一六八八年以降のイギリスで急進派がそうであったように、もはや未来のないものたちなのである[17]」。

なんとも激しい言葉づかいである。大戦の勝利者アメリカの経済力も経済制度もその価値観も全面的に否定し、あきらかに社会主義や計画経済を志向している。当時のイギリスを代表する知識人の言葉に象徴されるこのような意識は、アメリカ政府にとってみれば、ソ連およびその影響下にあるヨーロッパの共産党勢力と同様に、その戦後世界構想具体化を妨げる難敵であったといわねばならない。もちろん、先述のアメリカ労働運動の新観点からみても同様である。

この、テイラーが指摘したような動きのなかで、例えばフランスではドゴール政権が銀行や企業を国有化し、共産党は労働者のなかに大きな支持基盤をもちえたし、そのことがまた、この意識を増殖させていった。四七年一〇月、フランス共産党の指導者トレーズは、マーシャル・プランに対する社会党政権の対応について、「ただ国際反動派の利益にしかならないわが国の奴隷化政策、勤労大衆にまったく背を向けた政策、このような政策の執行人の共犯者に自分から成り下がっている」と激しく批判したのである[18]。このようなフランスにおける情勢はその後も続き、アメリカ政府を悩ますことになった。

次に、第二の障害として、右の点と密接に関連することだが、ヨーロッパにおけるナショナリズムの問題があったと考えられる。言い換えれば、国境の壁を取り払うことがヨーロッパの復興に不可欠の前提であるという見方が、先述のようにアメリカ側に確立されつつあったのだが、この点についてヨーロッパ諸国をいかに納得させるかという問題である。

この第二の点については、アメリカ議会が援助をヨーロッパの政治統合と結び付ける議論を執拗に繰り返したことを指摘しておこう。政府はヨーロッパ経済を援助すること自体の緊急性を優先させていたため、必ずしも政治統合の問題を前面には押し出さなかったが、しかし議会に大きな影響力をもつウィリアム・フルブライト上院議員らは、ヨーロッパの政治統合ないし連邦化を援助の条件とするよう強く主張していた。この主張の明文化は、他国の内政への干渉ととられるという懸念から結局のところ押さえ込まれた。

しかしそれでヨーロッパの政治統合に対する関心が消えたわけではない。マーシャル・プラン実施法ともいうべき経済協力法が四八年四月に成立し、援助実施機関、経済協力庁（ＥＣＡ：Economic Cooperation Administration）が設置されて初年度の五三億ドル支出が認められたが、同法には、前年一二月に政府が連邦議会に提出した法案中に本来なかった文言、すなわち、「合衆国による援助を継続するかどうかは、この計画に参加する国々の相互の協力が続いているか否かによって常に判断されるべきである旨、宣言する」という文言が挿入された。このなかの「協力」という表現は、翌年以降の修正された法律では統一（unification）という、一段と強い言葉に置き換えられた。このような形で、ヨーロッパ社会にはアメリカの意図が鮮明に示されたのである。

もっとも、これにヨーロッパの側がスムーズに対応したとはいいがたい。マーシャル提案を受けて設立されたＣＥＥＣがパリで援助受け入れ案を練っていた段階で、これに助言・指導したウィル・クレイトン経済問題担当国務次官や同省官僚は、復興案の内容があまりにも各国の個別の主権に固執し過ぎていること、そして結局のところ各国の事情を反映した買い物リストの寄せ集めに過ぎないものになっている、と批判していた。それでもなおＣＥＥＣ

報告は、ヨーロッパの統合という点については見事なまでに焦点をぼかし、四七年九月の報告書で、「関税、および相互の、また世界の他地域の国々との、貿易を拡大するうえで障害となるものを軽減するために、参加各国はたがいに協力する」とあいまいに述べるに止まった[19]。

ＣＥＥＣは翌四八年四月にパリで再び会合を開き、アメリカ政府の経済協力庁ＥＣＡと協調しつつヨーロッパ復興計画の実施を監督する機関、ヨーロッパ経済協力機構（ＯＥＥＣ：Organisation for European Economic Cooperation）に模様替えした。しかしこのＯＥＥＣも、当面の動きを見る限り、各国の経済専門家を集めた長期の国際会議という色合いが強く、またその評議会がイギリスや北欧諸国の主張で全会一致の原則を採用したことに窺えるように、組織の構造という点から見ても国家の枠を超える要素はまだごく少なかった。ただ、西欧および北欧諸国が、クレイトンのいう「買い物リスト」の他に、さまざまな組み合わせで関税同盟について協議したことについては指摘しておく必要がある。大戦中から検討が進んでいたベネルックス三国を別にすれば、フランス、イタリア両国の場合のようにバラ色の未来を描いたものも五〇年代に入ってまもなく頓挫するなど、マーシャル・プランの刺激で始まったこの時期の協議は、各国個別の経済事情の折り合いがつかず、結局は時期尚早だったといわざるを得ない。しかし他方で後の共同市場の先駆という面を認めることもできる[20]。

以上、この節では、ヨーロッパの経済的苦境を背景に援助案が登場したこと、そして援助の眼目として、アメリカ的生産方式の導入による生産性向上という問題があったこと、さらに、援助実現の前に立ちはだかる障害として、アメリカないしアメリカ的価値観への反発、そして西欧諸国のナショナリズムという問題があったことを示した。生産性の問題については次の第三節で、それに対するアメリカ労働運動の対応、ヨーロッパ側の反応については第四節で検討する。

第三節　マーシャル・プランの実施とアメリカモデルの経済改革

1　戦後ヨーロッパにおける生産性問題の重要性

国家間の密接な協力を通じての生産拡大、そして経済の復興・成長という方向は、その後もアメリカ政府首脳がこだわり続けた点の一つであるが、さらに、その過程でのアメリカ的手法と理念の導入・採用という点も重要問題化し、四九年にはキーワードとしての生産性が大きく浮かび上がってきた。ここで、経済協力庁長官としてマーシャル・プラン実施に腕を振るったホフマンのこれらの点に関する発言を引いてみよう。彼は自動車メーカー、スチュードベイカー社の社長を長く務め、また経済開発委員会の主要メンバーとして活躍するなど、リベラルな実業人として広く知られた人物である。

まず、ホフマンが四九年一〇月にOEECで行った演説である。彼はトルーマン大統領と事前に十分協議したうえで、この時点までの援助を総括し、課題と展望を引き出している。彼によれば、この時点でOEECが直面する第一の緊急課題は対外収支の均衡を回復することであり、つぎにそれと密接に関連するものとして、経済統合の推進を通じて経済規模を拡大することである。後者についての議論を、少し長くなるが直接引用する。

そのような統合の本質は、商品流通の数量規制や対外支払いの規制、そして究極的には一切の関税、これらが永遠に取り払われる、そういう単一の巨大市場を作り上げることであります。合衆国は強い経済と効率性を有していますが、それは一億五〇〇〇万人の消費者からなる市場なしにはありえないことです。二億七千〇〇〇万人の消費者からなる永遠の自由貿易地域を西欧に作り出すことは、数多くの有益な結果を導き出すことでしょう。大規模で低コストの製造業の発展が促されるでしょうし、あらゆる資源の効率的利用がいっそう容易になるでしょう。また、健全な競争を窒息させようという試みは一段と難しくなるでしょう。いうまでもなく、このような道に踏み出したからといって、一夜にしてヨーロッパ工業の物理的構造が変わったり、生産性が急上昇したりするということはありません。しかし、経済環境の巨大な変化は、必ずや、生産性の急速な上昇の引き金になります。そうすれば、ヨーロッパは世界市場における自己の競争力を改善することが可能になり、ヨーロッパの人々の期待や生活上の必要を満たせる日も近づくでしょう。これが重要な目標なのです。これこそ、マーシャル国務長官がヨーロッパの新しい希望と努力に火を灯したあの演説で指摘したものです。この見込みがあってこそ、合衆国議会は経済協力法を成立させたのです。この目標が、ＯＥＥＣ大会の基盤には埋め込まれています[21]。

ホフマンは、このように経済統合による市場拡大、そこからもたらされる規模の経済を通した生産性上昇の重要性についてＯＥＥＣ諸国にクギを刺し、また叱咤したのである。

同じような趣旨の文章をもう一つ引いてみる。彼によれば、アメリカは「モノが棚に溢れている国、店がモノで膨れ上がっている国なのであり、それを可能にしたのは、一つには高い生産性とよい賃金」であり、また二つ目に「チームワークという条件のなかでも個人が優越するという特色をもった」生活様式であった[22]。ヨーロッパ人はこの点をこそ知らねばならないというのが彼の主張であった。

ここには、共産主義という生産様式やヨーロッパの従来からの生産方法に比べた場合にアメリカが優位にあるという主張とともに、生産拡大を原点におく議論、あるいは「生産優先」という考え、さらには統合によって生産規模を拡大し、またアメリカ的方式を導入して生産性を向上させれば世界市場での競争力がつくという見方が明白に窺える。「生産優先」はもちろんアメリカの独占物というものではない。戦争直後のヨーロッパ諸国はいうまでもなくこの立場をとった。西欧の共産党も四七年初めまでは生産の回復を最大目標とし、その実現のためには労働者の賃金抑制にも協調的であった。それが、例えばフランス共産党の場合、四七年初めの先述の経済危機で急進化した労働者の圧力などのために、長期的な視点からの経済構造転換よりも賃金引上げなど戦闘的な政策目標を掲げることとなり、連立政権を追い出される契機となってしまったのである[23]。

経済の再建過程におけるこの問題は、ある意味で普遍的問題であり、アメリカの政策担当者もその点を十分に認識していた。労働史家リクテンステインの議論を借りていうならば、彼らは、時代遅れで戦災も被ったヨーロッパ工業を再建するうえでの技術的な問題を、たとえいったんおいて考えたとしても、労働者階級の生活水準の実質的改善は最短でも一九五〇年代初めまではとても望めないこととみていた。つまり、それくらいの時期までは、西欧経済の生産性を上昇させることで生じた余剰はすべて再投資に回して経済の基盤を強化しなければならず、結局それまでの間、労働者に対して労働条件の面で犠牲がやむを得ないことをなんとしてでも理解させねばならなかったのである[24]。

この点について、国務次官ロバート・ロヴェットがフランス労働運動と社会党内部における対立を引き合いに、四七年一〇月に次のように書いていた。「政治的にいえば、社会党の左派あるいは少なくとも中間派より左が党を割ってほしい。労働運動の問題に置き換えていえば、組織された労働者の中の健全な勢力は非共産陣営に取り込んでおかねばならない。そうでないと、まだ壊れやすいフランス経済がやっと生み出したわずかな余剰が消えてしまい、その結果起こる社会の混乱はおそらく内戦の様相を示すだろう」と[25]。冷戦が進行し始めた状況下で、生産性上昇とそれに向けた西欧の労働者説得という作業、この二つが経済再建にもソ連・社会主義陣営との対決のためにもきわめて重要な戦略的位置を占めていたといえる。

2　ヨーロッパ生産性局

前節で述べたような生産および生産性を重視する観点は援助計画に当初から内在していたと考えられるが、初期の援助は緊急対策的な面が強かった。生産性に関する組織的で継続的な活動は四八年八月に英米生産性委員会（AACP：Anglo-American Council for Productivity）が設立されてから始まる。五二年六月まで存続したこの委員会は一〇〇万ポンド弱の資金（三分の二はアメリカが拠出）をもち、一二人のイギリス人と八人のアメリカ人委員で構成されていた。イギリス側にはイギリス工業連盟、イギリス雇用者連合、労働組合会議（TUC）などの代表が顔をそろえ、アメリカ側にはジェネラル・エレクトリック社のP・リード、自動車労組UAWの幹部ヴィクター・ルーサー（ウォルター・ルーサーの弟）がいた。具体的な活動は技術者らの使節団をアメリカに派遣し、その報告書をパンフレットとして配布してアメリカ的生活様式を知らしめ、生産性向上への意識を高めることが中心であった。要するに、いわゆる科学的管理（テイラーシステム）や工場内のスピードアップ技術などの周知である。[26]

その他、四九年になるとアメリカ政府経済協力庁は多数の生産管理の専門家をヨーロッパに派遣して生産性向上の阻害要因を調査するとともに、生産性向上要求をヨーロッパ諸国に突きつけた。多くの国がこれを経済近代化の一環として歓迎し、アメリカ政府の財政的支援の下、OEEC加盟各国はアメリカの経済的優位の秘密を探るべく、産業・労働・政府の三者代表からなる使節団などをつぎつぎと派遣した。一九四八年からの一〇年間でその数は数千にも達した。フランスの例でいえば、五二年までで約二〇〇組の二六〇〇人が渡米していた。この種の事業の典型的なものの一つは、経済協力庁が大々的に推進した「衝撃作戦（Operation Impact）」と呼ばれるものである。欧州一六カ国の実業人およそ三〇〇人が五一年一一月から一二月にかけて全米各地の工場等を見学し、アメリカ側の財界人と経営手法や工場管理について議論したものである。紙幅の都合で具体的には触れられないが、キッピングによれば、これはアメリカが戦後ヨーロッパ実業界の首脳に「生産性の福音」を注入しようとした最初の大規模な試みであった㉗。

このような生産性改善の要求はもともと主にリベラルな実業人や官僚からの声であったが、冷戦が進行し、四九年に北大西洋条約機構（NATO：North Atlantic Treaty Organization）が発足すると軍事的要因によっても急速に高まることになった。西欧の加盟国で軍需生産を急増させる必要が生じ、また軍需生産が民生用生産を大きく圧迫し始めたためである。さらに翌年に朝鮮戦争が始まると、ＥＣＡによる西欧援助は再軍備を支援するための経済援助という色合いを強くする。五一年一〇月にアメリカ議会で成立した相互安全保障法はこれを加速するもので、すべての対外援助を軍事的観点から管理することになった。こうして、五二年にマーシャル・プランが終了した後もアメリカ政府は新設の相互安全保障局を通して軍需・民生、両分野における生産性向上のための援助を続けざるを得なくなった㉘。

しかしいうまでもなく、生産性を実際に上昇させるためには、生産慣行の変更など社会的混乱を招きかねない措置が必要となる。そのため、各地で抵抗の動きがすぐに表面化した。これに対して、五〇年にはアメリカ議会がベントン＝ムーディ修正法を成立させ、西欧援助を「生産性の政治」の旗の下に置くことを求めた。それによれば、被援助国における自由な民間企業を育て、企業活動の規制を減少させ、また競争と生産性を高め、団体交渉資格のある労組として非共産党系労組を強化することなどが求められることになった。この圧力の下にアメリカ政府は西欧諸国と協議を進め、五二年にはＯＥＥＣ加盟の一一カ国が全国生産性センターを設けるにいたった。さらに、翌五三年三月には、アメリカの要求に基づいてＯＥＥＣの下にその統括組織としてヨーロッパ生産性局（ＥＰＡ：European Productivity Agency）が創設された。六一年までのその存続期間中、ＥＰＡの活動資金の三分の二はアメリカ政府が提供した[29]。

ベント・ボエルによれば、ＥＰＡを設立・推進したアメリカの意図は以下の三点に整理できる。まず、一、西欧諸国の相互協力と統合の推進、二、西欧諸国の労使関係の改善、三、そして生産性の向上である。要するに、アメリカ側は生産性強化の動きが必然的に国際的なものになり、ＯＥＥＣの基盤を強化し、さらに究極的には西欧の政治的統合が促進されるものと、いささか楽観的に見通していた。しかし実際には諸国のＥＰＡに対する評価に大きな差異があったため、結局は長期的な視点に立って生産性改善を構想することができなかった。さらに、加盟国の多くは主権の擁護に敏感で、自国の経済的諸条件を優先させ、ＥＰＡを西欧全体の生産性問題を統括する責任機関にしようというアメリカ側の提案を実質的に葬り去ったのである[30]。そのような意味で、生産性という面から西欧の統合を推進するというＥＰＡの狙いは不調に終わったといわなければならない。ただし、この間にもフランスをはじめとするいくつかの国は、冷戦下で西欧諸国との関係維持に腐心するアメリカから生産性維持のための巨額の援助を引き出し続けていた[31]。注目に値する点であろう。

周知のとおり、統合に向けた西欧諸国の動きは一九五〇年にシューマン・プラン、そして五二年にはそれに基づいたヨーロッパ石炭鉄鋼共同体を生み出したが、他方、イギリスと他の西欧主要国との間で統合に対する意識の差が大きな壁になりつつあった。その同じ時期にアメリカは、軍事的色彩を強めつつ、アメリカ的生産と経営の導入によるヨーロッパ経済の統合をこのような形で模索し続けていたのである。

第四節　生産性問題と労働運動の役割

１　産業別組合会議（ＣＩＯ）の認識と働きかけ

次に、生産性の問題にＣＩＯ、とくにそのなかのＵＡＷがどのように関わったか、また、西欧の労働運動がこれをどのように受け止めたか、西欧の経済にどのような影響があったか、などを考察するために、まずはいったん一九四七年に立ち戻ろう。

マーシャル・プランが発表され、ソ連が否定的な態度を明らかにすると、ＣＩＯ内部ではＣＩＯを組織としてプランに抵抗させようとする左派の活動が活発になり、ＣＩＯは外交問題で組織が分裂しかねないという危機に見舞われた。組織内の対立は四七年一〇月の年次大会の時期にピークを迎えた。大会に国務長官として史上初めて出席したマーシャルは、参加した代議員向けの演説で次のように主張した。すなわち、世界はいまや自由か独裁かの選択を迫られており、独裁が勝てば労働運動がその最初の犠牲者になるだろうこと。また、アメリカの労働組合はヨーロッパと合衆国に自由と平和と安全を確保するために、ヨーロッパへの援助構想を支持しなければならないこと、である[32]。

この要請を受けたＣＩＯは、組織全体としては、内部の対立が激化するのを避けるために対外援助一般を支持するあいまいな形の決議を挙げたが、ＣＩＯ傘下の有力組合、自動車労働者組合ＵＡＷの新会長ルーサーは、マーシャルの主張を強く支持する立場をとった。すでに反共産主義の立場を鮮明にし、急速に影響力を高めつつあった彼は、ヨーロッパ再建にアメリカの労働運動が積極的に関与し、「民主主義的方法」を確実なものにすることを望んでいたのである。彼はまた、政府のヨーロッパ援助がアメリカ製商品の購入という形になって、あるいはヨーロッパ経済を復興させてアメリカ製商品の需要を高めるという形で、いずれはアメリカの労働者のために追加的な職を生み出してくれることも大会の席で強調した。このことは、第一節で見たＣＩＯの戦後世界像を、冷戦という新しい状況の出現にもかかわらず、ルーサーが基本的に引き継いでいることを示している。

この時期のＣＩＯは、四七年八月に成立したタフト＝ハートレー法への対応をめぐって混乱し、そして同時に、共産党の影響下にある組合とそれ以外の組合との激しい対立で揺らいでいた。その危機的な状況のなかで、ルーサー個人、および彼が指導者としての地位を確立したＵＡＷは、このあとマーシャル・プランを支持するＣＩＯ内部の動きの先頭に立つことになった。

このルーサーとＵＡＷの動向に関してさらに重要なことは、両者がジェネラル・モーターズ社との間で新しい労使関係構築を模索していたことである。先に第一節でも略述したが、戦後の好景気のなかで大きな需要が見込めるために、賃金引き上げという代価を払ってでも生産を安定させたい企業側と、大量生産時代には労働者はいずれ消費者に変えられて行くと見て、積極的に豊かな消費生活を労働者に保障しようとしたルーサーらが、妥協点を見いだしつつあったのである。それは四八年五月の新しい労働協約に結実するもので、労働者が合理化・生産性向上に協力するのと引き換えに、物価水準の上昇に見合う賃金引き上げを自動的に行うというものであった。この協約は従来の常識を破る二年という長期の契約となった[33]。

ルーサーは、かつて三〇年代に社会党員として活動し、ソ連の自動車工場での労働者生活も経験し、さらに自動車労働者のために戦闘的な運動を組織し、指導した。その後の彼は、第二次世界大戦中にアメリカの工業生産力の底力を目の当たりにし、自動車労働者を新しい消費生活に導こうと考え始めていた。ルーサーは上の労働協約締結後もその路線を進め、五〇年五月にはジェネラル・モーターズ社との間で、老齢年金なども含めた五年間の新しい協約を結んだ。いわゆる「デトロイト条約」である。その彼が、マーシャル・プランを支援する労働運動内部の動きの先頭に立ったことの意味はけっして小さくない。彼にとって、ヨーロッパ経済の閉塞状況を打開することはアメリカ労働者の繁栄に不可欠であると考えられたし、また、彼にはヨーロッパの労働者に福音を伝えようという意識があったと見ることもできるだろう。実際、ヨーロッパの共産主義勢力を打倒するには、生産こそがカギを握るというのが彼の主張であり、四八年二月にはヨーロッパの状況について、「生産こそが回答である。すくなくとも回答のなかの最大部分を占める」と述べている。[34]

また、ルーサーの考えに近いものを、彼の盟友ともいうべきＣＩＯ首脳の一人、書記のジェームズ・ケアリに見いだすことができる。彼は世界労働組合連盟一九四七年大会の席で次のように論じている。「私はイデオロギーについて論じるためにここへ来たのではありません。そもそも輸出すべきアメリカン・イデオロギーなどというものをわれわれは持ち合わせてはいません。私が論じたいのは、食料、石炭、肥料であり、農業機械や発電施設のことなのです[35]」。徹頭徹尾、生産を優先することが、ヨーロッパの困難な状況を打開し、アメリカと世界にとっても繁栄を保障し、ひいてはアメリカの労働者の生活をよくするという考え方である。

このように、アメリカ的生産方式に立脚した生産の拡大、ひいては自由貿易を基盤とする世界経済の拡大を基本的に肯定したルーサーたちであるが、ルーサーはアメリカ企業が主導するヨーロッパ援助については、「帝国主義に結びつく企業の特権（corporate franchise for world imperialism）」だとして警戒していた。ヨーロッパの社会民主主義に親近感を抱くルーサー、あるいはＣＩＯの指導者の一人で同じような立場に立つフィリップ・マレーらにとって、西欧の経済をアメリカ的な方法によって再建することはたしかに不可欠ではあったが、同時に、アメリカ国内で獲得しつつあった労働者の福祉を重視する体制が、アメリカ企業の帝国主義的な行動によって海外から脅かされることも避けねばならなかったといえるだろう。労働運動の関与の性格を示す、見落とすことのできない点であろう。

ともあれ、結局ルーサーらはこのような立場から、アメリカ政府の対ヨーロッパ外交に積極的に協力することになった。政府は、第三節の1で取り上げたロヴェットが指摘していたような意味での「危険な」労働者を説得するという困難な課題も抱えこんでいたから、ルーサーらの役割はおのずと明らかである。彼は四九年一二月にはロンドンに行き、西欧での反共労働戦線を作り上げるための新組織、国際自由労働組合連合の設立に参加している。これはAFLやイギリスの労働組合会議（TUC）などとの共同事業であった。

ルーサーはその後、西ドイツやフランスなどをも訪れた。彼がもっとも注意を払ったのはフランスの情勢であった。彼は、社会党系の労働者が四七年に労働総同盟（CGT）から分離したことは、労働者に対する共産党の圧倒的な影響力からすれば時期尚早だったと見ており、弱体な反共産党勢力を育成するために政府資金を提供するよう国務省に求めている。こうして、五一年にはCIO事務所がパリに開設され、広い意味でのマーシャル・プラン支援活動が行われた[36]。

ルーサーの活動のパターンを、四九年一二月に彼がフランスを訪れたときの具体的行動で描いておこう。これは、マーシャル・プランのパリ事務所に労働問題顧問として籍を置き、同時にアメリカ中央情報局（以下CIAと略）のエージェントでもあったディック・ケリーが、CIA特殊作戦局の上司であるハリー・マーティンに送った報告書に拠っている[37]。それによれば、ケリーは一二月半ば、*Syndical* という小冊子を発行したり、労働組合の夕べという催しを企画し、アメリカ教員連合という組合を紹介する映画やテネシー川流域開発公社についてのドキュメンタリー映画を上映したりしていた。その同じ時期に、ルーサーのフランス訪問の機会を捉え、再び同じような企画を実施した。ここでは、数本の映画を上映するとともに、ルーサーとフランスの社会主義者の議論の場を用意したのである。先述のようにソ連生活の経験、社会主義者としての経験を持つルーサーは、アメリカの話をする一方でフランスの社会主義者の話に理解を示した。ケリーから見て、このような人物こそ、フランスにおけるアメリカ理解を深めるものであった。全体として、ルーサーの姿勢はAFLのものとはかなり異なっており、「スタンダード石油でもなくスターリンでもなく」という彼自身の言葉がそのことをよく示していると思われる[38]。

一方、AFLは、第一節で触れた自由労働組合委員会の活動をその後も続け、CIAをはじめとするアメリカ政府の機関と連携しつつ西欧各国の非共産系労働組合組織の強化に活発に動いた。ルーサーらの動きとはすこし次元の違うところでの活動といえる。この点はここでは割愛することにしたい。

2　五〇年代西欧の動向とアメリカ・モデル

最後に残るのは、ホフマンをはじめとするECA首脳たちが主張したアメリカ的生産方式の福音、またルーサーをはじめとするアメリカ労働運動指導者たちが描いて見せた、新しい労使関係や生産方式を通じたアメリカの豊かな消費生活という福音が、はたしてヨーロッパの経営者や労働者に受け入れられたのか、という問題である。ここでは、五〇年代半ばまでを視野に入れて、学界における最近の成果を紹介する形でヨーロッパ実業界と労働運動の生産性向上運動への対応を考察し、解答に代えることにする。

ヨーロッパの実業界全体についていえば、欧米における最近の研究では、第三節の2で触れた、ヨーロッパの実業人が大挙してアメリカの産業界を視察した「衝撃作戦」などの検証を通して、アメリカ側の働きかけはあまり成果を生まなかったという結論が導かれつつある。キッピングによれば、「作戦」に対する反応は、アメリカ側の積極的な働きかけにもかかわらず、「丁重な拒絶」であった[39]。こうした反応は、個別の国への働きかけに対するものとしては、とくにフランスの場合に典型的に現れていると思われる。以下、カルーの研究に即してフランスにおける反応を一瞥する。

カルーによれば、経済協力庁のスタッフから見て、フランスの実業界はきわめて保守的で、アメリカ的生産方式を受容させることは至難の業であった[40]。生産および景気の回復もはかばかしくなく、一九五一年になってもまだ戦前のピークであった二八年水準を下回っていた。フランス経済がインフレなしの拡大を達成できるのは五三―五四年からである。労働者の賃金を見ると、五二年の実質賃金は三六年を三六%も下回っており、ルーサーらが描いた豊かな消費社会はまだまだ見えなかった。「スクラップ・アンド・ビルド式の経済が労働者の間で受容されるにはほど遠く、またモノに対する労働者の所有欲も、大量消費社会における需要を刺激するにはほど遠い状況であった[41]」という。ただ、こうした労働者の犠牲と忍耐あるいは無関心の上に、工業発展のための社会資本整備が進められたことには留意しておかねばならない。

こうした経済状況は五四年以降に徐々に変化し始めた。五五年にルノー社の非共産党労組と経営側が締結した労使協定は象徴的である。これは、労使間の休戦、および労組が経営側の効率追及を労使双方の利益になるものと承認すること、この二つと引き換えに、経営側は将来の賃金引上げと各種付加給付を保証するというものであった[42]。四八年以降にアメリカでUAWがGM社と締結した労働協約と酷似したものといえる。マーシャル・プランが追い求めてきた目標の一つが、プラン終了後三年にしてようやく実現した。

しかしこの後、同種の協定を締結した企業は一九六〇年までで約五〇社を数えたにすぎない。中小の企業ではこのようなアメリカ的経営方式に対する反発と批判が強く、しかも、企業レベルで行われる団体交渉にしても、その制度的基盤はまだきわめて脆弱であったから、この時期にアメリカ的モデルが広く受け入れられた、あるいは定着したと見るのは早計であろう。カルーに従えば、大戦終結から五〇年代後半までは、フランス産業界が六〇年代以降のダイナミックで近代的な形に移行するまでの中間期と位置づけることができる[43]。

同様のことはイタリアについても当てはまる。CIOによる宣伝と説得の活動を通じて科学的管理やアメリカ的価値観に傾倒し受容する動きもでてきたが、それはあくまでも例外であった。ただし、ここでもアメリカの援助資金によって工業技術と生産施設が近代的なものに更新されている。それらが工業や文化の長期的な変容の糸口になったという側面は見落とせない。(44) またイギリスでは、前述のAACPの主導の下で、TUCの指導部も運動を積極的に支持するなかで生産性向上運動が繰り広げられた。その結果、全工業部門を平均した労働者一人当たりの生産高は一九四七年から五一年の間に三〇%余りの上昇を見た。しかしこの間、労働者の実質賃金はまったく改善されず、一般労働者の間では生産性向上運動に対する抵抗の動きが広がることになった。とくに五〇年代の半ばに、戦後アメリカにおけるオートメーションの進展とそれが五四年に大幅な生産性向上をもたらしたことが伝えられると、イギリス工業の競争力強化という問題とのジレンマを生みながらも、生産性向上への抵抗は一段と広がり、また深く潜行した。(45) そのような意味において「福音」への反応は複雑で多様であったといわねばならない。

おわりに

ここまで、西欧における統合の流れのなかにおけるアメリカの関与と生産性問題というごく限られた視野と関心をもって、マーシャル・プランの背景と実施過程を検討してきた。プランは当初から実質的にソ連・東欧圏を排除していたから、プランの実施で東西ヨーロッパが分断されたという面もあるが、本章ではアメリカ資本主義の理念の下に西欧が経済的統合に向かって動き出したという面に光を当てた。そしてその際、アメリカ政府当局や産業界首脳が、西欧における市場経済の回復のために、生産と生産性を重視する観点から西欧諸国に積極的に働きかけたこと、さらに、アメリカの労使関係の歴史でいうところの「デトロイト条約」、すなわちフォーディズム的労使関係とその下での豊かな消費生活を目指すアメリカの労働運動が、UAWのルーサーらを中心にヨーロッパの労働者の意識にすくなくとも一定の政治的影響力を行使したことを論じてきた。あくまでもアメリカ側に軸足を置いた、限られた視角からの考察であったが、以下、引き出せたことを整理してみる。

マーシャル・プラン実施の中心に長く位置していたアメリカのベテラン外交官、アヴェレル・ハリマンは、一九五二年一〇月に、ヨーロッパ復興問題についての長いインタヴューを受けたが、そのなかでアメリカの労働運動の役割についても何点かのコメントを残している。彼から見れば、AFLとCIOがヨーロッパでもっと協力すればさらに効果をあげられたと思えるのだが、それでもそれら労働組合から派遣されてヨーロッパ各地でアメリカ代表団として活動した何人かの人物は「すばらしい仕事をし、彼らは社会的結果を引き出すうえで有益であったし、労働界の人物がアメリカ代表団の重要メンバーとして活躍した最初の例である」と述べている。[46]冷戦が深化していくなかでヨーロッパ労働運動を右寄りに転進させるうえで、またマーシャル・プランをヨーロッパ社会に受け入れさせるうえで、そしてまた経済成長路線やアメリカ的生産方式、あるいは「フォーディズム」の受容に道を開くうえで、アメリカの労働運動および指導者が演じた役割に対する最大級の賛辞ととってよいだろう。

この賛辞は、アメリカ国内の政治構造という観点から見ると、巨大労働組合が経済成長の恩恵を受け、外交を側面から支えていたこの時期の状況をよく反映した表現として興味深い。しかしヨーロッパの側の実態は、第三節の3および第四節の3で検証したように、ハリマンのいささか我田引水的な評価とは異なるものであったといわざるを得ない。反共労働組合の育成という点はおくとしても、生産性やフォーディズムという点でいえば、マーシャル・プランから派生した欧州生産性局を経営＝労働＝政府、三者の協調機関として生産拡大を実現するというアメリカの構想が、種々の努力にもかかわらず初期の目標を達成できなかったことが象徴的である。アメリカをモデルとした西欧経済の改造は筋書き通りにはいかなかったし、右のハリマンの評価の後に具体的に展開された西欧各国での生産性向上運動は労働運動の強い抵抗に直面することになった。ただし、そのことは各国にアメリカ的モデルがまったく根付かなかったということを意味するわけではない。アメリカ的方式を学ぶための使節団派遣のような事業は、本来、短期間で効果が出るものではない。反米色の強かった労働運動の内部にアメリカ的生産や生活への関心を多少でも生み出したことの意味は小さくはないだろう。同じ時期に、経済や労働以外の分野でもアメリカ的なものを広める活動、たとえばパリに本部を置き西欧全域を対象とした文化自由会議（Congress for Cultural Freedom）などの活動がくり広げられており、これらの役割・効果とあわせて、あらためて考えてみなければならないところである。

結局のところ、本章で対象にした時期についていえば、西欧諸国は巨額の援助を受けながら経済復興を達成し、五八年のヨーロッパ経済共同体発足に向けて経済統合を進めていくことになったが、アメリカ的方式という点についていえば、その影響と圧力を受けつつも、各国の個性によって独自の生産性向上を実現していったといえるのではないか。その後については、政治情勢と社会動向の変化のなかであらためて検討しなければならない。

注

（1）研究動向の簡潔なサーヴェイとして、差し当たり次を参照。Olufemi A. Babarinde, "Transatlantic Relations in the Global Arena," in Norman Levine, ed., *The United States and the EU* (Lanham: University Press of America, 1996); Ove Bjarnar and Matthias Kipping, "The Marshall Plan and the Trsansfer of US Management Models to Europe: An Introductory Framework," in Matthias Kipping and Ove Bjarnar, eds., *The Americanization of European Business, 1948-1960: The Marshall Plan and the Transfer of US Management Model* (London: Routledge, 1998).

（２）マイアの議論については、Charles Maier, *In Search of Stability: Explorations in Historical Political Economy* (New York: Cambridge University Press, 1987)。なお、マーシャル・プランの全体像、および大戦直後のアメリカと西欧の関係全般については、ホーガンの次の著書から大きな示唆を得ている。Michael T. Hogan, *The Marshall Plan: America, Britain, and the Reconstruction of Western Europe, 1947-1952* (New York: Cambridge University Press, 1987). また、近年の批判的研究としては、Jacqueline McGlade, "Americanization: Ideology or Process? The Case of the United States Technical Assistance and Productivitiy Programme," in Jonathan Zeitlin and Gary Herrigel, eds., *Americanization and Its Limits: Reworking US Technology and Management in Post-War Europe and Japan* (New York: Oxford UP, 2000)。

（３）Richard Vaughan, *Twentieth-Century Europe: Paths to Unity* (London: Croom Helm, 1979), pp.45-47.

（４）*Ibid.*, pp.55f.

（５）*Ibid.*, p.48.

（６）Quoted in *ibid.*, p.49.

（７）*Bretton-Woods is No Mystery,* American Federation of Labor & Congress of Industrial Organizations Pamphlets, 1889-1955. CIO (Reel 4) (University Publications of America, Bethesda, Maryland)

（８）ルーサーの考え方やその評価については、Ronald Edsforth, "Affluence, Anti-Communism, and the Transformation of Industrial Unionism among Automobile Workers,1933-1973," in Edsforth and Larry Bennett,eds., *Popular Culture and Political Change in Modern America* (Albany:State University of New York Press, 1991); Kevin Boyle, *The UAW and the Heyday of American Liberalism, 1945-1968* (Ithaca:Cornell UP, 1995)を参照。

（９）ＡＦＬのこのような活動については先行研究がきわめて少ない。さしあたり次を参照。Ronald Radosh, American Labor and United States Foreign Policy (New York: Random House, 1969).

（10）海原峻『フランス共産党史』（現代の理論社、一九六七年）、一一六頁。

（11）R. Vaughan, *op .cit.,* p.57.

（12）*Ibid.*, pp.81-91.

（13）*Ibid.*, p.66.

（14）*Ibid.*

（15）Charles Maier, "Alliance and Autonomy: European Identity and U.S. Foreign Policy Objectives in the Truman Years," in Michael J. Lacey, ed., *The Truman Presidency* (New York: Cambridge University Press, 1989).

（16）Jacqueline McGlade, "From Business Reform Program to Production Drive: The Transformation of US Technical Assistance to Western Europe," in Kipping and Bjarnar eds., *op. cit.*, p.23.

（17）Quoted in C.Maier, *In Search of Stability*, p.153.

（18）海原、前掲書一三〇頁。

（19）Vaughan, *op .cit.*, p.70.

（20）*Ibid.*, pp.97-99.

（21）Paul G. Hoffman, "Statement before OEEC," in Dennis Merrill, ed., *Documentary History of the Truman Presidency, Vol.13. Establishing the Marshall Plan, 1947-1948* (University Publications of America, 1996).

（22）Quoted in Nelson Lichtenstein, *The Most Dangerous Man in Detroit: Walter Reuther and the Fate of American Labor* (New York: Basic Book, 1995), p.329.

（23）Maier, "Alliance and Autonomy," in M.J. Lacey, ed., *op.cit.*, p.280.

（24）Lichtenstein, op.cit., p.329.

（25）Cited in Maier, "Alliance and Autonomy," p.287.

（26）英米生産性委員会については、次を参照。Anthony Carew, *Labour under the Marshall Plan: The Politics of Productivity and the Marketing of Management Science* (Manchester: Manchester University Press, 1987). とくにその第九章。

（27）「衝撃作戦」については次を参照。Matthias Kipping, " 'Operation Impact' : Converting European Employers to the American Creed," in M. Kipping and O. Bjarnar, eds., *op. cit.*, pp.55ff.

（28）J. McGlade, "Americanization," pp.64f. なお、軍事的緊張の高まりとともに、アメリカ政府および財界のなかで、対欧援助を社会改革に結びつけるか、それとも軍事優先かという対立が生じてくるが、ここではその問題に立ち入る余裕はない。

（29）J. McGlade, "Americanization," p.67; Bent Boel, "The European Productivity Agency: A Faithful Prophet of the American

Model?," in M. Kipping and O. Bjarnar, eds., *op. cit.*,

（30）Boel, op. cit., pp.40, 46.

（31）J. McGlade, "From Business Reform Program to Production Drive," p.31.

（32）Quoted in Patrick Renshaw, *American Labour and Consensus Capitalism, 1935-1990* (London: Macmillan, 1991), pp.117f.

（33）ルーサーとＵＡＷの理念については，Kevin Boyle, *op.cit.* および Martin Halpern, *UAW Politics in the Cold War Era* (Albany: State University of New York Press, 1988) 参照。

（34）Quoted in Lichtenstein, *op.cit.*, p.329.

（35）Hadley Arkes, *Bureaucracy, the Marshall Plan, and the National Interest* (Princeton UP, 1972)., p.156.

（36）ルーサーの活動については次を参照。Lichtenstein, *op.cit.*, pp.329-341.

（37）Sallie Pisani, *The CIA and the Marshall Plan* (Lawrence: The University Press of Kansas, 1999), pp.99-100.

（38）Carew, *op.cit.*, p.121.

（39）M. Kipping and O. Bjarnar, op. cit.

（40）Carew, *op.cit.*, p.214.

（41）*Ibid.*, p.215.

（42）*Ibid.*, p.216.

（43）*Ibid.*

（44）*Ibid.*, p.211-214.

（45）Ibid., pp.201-211.

（46）Harry B. Price Interview with Averrell Harriman in Dennis Merrill, ed., *Documentary History of the Truman Presidency, Vol.13. Establishing the Marshall Plan, 1947-1948* (University Publications of America, 1996).

第4部

ヨーロッパ統合の現在

第8章

欧州統合における政党の役割
——欧州レベルの政党と加盟国政党の相互関係を中心に

安江則子

第一節　統合のアクターとしての「政党」

欧州議会選挙が一九七九年にはじめて実施されてから二十年余の期間が経過した。欧州議会で形成される政治グループは、マーストリヒト条約によって「欧州レベルの政党」[1]としてその重要性を確認された。また二〇〇一年に締結されたニース条約では、欧州レベルの政党の法的立場をより明確にしていくことが決まっている。[2]また欧州においては、ＥＵ未加盟の国も含めた各国政党間のトランスナショナルな組織化の動きが存在する。

今日まで、このような欧州レベルの政党、また加盟国レベルの政党は、どのようなアクターとして欧州統合にかかわり、またそれらの諸政党相互の関係はどのように構築されているのだろうか。かつてエルンスト・ハース（Ernst Haas）は、中央政府の外交に拘束されない脱主権的なインターアクションがもはや統合にとって無視できない潮流になっていることを指摘し、政党や利益団体は統合プロセスに大きな力を発揮することを予測している[3]。政党を含む非政府アクターが統合において果たす役割の重要性はウィリアム・ウォーラス（William Wallace）によっても指摘されている[4]。

ただし現在までのところ、欧州レベルの政党は、国家レベルの政党と同様の機能を果たしているとはいえず、政党としての実態は備わっていないという指摘もなされている。たしかに欧州レベルの政党は、欧州議会選挙の候補者選考や選挙キャンペーン、人事、具体的政策の策定などを加盟国政党に委ねており、それを調整する十分な機能はもたない。国の政党と同程度のアイデンティティはなく、また同質性も低いため、国の政党の寄合所帯にすぎないという批判もある。また、政党の目的が、「全体的な政治権力の獲得・行使・維持[5]」にあるとすれば、欧州議会選挙[6]での勝者が欧州政府を組閣できない現状において、本質的な意味で「政党[7]」と称することを疑問視する向きもあろう。

けれども統合への不可逆的な流れとともに、欧州政党が次第に結束力を増し、トランスナショナルな収斂へと向かい、その政治的存在感を徐々に高めていることもまた見逃せない事実である。欧州レベルの政党の動きは把握できにくい性質があり、その影響力については過小評価されてきた感がある。

そこでEUにおける欧州議会を舞台とした政党政治の動向について、改めて検証すべき時期にあるように思う。本章は、欧州レベルの政党がどのような構造をもち、各々がどのように再編されてきたのかを実証的にさぐり、その実態を明らかにしようとするものである。欧州レベルの政党が再編されていく状況を、国家政党の行動を通して検証し、トランスナショナルな関係の構築に焦点をあてる。特に二大政党であるＥＰＰ（欧州人民党）とＰＥＳ（欧州社会党）の関係や、ＥＵと国家という二つのレベルにおける政党間の相互関係をフランスを例にとりつつ検証し、欧州議会を通した欧州レベルの政党によるネットワークの構築について考察してみたい。

第二節　欧州議会における政党

本題に入る前に、まず欧州レベルの政党にとって主な活動の場である欧州議会の役割と、これらの政党の構造と運営について説明しておく。

１　欧州議会の役割と欧州政党

欧州議会の前身は、ローマ条約によって設立されたＥＥＣおよびEuratomの「総会」であるが、機関自らの決議によって欧州議会と名称変更された。欧州議会の権限は統合の進展にともなって徐々に強化されてきている。欧州議会は、一九七九年までは、加盟国の国会議員から選出された兼任議員によって構成される間接代表方式がとられていた。七六年に「欧州議会直接選挙に関する条約」が採択され、七九年から直接選挙によって欧州議会議員（以下ＭＥＰとする）が選出されるようになった。

欧州議会の権限は、七〇年以前には、ＥＣの執行部にあたる欧州委員会に対する非難決議採択権、議会での質問権および共同体の法案を審議する際の諮問的権限に留まっていた。その後、七〇年の第一次予算条約と七五年の第二次予算条約によって、共同体の予算を最終的に承認する権限を得ることになった。八七年に発効した単一欧州議定書では、欧州議会は、欧州委員会が提案し閣僚理事会が採択した一定の分野の共同体法案について修正提案を行う協力手続きに参加する権限を取得した。しかしこの手続きでは、欧州議会が修正案を提示できるのは一回のみで、その後閣僚理事会が、欧州議会の反対した法案を採択することは可能であった。

九二年のマーストリヒト条約では、欧州議会の権限が強化されることになった。新たに導入された「共同決定手続き」では、欧州議会は、一定の政策分野の法案を、最終的に拒否することのできる権限を手にした。法案の採択権は、あくまで閣僚理事会にあるものの、欧州議会は、共同体立法に対し拒否権をもつという形で、意思決定に重要な役割を果たすようになったのである。さらに同条約により、法案提出権をもつ欧州委員会に対して、法案提出の請求を行う権限も認められた。

欧州議会の議席は、人口を基礎に小国の立場に配慮しつつ国ごとに割り当てられている。現在は、九九年に発効したアムステルダム条約を経て、二〇〇〇年に採択されたニース条約によって、東欧・地中海諸国への拡大にあわせて議席配分が定められるに至っている。

欧州議会は、統合の進展に伴って、民主的なＥＣ／ＥＵの意思決定を求める声が高まってきたことに後押しされながら、その権限を拡大してきた。けれども欧州議会の権限拡大だけでは十分ではなく、ＥＣ／ＥＵレベルの議会制民主主義が発達するためには、市民の立場が欧州レベルの政党を通じて欧州議会に反映されることが必要である。

2　欧州政党の構造と運営

欧州議会では、「欧州政治グループ」が結成され、すでに議会の運営や議員のトランスナショナルな連帯の場としての役割を担っている。議会政治において政党の果たす役割は重要なものであるが、政党は国内政治の枠のなかで機能してきたものであり、似通った思想的背景をもつ各国政党にグループを形成させても、即座にその機能を果たすというわけにはいかなかった。欧州議会を通して、どのような各国の政党間の協力関係が模索されてきたのか、その背景にはどのような力学が働いているのかを見ることは欧州レベルの議会制を展望するうえで大きな意味があろう。

主要な欧州政党は二重の運営システムをもっている。政党連合（Federation）と欧州議会の政治グループである。ただし、欧州レベルの政党というとき、通常この二つを明確に区別することなく用いられることが多い。

政党連合[8]は各国政党によって組織され、その代表者によって運営される。政党連合には、ＥＵ未加盟国の政党も所属することができる。実際、多くの加盟予定国の政党がすでに欧州レベルの政党に参加している。また同じ国の異なった政党が、欧州レベルでは同じ政党連合に属することもみられる。例えばイタリアの中道右派に属する複数の政党は、ＰＰＥに所属している。

政党連合は、いくつかの共通原則において構成政党の結束を図ろうとする目的がある。欧州議会選挙において共通のマニフェストを作成し、ＥＵの主要政策において政治的立場の調整を図っていくことが活動の主眼である。従って長期的には、国の政党と欧州政党との縦の関係を強化し、連続性を高めるべく努力している。現在のところこういった形で組織化されているのは、限られた政党（ＰＥＳ，ＰＰＥ，ＥＬＤＲ，Green）にすぎないが、こうした政党連合の存在が、欧州政治に及ぼす影響力は年々増大している。

それに対して、欧州議会の政治グループは、欧州議会の選挙後に議会規則[9]に基づいてＭＥＰにより結成され、主に現実の欧州議会における統一した投票行動をとるために調整役を務める。政治グループは、議会の議長や副議長の候補者を推薦し、また質問者や報告者、あるいは様々な議会内委員会の構成員の指名も行なう。議会における発言時間の配分や、控え室や必要経費の割り当ても政治グループ単位で受ける。このように政治グループは、議員としての活動全般に関わりをもつものである。政治グループは徐々に数を増し、七三年には全部で五つだったグループが、直接選挙の行なわれた七九年には七つに、八四年には八つ、八九年と九四年選挙後[10]には九つとなったが、九九年選挙後[11]グループは九つから八つに減じた。政治グループの変動は激しく、欧州議会の同一会期内にグループが消滅したり、増加したりしたこともある。政党連合組織をもつ欧州レベルの政党の場合、ＭＥＰは、自分の所属する国内政党と同一グループに属するのが原則であるが、後述するように例外もありうる。

現在のところ政治グループがＥＵに影響を及ぼすことができるのは、欧州議会を通じてのみである。国家の政党の重要な目標が政権取得にあるのに対して、政治グループは議会内で多数を獲得しても、欧州委員会を構成することはできない。そうした限界はあっても、次の三つの側面で、単なる国家政党の寄合所帯を超える側面をもつに至っている。まず、欧州議会での投票行動を通じた対内的な結束の強化、次に議会対策としての他の政治グループとの協力、そして国の政党やＥＵの他の機関に対する影響力の増大である。

次節では、個別の欧州政党や欧州レベルの政党について実証的な検討に入る。各々の欧州政党の歴史的沿革や、加盟国政党とのインターアクション、欧州議会での行動等について分析する。

第三節　欧州レベルの政党再編

1　EPP（欧州人民党、European People's Party）

①　沿革：キリスト教民主主義政党としてのEPP

EPPも、PESと同様に初の欧州議会選挙を前に形成された。先の九九年の欧州議会選挙で、はじめて最大会派の地位を獲得するまで、第二党の地位に甘んじていた。九九年七月に、より広範に中道右派を結集するべく、議会内の政党グループとしてはEEP-ED（Group of European People's Party and European Democrats）と名称変更したが、本章では、EPPの時代を主に取上げるため、EPPという従来の名称を用いることにする。

EPPの基本理念は、キリスト教民主主義であり、それが他の欧州の保守派政党を取り込みつつ今日の形に発展を遂げた。

EPPの中核をなすドイツのキリスト教民主党は、当初から保守派との協力を視野に入れていたが、異なった思想的系譜をもつ保守主義政党と合体することは、キリスト教民主党の独自性を損ねるとして懸念する立場もあった。[12]大陸欧州におけるキリスト教民主主義には独自の長い歴史があり、イギリスの「保守主義」とは異質の要素が多かったのである。結局後述するように、キリスト教民主主義政党が、多様性を受け入れようとする姿勢をとったために、欧州政治において保守派との協力が、徐々に実現していくことになった。

各国のキリスト教民主党系の政党は、各々が独自の歴史をもち、優先課題を異にするが、共通の政治哲学をもっている。キリスト教民主主義の基本的な政治哲学は、人類は倫理的には神に対して、政治的には社会に対して責任があるというものである。特別な階層や団体の利益や関心事にのみ拘泥することなく、人類社会全体や個人の尊厳に焦点をあてようとするものである。対立する理念や異なった利害を調整して政策課題を解決しようとする姿勢をとり、経済的効率性と社会的正義、または市場原理と社会的責任とのあいだのバランスを見出そうとする。また、「統一の必要性と多様性の尊重」の原理としての連邦主義や、補完性原理（subsidiarity）と連帯（solidarity）を重視する。[13]

七〇年代に、保守主義政党との協力が模索されはじめた理由は、欧州レベルの政党として、ＥＣ全加盟国に構成員をもつことが重要であったことがある。イギリスとデンマークには、キリスト教民主党系の政党が存在しなかったため、両国の保守派との協力が必要とされた。けれどもこの時代、大半の国の政党は、保守派政党との統合に否定的な考えであった。そうしたなかでドイツのキリスト教民主・社会同盟（ＣＤＵ／ＣＳＵ）は、イギリスの保守党等とともに、当時ＥＣの枠組みの外で、欧州民主主義連合[14]（ＥＤＵ）を設立して保守主義政党との架け橋にしようとした。そしてＥＣに加盟していないオーストリアの国民党（ＯＶＰ）をこのＥＤＵに参加させ、さらにマルタの国民党（ＰＮ）とポルトガルの社会民主党[15]（ＣＤＳ）もＥＤＵに参加した。こうして欧州の中道右派は、ＥＰＰとＥＤＵの二重構造をとることになった。ただし八一年のギリシャの加盟に際しては、例外的な措置がとられた。キリスト教民主主義と伝統を異にし、どちらかといえば保守派政党としての要素をもったギリシャ新民主党（ＮＤ）がＥＰＰに参加を認められた。

②　保守派との合流（１）：スペイン国民党の参加

その後八八年に、キリスト教民主主義と保守主義の関係をめぐる議論が改めて起こった。それは、八六年にＥＣ

に加盟したスペインの保守派政党である国民連合（ＡＰ）に所属するＭＥＰの登録をめぐってである。スペインからは、バスク民族党（ＰＮＶ）、カタローニャ民主連合（Ｃ・ｉ・Ｕ）および民主人民党（ＰＤＰ）といった小政党が、すでにＥＰＰに参加していた。ところがスペインＥＣ加盟後の八七年六月の欧州議会選挙で、バスク民族党と民主人民党は一人の議員も欧州議会に送ることができなかった。わずかにカタローニャ民主連合が一人の議員を送ることに成功した。民主人民党は、その後、自らキリスト教民主党と改名し、さらに国民連合とともに「国民党」（ＰＰ）を形成する。

フランコ色の残る右派としての国民連合は、フィリッペ・ゴンザレス（Felipe Gonzalez）率いる当時の社会党に勝ち目はなく、フランコのイメージを払拭すべく中道右派政党への脱皮をはかったのである。このとき国民党が、目指したのはＥＰＰへの参加であった[16]。

スペイン国民党のＥＰＰへの参加が実現するまでには、いくつかのステップがあった。まず、民主人民党がキリスト教民主政党への移行を行い、国民連合は自ら中道政党への道を選択して、この両党は一つの政党「国民党」として再編されたのである。八九年の欧州議会選挙に際して、国民党は、ＥＰＰのプログラムに依拠した選挙のためのマニフェストを採択した。選挙後にスペイン国民党から選出された議員は議会内グループとしてのＥＰＰに登録を認められた。

さらに九〇年、国民党のホセマリア・アスナル（José Maria Aznar）の努力で、国民党は党としてＥＰＰの政党連合の正式なメンバーとなるべく交渉をはじめた。このとき、先にＥＰＰのメンバーとなっていたバスク民族党やカタローニャ民主連合は、思想的な立場ではなく、国内問題を理由に、国民党の参加を拒む態度をとった。このとき保守派との協力の必要を認識していたＥＰＰのリーダー、ウィルフリード・マルタン（Wilfried Martens）は、自分の所属するベルギーのキリスト教民主党の方針に反してまで、スペイン国民党の参加の実現に労をとった。九〇年に国民党はオブザーバー参加を認められ、翌九一年にＥＰＰの正式メンバーとなった。その国民党は、九六年ついに自国で政権を手に入れることになる。[17]

ギリシャおよびスペインの保守党系政党がＥＰＰへ参加を遂げたことは、保守派の受入れがキリスト教民主党にとって決してマイナスにはならないことを実証することになった。

なぜＥＰＰは保守派政党に門戸を開く戦術をとったのであろうか。まず、ＥＰＰが政党である以上、多数派であることによって有利に影響力を行使することができる。また保守派政党を受入れることによってのみ、すべての加盟国と関係をもつことが可能になるからである。特に、ＥＵの地理的拡大を視野に入れた場合、保守派政党の取りこみは、ＰＥＳに対抗するためにも必要条件であるとの認識があった。

ＥＰＰにこのようなことができたのは、ＥＰＰのもつ政治理念に懐の深さがあったからでもある。ＥＰＰは、先述のように特定の支持階層をつくらないことを基本理念としており、他の政党との協力の余地は広い。政党連合としてのＥＰＰは国家や地域の個性を尊重し、共通政策の策定にあたってコンセンサスを大切にする姿勢を保ったのである。

九一年四月、ＥＰＰの党首会議は、欧州政策においてＥＰＰと協力することの可能な政党との間で、緊密な協力関係を築いていくことを決定した。[18]ただし、政党としてＥＰＰに加盟できるのは、ＥＰＰの原則および基本プログラムを受入れた政党に限るとされた。この九一年の党首会議は、ドイツのヘルムート・コール（Helmut Kohl）首相の支持を受けたＥＰＰの議長、マルタンのリーダーシップによるものであった。こうして、イギリスや北欧の保守派との接近に向けた道筋がつけられた。

③　保守派との合流（２）：イギリスと北欧の保守党議員の参加

九一年の党首会議から遡ること二年、八九年の欧州議会選挙の後、イギリス保守党の議員がＥＰＰの議会内グループへの登録を申請していた。こうした問題を審議する権限のないＥＰＰの議会内グループは、これをＥＰＰの政党連合に委ねた。当時、議長を務めていたルクセンブルグ首相のサンテールは、長い討論の末、保守派を受け入れる前提条件はまだ整っていないと判断した。保守党の加盟は、党首マーガレット・サッチャー（Margaret Hilda Thatcher）の存在ゆえに論外とされたのである。けれども、保守党とキリスト教民主党双方による政策対話を開始することが決まった。その間、ＥＰＰのマルタンと保守派の有力者の個人的なコンタクトも重ねられた。

そうした間に事態は少しずつ動き始め、ついに新たな決定が下された。サッチャーの降板から数カ月後、九一年四月に先述のように、保守派の受入れを前提として、その条件について話合いが行われたのである。九二年春、イギリスとデンマークの保守派が議会内グループとして欧州議会で行動を共にすることが決定された。政治的な条件とは、サッチャーの退陣、ＥＵ拡大についてコール首相を、そしてＥＰＰの運営上のリーダーとしてマルタンを支持することであったといわれる。こうして、まず、両国の保守派のＭＥＰが個人的にＥＰＰに登録が認められた。そして次のステップとして、サッチャリズムと一線を画していたデンマークの保守党（ＫＦＰ）が政党として、ＥＰＰにオブザーバー参加することが認められた[19]。

保守党議員が参加した後、九四年から九五年までのＥＰＰの欧州議会での投票行動をみると、少し意外なことに、以前よりも結束力は向上している。およそ九〇％の投票においてＥＰＰは同一行動をとっている[20]。

北欧における他の保守派政党のＥＰＰへの参加も同じ頃から検討されていた。八九年からフィンランドの保守派政党（ＫＫ）はＥＰＰと協力したいという意向を示していた。けれども、同じ北欧内のキリスト教民主主義系政党の反対によって、参加は見送られた。スカンジナビアの保守派政党は、自国のキリスト教民主主義政党と相互理解のために努力することになった。国内における政党間のコンセンサスが、欧州レベルにおける保守派とキリスト教民主主義の結集のためには必要だったからである。

スウェーデンでは、まずキリスト教民主党（ＫＤＳ）がＥＰＰのメンバーとなった。同じ頃、ＥＤＵに参加していたオーストリアやマルタの国民党もＥＰＰに加わっている。当時、スウェーデン政府は、いわゆるブルジョワ・ブロックの連立政権であったが、そのリーダーがＥＰＰとの緊密な協力を模索していた。スウェーデンの場合、キリスト教民主党は経験の浅い少数政党であった。そのためＥＰＰの側からは、この政党を先に加入させることで、スウェーデンのより強力な保守系政党（Moderata Samling）との関係を損ねることを懸念する声も聞かれた[21]。こうした議論の背景には、北欧のキリスト教民主党が、大陸の同じ名称の政党とは異なった歴史を歩み、また欧州統合懐疑派も多く含まれていたことがあった。またそれとは逆に、北欧の保守派は、イギリス保守党ほど右よりではなく、ＥＰＰとの距離はそれほど遠くなかった。結局、スウェーデンとフィンランドの保守系政党は、九二年秋にＥＰＰのオブザーバーとしての地位を得、またノルウェーの保守系政党もＥＰＰに参加した。九五年にスウェーデンとフィンランドがＥＵに加盟した後、両国の保守系政党はＥＰＰへの正式な加入を認められた。

④　ＥＰＰからＥＰＰ-ＥＤへ

ＥＰＰの枠組みにおいて、キリスト教民主党と保守派の政党が結束を実現するためには、個別の課題毎のプログマチックな政策対話があった。理念先行型の伝統的な手法にこだわらず歩み寄ることができた背景には、前述のような事情に加えて、東西冷戦の終結が大きく影響したことは否めない。今後の東欧諸国のＥＵへの加盟に向けて、これらの諸国の政党、とりわけ人民党系の政党との対話がすでに開始されている。東欧諸国には、西欧のキリスト教民主党と同様の歴史をもつ政党はほとんどなく、新たな関係の構築が模索されているのである。

八〇年代を通じて、このグループに属する国別政党の多くが政権政党だった。そのため、ＥＰＰの会合は、政党間会議というより、いかに自国政府の立場をＥＵの政策に反映するかという政府間会議的側面を強くもっていた。政党間のコミュニケーションでありながら、完全に脱主権的ではなかったのである。

ところが、そうした八〇年代の政治環境は、九〇年代になって多くの国で社会民主主義系の政党に政権を奪われると変化をみせはじめる。年間四回から六回開催される各国政党の代表からなる党首会議では、ＥＵレベルの一定の政策に関して、統一行動をとることを決定する権限をもつようになった。各国政党は、政権を失ったことで、かえって欧州レベルの政党間のコミュニケーションを重視するようになった。ただし、九四年の選挙前に作成した共通マニフェストではＥＵ社会憲章への支持が表明されたため、イギリス保守党は自国民の支持が得られないとみて、共通マニフェストの作成には参加していない[22]。

九八年六月には、後述するように九四年選挙後には認められなかった「頑張れイタリア」のＥＰＰへの参加が後述のようにようやく承認され、ＥＰＰは欧州中道右派の一大勢力として再編されていく。九九年選挙を目前にして、「二一世紀への道」と題したアクション・プログラムを採択し、大所帯になったＥＰＰの共通の行動指針を示した。ＥＰＰの場合、単一市場形成、欧州統一通貨の導入については、これまでにも比較的一致した姿勢を示してきている。また、欧州議会の権限拡大、司法内務協力強化による治安の維持、家族生活の保護、共通外交安保政策の推進等の分野で、共通政策を推進しやすい[23]。

九九年の欧州議会選挙では、英独仏の主要国がそろって左派政権となったという危機意識もあって、ＥＰＰは各国政党間の連携を強化した。そうした甲斐あって、欧州議会ではじめて最大会派の座を獲得した。また欧州議会議長として、ＥＰＰからフランス出身のニコル・フォンテーヌ（Nicole Fontaine）を選出した[24]。選挙後、以前にＥＰＰへの参加を見送ったフランスのＲＰＲも、統合反対派の議員が他の会派をつくって党を出たため、ＲＰＲとして

EPPと正式な協力関係に入った。

九九年選挙の後で配布されたEPPのガイドブック㉕には、グループに所属するMEPが守るべき事柄が列挙されている。特に欧州議会本会議での投票行動については、投票を性質によって三種類に分類されている。まず、本会議に参加すれば投票が求められるが、参加できない場合も責任者に連絡しなくてよいもの。次は、重要な投票で、欠席する場合は前もって連絡が必要なもので、こうした欠席は月二回までしか認められない。最後に、最重要な投票で、グループ構成員はかならず投票に参加しなければならず、特別の事情がなければ責任者の特別の許可を得なければならない。このようにEPPは、構成員の政治的結束を図ってきた。

九九年選挙後の現在、キリスト教民主主義政党以外の保守派政党とより広範に共同行動をとるために、EDUと作業グループを通じて連携を強化し、EPP-EDとして、さらなる再編の途上にある。

2 PES（欧州社会党、Party of European Socialist)

① 沿革：CSPECからPESへ

PESは、九九年六月の欧州議会選挙前まで欧州議会における最大の政治グループであった。とはいえ、このグループの結束力が強まったのは八〇年代半ばであり、それ以前は各国の社会民主主義系政党の寄せ集めにすぎず自律性は低かった。

PESの前身は、直接選挙を前にして七〇年代半ばに結成されたCSPEC（EC社会主義政党連合、Confederation of the Socialist Party of the EC）である㉖。この組織は、EC発足時に設けられたEC社会党事務局を発展させたものである。けれども七九年に行われた第一回直接選挙では、各国の政党は自分たちの主張を通すことを優先し、共通マニフェストの起案に至らず、「選挙民への呼びかけ」という、どちらかといえば外交的なコミュニケに近い文書の採択にとどまった。当時このグループに所属する各国政党は、欧州統合に対する理念の相違から、結束はかなり弱いものだった。イギリス労働党とデンマークの社会民主主義政党が、統合に対して常にネガティブな態度をとっており、それが他の国の社会民主主義政党と相反していたことが最大の障害だった。

八〇年代、EC各国の中道左派政党は、イギリスとドイツで政権の座を失ったことで危機感を募らせ、八〇年代後半から次第に相互の政策の収斂をはかるようになる。八七年に発効した単一欧州議定書により単一市場の形成が現実のものとなるにつれ、市場の自由化にともなう弱者救済の見地から、社会的結束を強化するという共通の目標を掲げることが可能になった。八五年からECの欧州委員長に就任したジャック・ドロール（Jacques Delors）がフランス社会党の出身であることも幸いした。

八九年に冷戦が終結すると、イギリスとデンマークの政党の対応も統合にやや前向きに変わりはじめ、それにともなってCSPECの結束も強化された。マーストリヒト条約の条文に、「欧州レベルの政党は統合に重要な要素である」とする表現が盛りこまれたのも、CSPECの働きかけによるものであった[27]。CSPECは、マーストリヒト条約締結後の九二年に、改めてPESとして再編成され、九三年には組織の規定が結束を強める方向で定められた。

② PESの政党運営

まず、政党連合としてのPESのシステムを概観してみたい[28]。PESの政党連合は、一人の議長と八人の副議長からなる執行部によって運営されている。半年に一度開かれる総会（Congre）には、約二五〇人の代表（その三分の二は国別の政党から、三分の一は欧州議会の政党グループから出される）が集まり、欧州議会選挙に向けた共通マニフェストの作成にあたる。総会の決定には特定多数決が用いられる。

総会の閉会中は、ＰＥＳ事務局が決定を行うが、これには、議長および各国政党から二人ずつ、そしてＰＥＳの政治グループから二人の代表があたる。事務局の決定は全会一致を原則とするが、一定の場合に特定多数決をとることもできる。それは、その問題が閣僚理事会で特定多数決によって決定される場合である。さらに各国政党は、閣僚理事会におけるような国別の票割ではなく、欧州議会において獲得した議席数を基準にグループ内における投票枠を配分されている。こうした方式は、ＰＥＳが各国政党の政策の収斂をはかることを可能にしている。このことは、欧州政党がＥＵの民主主義を担っていくうえで重要であろう。

ただし実際には、「党首会議」がＰＥＳの運営に大きな権限をもっている。党首会議の構成は、国別政党の党首、ＰＥＳグループのリーダー、ＰＥＳを構成する政党に所属する欧州委員会委員、およびＰＥＳの副議長である。この会議は、欧州理事会が開催される直前に、同じ場所で開催される。このことは、政権を担当していない国の政党も、欧州理事会に何らかの影響を及ぼす可能性があることを示している。こうしたグループ内の組織化と意思決定方法の整備は、他に先駆けてＰＥＳが行った。

次に、議会内グループとしてのＰＥＳであるが、直接選挙開始時から九九年まで安定して最大会派を維持してきた。その理由として、もう一方の勢力であるＥＰＰが二つのやや異なった政党のグループ（キリスト教民主主義と保守）からなるのに比べて、求心力が強かったことがある。けれども、グループ内の結束は八〇年代にはそれほど強いものではなかった。ＰＥＳの欧州議会における結束について投票行動を通して分析したデータ[29]を検討したい。

欧州議会における実際の投票行動を見ると、八四年選挙後の会期においては結束して投票した割合は、六一・二％に過ぎなかった。これは他の政治グループと比較してかなり低い割合である。この背景には、フランス社会党とイギリス労働党の統合に対する基本的な考え方の違いが根本にあった。ところが、九四年の選挙後から、投票行動におけるＰＥＳの結束の割合は格段に上昇し、およそ九十％近くに達している。単一市場が実現して以来、ＰＥＳでは、個々の政策における国別政党の協調を一層実現しやすい状況が生まれたからである。自由市場優先の統合に対して、ソーシャル・ヨーロッパを唱え、例えば、雇用問題、欧州社会政策の発展、構造基金、環境政策、国際開発援助等の分野において政策課題を共有することができた。またＥＭＵ（欧州通貨連合）に向けた経済収斂基準の策定などで共同歩調をとるようになった。[30]

それでも加盟国政党との関係は、ＰＥＳの結束が強まったとはいえ、イシューによっては微妙なものがある。例えば九四年にジャック・サンテール（Jacques Santale）欧州委員長の任命に際して、ＰＥＳは反対の立場で取りまとめを図ったが、加盟国の六政党の代表は国の政党の強い指示によって反対できなかった。これは他の政治グループにも見られることであるが、自国で政権をとっている政党とそうでない政党で立場が異なり、意見をまとめられないことがある。政権与党は閣僚理事会の決定に賛成しようとし、逆に野党である場合には理事会の決定に異を唱えるようとするからである。

ＰＥＳが欧州議会で優位を維持した理由に、八六年のスペイン、ポルトガルの加盟および、九五年のオーストリア、フィンランド、スウェーデンの加盟も影響している。八五年の十カ国によるＥＣにおいては、このグループに属する国の政党は十一に過ぎなかったが、十五カ国に拡大したＥＵにおいては二一の国家政党を内包するまでになった。新加盟国における社会主義系政党への支持は相対的に高いものがあった。

もっとも所属する国別政党が増えたことで新たな問題も発生した。大所帯となったＰＥＳは、ドイツ社会民主党（ＳＰＤ）とイギリス労働党（ＬＰ）で、ＰＥＳの全議席の半数近くを占めるため、党内の意思決定において小国の政党は不利になるというのである。けれどもそれに対する反論として、欧州議会における重要な決議が絶対多数制をとっていることから、現実には約三割の程度のＭＥＰが投票を欠席するという現状において、実質的には大国の政党のＭＥＰだけでは足りず、小国の政党の意見も無視できないともいわれる。[31]

またＰＥＳのリーダーも大国から選出されることが多い。ＰＥＳでは政治グループ週間を設けて、国の政党の代表による交渉の場を設定し、それらを踏まえて欧州議会での政治グループとしての最終的な投票行動を党首会議によるコンセンサスで決定している。政治グループは、各国政党に対して党議拘束や制裁のともなう措置を取る関係になく、合意が困難なこともあるが、二十年にわたる経験によって合意形成の手法は次第に整ってきたとみられる。

3　ＧＵＥ（欧州統一左派、Gauche Unitaire Européen）／ＮＧＬ（Nordic Green-Left）

ＧＵＥ／ＮＧＬは、九四年選挙の結果、共産主義政党と左派環境政党との欧州議会における政治グループとして結成された。このグループは、ＰＰＥやＰＥＳと異なり政党連合ではなく、単なる欧州議会でのグループにすぎない。けれども執行事務局を中心に、次第に欧州議会を意見交換の場として利用するようになってきている。

欧州議会において共産主義政党は、七九年の第一回欧州議会選挙より前の七三年にグループを結成している。けれども、国家主権を擁護して欧州統合に反対するフランス共産党（ＰＣＦ）を中心とする諸政党と、欧州統合、とりわけ欧州議会での活動を自分たちの影響力拡大の場と見るイタリア共産党（ＰＣＩ）を中心とするグループに次第に分裂していった。[32] そしてグループとしての運営機能を有さず、会合もめったに開かれない状況が続いた。

七〇年代のイタリア共産党は、欧州統合が共通政策を通じて労働条件を高める場であるとして積極的に利用しようとし、むしろドイツの社会民主党（ＳＰＤ）と接近して、非コミュニストの社会党系の政治家を選挙人リストに加えるなど、明確な方向転換を行いつつあった。それに対してフランス共産党は、ソ連との関係を重視し、ＥＣは資本主義のための機構であり、階級対立から注意を逸らすものとして警戒し、ＥＣの欧州委員会を中心とする統合の推進に強硬に反対の姿勢をみせた。そして八七年になるとフランス共産党は、もはやイタリア共産党がコミュニストではなく、単なる改革派（reformist）にすぎないとして激しく非難した。[33] この頃、イタリア共産党のリーダーはフランスを訪問してもフランス共産党を訪問せず、フランス社会党と接近したといわれる。

八〇年代のＥＣ拡大で、フランス共産党はスペイン、ポルトガルの加盟に反対の態度をとった。こうしたこともあって、スペイン共産党（ＩＵ）は、フランス共産党を嫌い、イタリア共産党をモデルにしてこれと同調した。反対にポルトガルの共産主義政党はフランス共産党と立場を同じくした。両国より先に加盟したギリシャの左派は二グループに分かれておりフランス共産党とイタリア共産党にそれぞれがつく格好になっていた。

八九年の欧州議会選挙では、イタリア共産党を中心とするグループが「欧州左派」（Euroleft）を結成し、フランス共産党を中心とするグループが「左派連合」（Coalition des Gauches）に集まった。しかし変化はこれに留まらなかった。九一年になると、イタリア共産党は民主的左派政党へと脱皮し、一部の議員を除いて新たにＰＤＳ（左翼民主党、Partito Democratica della Sinistra）を結成した。ＰＤＳはもはや共産主義は掲げず、やがて欧州議会ではＰＥＳに所属するようになった。

九四年選挙では、左派連合が、無所属の左派勢力および環境系左派政党とともに、ＧＵＥとして議会内グループを結成した。九五年に北欧諸国が加盟すると、フィンランドとスウェーデンの北欧環境左派（Nordic Green Left）がこのグループに参加する。ＧＵＥは、九四年選挙後の設立宣言において、ＣＳＣＥの強化や移民の受け入れ賛成などの政策の他に、持続可能な発展や環境システムの維持といった環境派の主張を盛り込むようになった。

4　Greens（緑の党）／ＥＦＡ（欧州自由連合、European Free Alliance）

「緑の党」は、八四年の欧州議会選挙以後、欧州議会に議席を確保しつづけている。各国の環境派政党は、北欧系と大陸系で欧州統合に対する基本的な姿勢の相違がある。[34] 北欧の一部の環境派政党は、ＧＵＥとともに行動し、欧州議会の権限拡大や統合の推進、環境政策の欧州化に慎重である。それに対して、大陸系の環境政党を中心とした緑の党は、一般に欧州統合に前向きであり、また欧州議会の権限強化を通じた自らの政策実現にも積極的である。九九年選挙において緑の党は躍進を遂げたが、選挙後、より幅広い支持を得るため、欧州自由連合（ＥＦＡ）と統一会派を形成し、環境問題の他に、人権尊重や分権化を通じた民主主義の発展などの共通マニフェストを公表した。かつての環境派政党にはやや極端な主張も見受けられたが、現在いくつかのＥＵ主要国において緑の党は、連立政権として政府に参加するようになっており、そうした経験を積んでようやく現実的な政策を提示するようになった。

5　右派の諸グループ

右派グループに属する各国政党は、左右のスペクトルにおける位置づけとは別に、統合に対する立場の相違が対立軸になっており、[35] 場合によっては統合反対派の左派と組むこともありえる。また地域主義政党の存在も問題を複雑にしている。九四年選挙後の欧州議会における右派政党は、先述のＥＰＰの他、ＵＰＥ、ＥＬＤＲ、ＥＮであった。

九九年選挙後、ＵＰＥは、フランスのゴーリスト政党の選挙における敗北もあってその存在感を失った。最も歴史の長いＥＤＬＲもＥＰＰに議員を取りこまれてそのメンバーを減少させつつある。九九年選挙後の現在、国家主権擁護派、欧州統合懐疑派のＭＥＰは、場合によっては左派の統合反対派をとりこみながらいくつかの小グループに分かれ、欧州議会の意思決定において影響力をもち得ていない。

① ＵＰＥ（人民欧州連合、Union of People's Europe）

九五年に結成されたこのグループは、九九年選挙後解体した。けれどもこのグループの誕生と消滅は、いろいろな意味で過渡期にある欧州議会の政治グループの状況をよく表している。グループの中核は、シルビオ・ベルルスコーニ（Silvio Belrusconi）の「頑張れイタリア」（ＦＩ）とフランスのゴーリスト政党共和国連合（ＲＰＲ）によって構成されていた。ＵＰＥに参加した両国の政党は、各々独自の理由からこの会派に属することを選択したが、いずれもＥＰＰとの複雑な関係に由来している。

九四年選挙後、フランスのヴァレリー・ジスカールデスタン（Valéry Giscard d'Estaing）率いるフランス民主連合（ＵＤＦ）のＭＥＰは主にＥＰＰに所属したのに対し、ジャック・シラク（Jaques Chirac）率いるＲＰＲはＥＰＰへの参加が可能であったにもかかわらずＲＤＥ（欧州民主同盟、Rassemblement des Démocrates Européens）に参加した㊱。シラクが、欧州議会でより勢力をもつＥＰＰにあえて参加しなかった理由はいくつか考えられる。第一に、九五年の大統領選を睨んでの現実的な理由である。フランス大統領選挙には、同じ右派から、エデュワール・バラデュール（Edouard Balladur）、フィリップ・ド・ヴェリエ（Philippe De Villiers）、極右のジャンマリー・ルペン（Jean-Marie Le Pen）が出馬を準備していた。シラクの所属するＲＰＲは、欧州統合に対する根本的な意見対立を内包しており、統合反対派も多かった。欧州議会のＥＰＰは、欧州統合推進派のグループであり、ＲＰＲを政党としてＥＰＰに所属させることで、党内に亀裂が生じることは何としても避けたかった。

第二の理由は、政治手法に関する問題である。ゴーリストは歴史的に、欧州理事会や閣僚理事会といった政府間の交渉の場で自らの立場を主張し、目的を遂げるという政治的な手法を基本としており、欧州議会の権限強化はこうした党の伝統的な方針に反していた。欧州議会を政治的影響力発現の場として活動するＥＰＰとは、基本的な手法を異にしていたのである。

イタリアのベルルスコーニにとって、事情はシラクとは全く異なっていた。九四年の国内選挙を制した勢いで欧州議会選挙でも二七人という大量のＭＥＰの送りこみに成功した「頑張れイタリア」は、ＥＰＰへの参加を望んだが、この時点では、結局拒まれてしまった。ベルルスコーニにとって、国内選挙の勝利を一過性のものに留めず、政党としての信頼性を高めるために、欧州レベルで国際的な認知を受けることは、国内政治の弱点を補うために是非とも必要だったのである。ＥＰＰへの加盟はその意味で戦略的に重要であった。

他方、ＥＰＰの側から見ても、ベルルスコーニの参加を認めるか否かは重大な政治判断であった。欧州議会でＰＥＳに対して常に少数派であったＥＰＰにとって、九四年選挙で当選した「頑張れイタリア」の二七の議席を取りこむことは魅力的であったことは間違いない。それではＥＰＰはなぜ「頑張れイタリア」の参加を拒んだのであろうか。いくつかの理由を挙げることができる。

第一に、ＰＥＳとの関係である。欧州議会が閣僚理事会に対して政治的に影響力を行使するためにはＰＥＳとの協力は重要であり、イタリアの極右政党国民同盟（ＡＮ）と組んだ「頑張れイタリア」を参加させることで、ＰＥＳとの関係が損なわれることを恐れたのである。第二に、九四年秋に国政選挙を控えていたドイツのコール首相の思惑である。(37) ドイツの中道右派は、ナチスドイツの反省から、極右と組むことを極力警戒する雰囲気があった。第三に、欧州レベルで「頑張れイタリア」と組むことは、国内世論にマイナスの影響を及ぼすという懸念があった。

ＥＰＰの綱領によれば、同一国家の政党が反対すれば、新たな政党の参加は認められない。イタリア国内の政党の中にも頑張れイタリアの参加に否定的な姿勢がみられた。こうしたことから、ベルルスコーニは単独で会派を結成しようとするが、結局議会内で発言力をもつためにＵＰＥとしてゴーリストと合流する道を選んだ。

アイルランドの右派政党（ＦＦ）は、「頑張れイタリア」と同様にＰＰＥへの参加を拒まれた。このケースも、国内の政党間の関係が欧州レベルにおける政党間の連立を阻む要因であった。七三年にアイルランドがＥＵに加盟して以来、この政党はフランスのゴーリストと同一行動をとることが多く、九四年選挙後ＲＤＥに参加し、そのＲＤＥは九五年にＵＰＥを結成する。もっともアイルランド右派とゴーリストと共通の関心は、農業問題だけだったといわれる。

こうして、ＥＰＰに参加しない、あるいは参加できない理由をもった保守派の連合であるＵＰＥが誕生したが、欧州議会における政治的選択には政党によって大きな相違があった。「頑張れイタリア」は超国家性を好むのに対して、ゴーリスト政党であるＲＰＲでは統合に対する立場に内部で対立があり、欧州懐疑派も多数存在した。

結局、ＵＰＥは、欧州議会における戦略的な連合に過ぎなかった。ＵＰＥの政治的戦略は、それほど明確に示されていたわけではないが、欧州政党の研究者クリストファー・ロード（Christopher Lord）によれば、およそ次の三点に集約されている[38]。第一に、キリスト教民主党と保守派政党からなるＥＰＰから、保守派政党を分離させる。第二に、欧州右派の大連合にＥＰＰやその他の保守派政党を対等な立場で参加させる。第三に、ＥＰＰとＵＰＥとの間で議会での行動を調整し、ＰＥＳとＥＰＰの二大グループによる協力関係に代わる、右派の連合をつくることである。

けれどもこうした目論みは果たされることはなかった。「頑張れイタリア」は九五年に政権を失い、その後国内でキリスト教民主同盟も交えて右派連合「自由の樹」に加わる。そしてついに九八年に「頑張れイタリア」が

ＰＰＥに参加を許されＵＰＥを去ると、事実上その存在感を失った。九九年の欧州議会選挙においては、フランスのＲＰＲから、政治統合に強硬に反対するシャルル・パスクワ（Charles Pasqua）、ドヴェリエらが離脱しＲＰＲは大きく敗北した。統合反対派が離脱したＲＰＲは、その後ＥＰＰと協力関係に入り、ＵＰＥはその名前を欧州議会から消した。

② ＥＤＬＲ（欧州リベラル民主改革党、Parti Européen des Libéraux, Démocrates et Réformateurs）

ＥＤＬＲは、七九年の初の欧州議会選挙後に結集されて以来の伝統をもつ中規模右派政党であり、その点でＵＰＥと基本的に異なっている。

一般にリベラル政党といわれるＥＤＬＲの政治的な位置づけは簡単ではない。欧州政治において左右を分ける軸は二つあり、一つは家族や移民といった個人の倫理と関わる政策課題、もう一つは市場と社会に関する社会経済問題である。[39] 最初の点では、ＥＤＬＲを構成する議員は左派に同調することが多い。第二の点に関して、ＥＤＬＲの位置づけを行うのは困難であるが、自由貿易、市場開放の文脈で立場が表明されることが多い。ＥＤＬＲにはリベラル右派とリベラル左派が存在し、ある国のリベラル政党は自由主義市場を支持し、他の国のリベラル政党はむしろ社会的連帯を強調する。ただし、オランダとデンマークにおいてはリベラル政党は左右両派とも存在する。欧州議会においてＥＤＬＲは、左右のスペクトルが最も広い政治グループである。

フランスの中道政党ＵＤＦは、当初このＥＤＬＲに属していたが、八九年から九四年の間に、元大統領ジスカールデスタンの方針により、多くのＭＥＰがＥＰＰに移籍した。ＥＤＬＲは、二大政治グループの狭間にあって独自性を打出すのが困難なことから、欧州議会における優位性を獲得するのは難しいという問題をかかえている。そのためにより勢力のある政党の待合室とさえ言われた。九四年選挙以後、欧州議会のすべての委員会に委員を送ることが困難になった。欧州議会ではＥＰＰと同じ立場を取ることが多い。

③　反統合派の政治グループ（九九年選挙後）

ＵＥＮ（Union pour l'Europe des Nations）は、九四年選挙後に結成された欧州統合懐疑派のグループである。フランスの反統合派を中心に、デンマークやオランダのカルバン主義政党などから構成される。欧州統合に対してネガティブな態度を示す政党の集まりであるが、すべての政策課題で必ずしも同じ立場にあるわけではない[40]。最も相違が際立つのは、共通外交安保政策である。この問題に関してフランスの政党は、安全保障分野での国家主権を強調するが、デンマークの政党は、ＥＵの共通外交安保政策の推進に積極的である。またデンマークの政党は、行政の透明性やアカウンタビリティの向上に熱心である。オランダのカルバン主義政党は、欧州統合に対するカトリシズムの影響に否定的なため、キリスト教民主主義と一線を画しＥＰＰに所属しない。このグループは、自らがその正当性を否定している欧州議会に所属するという矛盾を抱えており、議会での投票にもあまり参加しない。

ＴＤＩ（Group Technique des Députés Indépendants）は、九九年選挙後に、欧州議会における便益上形成された議会内グループである。ベルギーの地域民族主義政党フラームスブロック（ＶＢ）、フランスの国民戦線（ＦＮ）、イタリアの北部同盟（ＬＮ）等など、国内においても中道右派と一線を画す極右政党からなる。八九年選挙後、それまで同一グループを形成していたドイツとイタリアの政党が、互いに相手国での自国民の処遇に関して非難しあった。九四年選挙では、ドイツからはＭＥＰを選出できず会派も結成されなかった。

ＥＤＤ（Europe of Democracies and Diversities）は、「主権国家からなるヨーロッパ」を標榜するグループである。九九年選挙後に結集された新しいグループで、フランスの狩猟の伝統を擁護しＥＵの環境法制に反対して欧州議会に乗りこんできた数人の議員が中心であるが、異端児的存在に留まっている。

6　欧州議会の二大政党

これまで欧州レベルの政党再編の経緯を辿ったが、欧州議会における政党活動の特徴を明らかにするために、欧州レベルの二大政党であるＰＰＥとＰＥＳの関係についてここで論じておきたい。二大政党間の関係が表面にでることは稀だが、欧州政治の地下水脈としての機能は見逃すわけにはいかない。

さて欧州議会においては、二大政党が結束して投票することが多く、約八〇％の投票で同一行動をとっている㊶。そのことは欧州議会選挙に対する関心の低さの一因でもあるが、なぜこうした現象がみられるのだろうか。

欧州議会における重要な表決は、総議員の過半数の賛成が必要な絶対多数方式がとられている。また投票に欠席する議員も多いため、ＰＥＳもＰＰＥも単独では過半数を得ることはできない。通常、欠席する議員数を考慮すれば、全議員の七〇％程度の賛成が得られなければ、欧州議会としての採決は不可能だといわれる。

欧州議会がＥＵにおいて完全な立法権を有するに至っていない現状で、例えば共同決定手続きにおいて、閣僚理事会の決定に反対したり修正案を可決するためには、ＰＥＳとＥＰＰの協力が不可欠である。実際、重要な決議はしばしばこの両党の協力の下で行われる。またＰＥＳとそれ以外の左派グループ、あるいはＥＰＰと右派グループという協力の構図は、現状ではなかなか困難である。それはまず、二大政党が欧州統合に前向きなのに対して、左右両極のグループが、欧州統合懐疑派、あるいは露骨な統合反対派を含んでいること、そして、こうしたグループはいずれも少数であり、たとえ協力が得られても絶対過半数を満たせない場合が多いからである。

ＰＥＳは、決議に必要な絶対過半数を獲得するため、他の政治グループとの協力関係を築いてきた。二大政党のもう片方であるＰＰＥやＥＬＤＲなどの中道勢力との協力は、欧州議会の議会内政治において重要であった。

ＰＥＳにとっては、左派政党である緑の党やＵＥＬとの協力は、これらの政党が欧州統合に懐疑的であるためにむしろ難しい。

ＥＰＰは、ＰＥＳが議会内で優勢な時期において、ＰＥＳと対等な議会内協力が実現するために、保守派の取りこみに力を注いだ。とはいえ数の優位を目指しながらも、九四年選挙後にイタリアの「頑張れイタリア」の参加を簡単には認めなかった背景には、かえってＰＥＳとの協力が困難になることへの警戒感があったのは先述のとおりである。ＰＥＳとＥＰＰは互いに意識しつつ、党勢の拡大と結束力の強化を図ってきた。それぞれの党内で繰り広げられる政策収斂の努力は、様々な困難を抱えながらも、長期的にはイデオロギーによる対立や国益による対立を緩和させていくと思われる。

欧州議会は、基本的には欧州統合に前向きである二大政党が、自由主義単一市場としてのヨーロッパとソーシャル・ヨーロッパとのバランスを取りつつ、優先課題を議論していく重要なアリーナである。二大政党への緩やかな収斂が、その外側に左右両極の欧州懐疑派を残しつつも進んでいくことになろう。

第四節　加盟国の政党と欧州レベルの政党政治

１　加盟国の政党と欧州レベルの政党

次に加盟国の政党と欧州議会の関係について考察してみたい。ＥＵにおいて、政党は民主的意思決定に重要な役割を担うと同時に、異なったレベル間での連携と連続性を提供する媒体としての機能をも有している。ただし現在のところ、欧州レベルと加盟国レベルの政党は必ずしも強い連続性はない。

一般に国家レベルの政党は、欧州レベル政党の影響力増大に警戒感をもっているが、欧州議会に影響力をもとうとは考えず、所属するMEPに対して欧州議会でのフリーハンドを与えることも多い。その場合、MEPは自国の政党の立場に拘束されず自分の信念に従って欧州議会において投票する。けれども時に、そうすることに利益があれば、MEPに一定の投票行動をするよう働きかける。MEPの側にすれば、出身国の政党の決定に従うことをある程度余儀なくされている。それは、彼等の政治的キャリアを左右しているのは国レベルの政党であるからである。

また、同じ欧州レベルの政党内で、自国で政権を担当している党とそうでない党で立場が異なり、共通の立場がとれないことがある。一般に政権与党は閣僚理事会の決定に賛成し、野党である場合には理事会の決定に異を唱えようとする傾向がある。欧州レベルの政党運営において、加盟国の政党の様々な利害を調節するメカニズムは十分備えられているとはいえない。

しかしながら、他面では、欧州議会や欧州レベルの政党で活躍した政治家が、国内政治において評価を受けることはめずらしくない。例えば、スペイン国民党のアスナルは、EPPの副党首としての活動が国内での評価を高めるのにつながった。イタリアのベルルスコーニも、EPPへの参加で政治家としての地盤を固めることを狙った。EUの事情に通じ、他の加盟国の政治家と多様なチャンネルで繋がっていることは、国内政治のリーダーにとって必要な条件であり、欧州レベルの政党の公式、非公式な会合はそのための格好の場を提供している。

欧州レベルの政党は、対話とコンセンサスを重視して意思決定を行う欧州の政治エリートたちの重要な相互学習やコミュニケーションの場である。特に、欧州議会内の様々な委員会を通じて、具体的な政策イシューごとの専門家としてのMEPが育ち、欧州委員会の担当者や、外部の専門家も含めた非公式な政策ネットワークが構築されている。政党を媒介として加盟国の政治の場に欧州レベルの議論が降ろされ、またその逆に国家レベルの課題も欧州議会に持ち込まれ、さらにそれが還元される。近年ではＣＯＳＡＣ（欧州問題委員会会議㊷）の枠組みにおいて、国家議会の議員団とＭＥＰとの会合も定例化されている。欧州議会と国家議会による同じ問題を取り扱う委員会ごとの会合も近年頻繁に行われるようになった。

２　フランス国内政党と欧州政治

次に、フランスを例にとって、加盟国の政党と欧州政治の関係について分析してみたい。

八〇年代半ば頃まで、フランスをはじめ欧州各国の国内政党や世論の欧州問題に対する関心は比較的低いものに留まっていた。その理由は、まず単一欧州議定書やマーストリヒト条約以前にはＥＣの権限は小さく、国民生活に重大な影響を及ぼすようには至っていなかったことである。また、ＥＣレベルの決定に及ぼす欧州議会の機関としての権限もごく小さなものに留まり、欧州議会の政治グループの役割もさほど重要視されなかった。さらに、上の二つの点とも関連するが、欧州統合に対する政党間、あるいは政党内の立場の相違はそれほど明確ではなく、一般的に知識人は欧州統合のプロセスに好意的な見方を示していたことがある。従って八〇年代半ばまでは、欧州統合問題が国内選挙などで政策論争の焦点となるような状況にはなく、欧州議会にも特段の関心が払われることは少なかったといえる。

そうした状況が徐々に変化しはじめたのは、八七年に発効した単一欧州議定書により単一市場の形成が進み、さらに九二年に発効したマーストリヒト条約によって統合が急速に進展しはじめたことによる。マーストリヒト条約は、通貨統合のみならず、多くの政策を閣僚理事会において特定多数決で採択することを可能にし、欧州議会の権限を大幅に拡大するなどの機構改革を進展させた。また同時に、ＥＵ市民権が導入され各国の地方選挙が外国籍をもつEU市民に付与された。このように統合のプロセスが人々の生活に重大な影響をもつことが次第に明らかになったことは、欧州統合の将来像に対する各国の政治リーダーによる考え方の相違を鮮明にし、政党間や政党内での議論を活発化させた。

マーストリヒト条約の批准に関連して、九二年にデンマークやフランスにおいて国民投票が実施されたことを契機に、欧州統合問題が国民による広範な議論の対象になった。それはとりもなおさず、欧州問題が国内政局においても影響をもち始めたことを意味している。フランスでは九〇年代から、政党間、そして各政党の内部において、統合推進派とナショナリストとの間で議論が活発に行われるようになった。こうした統合をめぐる争点は、国内選挙においては政党内の対立を表面化させないために巧妙にカムフラージュされることが多かったが、近年、欧州統合の将来像をめぐって既存の政党内において立場の相違が顕在化し、保守派政党や社会党から一部の議員が脱退して、新たなグループを形成する動きも目立ってきている。

フランスの国内政党の議論は、まず初期においては自由市場と保護主義との問題で展開した。深刻な不況にあったフランスの社会経済問題を、UDFとRPRは、原則として単一市場の形成を通じて解決しようとした。それに対して、社会党は党内でやや立場の開きはあるもののEUによる社会投資を実現することを市場統合の条件として考えた。けれども、欧州統合を支持するこれらの主要政党の内部でも、欧州統合が問題解決になるか否かについては見解の相違があった㊸。

政党内の意見対立が表面化する一つの契機となったのは、ガット・ウルグアイラウンドの農業貿易交渉と並行して進められた共通農業政策（CAP）の改革である。九〇年代前半に、マクシャリー農業担当欧州委員を中心に行われたCAPの改革は、農業国フランスが、ECから受けとっていた農業補助金の大幅な削減を意味した。この事実は、農村部を基盤にした保守派の政治家に欧州統合への警戒感を抱かせることになった。さらにマーストリヒト条約によるＥＣからＥＵへの変革は、欧州統合のスピードとその本質が、ナショナリストの政治家が容認できる範囲を大きく越え、フランスの主権を侵食する超国家的機構としてのＥＵの姿が徐々に現れはじめたことを意味した。統合に対する政党内部の意見の対立は保守政党のみの現象ではない。社会党の内部には、そもそも自由市場原理を基礎にした統合に批判的な勢力もあった。単一市場の誕生とそれに伴う労働者の自由移動は、フランスの労働市場にも重要な影響を及ぼし、フランスは大きな社会経済的コストを支払うことになるという強く主張もなされるようになった。フランスの主要各政党と欧州政治との関係を見ていくことにしたい。

①　保守派政党

欧州統合の初期の段階において、保守派であるゴーリスト政党ＲＰＲは、一九五四年にはＥＤＣ（欧州防衛共同体）の設置に反対し、超国家的な欧州の建設には反対の立場を示してきた。その一方で、ＥＣが主権国家による連合に留まるならば、フランスの国益にも適うとして欧州統合にメリットも見出してきた。具体的には、まず欧州におけるフランスの地位の向上、そしてフランスの社会や経済の近代化に役立つと理解されたのである。

七〇年代になると、ゴーリストはよりプログマティックな展開を見せるようになる。ド・ゴールを引継いだジョルジュ・ポンピドゥー（Georges Pompidou）は、イギリスの加盟に賛成し、ＥＭＵ（欧州通貨同盟）にも理解を示した。それでも七六年に首相に指名されたシラクは、欧州政治統合を提案するチンデマンス・レポートに反対し、より積極的に統合を支持する中道右派のジスカールデスタンとの相違を明らかにした。その後もＲＰＲは、ＥＣの機関としての権限を強化する機構改革に反対をしてきたが、市場統合と機構改革をセットにした単一欧州議定書に対しては、結局支持を表明した。ＲＰＲの立場は、やや単純化して言えば、フランスの経済・産業の発展に寄与する範囲で統合に賛成するが、国家の役割を奪うような統合の深化には反対というものであった。

しかし九二年、ECからEUへの大幅な機構改革を含むマーストリヒト条約の批准に際して、RPRの主流派は、後述するようにUDFとの連携を強化し、批准賛成へと回った。シラク党首は、「アンチ欧州」は大衆に受けないこと、自らの大統領選に有利にならないことを計算していたと思われる。このマーストリヒト条約の批准問題をはさんで、RPR内の欧州統合消極派のフィリップ・セガン（Philippe Seguin）やパスクワとの対立が鮮明になっていく。セガンやパスクワは、欧州統合に対しては全面的に反対ではないとしながらも、マーストリヒト条約の規定した労働者の自由移動や通貨統合といった問題でフランスの主権が損なわれることに強い懸念を示していた。

九四年の欧州議会選挙においては、RPRはUDFと共同で候補者リストを作成し、親欧派の政治家をリストの上位に連ねた。右派内の対立が選挙キャンペーン中に表面化されることは避けられた。九五年の大統領選挙を睨んで、シラクは党内が欧州問題で分裂することを嫌い、欧州議会ではUDFと同じEPPに所属する道を選択しなかったのは、すでに述べた通りである。けれども統合をめぐるRPRの内部の対立は次第に妥協の余地のないものになり、九九年の欧州議会選挙では、RPRに所属していたパスクワらのナショナリストは独自のグループを形成してシラクと袂を分かつことになった。

② 中道政党

フランスの中道政党は、伝統的に親欧州派であった。一九五〇年台初頭、欧州統合を指導させた外務大臣ロベール・シューマン（Robert Schuman）が所属していたMRP（Mouvement Républican Populaire）は、キリスト教民主主義的立場から、戦後欧州の平和のためにECの設立を提唱した立役者であった。しかし、五八年にMRPの数人のメンバーがゴーリスト政府に入り、その影響力は弱まったともいわれる。それでも六五年には、親欧州派のジャン・ルカヌエ（Jean Lecanuet）が大統領選に挑戦し第二回投票にもちこむなど、親欧州派はフランス国民にも好意的に受け入れられていたといえる。七四年には、親欧派のジスカール・デスタンがＣＤＳ（Centre des Démocrates Sociaux）を結成し、さらに七八年にＣＤＳを中心に中道勢力を緩やかな連合ＵＤＦとしてまとめた。ＵＤＦは、欧州議会においては、他の欧州諸国のキリスト教民主党系政党と協力してＥＰＰを形成し、統合の推進およびＥＵの民主化などの機構改革を推進している。

③　極右政党

国民戦線（ＦＮ）は、ＥＣ／ＥＵが反共および移民制限に貢献するならば、国益とも合致するとして支持した時期もあったが、マーストリヒト条約前後から、ＥＵが通貨、国境管理といった政策領域についても共通政策を掲げるなど、フランスの主権と抵触するようになると、統合に対し徹底して反対の立場を表明するに至った。ゴーリスト政党が、シラクに代表されるように欧州統合に理解を示すようになると、統合反対の右派支持者をとりこんで、選挙戦でＥＵカードを用いて有利に展開しようとする戦略をとるようになった。

特に九二年に行われたマーストリヒト条約批准に関する国民投票の際には、「アンチ・グローバリスト欧州」、「アンチＥＵ市民権」、「アンチ機構改革」という姿勢を鮮明にした。また九四年の欧州議会選挙では労働移動の自由化に反対、九五年大統領選では通貨統合反対を強くアピールした。九七年のフランス議会選挙では、統合に対するフランスのコストを訴えた。こうした方針は、主要政党が基本的には統合を支持するなかで、統合のスピードの速さに懸念を抱く人々を惹きつけ、支持率の上昇をもたらしている。

④　社会党

社会党は歴史的には、国際派であり国連等の国際機構を支持する傾向にあった。しかし一部には、ナショナリストや反資本主義的立場から欧州統合に消極的な政治家もいる。第四共和制のギィ・モレ（Guy Mollet）内閣は、戦後のマーシャルプランやNATOの設置、またECSCの設立に対して積極的ではなかったといわれる。その後、モレ内閣は統合に対する態度を緩和させEECの設立に支持を表明した。第五共和制への移行後の七〇年代になると、EC／EUについて、社会党は党内で三つの立場に分裂することになった。

第一は、ミッシェル・ロカール（Michel Rocard）をリーダーとする統合支持派である。このグループは、欧州統合はフランスの市場を広げ影響力を強めるだけでなく、ソーシャリスト・アジェンダにとって重要であると考える。第二は、逆に、反欧州の立場を鮮明にするジャン・ピエール・シュベヌマン（Jean- Pierre Chévènement）のグループである。彼等はEC／EUのマーケット指向的側面を嫌い、共産党と同調して統合に反対する。第三に、ミッテランがとってきたそれらの中間にある立場である。ミッテランは、両派のバランスに気をくばりつつ、EC／EUに深くコミットしてきた。

特に、七七年にフランス共産党との協力関係が壊れてからは、社会党は産業部門と密接に関わりECをテコに経済産業政策を重視する立場をとった。八一年に大統領となった後、ミッテランは、ドイツのコールとともに欧州統合の推進者となっていく。場合によっては公的支出を削減しても通貨統合を達成しようとする政策は、伝統的社会主義者との間に党内対立を生むことになった。通貨統合の合意を含むマーストリヒト条約批准について、党内の多数派は賛成にまわったが、シュベヌマンらはドイツの優位を招くとして反対の立場を貫いた。九三年に社会党を離党したシュベヌマンは、九四年の欧州議会選挙では、別のグループを結成し、また逆に、より連邦的な欧州建設を主張するベルナール・タピ（Bernard Tapis）も新たなグループで選挙に臨んだ。

このように欧州議会選挙は、欧州統合問題を軸にした既存の政党内での対立構造を浮き彫りにし、また比例代表制という選挙制度のゆえに、新たな政治グループの誕生を可能にしてきた。

おわりに

トランスナショナルな主体として政党を位置づけたジェイムズ・ローズノー（James N. Rosenau）は、アクターを「主権拘束的」なものと「脱主権的」なものとに分類しており、多国間政党の協力の枠組みを後者に分類している[44]。ただし、MEPは欧州レベルの政党の決定に従うよりは、自国政府や国家利益を支持することもあり、完全に脱主権的とはいいきれない側面は残る。しかし、実はこれこそが欧州レベルの政党のユニークな特徴でもある。なぜなら自国で政権を担当していない国内政党は、欧州レベルの政党を通じて自分たちの立場をEUに反映させようとする。EUレベルの政党の重要性は、欧州理事会の開催される直前に、欧州議会における政党リーダーと、各国首脳が会合をもつことが慣習化していることで一段と高まってきた。「政党」という組織が、他の非政府アクターと比べて特徴的なのは、政府と非政府エリートの架け橋となる点にあるように思う。政党というアクターを通して、自国で政権を担当しているか否かにかかわらず、欧州の政治エリートは、EUレベルで何らかの影響力を振るったり、パフォーマンスを展開することも可能になる。こうした場を通じて、欧州の政治家は人的交流を深め、EUレベルの政策課題に精通するようになる。今日、EUレベルでの経験の多さと、交渉能力の高さ、これこそが加盟国の政治家にとっても重要な資質であり、各国の政党リーダーも、欧州レベルの政党を通じたネットワークに積極的に関与していくことが求められているのである。

ハースの指摘から四〇年を経た今日、欧州レベルの政党システムをどのように評価すべきであろうか。政党のトランスナショナルな諸活動は、理念を共有する他国の政党との間で政策上の収斂を引き起こし、類似性の増加をもたらす要因となりえたことは事実であろう。国境横断的に、理念を共有する政党がお互いの経験から学習し合うシステムは、まず社会党系の組織で生まれ、やがてキリスト教民主党でも形成されてきた。

また、国境横断的な場面のみならず、同じ国における異なった政党が、欧州レベルで同じ政治グループに属するために接近するという現象が生じたこともある。さらに、異なった政治理念に基づく政党間でさえ、欧州議会を舞台にした政策課題のアジェンダ設定において、コンセンサス形成の努力がみられるのである。

EUにおいて新たなガバナンス論[45]が展開される中で、欧州レベルの政党は、伝統的な議会制民主主義における政党の機能を超えて、欧州時代の政策専門家集団によるコミュニケーションの場として欧州議会を利用しはじめている。こうしたコミュニケーションは、主権国家とEUを有機的に繋ぐのみならず、各国政党間で政策課題を共有し、具体的な政策立案を行うことで、イデオロギー対立や、欧州統合対国益といった単純な対立構造を、現実の政策課題に対する具体的選択の議論へと変えていく契機となる可能性を示した。

欧州レベルの政党を単純に国内政治における政党と比較して、政府を成立させる機能をもたないことや結束力の不充分さを指摘するだけでは、現実に展開されている欧州レベルの政党の果たすダイナミックな役割を適切に捉えているとは言えない。欧州レベルの政党を通じて、EU閣僚理事会や欧州理事会といった政府間交渉を補完する有機的な人的ネットワークが形成され、統合プロセスを裏から支えている。PESとPPEにおいてみられるように、各国の政党リーダーや議員によって展開される非公式なコミュニケーションの増大は、長期的に欧州統合の行方に大きな影響を及ぼしていくものと考える。

注

（1）ＥＣ条約第一九一条（旧一三八ａ条）。

（2）ＥＣ条約第一九一条に、欧州レベルの政党に対する法的規制について規定が追加された。欧州レベルの政党の法的地位に関しては、R.Bieber, “Les perspective d'un statut pour les partis politique européens, *RTDeur.* 35(3), juill-sept. 1999.

（3）E.B.Haas, *The Uniting of Europe: Political,Social and Economic* Forces 1950-1957, stevens & Sons, 1958.

（4）W.Wallance, *The Transformation of Western Europe*, Pinter, 1990.

（5）岡沢憲芙『政党』東京大学出版会、一九九八年、十六頁。

（6）欧州議会選挙制度については、金丸輝夫『ヨーロッパ議会』創元社、一九七八年、同「欧州議会」『ＥＣの制度と機能』早稲田大学出版部、一九九五年。

（7）政党の定義としては、サルトーリ（G.Sartori）の「選挙に登場し、選挙を通じて候補者を公職につけさせることができるすべての政治集団」が有名であるが、デュヴェルジェ（M.Duverger）は、政党の定義とは時と共に変化すると述べている。G・サルトーリ『現代政党学Ⅰ、Ⅱ』（岡沢憲芙・川野秀之訳）早稲田大学出版部、一九八〇年。M・デュヴェルジェ『政党社会学』（岡野加穂留訳）潮出版、一九七〇年。

（8）S.Hix, C.Lord, *Political Parties in the EU*, 1997,p.54ff; J.Thomassen, H.Schmitt, “Partisan Structures in the European Parliament”, (ed Katz, Wessels) *The European Pariliament, the National Parliaments, and European Integration*, Oxford, 1999, p.132.

（9）Rules of Procedure of the European Parliament.

（10）S.Hix, C.Lord, 1997, *op.cit.*; J.Lodge ed., *The 1994 Elections to the European Parliament*, Pinter, 1996.

（11）J.Lodge ed., *The 1999 Elections to the European Parliament*, palgrave,2001.

（12）T.Jansen, “The Integration of the Conservatives into the European People's Party”, Transnational Parties in the European Union, *op.cit.*,p.104.

（13）*Ibid.*, p.105.

（14）ＥＤＵは、一九七八年四月に、ドイツのコール、イギリスのサッチャー、フランスのシラクなどの政党リーダーにより設立されたキリスト教民主主義と保守派との共同作業のための枠組みである。二〇〇一年には、ＥＤＵはＥＰＰと共同で五つの作業委員会を立ち上げ、ＥＵのみならず、ＯＳＣＥや欧州審議会といった国際的枠組みにおいて各国政党の政策協調をはかることを目的としている。

（15）ポルトガルの社会民主党は、その名称にもかかわらず中道右派的要素が強い。

（16）T. Jansen, *op.cit.*, p.108.

（17）国民党政権については、戸門一衛「（第三編）現代のスペイン」『スペイン現代史』二七四頁以下、参照。

（18）T. Jansen, *op.cit.*, p111.

（19）"allied members" という表現が用いられている。

（20）S.Hix and C.Lord, "A Model Transnational Party? The Party of European Socialists", (ed.D.Bell, C.Lord) *Transnational Parties in the European Union*, Ashgate, 1999, p.96.

（21）T.Jansen, *op.cit.*, p.113

（22）D.Butler, M.Westlake, *British Politics and European Elections 1994*, St.Martin's Press, 1995, p.102. ただし、*Guardian* 紙のスクープによるとイギリス保守党の代表も決議の場にいあわせたという。

（23）R.Ladrech,*op.cit.*,p.104.

（24）安江則子「欧州議会の新議事堂と新議長」『国会月報』一九九九年十月号、二二頁。

（25）EPP,Practical Guide for EPP Group Members in the European Parliament, June1999.

（26）R.Ladrech, "Politidal Parties and the problem of Legitimacy in the European Union", (ed.T.Banchoff, M.P.Smith) *Legitimacy and the European Union*, Routledge, 1999, p.93.

（27）S.Hix and C.Lord, 1999, *op.cit.*, p.89.

（28）*Ibid*, p.93.

（29）*Ibid*, p.96.

（30）R.Ladrech, *op.cit.*, pp.106-107.

（31）S.Hix and C.Lord, 1999, *op.cit.*, p.97.

(32) D.Bell, "The Confedral Group of the United European Left-Nordic left", Transnational Parties in the European Union, *op.cit.*, p134ff.

(33) *Ibid.*, p.135.

(34) P.Delwit, "Les Divergences de vision partisane sur role du Parlement européen", (sous la direction de-J-M de Waele et al.), *A quoi sert le Parlement européen* ?, p.167.

(35) J.Thomassen, H.Schmiit, op.cit., p.142.

(36) C.Lord, "The Untidy Right in the European Parliament", *Transnational Parties in the European Union*, *op.cit.*, pp.123.

(37) *Ibid.*, p125.

(38) *Ibid.*, p127.

(39) J.Thomassen, H.Schmitt, *op.cit.*, p.143,

(40) C.Lord, *op.cit*, pp.129-131.

(41) J-M de Waele, "La Structuration partisane interne au Parlement Européen", *A quoi sert le parlement européen?*, *op.cit.*, p.137.

(42) 安江則子「COSAC：国家議会と欧州議会による二重の民主主義の模索」『同志社大学ワールドワイドビジネスレビュー』第二巻第二号、二〇〇一年。

(43) Alain Guyomarch, Howard Marchin and Ella Ritchie, *France in the European Union*, St.Martin's Press 1998, pp.73-81.

(44) J.N.Rosenau, *The Study of Grobal Interdependence: Essays on the Transnationalization of World Affaires*, Frances Pinter, 1980.

(45) Commission of the EC, European Goverenance ; A White Paper, Brussels, 25 july 2001.

第9章

EU通貨統合と独仏の政治的意思

柏倉康夫

はじめに

一九世紀中葉の普仏戦争以来、三度にわたって戦火を交えたフランスとドイツは、第二次大戦後は、ヨーロッパに二度と戦争の惨禍をもたらすことのない枠組み構築の中心となった。とくにドゴール（charles de Gaulle 1890–1970）大統領とアデナウワー（Konrad Adenauer 1876–1967）首相の間に生まれた個人的信頼関係をもとに、一九六二年には仏独友好・協力条約（エリゼ条約）が結ばれ、それ以後、両国は良きパートナであるとともに、ヨーロッパ統合の推進役を果たしてきた。以下の論考は、一九九〇年代にEC・ヨーロッパ共同体をおそった通貨危機に際して、仏独間にいかなる軋轢があり、それを克服するのに、どのような政治的意思が働いたかを検証しようとするものである。

一九八五年一月一四日、EC・ヨーロッパ共同体委員会の委員長に就任したばかりのジャック・ドロール(Jacques Delors 1925–)は、ヨーロッパ議会でこう語った。「ヨーロッパが経済、テクノロジー、財政、通貨の点で強い力を持つことは緊急の課題であるが、途中の段階を省略することはできない。政治力を強化し、ヨーロッパ通貨を実現する前に、まず巨大市場を創造しなくてはならない。一九九二年にヨーロッパ内の国境をなくすと宣言するのは、決して楽観的すぎることではない。私たちには八年の歳月が与えられている」[1]。

ドロール委員長の率いるヨーロッパ委員会は、こうした構想実現のためにスケジュールを決め、その時どきに目指す目標を掲げて、粘り強く前進を続けた。だが一九八九年のベルリンの壁崩壊と翌年の東西ドイツの統一は大きな波瀾要因となり、この地政学上の激変は、市場統合とその先にある通貨統合の必要性を、あらためて認識させたのである。一九九一年一二月九日と一〇日、オランダのマーストリヒト(Maastricht)で開催された首脳会議では、三つの段階を踏んで、遅くとも一九九九年一月には単一通貨を導入することが確認された。

しかしその後の道のりは決して平坦ではなかった。まずマーストリヒト条約は、デンマーク国民の反対によって一度は批准を拒否される。さらに一九九二年と翌九三年に西ヨーロッパ各国を襲った通貨危機、そして自国通貨を放棄することへの各国民の躊躇など、いくつもの困難に直面した。そしてその度に強く働いたのが、統合を主導したフランスとドイツの政治指導者の「ヨーロッパ統合」への意思であった。

かつてフランスの詩人ヴィクトル・ユゴー(Victor Hugo 1802–1885)は、一八四八年の二月革命を記念する宴会の席上、こう演説した。

主要なヨーロッパの首都すべての支えであり、二億人の住民の自由な活動の原動力となる、金属としての価値と信用に裏打ちされた大陸に流通する一つの通貨。こうした通貨、ただ一つの通貨が、国王の肖像や、その他の哀れな姿を刷り込んだささまざまな通貨に、やがてとって変わるであろう。通貨が多種多様であることこそ貧困の原因である。なぜなら通貨のやりとりが軋轢を生み、軋轢の増加がその循環を妨げるからである。通貨の循環は統一から生まれる。(2)

ユゴーのこうした夢が最初に現実のものとなったのが、一八六五年一二月二三日に、フランス、ベルギー、イタリア、スイスの間で誕生した通貨同盟であった。しばらくして、これにはギリシャも加わり、この五か国に属する企業や個人は、それぞれが発行する金貨や銀貨を、加盟国どこでも使うことができた。そして加盟国は、自国の通貨の金に対する価値を勝手に変更することは出来ず、このことは各国の経済政策を互いに近づける役をはたした。(3)

このときの通貨同盟は、結局第一次大戦が起こるとともに破綻してしまう。それでもヨーロッパにおける通貨統合の夢はその後も生きつづけた。とくに第二次大戦後、ヨーロッパの地で、再び悲惨な戦争を引き起こさないための統一実現が希求され、そのなかで単一通貨誕生のこころみが現実味を帯びていったのである。

第一節　ドイツ統一の波紋

1　独仏の了解

筆者は一九八九年九月までパリに駐在してヨーロッパ情勢の取材にあたったが、この年の夏、西ドイツのテレビ局ZDFが、六月一二日にゴルバチョフ議長がボンを訪問した際の側近の話として、「コール首相との非公式の会談の中で、いずれベルリンの壁が開くであろうと語った」というニュースを流した。さらにその翌日、ゴルバチョフ自身が、「壁を構築したのには、それなりの理由があった。その理由が消えれば壁も消滅するだろう」と語った。しかしこのときはまだ、それが四か月後に現実のものとなるとは誰も信じなかった。

後からの取材によれば、ゴルバチョフ（Valeri Gorbachev 1931–）は、ファーリンが一九八七年の秋に党中央委員会国際部長に就任したとき、ドイツ問題の全面的な再検討を命じたという。ファーリンは戦後一貫してドイツ問題を専門に担当してきた人物で、外交問題の専門家であった。

ゴルバチョフは一九八六年末のソ連東欧首脳会議で、各国が状況に応じて独自の道を進める改革路線を黙認する姿勢を示した。彼の最終目標は、「ヨーロッパ共通の家」構想で、その前段階として、「鉄のカーテン」の撤去を視野に入れていたのである。しかしこのとき彼の構想のなかには、東西ドイツの統合は入っていなかったといわれる。許容できるのは東西ドイツの国家連合までであり、この点では西側諸国とりわけフランスも同様であった。

しかし一九八九年一一月九日夜、東西ベルリンを隔てる壁が開かれ、この夜多くの東ドイツ市民が検問所を通って西ベルリンに入った。事態の唐突さは、この日コール首相がポーランドを公式訪問中であったことからも明らかである。[4]こうして一度動きだした歴史のうねりはもはや止めようがなかった。

一一月一〇日、西ベルリン市庁舎前では集会が開かれ、その模様は全世界に伝えられた。一一月一三日には、東ドイツ・ドレスデンの党第一書記で、改革派のモドロウが首相に就任、事態は急転回しはじめた。一一月一九日にはパリで緊急のEC首脳会議が開かれ、東ドイツをふくむ全東欧情勢が討議された。だがこのときの共同声明では、ドイツ統一問題は触れられなかった。コール（Helmut Kohl 1930–）首相はこれに先立って連邦議会で演説し、ドイツ問題のために、西ヨーロッパの統合を遅らせることはないとの姿勢を明らかにした。しかし二八日になると、突然ドイツ統一計画についての十項目提案を行い、各国に衝撃をあたえたのである。

コール提案は第一に、東ドイツ国民が自由選挙で民主的政治政体を選び、第二に、経済、技術、交通、環境、保健、文化などの幅広い分野で、東西ドイツの合同委員会をつくって国家連合を進め、最終的には、統一ドイツを実現することを明確に打ち出したものであった。これは連立を組む自由党のゲンシャー外相にも、フランスのミッテラン大統領にも相談なしの抜き打ちの提案だった。同じ二八日に行われた世論調査では、七〇％の人がドイツ再統一を望んでおり、西ドイツ各地で繰りひろげられるデモのスローガンは、「ドイツ、一つの祖国」一色になっていった。そして一二月二日、三日に、嵐のマルタ島で行われたブッシュ＝ゴルバチョフ米ソ首脳の会談では、東西冷戦の終結が宣言されたのである。その後のブッシュ政権は、ドイツ統一のための環境整備に力を注いだ。

年が変わった一九九〇年一月三日、ドイツの有力紙『フランクフルター・アルゲマイネ』は、パリ駐在のドイツ大使フランツ・プフェッファーが、クリスマス前に西ドイツ外務省に宛てた報告を掲載した。そこではフランスの雰囲気を、「フランスがドイツ統一のプロセスに建設的に関与するか、反対するかは未定である。ミッテランは再統一の日が来ることを確信しているが、ヨーロッパ統合プロセスを巻き添えにしないために、それを秩序ある路線の上で進めたいとしている。これに対して官僚たちはブレーキをかけている」[5]と伝えていた。

そしてその翌日の一月四日には、ミッテラン大統領はラッチェの私邸にコール首相を私的に招待した。この席でなにが話されたかについては、両首脳と新聞社代表とのインタビューが公表されている。それによればミッテラン（François Mitterrand 1916–1996）大統領は、「私はヨーロッパの連合（confédération）について多く話し、首相はドイツの連合については語らなかった。この二つの概念は一致するものではない。私にとって、われわれフランス人にとっての問題は、ヨーロッパにおけるわれわれの政策の主軸、つまり共同体の発展と強化である」と語り、一方コール首相は、「一九九〇年代におけるドイツ人のとるべき道は変革だが、それは今日明日といった短期日で起こるものではない。そして、われわれはその道を友人たち、とりわけフランスの人々と共に歩まなければならない。……コンラート・アデナウワーの『ドイツ問題は、ヨーロッパの屋根の下でしか解決できない』という言葉はまさに的を得ている」と答えている。ミッテランは、「再統一についてはドイツ人が決める問題だが、大きな障害は二つある。ドイツ人がどこに進んで行くかをヨーロッパに分からせるための戦略が必要だ」とも語った[6]。この会談はドイツ国家が異なる同盟に加盟していることである。自分にとって唯一重要な問題は、ドイツが中立化する危険である。ドイツ統一の成否にとって一つの節目であり、ドイツ側は独仏の友好関係を維持するのに成功したと評価した。

二月一日になると、東独側から統一後のドイツの軍事的中立を条件とした統一案が出された。だがコール首相はこれを拒否しただけでなく、今後の統一構想の話し合いは、三月一八日に予定される東ドイツ人民議会の選挙で選出された新政権と行うとした。その上で二月一一日にはモスクワでゴルバチョフと会談、ゴルバチョフは、「再統一はドイツ民族自身が決める問題で、再統一をしてどういう国家をつくるか、日程、条件はすべてドイツ国民が決めることである。ただこれまで達成された東西間の成果を積極的に生かすこと、ヨーロッパのバランスを崩さずに、建設的なヨーロッパ発展に貢献するものでなければならない」と語り、統一を認める発言を行った[7]。こうしてドイツ統一問題は、一気に政治日程にのぼることになった。

アメリカのブッシュ（George Bush 1924–）政権も、東ヨーロッパの事態を歓迎した。ただこの時点でのアメリカの懸念は、事態の急転回がペレストロイカ政策を進めるゴルバチョフ書記長を結果として追いつめ、ソビエトに保守派が回帰することであった。そのためブッシュ政権は、西ドイツに対して、統一への動きには慎重を期すよう要請し続けた。

ＥＣのドロール委員長は、ドイツ再統一について一つの構想を抱いていた。東ドイツを準会員とし、その後に正会員として共同体のなかに迎え入れることで、再統一の過程にＥＣが影響力を行使できると考えたのである。しかし西ドイツ政府は二月の段階で、東ドイツとＥＣとが直接交渉するのは問題を複雑にするとして、これを阻む方針を固め、東西ドイツの統一をメンバー国の領土的な拡大として扱うように、ＥＣに要請した。一九九〇年四月、ダブリンで開かれた首脳会議では、ドイツの再統一をＥＣ拡大のデ・ファクト（既成問題の解決）として処置することを決定した。(8)

2　東ドイツ総選挙

三月一八日に行われる東ドイツ人民議会選挙の選挙戦は、二月二一日の立候補受付けと同時に始まった。これは東ドイツの人々にとって、ヒトラーが政権を握って以来五七年振りの自由な選挙であった。保守系は「キリスト教民主同盟（ＣＤＵ）」、「ドイツ社会同盟（ＤＳＵ）」、「民主的出発（ＤＡ）」が「ドイツ連合」を結成した。一方、ホーネッカー独裁体制を倒すきっかけをつくった「新フォーラム」、「民主主義を今」、「平和と人権イニシアティヴ」の三つの組織は、「同盟90」を結成。旧社会主義統一党（共産党）から名前を変えた「民主社会党（ＰＤＳ）」と、いち早く復活した社民党（ＳＰＤ）は単独で選挙戦を進めたが、これらの政党の多くは西ドイツの主要政党の系列下に入ったのである。

世論調査で有力だったのは、段階的統一を主張する西ドイツのＳＰＤと連携した東ドイツ社民党である。こうした趨勢を挽回するために、コール首相の率いるＣＤＵは何か手を打たなければならなかった。それが選挙戦の終盤、三月一三日夜に東ドイツ東南部にあるコトブスの選挙集会で発表された、東ドイツ・マルクと西ドイツ・マルクを一対一で交換するという公約だった。もっともコールはこのとき、「これは小口預金者のためのものであり、東ドイツのマルクすべてに適応するものではない」とつけ加えていた。このときの実勢は西ドイツ・マルク一に対して東独マルク五程度で、この実勢のまま交換が行われれば、預金が大幅に目減りするのではないかとの不安が、東ドイツの人々の間に広がっていたのである。

そのためコールによる一対一の交換比率の公約を、東ドイツ国民は大いに歓迎した。そして明日にも豊かな生活が享受できるとの幻想を抱いた。翌日の閣議で、西ドイツ政府はこの方針を正式に承認した。

三月一八日の東ドイツの総選挙は事前の予想とは異なり、保守の「ドイツ連合」の圧勝であった。投票率九三・二二％、議席総数四百のうち、「ドイツ連合」の獲得議席は一九三（その内ＣＤＵ一六四議席）。これに対してＳＰＤは八七議席と大敗した。目立ったのは民主社会党（旧共産党）が六五議席を得て善戦したことである。

だがコール首相のこの政治的勝利は、やがて東西両ドイツ国民に、経済的には重い課題を背負わせることとなる。三月末、ドイツ連邦銀行はコール首相に対して、交換率二対一を勧告した。懸念されるインフレを抑制し、東ドイツ企業の競争力を維持するため、実力相応の比率を設定することが必要だというものである。

マルクをヨーロッパ最強の通貨に仕立てたのは、ドイツ連邦銀行の執念だった。戦後の西ドイツは一九四八年に通貨改革を行ったが、占領下で通貨の発行権を持っていなかったため、アメリカがマルク紙幣を印刷し、ひそかにフランクフルトへ輸送した。そしてこのとき導入されたのは新通貨だけでなく、アメリカの連邦銀行制度も輸入されたのである。

こうして誕生したドイツ連邦銀行は、政府からの独立を守るとともに、強いマルクの育成に全力を注いだ。戦前のハイパー・インフレーションの経験から、通貨価値の維持を第一の目標とした金融政策を実行し、国民もこれに信頼を寄せた。そして一九八〇年代には西ドイツ連銀の慎重な意向にもかかわらず、経常収支の大幅な黒字と安定した物価が好感されて、西ドイツ・マルクは、事実上ヨーロッパの基軸通貨の役割をはたすようになった(9)。

このとき、ペール西ドイツ連銀総裁ら経済の専門家は、東ドイツ・マルクの実力は一対五程度とみており、一人当たり二〇〇〇マルクまでは一対一、その他は二対一とするという案を持っていた。ペール総裁の統合案は、先ず東ドイツの価格体系と経済システムを建て直し、さらに東ドイツ・マルクを安定させて交換性を回復する。その上で、西ドイツ・マルクによって東ドイツ・マルクを吸収合併するという三段階を想定していた。そして三年後のＥＣの市場統合にあわせて、一九九三年末までに東西のマルクを統合するという案であった。

しかし止まる所を知らない東ドイツ市民の西への流出と、東ドイツの社会と経済の崩壊を食い止めるためには、可能な限り早くマルクを統合して、東ドイツにも西マルクを流通させ、物心共に東ドイツ国民を安心させる必要があった。

一九九〇年四月二三日、西ドイツ政府は、預金の交換は一対一で、一人四〇〇〇マルクまでを西ドイツ・マルクと交換する。賃金や年金は一対一。その他の交換率は二対一という案を決め、連銀案を押し切った。統一という民族の悲願の前に、経済の論理は譲歩せざるを得なかったのである。そして最終的には、交換比率は調整の結果、平均して一対一・一八九という線に落ちついた。だがこれによって、東ドイツの企業は競争力を失い、そのほとんどが統一のあと姿を消した。そのために西ドイツは旧東ドイツ地域の復興のために、膨大な資金を投入しなければならなかった[10]。

第二節　マーストリヒト条約批准

一九九二年二月七日、オランダ南部の古都マーストリヒトでは、将来のヨーロッパの枠組みを規定する「ヨーロッパ連合条約」の調印式が行われた。これは前年一二月に同じマーストリヒトで行われたEC首脳会議の結果生まれた新しい条約で、条約本文のほかに、三三の宣言と一七の議定書も同時に調印された。

ECは経済の浮上を目的とした共同市場の実現を、一九九三年末に設定していた。その上で、統合のさらなる前進の目標として打ち出されたのが、共通経済・通貨政策と、その結果としての通貨統合であった。ECがこの時点で通貨統合を打ち出したのには、EC側の事情だけでなく、旧ソビエトや東欧の崩壊という新たな情勢も影響していた[11]。

条約改正の要点は、「共通通貨」、「共通の外交・安保政策」、「社会政策」そして「ヨーロッパ議会の権限の強化」に関するものであった。改正された条約では、共通通貨を実現するためにクリアーすべき条件として、「インフレ率が三％以下」、「財政赤字の国内総生産・GDPに対する比率が六〇％以下」、「債務の残高が対GNP比で六〇％以下」になるよう、各国に改善を義務づけていた。そしてこれらの条件が加盟国の多数の国で満たされたと見なされた時点で、国家から独立した「ヨーロッパ中央銀行」が作られ、共通の通貨が発行されることになる。予定では、少なくとも一九九九年までに条件の満たされた国で共通通貨が発行する準備に入ると決めたのである。

だがEU加盟一二か国のうち、イギリスとデンマークはこの時点で「共通通貨」制度への加盟に関して「適応除外」となり、その他の一〇か国では調印を経てたのちの批准措置が残されたのである。

批准手続きはまず人口五一四万のデンマークで行われ、国民投票の結果、反対が賛成を上まわり、マーストリヒト条約の批准手続きは最初から躓いた。デンマークの経済状態は加盟一二か国のなかでも上位にあり、その上で共同体から補助を得ていたから、ECが市場統合を目指す限りは自国に利益である。しかし市場統合を越えて政治的にも統合を強めることになれば、ドイツ、フランスなどの大国の間に埋没しかねないとの危機感が強く働いたことが、この数字に現れていた。デンマーク国民の過半数は、この時点でECが市場統合の段階で立ち止まることを望んだのである。

デンマークについで六月一八日にはアイルランドで国民投票が行われ、中絶問題をめぐって国論が二分された。カトリック教徒が多数を占めるアイルランドでは、中絶を禁止してきたが、統合が進んでEC域内との往来の自由が保障されることになれば、他国に行って堕胎手術を受ける人が急増するとして、教会関係者をはじめ保守派が条約に反対した。しかし投票の結果は批准賛成が多数となった。

三番目の批准はフランスの番であった。フランスの国民議会は五月一三日に、条約批准を進めるための憲法改正を賛成三九八、反対七七、棄権九九で可決した。この改正によってフランス共和国の憲法は、将来共通の通貨を持つこと（第八八条二項）、フランス国内にすむECの他の加盟国の人々が地方選挙に参加出来る（同三項）等、マーストリヒト条約と整合性を持つように変更された。その上で注目されたのは、第二条第二項として、「フランス共和国の国語はフランス語である」という新たな規定を盛り込んだことである。この措置は、フランスの主権を強く打ち出すことで、国民の中に存在する統合への不安を宥める目的を持っていた。[12]

フランスにおけるマーストリヒト条約の批准手続きは、憲法上は与党社会党が多数を占める国民議会の表決で決めることができたが、ミッテラン大統領は七月一日にあえてこの問題を、来る九月二〇日に実施する国民投票によって決すると発表した。デンマークで躓いた批准を、フランス国民の賛成の意思表示で、再び軌道にのせることを狙った政治的な賭であった。それからのミッテラン大統領は、マスコミを活用して賛成票掘り起こしの先頭にたった。国民投票発表の二日後、エリート養成校の一つパリ行政学院で演説し、賛成を訴えたのを始めとして、七月一四日の革命記念日でも五五分間のテレビ会見を行って、賛成投票を国民に呼びかけた。

しかしこの間の世論調査によれば、大統領や政府・与党の期待とは裏腹に、時間が経過するにつれて反対意見が賛成を追い上げ、調査によっては反対が賛成を上まわるようになった。一例をあげると、新聞『ル・パリジャン』の八月二九日の調査では、反対五三%に対して賛成四七%。「リベラシオン」紙が八月二三日から二四日にかけて行った世論調査では、反対五一%、賛成四九%となっていた。[13]

こうした状況を打開しようと行われたのが、投票二週間前の九月三日、フランスのテレビ局TF1を使ったキャンペーンである。この日の夜八時からパリ第四大学（ソルボンヌ）の階段教室を会場として、ミッテラン大統領は一四名の選挙民代表と二名のジャーナリストとの質疑応答、さらに反対を主張する保守・共和国連合（RPR）のフィリップ・セガン議員と討論を行い、ヨーロッパ再生のためには、通貨統合をはじめとするECのさらなる統合が必要であると説いた。階段教室を埋めた一般市民の真剣な表情もテレビを通して放送され、問題の重要性を強く印象づけた。

戦後のフランス政治では、ドゴールの一連の記者会見、社共共同綱領締結をめぐる社会党書記長ミッテランと共産党マルシェ書記長の激論、さらには大統領選挙での候補者同士の討論など、テレビ使った多くの政治的マニフェストが行われたが、この夜の三時間にわたるミッテラン大統領の熱弁は特筆されるものであった。[14]もっともこの質疑と討論は周到に準備されたもので、一四名の選挙民代表は賛否同数（賛成派八名、反対派六名）ではなく、反対意見からは共産党、国民戦線、環境保護派の支持者は注意深く除かれていた。

司会を担当したTF1のジャーナリスト、ギヨーム・デュランと『ル・フィガロ』紙および『リベラシオン』紙の記者も、ミッテラン大統領の考えを質すというより、提言を行うことに止まって、鋭さに欠けると後に批判された。

さらに番組の途中で、コール・ドイツ首相がボンからの中継で登場し、独仏関係の緊密さとフランス国内の賛成派、反対派双方から持ち出された統一されたドイツに対する脅威論を払拭する役を果たした。セガン議員との討論の内容も、それまでに議論された統一通貨の意味やヨーロッパ中央銀行の性格をめぐるもので、議論は平行線で終わったが、余裕の大統領にたいして、セガン議員は教えを受ける生徒といった役割に終始した。

このテレビ番組の効果は抜群であった。この時期政府と与党社会党は各界の著名人を総動員してマーストリヒト条約賛成のキャーンペーンを展開していたが、それと相まって、一人の政治家の言葉が民衆の心を動かしたのである。ミッテラン大統領はテレビ出演の一週間後の九月一一日、大統領就任のときから患っていた前立腺ガンの手術を受け、病気が前立腺ガンであることが公表された。

九月二〇日の国民投票では、投票率六九・七〇%。賛成五一・〇四%、反対四八・九五%と、事前の世論調査を逆転して賛成が辛うじて反対を上まわった[15]。こうして統合への動きはふたたび軌道に乗ったかに見えた。

第三節　一九九二年、九三年の通貨危機

国民投票の翌日の九月二一日、株式市場が開くと同時にフラン売りが殺到した。マーストリヒト条約批准への賛成票が過半数を超えたにもかかわらず、市場はフランへの不安をあらわにした。この日大蔵大臣のミシェル・サパ

ンは、ジャック・ド・ラロジェール中央銀行総裁、それに国庫局長ジャン＝クロード・トリシェとともに、IMFの総会に出席するためワシントンに滞在中であった。

フラン安のニュースは、ワシントン時間の午前三時に彼らに伝えられた。この時の通貨危機は、ジョージ・ソロスが率いる「カンタム」などの大手ファンドが、ヨーロッパ通貨制度[17]そのものを標的にしたことによるのは明らかであった。

そもそもこの九月の通貨危機は、先ずスターリング・ポンドとイアリア・リラから始まった。国際的な通貨ファンドに狙われたイギリスは、九月三日にポンド安定のために防戦を強いられた。そして二日後の九月五日には、イギリスのバースで、ノーマン・ラモント蔵相の主宰のもと、ECの臨時蔵相理事会が開かれた。このときラモントは、ヨーロッパ通貨の危機の根源は、ドイツが国内情勢を理由に、高い金利政策を取っているせいだとして、ドイツ連邦銀行が「ふたたび金利を上げない」ことを約束するように迫った。こうしたイギリスの追求に対して、会議の席上ワイゲル蔵相はこういったと伝えられる。「私はこれまで五度も、ドイツ連邦銀行は通貨政策を独自の考えで行っていると申し上げた。六度目にもそう申し上げる[18]」。つまり、ドイツの蔵相は、ドイツ連銀の独立性を主張して、イギリスの注文を拒否したのである。その後ドイツ連銀は、九月一四日になって公定歩合を引き下げたが、下げ幅は期待に反して僅か〇・五％にすぎず、その反動でポンドは急落した。これをきっかけに英独の関係は冷え込んだ。

投機筋は理由なしには攻勢を仕掛けない。それは絶えず弱い通貨を狙って売り浴びせるが、一九九二年九月の場合、先ず狙われたのがイギリス・ポンドとイタリア・リラであった。二つの通貨は切り下げを余儀なくされたあと、九月一七日にいたってヨーロッパ通貨機構を離脱せざるを得なかったのである。

ポンドとリラを襲った市場の投機筋は、今度は国民投票でマーストリヒト条約を辛うじて批准したフランス・フランを標的にした。大量のフラン売りが出て、フランはドイツ・マルクに対して、為替相場メカニズムで認められている下限ぎりぎりまで落ち込んだ。フランスの金融当局は多額の資金を投入して必死に買い支えたが、この事態に歯止めをかけるには、ドイツ連邦銀行の協力が是非とも必要であった。

九月二一日の朝、大蔵大臣とトリシェ国庫局長は、ワシントンのホテル「フォー・シーズンズ」で、ドイツの大蔵大臣テオ・ワイゲルとヘルムート・シュレジンガー連銀総裁に会い、ドイツがフランを無制限に買い支えるよう説得した。ワイゲル蔵相は理解を示したが、シュレジンガーは聞き入れようとはしなかった。彼の理解によれば、フランスの経済状態は健全であって、フランが攻撃される理由はなく、フラン安は自然に終息するというのである[19]。

この日の夜、ワシントンのフランス大使館で独仏関係者の会合が再度持たれたが、ドイツ連銀の態度はかわらなかった。彼らにとって火急の課題は、進行する自国のインフレとの戦いであった。統一後のドイツ経済は過熱状態にあり、いまフランを支えるためにマルクをこれ以上市場に投入すれば、もっとも恐れるインフレを招来することになるというのが理由であった。

九月二二日には、たまたま独仏首脳会談が予定されていおり、コール首相がパリを訪れることになっていた。

エリゼ宮での会談の冒頭、国民投票成功に祝意を述べるコール首相に対して、ミッテラン大統領は、戦いはまだ終わっておらず、今やすべては市場の動きにかかっている。もしフラン安がこのまま続けば、ヨーロッパ通貨制度自体が危機にさらされ、通貨統合は実現しないだろうと語ったという。客観的にみれば経済のファンダメンタルズは、この時点でフランスの方がドイツよりもよい状態にあり、過去一〇年間の経済政策を否定するようなフランの切り下げはできない。もしドイツ側の譲歩がなければ、フランスはヨーロッパ通貨制度を解体し、これまでEC統合を主導してきた独仏の協力関係が崩壊しかねない事態であった。

コール首相は会談を中座すると、ドイツ連邦銀行のナンバー・ツーのハンス・ティートマイヤー（やがてシュレジンガーの後継者となる）に電話をかけ、会談に戻るとミッテランにむかってこう述べたといわれる。「ワシントンのドイツ代表団に、私がフランとマルクは市場において同等であるとの声明を出すことを望んでいると伝えた」[20]。

これを受けてワシントンでは一つの解決策が合意された。ドイツ連銀はフランスの銀行の資金でもって、公にフランを買い支えるという方法であった。さらにフランス中央銀行は、この日の内に重要な指標である現先オペ金利を一〇・五％から一三％に引き上げ、同時にドイツ連銀は公定歩合を〇・五％引き下げた。そして独仏の中央銀行は、「両方の通貨の基準相場は両者の経済の実態を正確に反映しており、いかなる相場変更も行われることはない」との声明を出した。こうしたドイツ連邦銀行の介入の後ろに、実際はフランス中央銀行がいるのは明らかだったが、この介入自体は為替取引業者の予想していないことであった。投機筋はフランの切り下げがないことを悟って、突然フラン売りを停止したのである。この日の『ル・モンド』紙は一面で、「仏独の毅然とした態度が、投機を退けた[21]」と書いた。イギリスの場合とは違った独仏の協調によって、通貨危機はひとまず回避された。

1　再燃した危機

一九九三年三月、フランスで行われた総選挙では社会党が大敗し、共和国連合とフランス民主連合の二党を合わせた議席数は、国民議会五七七議席のうち四六〇議席と全議席の八割をしめた。この結果、ミッテラン大統領はフランス民主連合のエドゥアール・バラデュールを首相に任命、一二年振りに保革共存が出現した。市場はこれを好感し、フランはドイツ・マルクに対しても強く、一時は一マルク、三・三六フランまでフラン高が進んだが、七月に入るとフランは再び下落しはじめた。

その主要な原因は、七月初めにドイツのワイゲル蔵相が、ドイツの景気は底入れしたと宣言したのに対して、フランスの景気後退に改善が見えず、フランがじりじり売られる事態であった。これを受けて、七月二三日には独仏両政府が共同してフランの防衛に当たるという共同声明を出したが、これが本気かどうかを試すフラン売りがさらに進んだ。そして七月二九日には、ドイツ連銀の理事会が市場の大方の観測に反して、公定歩合の引き下げを見送った事が決定的な要因となり、フランをはじめ為替相場メカニズムに加わっている各国の通貨が、軒並み市場の売り圧力に直面して、通貨危機が再燃したのである。

原因は明らかに、インフレを懸念するドイツ連銀の高金利政策にあった。ドイツ政府は東西の統一以来、年間に八兆一〇〇〇億円相当の資金を旧東ドイツ地域に投入しており、このときのインフレ率は四・七%に達していた。こうしたインフレへの警戒から、七・二五%という高い公定歩合を維持し続けたのである。この年に東京で開かれた先進国首脳会議の経済宣言でも、ヨーロッパ各国の課題として、金利を引き下げることが提唱されたが、ドイツ連銀はその気配を見せなかった。

フランスの国民議会で八〇%を占める保守派の中からは、この際フランスは「ヨーロッパ通貨制度」から離脱して、フランをドイツ・マルクから切り離した方が得策だとの圧力が、バラデュール内閣にかけられた[22]。その論拠となったのが、前年九二年九月の通貨危機をきっかけに、この制度から離脱したイギリスが、その後独自の経済政策を取って、経済の回復に努めているという事実であった。その方が政策採択の自由、行動の自由を獲得できるという主張である。フランスの失業者は三百万人を超え、総選挙の勝敗をわけたのも、労働人口の一一%に迫る、この膨大な失業という事実であった。それだけに一二年振りに政権に復帰した保守派としては、「ヨーロッパ通貨制度」離脱も現実的な選択肢と考えられたのである。

七月二二日、ミュンヘンの「マリオットホテル」で、フランスとドイツの通貨当局の責任者の間で打開策が話しあわれた。フランスは、フランを防衛することはドイツの利益でもあり、そのためには公定歩合を引き下げるか、フランを無制限に守ると市場に向かって表明してほしいと主張した。だがドイツ連銀総裁シュレジンガーは、一年前と同じ理由でこれを拒否。代わりに為替相場制度の幅を二・二五％から六％へ拡大する案を示した。しかしフランスはこれを受け入れず、会談は結論を得ずに終わった。

バラデュール首相は、このとき一つのアイディアを持っていた。フランス銀行は翌日から通貨市場への介入を停止し、フランを変動するのにまかせるというものである。そしてフランが底まで下落を続ければ、ヨーロッパ通貨制度の仕組みからいって、ドイツ連銀は公定歩合を下げるか、フランを買い支え続けなければならないことになる。もしこの戦術が上手くいかず、あるいはドイツ連銀が拒否すれば、そのときはドイツ・マルクがヨーロッパ通貨制度から出ていくことを要求するというのである。ミッテラン大統領もこれに同意を与えていた。

一九九三年八月二日、ブリュッセルで急遽開催されたEC・ヨーロッパ共同体の蔵相と各国中央銀行総裁による臨時の閣僚理事会が開かれ、その場でもドイツとフランスの間で激論が交わされた。フランス側はフランの切り下げを認めず、ドイツも姿勢を変えなかった。それぞれ相手の要求を飲めば、自国の経済に大きな影響が出ることから、到底受け入れられなかったのである。ドイツ連邦銀行のティートマイヤー副総裁は、通貨統合は各国がマーストリヒト条約に決められている条件を厳密に守って初めて実現可能だと語った。ハンブルクにあるフォルサ経済研究所の調査では、ドイツ人の五九％が通貨統合に否定的で、賛成は三一％に過ぎなかった。翌一九九四年の秋に総選挙を控えたコール首相としても、ヨーロッパのために自国に不利な政策を取りにくい状況にあったのである。

理事会は「ヨーロッパ通貨制度」の見直しを余儀なくされた。結論として制度は堅持するが、現在の中心レートから上下二・二五％の変動幅を、上下一五％（例外的にドイツ・マルクとオランダ・ギルダー間は二・二五％のまま）とするという、実質的には変動制にもどる措置が取られた。変動の幅を一挙に一五％にまで拡大したのは、相入れない独仏双方の妥協の結果であった。

八月六日、ＥＣ委員会は、「経済政策の緊密な連携がない限り、経済・通貨同盟にむけての進歩はありえない[23]」とのコミュニケを発表した。

そして八月一六日、ミッテラン大統領は『シュド・ウェスト』紙とのインタビューで、「投機筋が今回の通貨危機を招いた」と強く非難し、「こうした投機的な動きに対抗するためにも単一通貨の導入を早める必要がある[24]」と訴えた。

この年の九月、ドイツではハンス・ティートマイヤーがシュレジンガーのあとを襲ってドイツ連邦銀行の総裁となり、フランスでは友人のジャン＝クロード・トリシェがフランス中央銀行総裁の座に着いた。この人事は両国の通貨政策の調整にとって大きな意味を持った。ティートマイヤーは前任者に比べて柔軟であり、トリシェも通貨統合こそがヨーロッパの進むべき目標であり、それが最優先課題であると考えていた。

一九九三年一一月、マーストリヒト条約が発効し、ＥＣ・ヨーロッパ共同体はＥＵ・ヨーロッパ連合へと名称を変え、翌九四年一月一日、通貨統合のための第二段階が開始された。これによって将来のヨーロッパ中央銀行の前身となる機関が設立され、マーストリヒト条約で決定された諸条件を各国がクリアー出来るように、共通の経済政策を作っていく役を果たすことになった。そして一九九五年には、オーストリア、スウェーデン、フィンランドがＥＵに加盟、ＥＵは十五か国に拡大した。

2　マルクからユーロへ

一九九八年五月二日、ブリュッセルで開かれたＥＵ・ヨーロッパ連合の首脳会議で、翌一九九九年一月一日から、イギリス、スウェーデン、デンマーク、それに基準を達成できなかったギリシャを除いて、ドイツ、フランス、スペインなど一一か国で通貨統合がスタートすることが決まった。ただ会議ではヨーロッパ中央銀行総裁をめぐって一二時間をこす激論がかわされ、発表が大幅に遅れるという一幕があった。

結局初代総裁には、オランダ出身でヨーロッパ通貨機関総裁をつとめるウィム・ドイセンベルク氏を選出したが、この決定の背景には、きたるべきユーロを強い通貨とするために、ヨーロッパ中央銀行はあくまで各国政府の政治的介入を拒否すべしとするドイツ、オランダと、政治的配慮に含みを残すべきだと考えるフランス、イタリアなどラテン諸国の思惑の違いがあった。

ヨーロッパ中央銀行は一九九八年六月に発足、これを構成する残り五人の役員は、副総裁のクリスチャン・ノワイエ元フランス大蔵事務次官、筆頭理事に就任するドイツ連邦銀行理事のオットマール・イッシング氏、イタリアからは元中央銀行理事のトンマーソ・パドア・スキオッパ氏、スペイン中央銀行のエウヘニオ・ドミンゴ・ソランス理事、そしてただ一人の女性、フィンランド中央銀行総裁のシルカ・ハマライネン氏であった。

選出直後に開かれたヨーロッパ議会による公聴会では、ドイツ出身のイッシング理事は、「新たにスタートするヨーロッパ中央銀行が単なるドイツ連邦銀行のコピーになってはならない」と発言して注目された。ヨーロッパ中央銀行が金融と財政のバランスをどう取ろうとするのかに関心が集まった。

ユーロの価値をいかに守るか。その方針は一九九六年一二月ダブリンで開かれた首脳会議で合意された「安定と成長協定」によって定められた。

協定の骨子は、中長期的な目標を設定して、健全な財政運営を目指した監視体制を定めた「監視規定」と、参加国に過度の財政赤字が発生した場合の対処方法を決めた「過大財政赤字規定」からなる。「監視規定」によれば、通貨統一後も各国は財政を安定させるためのプログラムを公表することが義務づけられ、欧州委員会と閣僚理事会は、それに基づいて各国の財政運営を監視し、現状の財政運営に過度の財政赤字が発生する危険があると判断したときには、閣僚理事会がその国に早めに警戒を発するとしている。そして万一過剰な赤字（GDP＝国内総生産の三％以上）が発生したときは、その国が景気の後退期にある場合を除いて制裁を課し、最後はその国の積立金を没収することになっている。

この「安定と成長協定」の細目について議論が行われる過程で、フランスとドイツの間の確執が表面化した。ドイツは自国通貨のマルクなみの価値をもつユーロの保証として、制裁措置が自動的に発動されることにこだわったのである。これに対してフランスは、通貨の存在自体に価値があるのではなく、通貨はあくまで経済成長を支える手段であるとして通貨価値至上主義に反撥し、制裁を決める過程に政治的裁量の余地を残すことを主張した。

両者の対立は深刻だったが、牽引役である両国に亀裂を生ずれば、統合の求心力を大きく低下させるとの危機感から、最後には妥協が成立した。大きく譲歩したのはドイツ側で、単一通貨発行後に参加国の財政赤字が三％をこえた場合、制裁の発動は自動的に行われるのではなく、欧州委員会、経済金融評議会、閣僚理事会、欧州理事会と四つの機関の審査をへて、制裁発動の是非が決定されるというフランスの主張を盛った内容となった。しかも協定は、フランスの主張を入れて「安定と成長協定」と呼ばれることになった。「成長」の文字を加えることで、協定の目的がヨーロッパ連合の経済成長の促進にあることを明示したのである。

一九九九年一月一日には単一通貨ユーロが導入された。中央銀行の総裁人事をめぐっては、ドイツの新聞や野党はコール首相がフランスに譲歩をしすぎたと一斉に非難の声をあげたが、実は総裁選出劇以前に独仏間では妥協が成立していたのである。コール首相など政治の現実のなかにいる人には、強いマルクをユーロに統合することで、ドイツのヨーロッパへの復帰がようやく完成すると考える人が少なくない。だが東西統一によって自信を回復した多くのドイツ人には、これが弱腰と映ったのである。

ドイツが主張した自動制裁の発動が退けられ、また総裁就任をめぐる独仏の対立を理由に、ハードなユーロの実現に疑問符をつける意見がある。しかし協定全体は厳格な財政運営を参加国に要求しており、ヨーロッパ中央銀行が監視の目を光らす限り、ユーロは安定した通貨となる可能性が高い。

基軸通貨としてのドルの基盤は、好調なアメリカ経済に支えられている。だがその裏で、アメリカの経常収支は、一九九九年には三〇〇〇億ドルの赤字が見込まれていた。このようにアメリカが世界最大の借金国でありながら債務危機が発生しないのは、ドルが基軸通貨であるという理由による。他の黒字国が資産をドル中心に運用する限り、アメリカがいくら赤字を累積してもドルが資産運用の形でアメリカに還流され、アメリカの債務危機は発生しない。だがユーロの登場によって、こうしたアメリカの特権は危うくなる可能性がでてきた。今後ユーロの信頼性が高まれば、黒字国が対外資産の運用先をユーロに求め、ドル建ての金融資産をユーロ建てに移せば、アメリカの経常収支が改善されなければ、ドルの価値の低下はまぬがれない。

ユーロ経済圏は人口でアメリカの一・五倍、GDPでほぼ匹敵する規模である。一九九七年のIMF年次報告では、九六年末の世界の外貨準備は、アメリカ・ドルが五八・九％なのに対して、EU加盟国の通貨の合計が二四・八％、円は六％となっている。今後はユーロがドルに次ぐ国際通貨の地位をしめ、EUだけでなく、やがてEUに統合される予定の東ヨーロッパや、関係の深いアフリカや中東諸国でのユーロの使用が進むのは確実である。

ヨーロッパ経済の回復基調にもかかわらず、一九九九年末時点でドル高ユーロ安が起こっているのは、ヨーロッパの企業が大西洋をはさんで、アメリカ企業の合併・買収（M&A）を行い、そのための資金がアメリカに流入している結果だという。ある試算によると、九九年の上半期にヨーロッパからアメリカへ合併・買収のため投じられた資金は一五〇〇億ドルに上る[25]。このため当初予想されたようなユーロが強くなるという事態は起きなかった。しかしこれはヨーロッパ企業の体質強化の先触れであって、アメリカの経常赤字の根本的解決にはなっていない。アメリカはユーロの登場を歓迎しつつも、国際決裁通貨としてのドルの地位の低下に強い警戒感を抱いた。

二〇〇一年一月にはギリシャがユーロを導入し、ユーロ圏は一二か国となった。そして同年九月一日には、各国中央銀行から市中銀行などへ、ユーロの大輸送作戦が厳戒体制のもとで行われた。そして一二月一五日には貨幣の交換が行われ、紙幣については安全上の理由で、ユーロが実際に流通しはじめる二〇〇二年一月一日を期して交換が開始された。こうしてEU一五か国のうち一二か国では、統一通貨ユーロが名実ともに出現し、世界経済システムは大きな転換点を向かえたのである。

注

（1）Bulletin of the European Communities, 1985. no.2.

（2）この宴会はナポレン三世のクー・デタのあとの一八五五年二月二四日に開かれた。Victor Hugo, *Oeuvres Complétes*. Politique(Paris: Robert Laffont, 1984) p.484.

（3）Gabriel Milesi: *Le Roman de l'Euro* (Paris: Hachette, 1998) pp.11-12.

（4）コール首相は、このときの衝撃を幾度か語っている。例えば一九九九年一一月八日のベルリンの壁崩壊十周年を期して、朝日新聞に寄稿した文章で、こう述べている。「一一月九日の夜、マゾビッキ首相から、昔の領主のやかたで夕食会に招かれていた。そこに着く前、ザイタース首相府長官がボンから電話をかけてきた。〈東独社会主義統一党（SED）のシャポフスキー政治局員が突然、新旅行法が実施されるまでの経過措置を発表しました。西独へ出かけたいと申請すれば、すぐに許可されるということです〉と長官は伝えた。事実上、だれでも壁を通り抜けることができる。そういう意味だった」。コール首相は夕食会のあとベルリンからのテレビ中継を見て、ポーランド訪問を中断しなければならないと決心したという。

（5）*Flankfurter Allgemeine*, 3 Januar 1990.この情報漏洩についてコール首相が不快感と同時に懸念をあらわにした点に関しては、Horst Teltschik: 329 Tage Innenansichten der Einigung(Berlin: Wolf Jobst Siedler Verlag GmbH, 1991) p.98で述べられている。テルチクは首相府の外交顧問としてコール首相を支えた。

（6）Tristan Mage: François Mitterrand: juin 1989-juin 1990.(Allocutions, Conférences de presse, Déclarations, Discours, Interviews, Lettres et Messages). Tome V: janvier-février 1990.(Paris: Editions Tristan Mages, 1997), pp.1115-1116.

（7）ベルリンの壁崩壊十周年を記念して、一九九九年一一月八日、ベルリンにブッシュ前大統領、ゴルバチョフ元大統領、コール首相が集まったが、その際ゴルバチョフ氏は、当時のソビエト指導部が一九九〇年一月二六日の会議で、ドイツの再統一を容認する方針を決めていた事実を明らかにした。日本経済新聞、一九九九年一一月九日夕刊参照。

（8）Bulletin of the European Communities (Supplement 1990.no.4): "The European Community and German Unification"

（9）ドイツ連邦銀行は、一九八〇年頃まではドイツ・マルクの国際化に消極的であった。その理由として、金融・資本市場の規模からして、資本が流失入することによって、流動性や金利に大きな変動が生じ、国内経済に好ましくない結果をもたらすことを強く懸念したことがあげられる。こうした方針の下で、資本取引については、ドイツ・マルク建債券の主幹事をドイツの銀行に限るなどの規制を設けた。しかしこうした規制も一九八四、八五年には解除され、マルクのアンカー通貨としての性格は強まった。ドイツ連邦銀行の通貨政策については、Deutsche Bundesbank: *The monetary policy of the Bundesbank*(Frankfurt am Main: Deutsche Bundesbank,1995)

（10）ドイツ六大経済研究所の一つＩＦＯ経済研究所は一九九九年一一月二八日、一九九〇年一〇月のドイツ統一以来、旧東ドイツ地域への公的投資は実質的に一兆ドル（五七兆マルク）を大幅に越えたと発表した。これは同じ時期の国家財政の赤字増加分の相当する。

東西ドイツの統合という予定外の要素が、ＥＣ全体の経済活性化にブレーキをかける一方で、それが単一通貨実現の気運に拍車をかけたのも事実である。

（11）筆者は首脳会議を現地で取材したが、会議のために各国首脳がマーストリヒトに集った一二月八日、ロシア、ウクライナ、ベラルーシの旧ソビエトの三共和国が「独立国家共同体」に調印し、ソビエトの消滅を宣言した。こうした状況もＥＣの求心力、統一を強める動きに拍車をかけた。

（12）Guy Carcassone：*La Constitution*(Paris: Editions du Seuil, 1999) pp.44-45.

なお筆者はこの憲法改正直後の六月一四日、フランス外務省の招待で同国を訪れ、社会党の議員団と会談する機会を持った。その折り同党のジャクリーヌ・オーブリ国民議会議員は、この条文の改正が本文に述べた国民の懸念への配慮であると明確に語った。

（13）この時期、新聞や雑誌はそれぞれの世論調査を発表した。新聞 *Le Parisien* が, le 12,13 septembre に発表した、四月以降の数字の推移は以下の通り。

四月六日：賛成六九、反対三一。六月二六日、賛成五六、反対四四。七月一三日、賛成五四、反対四六。八月二〇日、賛成五三、反対四八。八月二九日、賛成四七、反対五三。（単位は％、日付は調査実施日）

なおこの件については、岩本勲『現代フランス政治過程の研究』（東京、晃洋書房、一九七七年）二〇八頁でも触れられている。

（14）このときの発言については、*Le Monde*, le 21 septembre 1991.

（15）*Le Monde*, le 25 septembre は、この国民投票の結果の分析結果を掲載した。賛成に票を投じた人の多い地域は、フランス本国九六県のうち、パリを中心とする首都圏と東部国境地帯および西部と西南部の地域。それ以外の五三県では反対が上回っている。賛成が都市地域と進んだ農業地域であるのに対して、農村部では反対が多い。また農村で賛成票が多く出た地域は、ブルターニュ地方などカトリックの信仰が厚い地域（日曜に教会へ行く信者の多い地域）である。これはＥＵの統合が上からの統合であるという性格を物語っていると考えられる。

また階層別では、賛成が反対を上回ったのは、管理職、高学歴者、大学入学資格保持者であり、反対の多い階層は、農民、論同社、職員、前期中等教育卒業者、無資格者等となっている。反対の投票した人の理由は、（1）フランスが国権を失う　五七％、（2）フランスをブリュッセルの官僚の手に委ねることになる　五五％、（3）ドイツがヨーロッパを支配する恐れ　四〇％、（4）ミッテラン大統領と政府にたいする不満　三九％、（5）負担が増える　三七％、（6）旧ユーゴスラビアの内戦　二八％となっている。つまりフランスとしての国益が損なわれかねないという不安が一番大きな理由であった。

パリ第一大学のオリヴィエ・デュアメル教授とフランス政治研究所のジェラード・グリュンベルク研究主任は、この投票行動を分析して、「国民投票は、選挙民の間に、つまりエリートと一般庶民、中央と周辺、進歩と抑圧、都市と地方、社会民主的キリスト者と民族的世俗主義の間に、新しい多様な亀裂を生んだ」と述べている。

（16）Directeur de Tresor. 日本にはない地位で、あえて比較すれば財務省事務次官に相当する。

（17）ヨーロッパ通貨制度は、一九七九年三月にスタートした制度で、生みの親はドイツのシュミット元首相とフランスのジスカール・デスタン元大統領である。ＥＣ加盟各国間の貿易を盛んにするという目標で、各国間の通貨変動の幅を上下各二・二五%という幅の中におさめ、これを越える事態が起これば、各国政府は資金を無制限に注ぎ込んで、自国の通貨を買って支えることを義務づけた。これが「ヨーロッパ通貨制度」のなかの柱である「為替相場メカニズム」と呼ばれるものである。

(18) Georges Valance: *La Légende du franc, de 1360 à demain*(Paris: Flammarion, 1996) p.396.

(19) Eric Aeschimann et Pascal Riche: *La Guerre de sept ans. Histoire secrète du franc fort*(Paris: Calmann-Lévy, 1996) pp.146-147.

(20) Gabriel Milesi: ibid. p.44.

(21) Le Monde, le 23 octobre 1992.

(22) バラデュール首相の属する保守派、共和国連合（ＲＰＲ）の国民議会議員二二九名の内、マーストリヒト条約反対が一三三名、賛成八九名、意見なし七名であった。

(23) Bulletin of the European Communities, 1993, no.7/8.

(24) Sud-Ouest, le 16 aout 1993.

(25) 数字は『日本経済新聞』一九九九年一一月二六日付けによる。

年表　ヨーロッパ統合の軌跡、一九四五―二〇〇三

一九四五年　五月　八日　第二次世界大戦のヨーロッパ戦線、終結。

一九四六年　九月一九日　チャーチル、チュリッヒにおいて、「ヨーロッパ合衆国」(United States of Europe) および「ヨーロッパ評議会」(Council of Europe) を提唱。

一九四七年　一月一六日　統一ヨーロッパ委員会 (United European Committee)、ロンドンで設置される。

六月　一日　「ヨーロッパ統合のためのフランス評議会」(Le Counseil français pour l'Europe unit) 設立される。五三年まで。

三日　「社会主義者ヨーロッパ合衆国運動」(The Socialist United States of Europe Movement) 設立される。

六日　アメリカ合衆国国務長官ジョージ・マーシャル、ヨーロッパ援助計画（マーシャル・プラン）を発表。

一九四八年　一月　一日　オランダ、ベルギー、ルクセンブルク、関税同盟 (Customs Union) を創設（ベネルクス関税同盟）。

三月一七日　フランス、ベルギー、ルクセンブルク、オランダ、イギリス、西欧同盟条約（ブリュッセル条約）を締結。
四月一六日　パリにおいてヨーロッパ経済協力機構（ＯＥＥＣ）、設置。
五月七―一〇日　「ハーグ・ヨーロッパ会議」（Hague Congress）、ヨーロッパ連合（European Union）およびCollege of Europeを提唱。

一九四九年　一月二八日　西欧同盟（ブリュッセル条約参加国）、ヨーロッパ審議会（Council of Europe）の設立を決定。
四月　四日　ＮＡＴＯ条約、ワシントンにおいて調印される。
五月二三日　西独、ドイツ連邦共和国基本法を公布。
八月　九日　ヨーロッパ審議会、第一回会議を開催。

一九五〇年　五月　五日　フランス外相シューマン、フランス・ドイツ石炭鉄鋼共同体構想を提案。これにベネルクス三国、およびイタリアが参加を表明。ヨーロッパ石炭鉄鋼共同体構想（ＥＣＳＣ）へ。
六月二〇日　パリにおいて、フランス、西独、イタリア、およびベネルクス三国によるＥＣＳＣ設立のための交渉、始まる。なお、イギリスは、六月二日に、参加を拒否する意志を表明。
一〇月二四日　フランス首相プレヴァン、ヨーロッパ防衛共同体（ＥＤＣ）構想を提案（ヨーロッパ軍構想）。
一一月　四日　ヨーロッパ審議会、ヨーロッパ人権条約（European Convention on Human

Rights）を採択。

一九五一年　四月　二日　NATOヨーロッパ統一司令部、最高指揮官アイゼンハワーの着任をもって活動を開始。

四月一八日　ECSC条約、パリにおいて調印される。

七月二五日　ECSC、活動を開始。

一九五二年　五月二七日　EDC条約、パリにおいて調印される。

一九五三年　一一月二八日　ECSC六カ国、ヨーロッパ政治共同体（European Political Community）設置のための政府間委員会を創設する。

一九五四年　一〇月　三日　西独、西欧同盟参加が認められる。

一〇月二三日　ブリュッセル条約の修正により西欧同盟機構が設立され、西独およびイタリアが新たに参加する（以後の西欧同盟機構を改めて西欧同盟と略記する）。翌二三日、西ドイツ、NATO加盟等をさだめたパリ諸条約に調印。

一二月二一日　ヨーロッパ司法裁判所、最初の判決を行う。

一九五五年　五月　五日　パリ諸条約発効、これにより西ドイツに対する占領体制、終了。

五月　六日　西独、NATOに参加。翌七日、パリにおいて西独を含んだ最初の西欧同盟（WEU）会議、開催される。

一九五六年　五月二九‐三〇日　ECSC六カ国、統合を経済全体、および原子力エネルギー開発にも拡大することを決定。

六月二九日　ＥＣＳＣ六カ国、ヨーロッパ経済共同体（ＥＥＣ）およびヨーロッパ原子力共同体（ＥＵＲＡＴＯＭ）設置のための交渉を開始。

一九五七年　三月二五日　ＥＣＳＣ六カ国、ＥＥＣおよびヨーロッパ原子力共同体（EURATOM）設置を取り決めたローマ条約に調印。七月から一一月にかけて各国議会それらを批准。

一九五八年　一月　一日　ローマ条約、発効し、ＥＥＣ、ＥＵＲＡＴＯＭ発足。

三月一九日　ローマ条約六カ国、ストラスブルクにおいてヨーロッパ議会会議（European parliamental Assembly）の第一回会期を開催。

七月三一一日　ＥＥＣ、農業におけるヨーロッパ市場形成の議論を進める（ストレーザ会議）。

一二月一五日　ＯＥＥＣにおいて、自由貿易地域交渉、座礁。

一九五九年　一月　一日　ＥＥＣ、最初の関税削減実施。

一九六〇年　一月　四日　ストックホルム会議参加七カ国（英国ほか）が欧州自由貿易連合（ＥＦＴＡ）の結成を決定（条約への仮調印は、五九年一一月、ストックホルムで）。

五月　三日　ＥＦＴＡ条約発効。

五月一一日　ＥＥＣ六カ国、ヨーロッパ社会基金（European Social Fund）を設置。

一二月一四日　ＯＥＥＣ、カナダおよびアメリカ合衆国が参加して経済協力開発機構（ＯＥＣＤ）となる。

一九六一年　七月三一日　アイルランド、ＥＥＣ参加申請。
八月九―一〇日　イギリス、デンマーク、ＥＥＣ参加申請。
一〇月一〇日　イギリスのＥＥＣ参加交渉、はじまる。
一一月　二日　フランス、union of European states（Foucher Plan）設置に向けての条約草案を提示。しかし翌六二年一月、ＥＥＣ諸国拒否。

一九六二年　一月一四日　ＥＥＣ、農業共同市場形成に向けて共同農業政策採用を決定。
七月三〇日　ＥＥＣ共同農業政策（ＣＡＰ）、実施始まる。
一二月　八日　ＥＥＣ六カ国、域内における資本移動の自由化を実施。

一九六三年　一月一四日　フランス大統領ドゴール、ＥＥＣへの英国の参加に反対する。英国のＥＥＣ参加交渉、当面座礁する。

一九六五年　四月　八日　ＥＥＣ、ＥＣＳＣおよびＥＵＲＡＴＯＭの執行委員会を統合してヨーロッパ共同体（ＥＣ）とするＥＣ設立条約、調印。

一九六六年　五月一一日　ＥＥＣ共同農業政策に関する財政規定、同意される。同時にＥＥＣ、七月一日までに関税連合（共同域外関税制度）を形成することを決定。

一九六七年　五月一〇―一一日　英国、アイルランド、デンマーク、ノルウェー、ＥＥＣへの加盟を再申請。
七月　一日　六五年の条約にもとづき、ＥＥＣ、ＥＣＳＣおよびＥＵＲＡＴＯＭ各委員会、合同し、ＥＣ（ヨーロッパ共同体）ならびにヨーロッパ委員会発足。
一二月一九日　英国等の加入を討議したＥＣ拡大交渉、ドゴールらの反対によって、再び失敗。

一九六八年　七月　一日　EC関税連合（共同域外関税制度）、完成。

七月二九日　EC内での労働者の移動自由化、始まる。

一九六九年　一二月一－二日　ハーグにおけるEC首脳会議において、フランス大統領ポンピドー、EC拡大に対するフランスの反対姿勢を修正。

一九七〇年　六月三〇日　英国等四カ国のEC加盟交渉、再開。

一九七一年　一〇月二八日　英国議会、ECへの参加を原則的に承認。

一九七二年　一月二二日　英国、アイルランド、デンマーク、ECへの加盟条約に調印。

七月二二日　EC、なおECに参加していないEFTA五カ国との間に自由貿易協定を締結。

一〇月一九日　パリにおいて、フランス、西ドイツに英国を加えた新しいEC九カ国の首脳会議が初めて開催される。

一九七三年　一月　一日　英国、デンマーク、アイルランド、正式にEFTAを離脱。

三月二八日　ヨーロッパ審議会、最初のヨーロッパ環境相会議（Ministerial Conference of European Ministers of the Environment）を開催。

七月三－七日　全欧州安全保障協力会議（CSCE）、ヘルシンキにおいて開催。カナダ、合衆国を含めて三五カ国が参加。

一九七四年　一二月九－一〇日　第二回EC主要九カ国首脳会議、開催。同会議、以後年間三回のペースで

一九七五年　八月　一日　各国閣僚が出席するヨーロッパ理事会（European Council）を常設することを決定。あわせてヨーロッパ議会の設置が提案され、議会メンバーは各国の直接選挙によって選出されることが提案される。
　　　　　　　　　　　　全欧州安全保障協力会議（ＣＳＣＥ）、最終文書（ヘルシンキ宣言）に調印。三五カ国。
　　　　　一二月一〇日　ＥＣ首脳会議、ヨーロッパ議会（European Parliament）の直接選挙を一九七九年に行うことを決定。
一九七八年　三月　九日　ＥＣ、政治的活動を拡大することを含めて、全欧安保協力会議（Conference on Security and Cooperation in Europe）において活発な役割を担うことを宣言。
　　　　　七月　七日　フランス、西ドイツ、ヨーロッパ通貨制度（European Monetary System）を提案。
　　　　　一二月　五日　ＥＣ首脳会議、ＥＭＳ創設に合意。
一九七九年　三月一三日　イギリスを除く八カ国によってＥＭＳ発足。
　　　　　六月七―一〇日　この月、最初のＥＣ・ヨーロッパ議会のための直接選挙が、各国で行われる。四一〇議席の選出。
　　　　　七月一七日　第一回ＥＣ・ヨーロッパ議会開催。
一九八一年　一月　一日　ギリシア、ＥＣに加盟（ＥＣ一〇カ国に）。

一九八三年　六月一九日　シュットガルトで開催されたEC首脳会議、ヨーロッパ連合宣言(Declaration on European Union) を採択。
一九八四年　六月二七日　ブリュッセル条約西欧同盟、西ドイツに参加以来課してきた、通常兵力に対する宣言条項を撤廃。
一〇月二六日　ブリュッセル条約西欧同盟、再活性化を求め、政治目的および制度改革についてのローマ宣言を採択。
一九八五年　一月　一日　最初のヨーロッパ・パスポートが発行される。
一月　七日　ジャック・ドロール (Jacques Delors)、ECヨーロッパ委員会 (European Commission) の議長に就任。
六月一四日　ドロール、一九九二年までにEC域内市場の完成を目指す委員会白書を作成。
六月二八−二九日　EC首脳会議、ドロール委員会白書を基礎に政治統合を討議。
一二月　四日　EC一〇カ国、単一ヨーロッパ法 (Single European Act) に調印。
一九八六年　一月　一日　ポルトガル、スペイン、ECに加盟（一二カ国)。
四月二六日　チェルノブイリ原発事故、発生。
一一月　四日　第三回全欧州安全保障協力会議（CSCE）開催される。
一九八七年　六月一九日　西ドイツ首相コール、フランス・西ドイツ混成軍 (Brigade) の設置を提案。
七月　一日　単一ヨーロッパ法発効。

一九八八年
一〇月二六日　西欧同盟外相会議、ヨーロッパ安全保障のための「ハーグ綱領」を採択。
一一月二二日　西ドイツ首相コールが提唱した、フランス・西ドイツ混成軍構想同意される。
五月一二日　ヨーロッパ委員会議長ドロール、EC労働者権利憲章（Charter of Workers' Rights）を提案。
六月一三日　EC蔵相会議、資本の自由移動計画を進めることに同意。
九月二〇日　イギリス首相サッチャー、College of Europeで講演し、超国家主義にたいして、「諸国家のヨーロッパ」こそ望ましいと主張。
一一月一四日　ポルトガル、スペイン、西欧同盟（ブリュッセル条約）に参加。

一九八九年
五月　五日　フィンランド、ヨーロッパ審議会の第二四番目のメンバーとなる。
六月二七日　EC首脳会議、ヨーロッパ単一通貨および中央銀行設立を目指す経済通貨同盟構想（European Monetary Union）の第一段階を決定。
七月　六日　ソヴィエトのゴルバチョフ、フランス等を訪問、ヨーロッパ議会において「欧州の共同の家」構想を提案。
七月一四日　第一四回先進国首脳会議に合わせて、西側先進国蔵相会議、いわゆるG7、パリにおいて開催。
一〇月七‐八日　東ドイツのベルリン、ドレスデンなどにおいて反体制抗議行動、広がる。
一〇月一八日　東ドイツ、ホーネッカー、辞職。
一一月　九日　ベルリンの壁崩壊。

一一月一八日　フランス大統領ミッテラン、東ヨーロッパ問題を検討するため、パリにおいてEC首脳会議の開催を提唱。

一一月二八日　西ドイツ首相コール、東ドイツ情勢の変化に対して、二つのドイツの「連邦」（"confederative structure"）を提案。しかし、東ドイツ反応せず。

一二月三一日　フランス大統領ミッテラン、EC、ヨーロッパ審議会およびCSCEが結合するヨーロッパ連合（European Confederation）を提唱。

一九九〇年

一月三一日　ソヴィエト大統領ゴルバチョフ、ドイツの再統一を容認する意向を表明。またこの日、ポーランド、ヨーロッパ審議会（Council of Europe）への加盟を申請する。

二月　一日　西ドイツ首相コール、ベルリンを首都とした中立的立場によるドイツの再統一（統一ドイツの建設）を提唱。

二月一三日　ソヴィエトのゴルバチョフ、アメリカが提唱した中央ヨーロッパにおける兵力の削減提案を受諾、あわせて、ドイツ占領四カ国と東西ドイツが三月一四日をもって、ドイツ再統一のための話し合いを行うことが同意される。

四月二五日　イギリス、フランスとドイツが求めるECの政治的統合を早めようとする動きに反対を表明。

五月一八日　西ドイツと東ドイツ、ボンにおいて通貨統合条約に調印。

六月二二日　フランス議会、ヨーロッパ再建開発銀行（European Bank for Reconstruction and Development）の創設条約を批准。ECおよびヨーロッパ投資銀行

(European Investment Bank) が、同銀行の完全なメンバーとなる。

六月二六日　EC首脳会議、経済および通貨統合、さらには政治統合の問題を今後平行して検討していくことに同意。

七月　一日　EC諸国内における資本のすべての移動、自由となる。

九月一二日　ドイツ再統一のための話し合いがすすみ、モスクワにおいてドイツ占領を終息させるための四カ国条約調印される。

一〇月　三日　東ドイツ、消滅、西ドイツに吸収される。ドイツの再統一。ベルリンが首都となる。

一〇月　八日　英国それまでの政策を転換し、ヨーロッパ通貨制度 (European Monetary System) に加盟。

一〇月二八日　特別EC首脳会議、イギリスの反対を押し切って、一九九四年一月一日をもってEC中央銀行機構を創設する旨を決定。しかし、同会議では各国の農業補助金政策の撤廃という提案については同意できず。

一一月　六日　ハンガリー、ヨーロッパ審議会に加盟が認められる。二四番目。東欧の国としては最初。

一一月二二日　英国サッチャー首相、辞任。

一二月一二日　西欧同盟理事会、コール、ミッテランによって提唱された、ECが政治的および経済的統合を進めるため、防衛責任にも関心を払うべきとする提案を支持。

一九九一年

二月二一日　チェコスロヴァキア、ヨーロッパ審議会の第二五番目のメンバーとなる。

三月二〇日　フランス、EC内での労働者の移動自由原則にそって、EC市民に対し、フランス公務員への門戸を開放する旨の法案を起草。

六月一二日　ロシアにおいて最初の大統領選挙が行われ、エリツィンが当選。

七月　八日　英国労働党党首キノック、ヨーロッパの「不可避的な」経済的統合ならびに政治的統合を支持する旨を表明。英国政府の政策転換を要請する。

七月一九日　ヨーロッパ委員会、共同体内の共同農業政策（CAP）にたいするマクシャリー（MacSharry）改革案を採択。

八月一九日　モスクワにおいて共産党保守派によるクーデター発生。

八月二一日　モスクワでのクーデター失敗。

八月二九日　ソヴィエト最高会議、共産党の活動を停止させ、その解体を代表議会に提案する旨決定。

九月　二日　ソヴィエト代表議会、新憲法を採択。

一〇月二一日　ECおよびEFTA、「ヨーロッパ経済地域」（European Economic Area）設立に同意する。

一一月　七日　エリツィン、ロシア共和国における共産党を廃止。

一二月一四日　ソヴィエトを構成する八共和国、ソヴィエト連邦を廃し、主権国家連合（Union of Sovereign States USS）の設立に同意。

一二月一〇日　マーストリヒトにおいて、EC首脳会議開催される。単一通貨、経済的および政治的協力、西欧同盟を通して共同防衛を強化する旨のヨーロッパ連合条約案について討議する。さらに、社会立法についても相互の調整を図る旨に同意する（ただし、英国同意せず）。マーストリヒト条約案成立。

一二月一二日　ロシア議会、新しい国家機構New Commonwealthを採択。ゴルバチョフ、自らの使命が終わったことを表明、一七日エリツィンとの間で、一二月三一日をもってソ連が解体することに同意する。二五日、ゴルバチョフ、ソヴィエト大統領を辞任。

一二月二五日　ソヴィエト解体。ロシアほか、独立国家共同体を形成。

一九九二年　二月　六日　フランス大統領ミッテラン、先に彼が提案したヨーロッパ連合（European confederation）を改めて提案。

二月　七日　マーストリヒト条約（Treaty of European Union）調印。

一九九三年　一一月　一日　マーストリヒト条約発効し、ＥＵ成立。

一九九四年　一月　一日　ＥＭＵ第二段階開始。欧州通貨機関（European Monetary Institute）設立。「ヨーロッパ経済地域」協定発効。

三月三一日　ハンガリー、ＥＵ加盟を申請。

四月　八日　ポーランド、ＥＵ加盟を申請。

一九九五年　一月　一日　オーストリア、フィンランド、スウェーデンがＥＵ加盟し、ＥＵ加盟国一五ヵ国に。ノルウェーは国民投票で加盟条約を批准せず。

三月二六日　ベルギー、フランス、ドイツ、ルクセンブルク、オランダ、ポルトガル、スペインの七ヵ国でシェンゲン協定発効、これらの国相互で国境通過の際のパスポート・コントロールが不要となる。

六月二二日　ルーマニア、EU加盟を申請。

六月二七日　スロヴァキア、EU加盟を申請。

一〇月二七日　ラトヴィア、EU加盟を申請。

一一月二七-二八日　バルセロナ会議（EU　地中海諸国会議）で、両地域の閣僚による初の合同会議開催。エストニア、EU加盟を申請。

一二月一二日　リトアニア、EU加盟を申請。

一二月一五-一六日　EU首脳会議、単一通貨の呼称を「ユーロ」とし、一九九九年元日をもって導入することを決定。ブルガリア、EU加盟を申請。

一九九六年　一月一七日　チェコ共和国、EU加盟を申請。

三月二九日　トリノにおいてマーストリヒト条約について再検討するための政府間会議、開催。

六月一〇日　スロヴェニア、EU加盟を申請。

一九九七年　七月一六日　ヨーロッパ委員会、通貨統合や中東欧への拡大などEU政策の具体的指針を示す報告「アジェンダ二〇〇〇」を発表。

一〇月　二日　マーストリヒト条約改正のための政府間会議の結果を受けて、「柔軟性の原則」の導入、またシェンゲン協定などを組み入れた新ヨーロッパ連合条約（アムステルダム条約）調印。

一九九八年　三月三一日　EUとキプロス、ハンガリー、ポーランド、エストニア、チェコ共和国およびスロヴェニアとの各政府間閣僚会議開催。これら六ヵ国とのEU加盟交渉、再開。

五月一―三日　ヨーロッパ理事会、一一ヵ国において単一通貨ユーロ導入の条件が整備されたことを確認。同時にヨーロッパ中央銀行（ECB）の総裁および役員会メンバーを任命。

六月　一日　ヨーロッパ中央銀行（ECB）、正式に業務開始。

一九九九年　一月　一日　EU一一カ国がEMUの第三段階に移行し、通貨ユーロを導入。オーストリア、ベルギー、フィンランド、フランス、ドイツ、アイルランド、イタリア、ルクセンブルク、オランダ、ポルトガル、スペイン。

五月　一日　アムステルダム条約発効。

九月一三日　ヨーロッパ理事会が、共通外交・安全保障政策（CFSP）を担当する新たなポストCFSP上級代表に、前北大西洋条約機構（NATO）事務総長ハビエル・ソラナを任命。

九月一五日　ロマーノ・プロディを委員長とするヨーロッパ委員会発足。最優先課題のひとつに委員会の行政改革を掲げる。

二〇〇〇年　三月　一日　ヨーロッパ委員会、課題である行政改革に関し白書を採択。

九月二八日　デンマーク、国民投票の結果、ユーロの導入を拒否。

一二月七―九日　ＥＵ首脳会議、ＥＵ拡大を見越してヨーロッパ議会における各国議席配分の修正、およびヨーロッパ理事会における「持ち票配分」に変更を加えるニース条約に合意。さらにヨーロッパ社会アジェンダについて協議。

二〇〇一年　二月二六日　ニース条約（Treaty of Nice）調印。

六月　七日　アイルランド、国民投票の結果、ニース条約批准を否決。

一二月一四―一五日　ＥＵ首脳会議、ＥＵ拡大を視野にＥＵ憲法制定のための諮問会議を設置、フランス元大統領ジスカールデスタンを議長とする。

二〇〇二年　一月　一日　単一通貨ユーロ、一二ヵ国において市中流通を開始。二八日には一二ヵ国において唯一の通貨となる。

一〇月　九日　ヨーロッパ委員会、ＥＵ拡大交渉として折衝中の一〇カ国、キプロス、マルタ、ポーランド、チエコ共和国、スロバキア、ハンガリー、スロヴェニア、エストニア、ラトヴィア、リトアニアについて、二〇〇四年初めには準備が整うという見解を示し、加盟を勧告。

一二月一二―一三日　ＥＵ首脳会議、ヨーロッパ委員会が勧告した一〇カ国に対する加盟を承認。

二〇〇三年　一月一五日　ＥＵ共通外交・安全保障政策に基づく最初のＥＵ平和維持軍（European Union Police Mission）が、ボスニアおよびヘルツェゴビナに派遣される。

三月一四日　ＥＵ、ＮＡＴＯとの間に安全保障条約、調印。

四月　九日　ヨーロッパ議会、前年一二月にＥＵ首脳会議が承認したキプロス、マルタおよび中東欧八カ国のＥＵ新規加盟を承認。

四月一六日　新規加盟一〇カ国とEUの間において、二〇〇四年五月をもってEU加盟が行われる旨の加盟条約、調印。

六月二〇-二一日　EU理事会、ヨーロッパ憲法会議の作成したEU憲法草案を将来の交渉の基礎として公表、EU大統領および外相職の創設など。

一二月一二日　EU首脳会議、平和維持および人道救済活動の強化のため、EU独自の作戦立案・遂行機能の整備に合意、EU司令部の創設も一構想として採用。

執筆者一覧（五十音順）

柏倉《かしわくら》　康夫《やすお》　放送大学教授／二十世紀研究

紀平《きひら》　英作《えいさく》　京都学大学院文学研究科教授／現代史

小山《こやま》　哲《さとし》　京都学大学院文学研究科助教授／ポーランド史

島田《しまだ》　真杉《ますぎ》　京都大学大学院人間・環境学研究科教授／アメリカ現代史

服部《はっとり》　春彦《はるひこ》　京都橘女子大学文学部教授／フランス近代史

服部《はっとり》　良久《よしひさ》　京都大学大学院文学研究科教授／ドイツ中世史

南川《みなみかわ》　高志《たかし》　京都大学大学院文学研究科教授／古代ローマ史

安江《やすえ》　則子《のりこ》　立命館大学政策科学部教授／国際機構・ＥＣ研究

索　引

1、本索引は事項索引と人名索引に分けて表記した。各項目とも網羅的ではなく、参照すべき頁のみ挙げた。

2、両索引ともアルファベット順に並べた。ただし、事項索引に関しては、ヨーロッパの地名などの読みを、原綴りにかかわらず日本語の読みをローマ字化している。例えば、ラ行はすべて「R」の項にまとめた。ただし、表記が原綴りのままのものはこの限りではない。

事項索引

C

D

E

F

G

H

I

J

K

M

N

O

P

R

関連機構名（略称）一覧

Council of Europe　ヨーロッパ審議会
Council of European Union　EU・ヨーロッパ（閣僚）理事会
European Atomic Energy Community (EURATOM)　ヨーロッパ原子力共同体
European Central Bank　ヨーロッパ中央銀行
European Coal and Steel Community (ECSC)　ヨーロッパ石炭鉄鋼共同体
European Committee　EU・ヨーロッパ委員会
European Community (EC)　ヨーロッパ共同体
European Court of Justice　ヨーロッパ司法裁判所
European Defence Community (EDC)　ヨーロッパ防衛共同体
European Economic Community (EEC)　ヨーロッパ経済共同体
European Monetary System　ヨーロッパ通貨制度
European Monetary Union (EMU)　ヨーロッパ経済通貨同盟
European Parliament　EU・ヨーロッパ議会（欧州議会）
European Union (EU)　ヨーロッパ連合
North Atlantic Treaty Organization (NATO)　北大西洋条約機構
Organization for Economic Co-operation and Development (OECD)　経済協力開発機構
Organization for Security and Cooperation in Europe (OSCE)　全欧安保協力機構
Organization of European Economic Cooperation (OEEC)　ヨーロッパ経済協力機構
Western European Union (WEU)　西欧同盟

人名索引

A

アチソン, D.　Acheson, Dean（1893-1971）　242, 285, 299

アデナウアー, C.　Adenauer, Conrad（1876-1967）　3, 4, 6〜8, 10〜14, 241, 293

アグリコラ　Gnoeus Julius Agricola（40-93）　43

ヤペテ　apheth　117, 123

アリオウィストゥス　Ariovistus（前１世紀前半）　25

アルミニウス（ヘルマン）　Arminius (Hermann)（？-後19）　26, 31, 32, 36〜39, 40, 42, 44, 51

アトリー, C. R.　Attlee, Clement Richard（1883-1967）　304

アウグストゥス（オクタウィアヌス）　Gaius Julius Caesar Octavianus Augustus（前63-後14）　23, 25, 26, 28, 29, 31, 37

オリオル, V.　Auriol, Vincent（1884-1966）　253, 264

アスナル, J. M.　Aznar, José Maria（1953-）　346

B

バラデュール, E.　Balladur, Edouard（1929-）　358

バウウェンス, L.　Bauwens, Lieven（1769-1822）　175

バイエル, L. der　Bayer, Ludwig der（在位1314-1347）　63, 64, 66, 73, 77

ベルルスコーニ, S.　Belrusconi, Silvio（1936-）　358

ベヴィン, E.　Bevin, Ernest（1881-1951）　226, 228, 273

ビドー, G.　Bidault, Georges（1899-1983）　237, 258, 265, 274

ビェルスキ, J.　Bielski, Joachim（1550-1599）　119

ビェルスキ, M.　Bielski, Marcin（1495-1575）　118

ブリックレ, B.　Blickle, Peter（1938-1980）　83

ブルム, L.　Blum, Léon（1872-1950）　238, 252, 258

ウジェーヌ・ド・ボーアルネ公　Beauharnais, Eugéne de（1781-1824）　155

ボグツカ, M.　Bogucka, Maria（1929-）130

ボナパルト，ジェローム　Bonaparte, Jérôme（1784-1860）　156, 167

ボナパルト，ジョゼフ　Bonaparte, Joseph（1768-1844）　155, 157, 160, 164, 166

ボナパルト，ルイ　Bonaparte, Louis（1776-1846）　157

ボウディッカ　Boudicca（？-60/61）　43〜45, 53

ブリアン, A.　Briand, Aristide（1862-1932）　195, 254

ブラウン, I. J.　Brown, Irving J.（1911-1989）　309

ブリュージュ, G. de　Bruges, Galbert de　95

C

カエサル（ユリウス・カエサル）Caesar, Gaius Julius（前100-前44）　25, 34, 41

カルガクス　Calgacus（１世紀前半？）　43, 44

キャムデン, W.　Camden, William（1551-1623）　44

カヌート　Canute the Great（994？-1035）　42

カラタクス　Caratacus（在位後41/42-51）　42, 44

ケアリ, J. B.　Carey, James B.（1911-1973）　327

カール, H.　Carl, Horst　74
シャンパニー, J.B. de Nompère de Champagny（1756-1834）　174, 190
シャルル（突進公）　Charles le Téméraire（1433-1477）　79, 100
シャルル善良伯　Charles le Bon（？-1127）　94
シラク, J.　Chirac, Jaques（1932-）　358
チャーチル, W.　Churchill, Winston（1874-1965）　7, 8, 249, 274, 304, 305, 310
シュベヌマン, J.-P.　Chévènement, Jean-Pierre（1939-）　371
クラウディウス　Tiberius Claudius Nero Germanicus（前10-後54）　41, 42
クレイ, L.　Clay, Lucius　218
クレイトン, W　Clayton, William（1888-1967）　228, 231, 267, 317
クリトン　G. de　Cliton, Guillaume de（1102-1128）　94
クーデンホフ＝カレルギー, R. N. Coudenhove-Kalergi, Richard N.（1894-1972）　310, 312
クーブドミュルヴィル, M.　Couve de Murville, Maurice（1907-1999）　258
クルーゼ, F.　Crouzet, Fr.（1922-）　171, 172, 175, 189
クルツィウス, E. R.　Curtius, Ernst Robert（1886-1956）　33～36
チナルスキ, S.　Cynarski, Stanisław（1923-1996）　127, 128

D

ダルザス, Ph.　Philippe d'Alsace（1142-1191）　94, 95
ドゴール, Ch.　de Gaulle, Charles（1890-1970）　248～252, 254, 310, 314, 316, 388
デチウシュ, J.L.　Decjusz, Jost Ludwik（1485-1545）　118

ドロール, J.　Delors, Jacques（1925-）　352, 378, 383
デンボウェンツキ, W.　Dębłęcki, Wojciech（1585-1645）　123, 124, 129
ドミティアヌス　Titus Flavius Domitianus（51-96）　27, 28
ドリオー, E.　Driault, Edouard　152
ドルスス　Nero Claudius Drusus（前18-前9）　25, 26
デュレフス, R.　Dufraisse, R.（1922-）　153, 169, 170, 174, 180, 184, 191
ドゥウゴシュ, J.　Długosz, Jan（1415-1480）　117, 121～123, 142
ダレス, J.F.　Dulles, John Foster（1888-1959）　231～237

F

フランソワ＝ポンセット, A.　François-Poncet, André（1887-1978）　4
フリードリヒ一世　Friedrich I（1417-1440）　85
フリードリヒ三世　Friedrich III（神聖ローマ皇帝在位1440-1493）　73
フルブライト, J. W.　Fulbright, James William（1905-1995）　312, 317

G

ガレアッツォ, G.　Galeazzo, Gian（1350-1402）　89
ガッサー, A.　Gasser, Adolf　80
ゲレメク, B.　Geremek, Bronisław（1932-）　113
ゲルマニクス　Julius Caesar Germanicus（前15-後19）　26, 29, 38
ジスカールデスタン, V.　Giscard d'Estaing, Valéry（1926-）　358
ゲーテ, Johann Wolfgang von Goethe（1749-1832）　35

ゴンブロヴィチ，W.　Gombrowicz, Witold（1904-1969）　137, 138
ゴンザレス，F.　Gonzalez, Felipe（1942-）346
ゴルバチョフ，M. S.　Gorbachev, Mikhail Sergeyevich（1931-）　382, 383

H

ハプスブルク，R. von　Habsburg, Rudolf von（在位1273-1291）　63
ハレツキ，O.　Halecki, Oskar（1891-1973）113, 114, 140, 141
ハリマン，W. A.　Harriman, W. Averell（1891-1986）　332
ハヴァフィールド，F. J.　Haverfield, Francis John（1860-1919）　33, 45
ヘルマン→アルミニウス
ヘロドトス　Herodotos（前485-425）　115
エリオ，E.　Herriot, Edouard（1872-1957）254, 295
ヒトラー　Hitler, Adolf（1889-1945）　37, 52
ホフマン，P. G.　Hoffman, Paul Gray（1891-1974）　314, 319, 329
ハル，C.　Hull, Cordell（1871-1955）　305, 306

J

ジェローム→ボナパルト，ジェローム
ジョゼフ→ボナパルト，ジョセフ
ユリウス・カエサル→カエサル

K

カール四世　Karl IV（在位1346-1378）　63, 65～67
カール五世　Karl V（神聖ローマ皇帝在位1530-1556）　100
カール大帝　Carolus Magnus, Karl der Grosse, Charlemagne（747-814）　34
カルポヴィチ，M.　Karpowicz, Mariusz（1934-）　127, 128, 130, 131
ケナン，G. F.　Kennan, George F.（1904-）221, 230, 231, 236, 243
クライスト，H. von　Kleist, Heinrich von（1777-1811）　32, 37
クニャジニン，F. D.　Kniaźnin, Franciszek Dionizy（1749/50-1807）　135
コホフスキ，W.　Kochowski, Wespazjan（1633-1700）　129
クウォチョフスキ，J.　Kłoczowski, Jerzy（1924-）　113, 139
コール，H.　Kohl, Helmut（1930-）　347, 382, 384, 389, 394, 397
コナルスキ，S.　Konarski, Stanisław（1700-1773）　133, 134
コウォンタイ，H.　Kołłątaj, Hugo（1750-1812）　135, 136
クロメル，M.　Kromer, Marcin（1512-1589）119

L

ルペン，J.-M.　Le Pen, Jean-Marie（1928-）358
ルフェーブル，G.　Lefebvre, G.（1874-1959）152, 154
リンデ，S. B.　Linde, Samuel Bogumi（1771-1847）　125
リップマン，W　Lippmann, Walter（1889-1974）　312
ルイ→ボナパルト，ルイ.
ラヴストン，J.　Lovestone, Jay（1898-1990）309
ロヴェット，R.　Lovett, Robert（1895-1986）321, 328
ウォヴミアンスキ，H.　Łowmiański, Henryk（1898-1984）　115

M

マチェイ・ズ・ミェホヴァ（ミェホヴィータ） Maciej z Miechowa（Miechowita）（1457-1523） 114, 117, 122, 143
マール, L. de Male, Louis de（1330-1384） 98
マンデス＝フランス, P. Mendes-France, Pierre（1907-1982） 259
マルグリート Marguerite（1350-1405） 96
マリ Marie de Bourgogne（1457-1482） 100
マロボドゥウス Maroboduus（前1世紀後半-後1世紀前半） 26
マーシャル, G. Marshall, George（1880-1959） 236, 238, 302, 313, 315, 325
マルタン．W. Martens, Wilfried（1936-） 346
メーザー, J. Möser, Justus（1720-1794） 31, 32
メイスン, E. Mason, Edward（1899-1992） 222～224
マクシミリアン一世 Maximilian I（1493-1519） 74, 79, 100
モンチンスキ, J. Mązyński, Jan（1520-1587） 118
ミツキェーヴィチ, A. Mickiewicz, Adam（1798-1855） 136
ミッテラン, F. Mitterrand, François（1916-1996） 382, 387～389, 394, 395
モムゼン, T. Mommsen, Theodor（1817-1903） 29, 30, 33, 45
モネ, J. Monnet, Jean（1888-1979） 211, 261, 262, 282, 290
モンブレ, C. de Montbret, Coquebert de（1755-1831） 174
ミュラー, J. Murat, Joachim（1767-1815） 156, 160, 164, 178, 190
マレー, Ph. Murray, Philip（1886-1952） 327

N

ナポレオン Bonaparte, Napoléon（1769-1821） 17, 18, 32, 36, 38, 155, 180～186, 190
ナポレオン三世 Napoléon III（1808-1873） 35
ルイ＝ナポレオン→ボナパルト, ルイ
ネロ Nero Claudius Caesar（37-68） 28
ヌヴェール, L. de Nevers, Louis de（1304-1346） 96
ニコラス, D. Nicholas, David 96
ノルマンディー公（ウィリアム） William I the Conqueror（1027？-1087） 42

P

パスボルスキー, L. Pasvolsky, Leo 199, 201
ペルツ, J. Pelc, Janusz（1930-） 126～128, 130
フィリップ善良公 Philippe III le Bon（1396-1467） 99, 101
プレヴァン, R. Pleven, René（1901-1993） 13
ポンピドゥー, G. Pompidou, Georges（1911-1974） 368
ペンスキ, W. Pęski, Walenty（1630-1681） 124
プトレマイオス Ptolemaios（前2世紀） 115～117, 142

R

ルーサー, W. Reuther, Walter（1907-1970） 302, 308, 325～328, 330
ロカール, M. Rocard, Michel（1930-） 371
ローズヴェルト, F. Roosevelt, Franklin（1882-1945） 199, 204, 205, 211, 215, 248,

305
ローズノー, J. Rosenau, James 372
ジェヴスキ, H. Rzewuski, Henryk (1791-1866) 136

S
サムソノヴィチ, H. Samsonowicz, Henryk (1930-) 113, 127, 129, 138
サンテール, J. Santale, Jacques (1937-) 354
シューマッハー, K. Schumacher, Kurt 240
シューマン, R. Schuman, Robert (1886-1963) 13, 245, 258, 293, 369
スマッツ, J. Ch. Smuts, Jan Christiaan (1870-1950) 303
スウォヴァツキ, J. Słowacki, Juliusz (1809-1849) 136
スターリン, I. Stalin, Iosif (1879-1953) 249, 250
スタシェフスキ, J. Staszewski, Jacek (1933-) 127, 128
スターシツ, S. Staszic, Stanisław (1755-1826) 135
シュトレーゼマン, G. Stressman, Gustav (1878-1929) 195
ストリィコフスキ, M. Stryjkowski, Maciej (1547-1593) 122, 123
スエトニウス Gaius Suetonius Tranquillus (70-130頃) 28, 50

T
タキトゥス Publius ? Cornelius Tacitus (56/57-117 ?) 29～31, 37～39, 42, 43, 50, 52
タルレ, E. Tarlé E. 177, 178
テイラー, A. J. P. Taylor, Alan J.P. (1906-1990) 316
タズビル, J. Tazbir, Janusz (1927-) 113, 127, 129
サッチャー, M. Thatcher, Margaret (1926-) 348
トレーズ, M. Thorez, Maurice (1900-1964) 310, 316
ティベリウス Tiberius Claudius Nero (前42-後19) 26
トラヤヌス TMarcus Ulpius Trajanus (53-117) 27
トルーマン, H. Truman, Harry (1884-1972) 319

U
ウレヴィチ, T. Ulewicz, Tadeusz (1917-) 118, 126～128, 130

V
ウァルス, P.Q. Varus, Publius Quinctilius (?-後9) 26, 28, 29, 30, 37, 38
ウェルキンゲトリクス Vercingetorix (前82-前46) 34, 35
ウェスパシアヌス Titus Flavius Vespasianus (9-79) 27
ヴィクトリア女王 Queen Victoria (1819-1901) 45

W
ヴァポフスキ, B. Wapowski, Bernard (1450-1535) 118
ヴェーバー, M. Weber, Max (1864-1920) 60
ヴェンツェル二世 Wenzel II (在位1378-1400) 65
ヴュルテンベルク伯 (オーストリア大公) 66, 73
ウィレム二世 Wilem von Holland (在位1247-1256) 64
ヴィルヘルム二世 Wilhelm II (1859-1941)

Y

Z

編者略歴

紀平　英作（きひら　えいさく）

京都大学大学院文学研究科教授

一九四六年　東京都生まれ。

一九六九年　京都大学文学部史学科卒業。

一九七二年　京都大学大学院文学研究科博士課程現代史学専攻退学。

一九八三年　京都大学文学部助手を経て、同助教授。

一九九六年　京都大学文学部教授を経て現職。

主要著作

『ニューディール政治秩序の形成過程の研究』（京都大学学術出版会、一九九三）、『パクス・アメリカーナへの道』（山川出版社、一九九六）、『歴史としての核時代』（山川出版社、一九九八）、『帝国と市民』（編著、山川出版社、二〇〇三）

ヨーロッパ統合《とうごう》の理念《りねん》と軌跡《きせき》

二〇〇四年三月三〇日　初版第一刷発行

編　者　紀《き》平《ひら》　英《えい》作《さく》

発行者　阪上　孝

発行所　京都大学学術出版会

606-8305　京都市左京区吉田河原町一五-九京大会館内

電　話　〇七五-七六一-六一八二

FAX　〇七五-七六一-六一九〇

URL http://www.kyoto-up.gr.jp/

印刷・製本／太洋社

©Eisaku Kihira et al, 2004.

Printed in Japan.

ISBN4-87698-626-6

定価はカバーに表示してあります